经以济世
建德尚真
贺教育部
重大攻关项目
成果丛书

李昌林
甲申春八

教育部哲学社會科學研究重大課題攻關項目

中国企业集团成长与重组研究

RESEARCH ON THE GROWTH
AND RESTRUCTURING OF
CHINESE BUSINESS GROUPS

蓝海林 等著

经济科学出版社
Economic Science Press

图书在版编目（CIP）数据

中国企业集团成长与重组研究/蓝海林等著 . —北京：
经济科学出版社，2013.12
（教育部哲学社会科学研究重大课题攻关项目）
ISBN 978 - 7 - 5141 - 3931 - 0

Ⅰ. ①中…　Ⅱ. ①蓝…　Ⅲ. ①企业集团 - 经济发展 -
研究 - 中国　Ⅳ. ①F279.244

中国版本图书馆 CIP 数据核字（2013）第 257455 号

责任编辑：袁　澍
责任校对：徐领柱
版式设计：齐　杰
责任印制：邱　天

中国企业集团成长与重组研究

蓝海林　等著

经济科学出版社出版、发行　新华书店经销

社址：北京市海淀区阜成路甲 28 号　邮编：100142

总编部电话：010 - 88191217　发行部电话：010 - 88191522

网址：www. esp. com. cn

电子邮件：esp@ esp. com. cn

天猫网店：经济科学出版社旗舰店

网址：http：//jjkxcbs. tmall. com

北京季蜂印刷有限公司印装

787 × 1092　16 开　22.25 印张　430000 字

2013 年 12 月第 1 版　2013 年 12 月第 1 次印刷

ISBN 978 - 7 - 5141 - 3931 - 0　定价：56.00 元

课题组主要成员

蓝海林　宋铁波　黄嫚丽　叶广宇
曾　萍　张　平　李卫宁　乐　琦
吴小节　汪秀琼　王　成

编审委员会成员

主　任　　孔和平　　罗志荣
委　员　　郭兆旭　　吕　萍　　唐俊南　　安　远
　　　　　文远怀　　张　虹　　谢　锐　　解　丹
　　　　　刘　茜

总　序

哲学社会科学是人们认识世界、改造世界的重要工具，是推动历史发展和社会进步的重要力量。哲学社会科学的研究能力和成果，是综合国力的重要组成部分，哲学社会科学的发展水平，体现着一个国家和民族的思维能力、精神状态和文明素质。一个民族要屹立于世界民族之林，不能没有哲学社会科学的熏陶和滋养；一个国家要在国际综合国力竞争中赢得优势，不能没有包括哲学社会科学在内的"软实力"的强大和支撑。

近年来，党和国家高度重视哲学社会科学的繁荣发展。江泽民同志多次强调哲学社会科学在建设中国特色社会主义事业中的重要作用，提出哲学社会科学与自然科学"四个同样重要"、"五个高度重视"、"两个不可替代"等重要思想论断。党的十六大以来，以胡锦涛同志为总书记的党中央始终坚持把哲学社会科学放在十分重要的战略位置，就繁荣发展哲学社会科学做出了一系列重大部署，采取了一系列重大举措。2004 年，中共中央下发《关于进一步繁荣发展哲学社会科学的意见》，明确了新世纪繁荣发展哲学社会科学的指导方针、总体目标和主要任务。党的十七大报告明确指出："繁荣发展哲学社会科学，推进学科体系、学术观点、科研方法创新，鼓励哲学社会科学界为党和人民事业发挥思想库作用，推动我国哲学社会科学优秀成果和优秀人才走向世界。"这是党中央在新的历史时期、新的历史阶段为全面建设小康社会，加快推进社会主义现代化建设，实现中华民族伟大复兴提出的重大战略目标和任务，为进一步繁荣发展哲学社会科学指明了方向，提供了根本保证和强大动力。

　　高校是我国哲学社会科学事业的主力军。改革开放以来，在党中央的坚强领导下，高校哲学社会科学抓住前所未有的发展机遇，紧紧围绕党和国家工作大局，坚持正确的政治方向，贯彻"双百"方针，以发展为主题，以改革为动力，以理论创新为主导，以方法创新为突破口，发扬理论联系实际学风，弘扬求真务实精神，立足创新、提高质量，高校哲学社会科学事业实现了跨越式发展，呈现空前繁荣的发展局面。广大高校哲学社会科学工作者以饱满的热情积极参与马克思主义理论研究和建设工程，大力推进具有中国特色、中国风格、中国气派的哲学社会科学学科体系和教材体系建设，为推进马克思主义中国化，推动理论创新，服务党和国家的政策决策，为弘扬优秀传统文化，培育民族精神，为培养社会主义合格建设者和可靠接班人，做出了不可磨灭的重要贡献。

　　自 2003 年始，教育部正式启动了哲学社会科学研究重大课题攻关项目计划。这是教育部促进高校哲学社会科学繁荣发展的一项重大举措，也是教育部实施"高校哲学社会科学繁荣计划"的一项重要内容。重大攻关项目采取招投标的组织方式，按照"公平竞争，择优立项，严格管理，铸造精品"的要求进行，每年评审立项约 40 个项目，每个项目资助 30 万 ~ 80 万元。项目研究实行首席专家负责制，鼓励跨学科、跨学校、跨地区的联合研究，鼓励吸收国内外专家共同参加课题组研究工作。几年来，重大攻关项目以解决国家经济建设和社会发展过程中具有前瞻性、战略性、全局性的重大理论和实际问题为主攻方向，以提升为党和政府咨询决策服务能力和推动哲学社会科学发展为战略目标，集合高校优秀研究团队和顶尖人才，团结协作，联合攻关，产出了一批标志性研究成果，壮大了科研人才队伍，有效提升了高校哲学社会科学整体实力。国务委员刘延东同志为此做出重要批示，指出重大攻关项目有效调动各方面的积极性，产生了一批重要成果，影响广泛，成效显著；要总结经验，再接再厉，紧密服务国家需求，更好地优化资源，突出重点，多出精品，多出人才，为经济社会发展做出新的贡献。这个重要批示，既充分肯定了重大攻关项目取得的优异成绩，又对重大攻关项目提出了明确的指导意见和殷切希望。

　　作为教育部社科研究项目的重中之重，我们始终秉持以管理创新服务学术创新的理念，坚持科学管理、民主管理、依法管理，切实增强服务意识，不断创新管理模式，健全管理制度，加强对重大攻关项目的选题遴选、评审立项、组织开题、中期检查到最终成果鉴定的全过程管理，逐渐探索并形成一套成熟的、符合学术研究规律的管理办法，努力将重大攻关项目打造成学术精品工程。我们将项目最终成果汇编成"教育部哲学社会科学研究重大课题攻关项目成果文库"统一组织出版。经济科学出版社倾全社之力，精心组织编辑力量，努力铸造出版精品。国学大师季羡林先生欣然题词："经时济世　继往开来——贺教育部重大攻关项目成果出版"；欧阳中石先生题写了"教育部哲学社会科学研究重大课题攻关项目"的书名，充分体现了他们对繁荣发展高校哲学社会科学的深切勉励和由衷期望。

创新是哲学社会科学研究的灵魂，是推动高校哲学社会科学研究不断深化的不竭动力。我们正处在一个伟大的时代，建设有中国特色的哲学社会科学是历史的呼唤，时代的强音，是推进中国特色社会主义事业的迫切要求。我们要不断增强使命感和责任感，立足新实践，适应新要求，始终坚持以马克思主义为指导，深入贯彻落实科学发展观，以构建具有中国特色社会主义哲学社会科学为己任，振奋精神，开拓进取，以改革创新精神，大力推进高校哲学社会科学繁荣发展，为全面建设小康社会，构建社会主义和谐社会，促进社会主义文化大发展大繁荣贡献更大的力量。

教育部社会科学司

摘　　要

　　本书所反映的是教育部哲学社会科学重大课题攻关项目"全球化条件下中国企业集团成长与重组研究"（项目编号 04JZD0018）的主要研究成果。该项目是在中国经济转型的特定历史阶段，以中国"入世"所带来的经济全球化影响为背景，以中国企业集团的成长和重组行为为对象，以提升中国企业集团国际竞争力为目的而展开的一项研究。该研究的主要目标是研究中国企业集团成长与重组行为的特点和规律，揭示中国企业集团提升国际竞争力的目标、优势、路径和战略选择，推动更多的中国企业集团提升国际竞争力和迈向"世界级企业"。

　　为了有效地实现项目的研究目的和目标，本书将对中国企业集团成长与重组的研究尽可能嵌入在中国情境之中，从而使这项对中国企业集团战略行为的研究能够反映中外企业所处情境的差异，尤其是制度环境的特殊性；能够体现经济转型过程中制度变迁与企业战略行为之间的共同演进；能够考虑经济全球化对中国经济、市场和企业的影响；能够有助于推动和指导中国企业提升国际竞争力。我们在依据"结构—行为—绩效"范式建立总体研究框架的基础上，选择了情境嵌入、制度基础、共同演化、内外整合和关注例外的研究视角，整合和使用了多种研究方法，包括文献研究、理论研究与建模、比较研究、历史研究、案例研究、问卷调查的实证研究以及二手数据库建设与实证研究等方法。通过历时九年的研究，笔者围绕在全球化条件下如何提升中国企业，尤其是企业集团的国际竞争力这个核心，对企业成长与重组战略、中国企业所处情境的独特性、中国企业集团的性质和特点、中国企业的国际竞争力的来源等若干领域进行了广泛的文献和实证研究。由于结构和篇幅的限制，本书主要包括以下四个方面的内容。

第一，经济全球化及中国经济转型交互影响和共同演化是中国企业经营环境变化的主要动力和中国企业经营环境独特性的主要来源。对于经济全球化趋势和全球化战略内容的分析，本书明确了全球化条件下提升国际竞争力的具体内涵，包括世界级企业的概念；对于中国经济转型交互影响和共同演化的分析，我们决定将经济全球化的影响与中国经济体制改革的滞后作为项目研究的主要背景特征，将国内市场分割性作为影响中国企业集团在全球化条件下提升国际竞争力的主要情境变量。本书的第二章和第三章的内容反映了这一方面的研究成果。

第二，中国企业集团的产生与发展是中国经济转型过程中的一种特殊的制度选择和安排。对于中国企业集团的产生、成长和重组战略演化的研究，我们对研究对象——企业集团的概念有了新的认识，并且建议放弃在现在的含义上继续使用这个概念；我们证实了中国企业集团的战略行为，尤其是对成长与重组战略选择行为受到中国情境和企业自身特征的交互影响，这种交互影响需要从多种理论和研究视角加以解释。在此基础上，我们构建了一个能够整合中国情境、企业特征和从多个理论视角解释中国企业集团战略行为特点的概念框架。本书的第四章、第五章、第六章和第七章内容分别反映了上述方面的研究成果。

第三，基于全球化影响下中国企业国家特定优势和企业特定优势演化的分析，研究中国企业提升国际竞争力的目标、优势、路径和战略选择。在分析经济全球化条件下中国企业集团所面临的挑战和自身条件的基础上，我们认为中国企业集团的成长和重组应该以提升主业国际竞争力或者发展世界级企业为现阶段的主要目标；考虑到入世以后中国国家特定优势的变化，我们认为集中资源、整合国内市场，是发挥国家特定优势和建立企业特定优势的有效战略；考虑到中国要素成本、市场规模和国内市场的特点，"先做中国第一、再做世界第一"应该是中国企业提升国际竞争力的主要路径。本书第八章、第九章和

第十章的内容分别反映了上述领域的研究进展和成果。

第四，面对经济全球化的影响和中国经济转型的滞后，尤其是市场分割性的制约，中国企业，尤其是中国企业集团依据自身的条件做出了各种战略选择。基于前述的理论和大量的案例分析，我们对中国企业在应对经济全球化和市场分割性影响上的各种可能的战略选择进行了分析，构建了一个描述新形势下中国企业战略选择的四方格矩阵模型。通过这种分析可以发现，有效推动更多中国企业，尤其是企业集团实施横向整合和提升国际竞争力，需要企业的战略改变，但是更需要政府的制度创新。我们在总结前述研究的基础上提出中国需要围绕如何推动企业做强或者提升国际竞争力实施新一轮的经济体制改革。本书的第十一章和第十二章将集中反映这个部分的研究工作和相关的研究成果。

相对于其他有关中国企业，尤其是企业集团成长和重组战略的研究工作来说，本研究的理论贡献和创新主要表现在以下四个方面：

第一，研究视角及方法上的理论贡献。我们基于对中国情境的分析，提出研究全球化条件下中国企业，尤其是企业集团的战略行为需要以情境嵌入视角为基础，整合共同动态演化、国内外市场整合和关注例外的视角及方法，并且构建了一个研究转型期中国企业战略选择行为的方法体系。这在一定程度上为国内外其他学者有效开展中国企业战略行为研究提供了研究视角与方法上的支持。

第二，情境理论化创新。近年来中国管理学科一直将情境理论化作为实现重大理论创新的突破口。在对中国企业集团成长和重组战略展开情境嵌入式研究的过程中，我们围绕着如何实现情境理论化进行了方法论方面的研究，明确了"情境"的概念、情境选择的要求和情境理论化的方法。在此基础上，首次提出市场分割性是新形势下深刻影响中国企业战略行为最直接和最重要的情境特征，市场分割性的情境效应在我们的若干案例与实证研究中获得了验证与支持。

第三，理论模型构建方面的创新。基于推动中国企业提升国际竞争力的目的，我们将经济全球化和国内市场分割性作为入世后影响中国企业战略选择的主要情境变量，揭示中国企业在应对上述两个变量影响中采取各种可能的战略选择。首先，在经济全球化的影响下，根

3

据自己的资源、能力，一部分企业选择的应对战略是行业集中战略，而另一部分企业则选择了行业多元化战略。其次，在国内市场分割性的影响下，根据自己的资源、能力，其中一部分企业选择的应对战略是投资本地化，而另一部分企业则选择了市场多元化。整合上述两个方面的分析，我们构建了关于新形势下中国企业战略选择的四方格矩阵模型。这个描述性的模型不仅可以为中国企业在新形势下的战略选择提供指导，更主要的是为政策制定者优化中国企业战略行为的环境提供了决策的依据。为什么在经济全球化影响下外国企业的战略行为和中国企业之间的战略行为存在着如此巨大的差异呢？我们在文献和案例研究的基础上，运用市场基础观和资源基础观的理论解释了中国情境特征（包括转型经济、新兴市场、制度环境差异性和经营环境动态化等）对中国企业战略行为的影响，以此解释中外企业战略行为上的差异；运用资源基础观和制度基础观的理论解释了中国企业自身特征（包括制度地位、资源能力和管理传统等）对中国企业战略行为的影响，以此解释在相同情境下中国企业在战略行为上的差异；运用企业高层管理团队、企业家和公司治理理论解释了中国杰出企业的（超越情境和企业特征制约）战略行为。在此基础上，我们构建了一个整合情境和企业特征解释中国企业战略行为的概念框架。

第四，其他的知识发现与创新。我们通过多项案例与实证研究，还获得了一系列的知识发现与创新性成果，最重要的包括：企业集团的概念演化；不同时期中国企业集团行业多元化、结构与绩效的关系；中国企业集团国际化战略与绩效的关系；市场分割条件下的中国企业集团地域多元化的进入方式与管理模式；中国企业集团并购后的控制与整合机制等。

作为教育部哲学社会科学重大攻关项目的成果形式，编辑和出版本书的主要目的不仅是呈现研究成果，而是促进研究成果的传播和应用。我们希望通过本书告诉中国企业战略管理者，在经济全球化的影响下，整合国内市场是中国企业提升主业国际竞争力的有效战略；在实施这个战略的过程中，中国企业必须将国内市场分割性作为重要的情境特征，并且通过战略和管理模式上的调整去克服国内市场分割性的制约。我们更希望通过本书告诉中国的政策制定者们，新形势下推动中国企业提升国际竞争力的关键就在于如何尽快地为企业提供有效实施上述战略所需要的制度环境，因此，中国政府应迅速进行新一轮的经济体制改革，从根本上减少国内市场分割性对中国企业提升国际竞争力的制约。

Abstract

This book presents the findings of "A Study of the Growth and Restructuring of Chinese Business Groups Within the Context of Globalization" (No. 04JZD0018), a key project sponsored by the Ministry of Education of China for Philosophy and Social Science Research. Against the background of China's economic transformation and worldwide economic globalization, the project attempted to investigate the growth and restructuring of Chinese business groups in the hope of helping them enhance international competitiveness. The primary objectives included exploring the characteristics and laws of Chinese business groups' growth and restructuring, examining their goals, advantages, paths, and strategic choices in the course of improving international competitiveness, assisting more Chinese business groups in boosting their international competitiveness and striving to become world-class firms.

To achieve the objectives, the researchers endeavored to embed the research in the Chinese contexts. Based on the contextualization, it was hoped that the research would reflect the different environment in which Chinese firms operate from their foreign counterparts, especially the institutional environment, reveal the co-evolution of institutional change and corporate strategic behavior in the process of China's economic transformation, take into account the impact of economic globalization on Chinese economy, markets and firms, and guide Chinese firms in enhancing international competitiveness.

The overall framework of the research was based on the paradigm of "Structure – Conduct – Performance". The researchers adopted such theories and perspectives as embeddedness, institutional-based view, co-evolution, integration of internal and external contexts, and exceptional concern. Research methodologies included literature research, theoretical research and modeling, comparative research, historical research, case study, questionnaire survey, secondary database construction, and empirical research. In the nine years' endeavor, the researchers engaged in a wide range of literature review and empirical investigations concerning strategies of company growth and re-structuring, uniqueness of China's business environment, qualities and traits of Chinese business groups, sources of Chinese firms' international competitiveness, etc. All the work was intended to address the central issue: how to improve Chinese enterprises in the era of economic globalization, especially their international competitiveness? For simplicity, the authors will be on a description of four major findings of the research.

First, economic globalization and its interaction and co-evolution with China's economic transformation are the principal drivers of operation environment change for Chinese enterprises, and provide a major source for the uniqueness of the operation environment. In the analysis of the trend of economic globalization and firm global strategy, we explain what is meant by enhancing international competitiveness within the context of globalization, including the definition of world-class enterprises. While examining the interaction and co-evolution of economic globalization with China's economic transformation, we view the impact of economic globalization and the lag of China's economic reform as the backdrop of the research. Also, we take the fragmentedness of China's domestic market as a contextual variable that affects Chinese business groups' effort to improve international competitiveness in the milieu of globalization. Relevant research findings are presented in Chapters 2 and 3.

Second, the emergence and development of Chinese business groups results from a special institutional selection and arrangement in the course of China's economic transformation. In studying the birth, growth and restructuring of Chinese business groups, we develop a re-conception of business groups, and recommend quitting using the term in its traditional sense. We confirm that the strategic behavior of Chinese business groups, especially their strategic choice concerning growth and restructuring, is affected by the interaction between China's broad environment and firms' specific characteristics, which needs to be studied through multiple theories and perspectives. On this basis, we construct a conceptual framework that presents strategic behaviors of Chinese business groups from multiple theoretical perspectives by integrating Chinese contexts and company characteristics. The findings are available in Chapters 4 through 7.

Third, through an analysis of the country-specific and firm-specific advantages that Chinese enterprises enjoy in the era of globalization, the research investigates the goals, advantages, paths and strategic choice of the enterprises in their effort to improve international competitiveness. An examination of the challenges faced by Chinese business groups and their own endowments suggests that Chinese business groups should aim at improving the international competitiveness of their dominant businesses or blooming into world-class firms at their current phase of growth and restructuring. Considering the change in China's country-specific advantages after joining the WTO, we believe that resource concentration and domestic market integration are viable strategies for utilizing country-specific advantages and building firm-specific advantages. Given factor costs, market size and characteristics in China, it will be a major path for Chinese firms to improve their international competitiveness to be No. 1 first in China and then in the world. The findings are presented in Chapters 8 through 10.

Fourth, due to the impact of economic globalization, the lag of China's economic reform, and the fragmentedness of the Chinese market in particular, Chinese enterprises, especially Chinese business groups, have made various strategic choices according to their own conditions. Based on the aforementioned theories and abundant case analysis, we examine various possible strategic choices available to Chinese enterprises in response to economic globalization and market fragementedness, and construct a four-cell matrix that captures the strategic choices of Chinese enterprises in the new context. Analysis demonstrates that strategic shifts by firms, and, more importantly, institutional innovation by the government, will offer impetus for more Chinese enterprises, especially business groups, to enhance their international competitiveness through horizontal integration. Therefore, we propose that China need to launch a new round of economic reform to help firms grow strong or enhance international competitiveness. Relevant research and findings are presented in Chapters 11 and 12.

The present research has made the following four theoretical contributions as compared with previous research of its kind.

The first is concerned with research perspectives and methodology. Through an inspection of the Chinese context, we propose that the study of the strategic behaviors that Chinese firms, especially business groups, exhibit in the milieu of globalization need to be based on the perspective of context-embeddedness, implemented by dynamic co-evolution, integration of domestic and foreign markets, and exceptional concern. By so doing, we have developed a system of methodology addressing Chinese firms' strategic choice during the economic transformation. This will, to some extent, provide reference for other researchers at home and abroad who study the strategic behavior of Chinese firms.

The second contribution lies in the innovation of context theorization. In recent years, Chinese scholars of management science have been viewing context theorization as a point for significant theoretical breakthrough. In studying the growth and restructuring strategies of Chinese business groups from the perspective of context-embeddedness, we have conducted research into methodology on how to achieve context theorization. In the process, we have clarified the concept of "context", requirements for context selection, and ways of context theorization. On this basis, we have first identified market fragmentedness as the most immediate and most significant contextual factor that profoundly impacts on the strategic behavior of Chinese firms in the new context. The context-effects of market fragmentedness have been confirmed through our case studies and empirical investigations.

The third relates to the innovation in theoretical modeling. In order to spur Chinese firms to improve international competitiveness, we view economic globalization and domestic market fragmentedness as major contextual variables that affect Chinese firms' strategic choice after China's entry into the WTO. We have attempted to identify various possible strategic choices of Chinese firms while responding to the two variables. First, amidst economic globalization and based on their resources and capabilities, some firms choose the strategy of industry concentration, while others select industry diversification. Second, under the influence of domestic market fragmentedness and in light of their resources and capabilities, some respond through investment localization, whereas others through market diversification. By integrating these two observations, we have developed a four-cell matrix to represent the strategic choice of Chinese firms in the new context. This descriptive model will not only provide guidance for Chinese firms to choose their strategies, but more importantly, offer a basis for policy makers to make better policies concerning Chinese firms' strategic choice. Why is it that there exists such a huge difference in strategic behavior between Chinese and foreign firms amidst economic integration? Based on literature research and case study, we resort to various theories and perspectives for explanation. We use the market-based view and the resource-based view to explain the effects of Chinese contextual factors (e. g. transitional economy, emerging market, different institutional environments, and dynamic business environments) on Chinese firms' strategic behavior. We use the resource-based view and the institution-based view to explain the influence of Chinese firms' characteristics (e. g. institutional status, resources and capabilities, management tradition) on their strategic behavior. We employ theories on top management team, entrepreneurs, and corporate governance to account for the strategic behavior of outstanding Chinese firms which are not subject to contexts and firm characteristics. On this basis, we have constructed a conceptual framework that explains the strategic behavior of Chinese firms by integrating contexts and firm characteristics.

The fourth contribution lies in other knowledge findings and innovations. Through a number of case studies and empirical investigations, we have made a series of knowledge discoveries and innovative achievements. Important among them are (a) the evolution of the concept of business group, (b) the relationship among industry diversification, organizational structure and performance of Chinese business groups in different periods, (c) the relationship between internationalization and performance of Chinese business groups, (d) entry modes and management patterns of Chinese business groups for geographic diversification in the context of market fragmentedness, and (e) post-acquisition control and integrating mechanisms of Chinese business groups.

We have this book published more than to present our research findings. We also intend to get the findings disseminated and applied. It is hoped that the book will tell strategic managers of Chinese firms that integration of domestic market can be an effective strategy for improving international competitiveness within the context of economic globalization. In implementing this strategy, Chinese firms need to see market fragmentedness as a significant contextual factor, and seek to overcome its constraints through strategy and management pattern adjustments. It is also hoped that the book will tell China's policy makers that the key to prompting Chinese firms to enhance international competitiveness in the new context is how to create as soon as possible an institutional environment necessary for Chinese firms to execute the strategy. We recommend that the Chinese government should act immediately to launch a new round of economic reform so as to fundamentally reduce the restrictions of domestic market fragmentedness on Chinese firms' effort to improve international competitiveness.

目　录

Contents

Contents

第一章

绪　论

第一节　问题提出

早在 1994 年，美国管理学会前主席，美国管理学会终身成就奖获得者威廉·纽曼（William Newman）教授在中国承德举办的"动态一体化战略研讨班"上曾经提出：中国需要在轻工业领域发展世界级企业。当时纽曼教授就认为：第一，中国是全球最具规模和增长潜力的巨大市场，利用这个巨大市场一定能够造就出一批具有国际竞争力的大企业；第二，在经济全球化的时代，中国只有通过市场手段在竞争性行业（当时的轻工业基本上都是竞争性行业）建立具有国际竞争力的企业才有意义；第三，衡量这些中国企业的标准不应该只是企业的绝对规模，如进入世界 500 强，而是这些企业能否在重要的行业竞争力指标上达到世界级的水平。随着中国经济转型的深入，我们越来越感到纽曼教授的确是有远见卓识，当时就能够清楚地认识到中国发展世界级企业的可能性和必要性，并且提出了中国发展世界级企业的有效途径。

2002 年美国沃顿商学院的西院举办了一次由美国、中国内地、中国香港等地十几名学者参加的中国企业研讨会。与会学者普遍认为，加入世界贸易组织（WTO）改变了中国经济改革与发展的环境和任务。在中国"入世"之前，经济全球化对中国市场的影响相对比较小，中国经济转型的主要任务就是培育企业、引入竞争和建立市场经济体制，因此，放权搞活和鼓励竞争一直是中国经济高速发展的主要推动力。但是，放权搞活和鼓励竞争在推动中国经济持续高速发展的同时也导致了中国市场分割、行业集中度下降和企业多元化程度过高等一系列问题。中国"入世"之后，经济全球化对中国经济和企业的影响迅速增加，中国经济和企业发展面临着越来越突出的资源、环境和市场制约，提升中国企业的国际竞争力成为中国经济继续高速发展的唯一选择。中国经济转型在前一个阶段所隐含的问题不仅为国外跨国企业在中国市场上有效实施横向和纵向整合战略提供了可乘之机，而且也为中国企业利用国家特定优势提升国际竞争力构建了巨大的障碍。如果中国企业不能够迅速和有效地在国内市场上实施横纵向整合战略，那么中国的绝大多数行业将会被国外企业所垄断，中国绝大多数企业也无法有效地利用中国国家特定优势，尤其是市场规模优势和中国"入世"所带来的机遇迅速地提升国际竞争力。针对如何在全球化条件下迅速提升中国企业国际竞争力的问题，与会学者认为，中国国际竞争力的提升将在更大的程度上依靠或者说取决于中国能否发展出一批像 20 世纪二三十年代美国的 GE、GM 或者杜邦这样的行业特征和行业垄断地位都非常突出的大企业。只有尽快发展出一批这样的大企业，中国才有可能抵御国外跨国企业对中国市场大举进入和参与国际市场的竞争。为了发展这样的大企业，与会的大部分学者还认为中国经济改革与发展的主要任务应该从放权搞活和鼓励竞争转向统一市场和鼓励横向整合。透过这些学者的观点，我们已经可以隐约发现有效地在国内市场上实施横纵向整合应该是中国企业，尤其是中国企业集团提升国际竞争力的有效战略选择。

中国学者曾鸣（Zeng Ming）和剑桥大学学者彼得·威廉姆森（Peter Williamson）在他们合作出版的《龙行天下》（Dragons at Your Door）一书中指出，中国已经出现了一些具有世界级竞争力的"巨龙"企业，它们不仅以特有的成本—创新优势显示了巨大的国际竞争力，而且正在改变着世界竞争的格局和游戏规则（Zeng and Williamson，2007）。总结这些企业的成功经验，曾鸣和威廉姆森（2007）指出，这些企业之所以能够成为"巨龙"就在于它们能够将自己有限的资源高度集中于一个相对狭窄的领域，先利用中国市场规模优势建立了世界级的成本优势，再进一步将成本优势转化为创新优势。作为中国的管理学者，在为这些"巨龙"崛起而感到自豪和欣慰的同时，我们感受更为强烈的是中国这样的企业还太少，而且其中相当一些具有成为"巨龙"或者"世界级企业"潜力的中国企业正在被国外的跨国企业所购并[①]。正如美国沃顿商学院的马歇尔·梅耶（Marshall Meyer）教授所说，与中国经济目前的增长速度和巨大的市场规模相比

---

① 本书中的"购并"和"并购"均是指兼并与收购（Merger and Acquisition）的简称。现有国内文献对"Merger and Acquisition"的翻译经常同时使用"购并"或"并购"，两者不予区别，本书也遵循这种做法。

较，中国应该并迫切地需要建立更多具有国际竞争力的大企业。为此，不仅中国的大企业需要调整自己的战略，更重要的是中国政府需要发动第二次以推动国内市场整合为主要目标的经济转型（蓝海林，2011），从而为更多地实施集中发展和横向整合的中国企业创造更好的经营环境，尤其是制度环境。

学术研究是无疆界的。作为中国管理学者，我们应该对纽曼教授的远见感到钦佩，为西方学者对中国经济发展所表现出的洞察力感到折服。但是，我们更应该产生的是一种发展中国世界级企业的巨大的责任感和强烈的使命感。在中国加入世界贸易组织之后，中国应该抓住历史机遇，发挥自己在要素成本、配套产业和市场规模上的国家特定优势，发展出一批在自己的主业上具有国际竞争力的大企业，并且依靠它们迅速转变中国经济的增长方式，实现中国经济的可持续发展。综观今天的中国，具有这样的实力和潜力的主要培育对象就是中国的企业集团。如果中国企业集团不是迎着全球化去，而是绕着全球化走；不是集中资源于主业，而是分散资源于更多的行业；不是通过纵向和横向整合去"做强"，而是通过高度多元化去求"做大"，那么中国就会历史性地失去发展自己的跨国公司和全球化企业的机遇（蓝海林、李铁瑛和黄嫚丽，2011）。因此，推动和指导中国企业集团的成长与重组，为使更多的中国企业集团发展成为中国的世界级企业而创造出适合的制度环境已成为中国当代管理学者的重要历史使命。

从 2004 年开始，我们在教育部哲学社会科学重大课题攻关项目的资助下开展了全球化条件下中国企业集团成长与重组研究（项目编号04JZD0018），其目的就是要以全球化和经济转型为背景，以提高中国企业集团的国际竞争力为目的，以中国企业集团的微观战略行为为对象，研究中国企业集团成长与重组行为的特点和规律，揭示中国企业集团提高国际竞争力的目标、优势、路径和战略选择，推动更多的中国企业集团提升国际竞争力和迈向"世界级企业"。

第二节　研究对象

全球化条件下中国企业集团成长与重组研究是在中国经济转型的特定历史阶段，以中国"入世"所带来的经济全球化影响为背景，以中国企业集团的成长和重组行为为对象，以提升中国企业集团国际竞争力为目的的研究。因此，在进行项目研究设计的过程中，我们首先需要研究中国企业的经营环境、战略行为和企业绩效三者的关系，并按照企业战略管理学科普遍认同的"结构—行为—绩效"的研究范式建立项目研究的总体框架；其次我们将在这个总体框架下重点研究中国企业集团提升国际竞争力的有效战略选择和中国政府推动企业集团提升国际竞争力的政策选择。

一、环境、战略与绩效的关系

"思考战略的一个基本前提条件就是组织和环境的不可分割性。……组织运用战略来应对变化的环境。"（Biggadike，1981；Lenz，1980）因此，本项目就是要在"结构、行为和绩效"的范式下研究经济全球化给中国企业经营环境带来的变化，以及这种环境变化对中国企业战略行为和绩效的影响。

早在 20 世纪五六十年代，企业战略管理的概念学派就在对三者的关系研究中发现了环境决定战略行为和战略行为决定绩效的关系，提出了"以寻求内部能力和外部环境的匹配"（Christensen，Andrews，Bower，Hamermesh and Porter，1982）为原则的战略制定模型——SWOT 模型。从此，扬长避短、趋利避害就成为指导企业处理环境—行为关系的最基本原则。为了揭示寻求"匹配"的思维过程，指导企业战略管理者在战略管理的全过程中科学和严密地贯彻上述原则，在同时或者稍后出现的企业战略管理的计划学派提出和完善了以理性分析外部和内部环境为主要内容的战略管理过程模型（Skiner，1969），从而将理性主义的思想推向了极致。企业战略管理的结构学派则运用经济学方法揭示了环境、行为和效益之间的关系，提出根据市场或者行业竞争结构而选择不同的定位战略，将有利于提高和保持企业的绩效。因此，在进行企业战略行为研究设计上，必须遵从企业战略研究最古老和最基本的定义，首先将企业战略行为看成经济理性行为，将企业战略行为看成是企业在适应和利用环境变化的过程中为实现效益最大化而采取的一系列理性选择。

进入 20 世纪七八十年代以后，对企业盲目多元化的反思导致了非理性主义流派的兴起，也让长期统治企业战略管理的理性主义流派受到了前所未有的挑战。非理性主义流派认为，企业在对环境变化所做出的战略反应并不完全是纯粹理性的，因为企业高层管理者越来越难以完全理性地预测和分析外部环境的变化，也没有时间和信息做出完全理性的战略决策。此外，在现实的经营环境中，企业高层管理者对外部环境变化的反应还会受到非理性因素的影响，或者说很难排除非理性因素，例如企业价值观、认知模式、学习、政治妥协等一系列因素的影响，而这些非理性因素大多与企业战略决策的模式、企业的历史及企业战略管理者的构成密切相关。正是从这个意义上讲，企业的战略选择，尤其是在高度动态条件下的战略选择不仅取决于企业战略管理者对企业外部和内部环境的理性分析，而且受到企业战略管理者的传统和价值观的影响。因此，明茨伯格认为企业战略既是一种计划（Plan），又是一种模式（Pattern）。

制度经济学对企业战略行为，尤其是对经济转型国家企业战略行为的研究表明，企业对环境的反应并不完全是经济理性的，需要考虑其制度上的"合法性"及其所带来的社会效益。因此，企业战略决策或者行为也会在很大程度上受到制度因素的影响，从而出现了制度基础的企业战略观点。面对强制性、规范性和认知性三种不同的制度影响，企业可以分别采取默认、接受、认同、妥协和对抗等不同的对待方式，其具体的选择取决于企业的性质、规模、地位和优势。正是从这个意义上说，企业的战略选择，尤其是在市场经济尚不完善的条件下，不仅受到经济理性水平的影响，也同样受到社会理性水平的影响。

像其他任何国家的企业一样，中国企业的经营环境是由存在于企业之外又能够影响企业战略选择的所有因素所构成，这些因素大体上可以被划分到一般、行业和竞争三大类的环境之中。但是，与其他国家不同的是，过去三十多年来，中国一直被称为经济转型国家或者新兴市场经济国家，而且其经济转型的内容和方式都具有自己的特点：第一，中国企业不仅受到经营环境因素的影响，而且还会强烈地感受到制度因素的影响；第二，由于中国企业的性质和特点，即使在相同的时期或面对相同的问题，不同企业所受到的制度影响也是不一样的。因此，研究中国企业经营环境的特点和变化趋势必须关注经济改革和对外开放的特点和变化趋势，研究中国企业战略行为与企业绩效的关系必须考虑政府政策与制度变化对经营环境的影响，正是因为中国的经济改革与对外开放的相互带动和促进推动着整个经济转型期间中国企业经营环境的变化。在经济转型的不同阶段，企业经营环境的不同，企业的战略选择与经济效益的关系也不同。受渐进、放权、试验式经济转型的影响，中国企业的经营环境表现出高度的动态性和差异性，因此研究基于中国情境的环境、战略与绩效的关系，必须考虑企业理性与非理性及经济理性和非经济理性等各种因素，也就是要考虑未来环境、现在环境和过去环境对企业战略选择的影响。其中，过去环境是通过企业传统和价值观发生影响的，而现在环境则主要是通过制度影响发生作用的，不同所有制、隶属关系、规模、行业甚至不同区域的企业可能所承受的制度影响是不同的。

二、成长战略与重组战略的关系

在"结构—行为—绩效"的研究范式下，本课题关注的第二个主要研究对象是中国企业尤其是企业集团在应对经济全球化影响中的各种战略行为，重点是与企业集团成长与重组相关的战略行为，从而实现推动和指导中国企业集团实现提升国际竞争力的研究目的。

为了实现股东财富最大化的经营目的，中国企业有可能以各种各样的战略行为去应对经济全球化的影响。其中一些企业的战略是通过扩大企业的经营规模和范围来实现股东财富最大化，这些战略就被称为成长战略，而另一些中国企业，尤其是企业集团的战略则需要通过调整，更准确地说是收缩企业经营规模和范围去实现股东财富最大化的，这些战略就被称为重组战略。

按照企业集团所选择的成长方向，企业成长战略一般包括：第一，通过增加原有产品在原有市场上的销售规模和价格实现企业效益增长的战略，即集中成长战略，其中又包括市场集中和产品集中两种战略。第二，通过扩大市场范围，包括开拓国内和国际市场来扩大企业效益的战略，即市场开拓战略。根据新市场与原有市场的差异，市场开拓战略还可以进一步被划分为国内市场开拓战略和国际市场开拓战略。第三，通过增加产品或者行业来扩大企业效益的战略。这取决于原有产品或者行业相关性的性质和大小，这种战略又可以进一步划分为产品开发和行业多元化战略，其中行业多元化战略又可以进一步划分为纵向多元化、相关多元化和不相关多元化战略。企业在上述各个方向上的成长可以采取多种方式实现，因此，按照企业实现成长的方式可以将企业的成长战略划分为：第一，在实现成长的过程中，企业可以通过自己扩大经营规模或者建立新企业的方式，也可以采取收购现有企业或者与现有企业合并的所谓的整合方式；第二，在实施成长战略的过程中，企业可以采取独立推进的方式，包括独立投资和经营，也可以采取与其他企业合作的方式，包括合作投资和合作经营等方式。

在经济全球化的影响下，中国企业尤其是企业集团已经不再把成长战略作为自己的唯一选择，而是越来越多地混合使用成长战略、稳定战略和防御性战略（即重组战略）。有的情况下，暂时的防御或者重组可能更有利于提高企业和企业集团的竞争力或者经济效益。在经济全球化的影响下，中国企业集团有可能采取的重组战略包括：第一，以减小企业经营范围为主要内容的重组可以被称为战略重组，其中包括市场重组和行业重组；第二，以减少企业负债或者优化资本结构为主要内容的重组，可以被称为资产重组；第三，以优化企业组织结构，包括压缩管理层次或者经营单位为主要内容的重组，可以被称为组织重组；第四，以减少企业人员为主要内容的重组，可以叫做人员重组。在实施重组战略的过程中，多数企业集团会同时使用多种重组战略。

从企业战略管理的实践来看，成长战略和重组战略既有区别又有联系，既相互对立又相辅相成。从表面上看，实施重组战略在短期内与实施成长战略是对立的，因为实施这种战略将会导致企业缩小自己的经营规模和经济效益，因此也可以称为撤退或者收缩战略。从根本上看，实施重组战略与实施成长战略的目的是一致的，因为暂时的撤退或者收缩是为了今后或者长期的发展和竞争力的进一步提升。例如，面对经济全球化的影响，多数中国企业集团可能首先实施的是以回归主业为主要内容的行业、资产、组织和人员重组战略，然后才能够围绕自己的主业进一步实施横向和纵向整合战略去进行市场开拓，甚至实施国际化战略，从而建立和提升国际竞争力。正是在这个意义上，重组战略也可以被看成是企业实现长期和健康发展的另一种成长战略。从企业发展的规律或者模式来看，如果一个企业先实施成长战略，那么一般会在实施成长战略的过程中出现增长过快及资产、组织、人员结构不合理的问题，那么就需要在一定阶段通过实施重组战略来解决这些问题。同样，如果一个企业先实施重组战略，那么在优化了企业的战略和资产、组织和人员结构之后，重组战略的效果还必须通过企业成长来实现。从这个意义上说成长战略与重组战略是企业发展中必须交替使用的两种相辅相成的战略。

三、战略选择与管理模式的关系

在"结构—行为—绩效"的研究范式下，本课题最后关注的是中国企业尤其是企业集团的战略选择与管理模式的匹配。首先，没有匹配的管理模式，任何好的战略都不可能有效地得以实施和取得其应有的效益，因此，管理模式的选择本身一直被看成是企业战略决策的重要组成部分；其次，在企业战略管理中，企业战略与管理模式的关系并不是简单的自变量与因变量的关系，在很多情况下，管理模式不仅可以影响企业的战略选择，而且也可以对企业战略与绩效的关系产生调节作用。

按照市场为基础的观点，企业的战略选择主要取决于其对外部环境，尤其是机会与威胁的理性分析。企业战略管理者将根据自己对企业外部环境的判断选择相适应的战略，并且根据新战略的要求去选择匹配的管理模式。根据市场为基础的观点，企业战略与企业管理模式的关系是：企业战略是自变量，企业管理模式是因变量，并且在企业战略和企业经济效益之间产生调节作用。在中国经济转型的初期，市场机会多而竞争相对不那么激烈的情况下，以市场为基础的观点主导了中国企业的战略行为。

按照资源为基础的观点，一个企业的战略选择能否带来和能在多长时期里带来相应的经济效益并不完全取决于其是否适应了外部环境的变化趋势，更主要的是取决于内部的资源与能力优势的大小和可保持性的长短。在越来越动态的环境下，企业竞争优势的大小和可保持性主要不是来自于企业可以从市场上获得的资源，而是来自于企业难以在市场上获取的资源，即组织性资源，包括企业的治理安排、组织设计、控制方式和企业文化价值。因此，越来越多的战略学者或者企业战略管理者不再将企业管理模式简单地看成是一个因变量，而是一个自变量，并且在企业战略与绩效之间发挥调节作用。也就是说，企业有可能根据自己内部的竞争优势，尤其是现有管理模式上的竞争优势去决定自己的战略选择。随着中国"入世"的努力，中国的经济转型进入了一个新的阶段，市场机会的相对减少和市场竞争的日趋激烈，市场为基础的观点逐步被资源为基础的观点所替代。

其实，市场为基础的观点和资源为基础的观点在解释企业战略和管理模式选择上并不是绝对对立的，它们之间的联系可以从制度理论得到解释。按照制度理论的观点，一个企业的战略和管理模式的选择不完全取决于企业外部环境中的市场机会，同时也受制度合法性的影响。同样，一个企业的战略和管理模式的选择也不完全由企业内部环境中的竞争优势所决定，同时，还会受到企业内部环境中的制度合法性的影响。根据制度经济学的理论，如果企业战略和管理模式的选择符合企业外部制度环境的要求，其外部合法性及由此带来的经济效益就高，反之亦然；如果企业战略和管理模式的选择符合企业内部制度环境的要求，其内部合法性及由此带来的效率就高，反之亦然。制度理论被认为特别适宜于解释转型期国家，尤其是中国企业对企业战略和管理模式的选择行为。中国是一个新兴市场经济国家，市场经济体制尚不健全，中国各级政府掌握的制度资源比较多，政府对市场和企业的干预比较大，是否符合外部制度合法性对企业经济效益的影响很大，因此，企业的战略和管理模式的选择必须考虑外部制度合法性的要求。受经济全球化和经济转型的影响，中国企业的经营环境，尤其是制度环境的动态性比较高，对企业动态调整战略和管理模式的要求也相对比较高。企业外部经营环境发生重大变化，并且要求企业改变其战略行为的时候，企业管理模式并不一定就能够同步地发生改变。作为一种组织性资源，企业管理模式根植于其内在管理传统和文化之中，具有很强的惯性或者惰性。因此，企业也有可能根据自己的管理模式或者组织性资源的特点决定自己如何应对外部经营环境的变化。

第三节　研究视角

一、情境嵌入的视角

与西方企业相比较，中国企业所处的经营环境具有明显的特殊性，这不仅是因为中国的经济转型在内容和方式上特殊，更重要的是因为中国的经济转型尚未完成，中国仍然是一个新兴的市场经济国家。西方学者关于西方国家和其他经济转型国家企业战略行为的研究并不完全适用于中国企业，西方战略研究的范式和成果并不一定能够解释中国企业，尤其是企业集团的战略行为。因此，对中国企业，尤其是集团成长与重组的研究，我们不能将其看成是一种简单应用研究，而应该被看成是一种情境嵌入式的研究，即需要从中国情境（Context）特殊性与中国企业战略行为特点之间的一系列"如果—那么"的关系中去研究和解释中国企业的成长和重组行为。基于这个假设，本研究需要从历史和未来、全球化和经济转型的视角，全面揭示中国企业经营环境的特殊性，分析中国企业面临的机遇和威胁，并且嵌入在这样的环境下去研究中国企业，尤其是企业集团的战略行为。

企业对其外部环境的反应并不是机械和完全被动的，不同环境下的企业会选择不同的战略思维模式，不同环境下的企业战略行为需要运用不同的理论加以解释。与西方国家，甚至其他经济转型国家相比较，中国从计划经济向市场经济的转型尚未完成，仍然是一个典型的新兴市场经济国家，因此，中国企业既可以采取市场为基础的战略思维模式，也可以采取资源为基础的战略思维模式。例如，从最近所出现的民营企业多元化高潮可以发现，即使是上市公司或者民营企业集团仍然在相当广泛的程度上选择了以市场为导向的战略选择模式（黄山和蓝海林，2008）。另外，中国企业的战略行为不仅需要从经济学、社会学加以解释，也还需要从政治学上加以解释。例如，中国企业集团，特别是国有企业集团在一个特定的时期内不完全是一个经济组织，因此，对中国企业集团的战略行为的解释不仅要考虑经济因素、社会因素，更重要的是需要考虑政治因素的影响和制度上的解释（蓝海林，2008）。因此，研究中国企业集团的战略行为需要我们判断情境的特殊性，将情境的特点理论化，并且能够从历史和制度的角度去揭示中国企业集团战略行为的基本导向，嵌入在这样的情境下去理解中国企业集团战略行为的特殊性。

二、制度为基础的视角

在环境影响企业战略行为的研究范式中，制度环境或者制度因素的影响越来越受到关注。万和霍斯金森（Wan and Hoskisson，2003）利用来自西欧 6 个国家的企业样本，对母国环境（生产和制度环境因素）、多元化战略及企业绩效之间的关系进行了检验，得出了类似的结论，即国家特定的制度情境和历史脉络应该成为研究企业战略行为及其变化的重要组成部分。同样，针对转型经济的实证研究表明，转型背景及其特殊的制度影响对于企业在成长过程中所表现出的战略导向（Strategic Orientation）具有极其重要的影响（Peng，1997；Tan and Litschert，1994）。以企业多元化战略的研究为例，针对西方发达国家企业所得到的研究结论就不一定能够解释其他经济转型国家的企业，包括研究中国企业集团偏好多元化战略的战略导向（Keister，2000；Chang and Hong，2000；Chung，2001；Khanna and Palepu，2000；Khanna and Rivkin，2001；马宏伟和蓝海林，2002）。相当多的研究者日益清楚地认识到，除了强调产业、企业层面条件的重要性之外，国家和社会的特定制度因素必须纳入到揭示企业战略行为特质的理论视野中来，用一种以制度为基础的战略观点来解释企业成长战略的特质，对于转型经济国家的企业来说显得更为重要（DiMaggio and Powell，1991；Oliver，1997），或者说是针对这一类型问题的最佳理论范式（Shenkar and Von Glinow，1994）。正是在这样的研究背景下，致力于将制度因素和制度分析框架纳入到主流战略理论的努力于近几年开始加强。

如果我们承认中国企业所嵌入的情境具有特殊性，那么我们就会发现制度的特殊性和制度影响方式的特殊性可能是中国情境特殊性的主要来源之一。作为经济转型国家，对中国大型企业战略行为的研究基本上就是对企业集团成长战略的研究，而成长战略研究的一个重要出发点就是认识和理解组织决策的制定者如何做出成长战略的选择（Child，1972）。从这一角度看，成长战略的核心一是主体性，二是选择性，而两者都和具体制度背景下的企业密切相关。首先，企业的主体性就受到具体制度背景的制约，也受到认知背景的影响。例如，中国国有企业集团的战略选择就表现出很强的政治导向，其根本原因就在于国有企业集团的战略决策者通过所有权控制、软预算和高层管理者的任免渠道受到了政府意志或者制度的影响（蓝海林，2008）。同样，中国国有企业集团对高度多元化和资产经营的偏好，在一定程度上与我国政府重点发展和扶持若干大型国有企业集团的制度和政策安排密切相关（蓝海林，2007）。其次，企业的每一个成长战略选择都会受到企业外部特定制度框架中各种正式的和非正式的制约因素的影响。例如，西方学者认为中国企业在实施横纵向整合战略去提升国际竞争力方面所受到的制约很大程度上是来源于现行的经济管理体制（蓝海林，2008）、市场分割的结构和购并市场的低效率（Meyer，2008）。因此，研究中国企业集团的战略行为需要制度为基础的视角，这不仅有利于我们理解企业战略决策过程中的制度约束和对合法性的选择，而且有利于推动经济体制改革的进一步深化。强调从制度为基础的视角去研究中国企业，尤其是企业集团的战略行为并不否认资源基础观的重要性。事实上，虽然是在相同的经营环境，尤其是制度环境下，中国企业应对制度影响的战略行为存在着相当大的差异，有的企业采取默许的方式来应对，有的企业则可能采取妥协和利用的方式去应对，这种差异在很大程度上与具体企业的资源与能力的大小密切相关。

三、共同演化的视角

中国的经济转型是在经济全球化条件下进行的，随着中国对外开放和经济转型的不断深入，中国企业的经营环境，尤其是制度环境也在不断地变化。这种环境的动态化特点不仅导致中国企业集团不断地动态调整自己的成长和重组战略，而且也需要在战略的实施过程中考虑应变和创新的影响。因此，本项目更关注中国企业集团经营环境与战略行为之间的共同演化，并且从这种共同演化的视角分析中国情境、战略行为与企业绩效的关系，揭示中国企业集团战略行为上的规律。确立这种研究视角的基本假设就是在中国这样一个渐进、分权和试验式经济转型的国家中，环境，尤其是制度环境与企业战略行为之间存在着一种共同演化的关系。

纵观中国企业集团发展的历史，我们可以清楚地发现中国企业集团在各个阶段上的成长、重组行为及管理模式的变化都深受外部环境，尤其是政府政策的影响。如果我们将中国企业集团的成长划分成为两个主要阶段，那么中国企业集团在中国"入世"之前的战略选择主要受政府"做大做强"政策的影响。受这种政策的影响，中国企业集团，尤其是国有企业集团的主要的成长战略就是行业多元化，主要的重组战略就是将多个企业集团重组成为更大的企业集团，而且大多数企业集团采取的是分权为主的管理模式。中国企业集团在中国"入世"之后，尤其是最近一个时期的战略导向主要受政府"做强做大"政策的影响，主要的成长战略开始从高度多元化向低度多元化转变，主要的重组目的就是降低行业多元化程度，而且大多数企业集团开始转向集权为主的管理模式。相反，如果我们分析中国企业外部环境，尤其是制度环境的变化，也可以清楚地发现中国政府的制度和政策调整表现出很强的针对性和及时性。例如，针对中国国有企业集团在20世纪90年代中期前后所出现的高投资、高负债、高度多元化发展所带来的问题，中国政府就及时地推进了以改造产权和完善公司治理为主要内容的国有企业改革和重组，试图从根本上优化国有企业集团的战略行为。面对中国企业"入世"以后所面临的竞争压力，中国政府又及时转变政策导向，将"做大做强"的发展目标转变成为"做强做大"，推动中国企业集团，尤其是国有企业集团进行了新一轮的资产和组织重组。因此，从环境，特别是制度环境与企业战略行为共同演化的角度来研究中国企业集团的战略行为的规律将更符合中国企业所嵌入的情境特点。

从学术研究的角度来看，采取共同演化的研究视角将使我们运用不同的研究方法去研究中国企业的战略行为。西方成熟市场经济国家的经营环境，特别是制度环境相对比较稳定，而且改变制度的过程相对比较长，因此，基于一个具体的时间段的大样本问卷和数据分析的研究相对比较容易，其理论价值和实际价值的可保持性相对比较长。而中国作为一个快速推进的经济转型国家，对外开放和经济改革的不断深入，推动着企业经营环境动态的变化，因此，基于一个具体时间段的大样本问卷和数据分析的研究相对比较困难，其理论价值和实际价值的可保持性相对比较短。在这种情况下，基于外部经营环境，尤其是制度因素与企业战略行为的动态互动而进行企业战略行为的动态演化研究将更深入地揭示转型过程中企业战略行为的规律，补充西方企业战略管理理论在这个方面的缺失。

从研究的实践价值来看，采取共同演化的视角将有利于我们更加真实地揭示中国企业战略行为的特点，为中国企业优化战略行为提供更好的指导。微观企业战略制定者更希望了解的是企业应该如何应对、利用和影响制度变化带来的影响，因此本课题应该更加关注三个问题：第一，在相同的环境，特别是制度改变的影响下，表现好的企业和表现不好的企业是如何应对环境，特别是制度影响的；第二，具有不同性质和成长路径的企业在与外部环境，特别是制度环境互动的过程中表现出哪些规律性的差异；第三，为什么在相同的环境，特别是制度环境演化的过程中，有的企业可以持续地利用或者突破环境的制约，而另一些企业为什么就不可以。宏观政策的制定者也非常希望了解政府制度和政策与企业战略行为的动态互动，因为他们可以从这样的研究中评价制度和政策的有效性，并且为进一步进行经济改革提供线索。正是因为这种原因，中国学者所从事的几乎所有项目都需要关注宏观方面的实践意义。

四、内外整合的视角

中国企业集团的成长与重组研究是在全球化条件下进行的以提升国际竞争力为目的的研究，因此，这种研究所采取的研究视角必须能够反映当前中国企业国际化和提升国际竞争力方面所面临的以下几个严峻挑战：第一，中国市场已经成为全球市场的一部分，而且是竞争最激烈的一部分，占据中国市场需要中国企业具有国内同行所不具备的竞争优势；第二，能够在中国市场上占据绝对市场份额的企业，完全有可能进一步充分利用中国的国家优势和全球化机遇，通过低成本实现创新，或者通过创新降低成本，全面提升自己的国际竞争力；第三，如果中国企业能够发挥国家特定优势和企业特定优势，在国内外两个市场上有效地推进横纵向整合战略，就有可能在全球市场上应对跨国企业的动态和多点竞争，发展成为真正的世界级企业。基于上述情况，我们认为本项目应该采取国内外整合的研究视角，即将中国企业集团的成长与重组的研究嵌入在这样的假设之下：在经济全球化的影响之下，中国企业集团提升国际竞争力必须整合国内和国外两个市场，整合企业特定和国家特定两种优势，整合国内和国外两类对手的竞争行为。

在中国"入世"以前，对中国企业国际竞争力问题的研究基本上还没有在全球化的背景下进行，主要存在着三个比较明显的局限性：第一，没有将国内和国际两个市场整合考虑，没有明确新形势下中国企业竞争力已经不是一个国内比较，而是国际比较的概念。绝大多数企业竞争优势的实证研究基本上是在国内比较的基础上完成的，重点还是在考虑建立现代企业和提升企业素质的问题，比较少地考虑中国企业在国内市场上与跨国企业竞争和在国际市场上与国外企业的竞争互动，并且较少从国际比较的角度去研究中国企业的竞争优势问题。第二，基于上述原因，对中国企业国际竞争力问题的研究始终没有打破"内向企业"和"外向企业"的界定。相关的研究忽略了两个非常重要的问题：一是中国企业（包括内外向企业）应该如何利用国家特定优势和国际化所建立的企业特定优势去迅速提升中国企业在国内外两个市场上的竞争力的问题；二是中国企业（包括内外向企业）如何利用国内外两个市场提升与跨国企业动态竞争和多点互动能力的问题。第三，仍然没有打破在中国企业国际竞争力研究上由来已久的宏观和微观视角划分。在从微观上研究中国企业竞争优势的建立和发挥问题的时候，忽视了我国现行经济体制和市场机制对企业战略行为的约束。

采取内外整合的研究视角去研究中国企业集团的成长和重组，使我们对中国企业国际竞争力问题的研究产生了一些创新性的看法：第一，以中国加入 WTO 为标志，对外开放和经济改革已经将全球化的影响越来越全面和深入地带入了我国，尤其是在经济领域。当跨国企业从高端市场向中、低端市场压下来的时候，中国市场越来越明显地被作为全球市场的一部分，而不再专属于中国企业，我们不应该只把中国企业建立和发挥国际竞争力的问题看成是中国外向型企业，包括出口企业、对外投资企业和跨国经营企业所面临的问题，因为中国内向型企业同样需要建立和提升国际竞争力才能在国内市场上生存和抵御跨国企业对中国市场的占有。第二，当跨国企业更多地采取全资和收购方式进入中国市场的时候，中国国家特定优势越来越公平和充分地被进入中国的国外企业所享受，相反，越来越难以被真正的中国国内企业所充分发挥。因此，我们不应该只把发挥中国国家特定优势看成是中国外向型企业，尤其是出口加工型企业的战略选择，因为中国内向型企业同样需要利用国家特定优势与国外企业在国内市场上竞争。全球化条件下中国企业与跨国企业竞争的核心是谁能够更充分利用中国的国家特定优势先建立和强化自己的国际竞争力。第三，当跨国企业力图在国外市场阻止中国企业获得高差异优势，而在中国市场上寻求规模成本优势的时候，中国企业依靠国家优势提升国际竞争力的机遇受到全面地打压，我们不应该继续将有关中国企业国际竞争力的研究在宏观与微观上分开，而应该以微观企业的战略实现为重点，辅之以相关的宏观政策研究。事实上，我国企业在提高国际竞争力方面存在的战略选择、管理模式和动态竞争能力上的问题与我国目前特殊的经济体制和市场机制的制约存在密切关系，因此，迫切需要从微观企业的战略选择和宏观经济体制的互动入手为迅速提升企业的国际竞争力提出系统的解决方案。

五、关注例外的视角

中国企业集团成长与重组的研究应该被看成是一种高度复杂、动态和差异化环境下的研究，即要在充分认识中国情境复杂性、动态性和多样性的前提下去研究中国企业集团成长与重组的行为。面对这样的情境，运用统计方法取得的研究成果可能不仅缺乏科学性，更重要的是会缺乏时效性，很难对中国企业当前和未来的战略管理实践提供有效的指导。那么对经济转型过程中中国企业战略行为的研究应该将研究重点放在哪里呢？是应该更关注多数的普通企业，还是少数杰出企业；是应该更关注这些企业的过去，还是着眼于这些企业的未来；是应该更关注企业战略行为的"统计"意义，还是企业战略行为的"典型"意义？至少在现阶段，我们认为针对中国企业战略行为的研究需要在研究成果的科学价值和实践价值之间做出更偏向实践意义的取舍。

首先，中国在对外开放和经济改革的过程中没有采取西方学者向苏联建议的那样实施"休克疗法"，而是采取了渐进方法。因此，中国的对外开放和经济改革在过去三十多年中不断加快和深化，导致中国企业的经营环境，尤其是制度环境也不断变化，并且由此推动整个企业经营环境的其他因素也跟着动态变化，这与其他国家的企业相比较是一种非常特殊的情境因素。如果本研究关注那些在适应环境变化方面起步快的企业，采取案例研究的方法去揭示这些企业的成功经验或者失败教训，那么研究成果将在指导微观企业的战略选择和支持政府宏观决策方面表现出重要的实践意义。但是，如果本研究关注的是绝大多数企业对环境变化的应对行为，采取的是大样本问卷调查或者数据分析方法揭示具有普遍规律的现象，那么研究成果对实践的指导意义就会下降。

其次，中国在对外开放和经济改革的过程中没有像其他经济转型国家那样实施自上而下的集权方式，而是采取了一种放权方式。因此，过去三十多年对外开放和经济改革是在坚持若干基本原则的前提下通过放权实验和总结推广相结合的方法推进的。部分研究中国企业战略行为的学者认为中国企业战略行为主要受制度影响，甚至以此而形成了战略管理的制度学派，但是另一些学者则发现中国企业的战略行为，尤其在战略上敢于先动的企业往往是勇于突破制度约束的企业，因此，他们认为经济转型中的中国是"没有制度"的（Hoskisson et al.，2000；Peng，1997，2002）。如果本研究关注那些敢于突破制度的企业，采取案例研究的方法去揭示这些企业的成功的经验或者失败的教训，那么研究成果将在指导微观企业的战略选择和支持政府改革方面表现出重要的实践意义。但是，如果本研究关注的是绝大多数企业默许、接受制度影响的企业，采取大样本问卷调查或者数据分析的方法去揭示具有普遍规律的现象，那么研究结果的实践指导意义也同样会下降。

如果我们承认中国的对外开放和经济改革是采取渐进和分权的方式推进的，我们就非常容易理解中国各个地区在对外开放与经济改革的进程上存在着巨大差异，各种不同性质的企业在监管机制和政策待遇上存在差异，处于不同层次政府管理的企业在制度距离上存在差异，各种不同行业的"游戏规则"也存在明显的差异。因此中国企业所面临的经营环境，特别是制度环境的差异性是高于其他经济转型国家的。如果从统计意义上去分析南方与北方、国有与民营、央企与街道企业、垄断行业与竞争行业的企业的战略行为，那么其研究结果的科学性就可想而知了。基于本项目研究的目的和要求，本研究将在解决这种"两难"问题上采取三种方法：第一种方法是从文献研究、假设提出，样本选择、访问记录、企业回访和长期跟踪等方面入手，切实提高案例研究的客观性、代表性和科学性；第二种方法是先用案例研究去揭示新的现象或者问题，然后再在案例研究的基础上用大样本的问卷或者数据分析的方法更科学的证实或者证伪案例研究得出的结论，但是两项研究必须间隔相当长的时间；第三种方法是根据研究目标分别采取不同的方法。例如，如果研究的目的是寻找问题解决方案，包括指导企业的战略选择和为政府经济改革提供思路，应该依赖于案例研究的方法；如果研究的目的是揭示普遍存在的问题或者规律性的现象，则应该依赖于大样本的问卷和数据分析方法。

第四节　研　究　内　容

在"结构—行为—绩效"的研究范式指导下，综合五个不同的视角，运用定量和定性相结合的方法深入研究全球化条件下中国企业集团成长与重组行为是一个宏大、复杂和系统的研究课题。为了使本课题的研究既能够在理论上实现创新，又能够在实践上推动中国企业集团提升国际竞争力，我们将研究工作的重点放在以下四个领域：

（1）为了对全球化条件下中国企业集团成长与重组战略行为进行情境嵌入

式的研究，本项目组首先从本研究背景和研究目的出发，对中国企业集团所处环境的情境特征进行研究。关于企业集团的成长与重组战略的研究，国外学者已经在"多元化经营企业"、"公司级战略"等不同的概念下进行了长期、深入和全面的研究，取得了大量相对成熟和丰富的研究成果。在运用这些成果去研究中国企业集团的成长和重组战略之前，本项目组首先需要确定这些研究成果是否适合中国，特别是面对经济全球化和经济转型影响的中国企业集团。对于这个问题的回答不仅关系到本项目立项的理由，而且将在很大程度上决定本研究的成果是否能够达到"顶天立地"的效果，也就是说，既能够基于中国情境特点做出理论上的贡献与创新，又能够满足中国政府和企业集团当前的需要。为此，本项目对经济全球化与中国经济转型的交互影响和共同演化进行深入和系统的分析；从中国经济转型所采取的渐进、放权和试验方式入手，分析中国改革与开放的历史过程及其不同阶段的特点；重点研究了中国"入世"以后经济全球化挑战与中国经济体制，尤其是市场分割性之间的冲突。在此基础上，本项目组确定市场分割性是影响中国企业集团战略选择的重要情境特征，并且将这种情境特征作为重要的环境特征引入全球化条件下中国企业集团成长与重组的研究。本书第二章和第三章的内容反映了本项目组在这个内容上的研究成果。

（2）本项目需要基于中国经济转型推进方式上的特点，从环境，特别是制度变迁与企业行为共同演化的视角，对中国企业集团的产生、成长和重组的历史进行研究，从而揭示中国企业集团战略选择，尤其是在成长与重组战略选择上的特点。为此，本研究首先对企业集团的概念进行了演化分析，揭示中国企业集团在不同阶段上的性质、特点，并且在此基础上建议不要再在现有的意义上使用企业集团的概念，因为这不利于中国企业集团回归主业和最大限度地获得整合效益；其次对中国企业集团的成长战略和重组战略进行演化分析，分析中国企业集团在不同阶段上对成长与重组战略的选择，解释在不同阶段上影响中国企业集团战略选择的各种因素，并且从经济、政治和社会三个不同的学科及市场基础、制度基础和资源基础三种理论视角揭示中国企业集团战略决策或者选择行为的特点。最后，本项目组从中国企业集团所嵌入的情境特征出发，构建一个能够从多视角揭示中国企业集团战略决策或者选择行为特点的概念框架或者模型。本书第四章、第五章、第六章和第七章的内容分别反映了本项目组在上述方面的研究进展。

（3）提升中国企业集团的国际竞争力不仅是本项目的研究目的，也是全球化条件下中国经济能否突破市场、资源、环境制约和持续、高速发展的关键，因此，本研究需要根据经济全球化的趋势及其对中国经济的影响，研究中国企业提升国际竞争力的目标、优势、路径和战略选择。为此，本项目组首先分析了经济全球化条件下中国企业集团所面临的挑战和所面临的历史责任，并且根据这种分析确定经济全球化条件下中国企业集团提升国际竞争力的具体目标应该是发展成为世界级企业，即主要不是追求在规模上，而是在主业的关键竞争力指标上进入世界前列。其次，本项目组分析了经济全球化，尤其是中国"入世"对中国经济和企业的影响，研究中国企业国际竞争优势的来源，包括国家特定优势的变化，分析中国企业集团提升国际竞争力的主要路径，提出"入世"后中国企业集团应该实施跨区域横纵向整合战略去利用中国所特有的国家特定优势，先将要素成本优势转化为规模成本优势，再利用成本优势消除创新劣势或者创造创新优势，从而在成本与创新两个方面建立和提升国际竞争力。接着，通过对少数中国世界级企业的成长过程和战略选择的研究，本项目组发现了它们发展成为世界级企业主要战略选择是：第一，将全部资源高度集中于自己的主业；第二，整合国内和国外两个市场；第三，整合自建和购并两种成长方式；第四，整合成本与差异两种优势。最后，本项目组运用实证与案例相结合的方法，分析少数杰出中国企业集团在应对经济全球化挑战和应对市场分割性制约方面的战略选择，分析和总结了中国企业集团在新形势下克服市场分割性和提升国际竞争力的最佳战略实践。这种研究还将在一定意义上说明中国市场结构及其制度影响对中国企业集团战略选择行为的影响。本书第八章、第九章和第十章的内容分别反映了本项目组在上述领域的研究进展和成果。

（4）面对经济全球化的影响和中国经济体制不完善性，尤其是市场分割性的制约，本项目组最后还对中国企业集团在这种"新形势下"如何提升国际竞争力提出了战略与政策上的建议。根据对经济全球化和市场分割性的影响下中国企业集团战略选择行为的研究，本项目组构建了一个新形势下中国企业战略选择的描述性模型。在中国经济体制改革方向不明和市场分割性制约严重的情况下，中国各种企业集团可以借助于这种研究成果，根据自己的所有制、行业、管理传统和资源能力的特征，做出符合自己实际的战略选择。考虑到制约中国企业集团战略选择的主要因素是制度因素，本项目组提出推动中国企业集团提升国际竞争力的主要和真正有力的措施是进一步推进中国体制改革。本项目组还就如何推进新一轮的、以"做强做大"和提升中国企业国际竞争力为主要目的的体制改革提出自己的建议。本书的第十一章和第十二章集中反映了本项目组在这个部分的研究工作和相关的研究成果。

第五节　研究方法

本项目组在选择研究方法时有如下两个方面的考虑：第一，影响企业战略行为的因素是综合性的，本项目组必须在整个研究过程中综合使用管理学与经济学、政治学、社会学、哲学等不同门类的理论去解释企业战略和战略管理行为。第二，企业战略决策的实现涉及企业内部几乎所有的职能与经营活动，本项目组必须在整个研究的过程中综合使用管理学内部不同学科领域的理论与范式。基于研究对象的多样性和研究内容的复杂性，本项目组在针对不同研究问题采取了不同的研究方法。根据理论研究和实证研究、定性研究与定量研究相结合的方法论原则，本项目组综合采用了以下六个研究方法。

（一） 文献研究、理论演绎与建模

本项目组综合历史分析、情境分析和辩证分析的方法，充分掌握国内外文献，吸收和消化有关的成果，分析已有理论的演化及其局限性，特别结合中国企业的实践规律，整合多学科的视角和方法，发掘理论创新的方向、空间，剖析理论创新的可能性。其次，以批评现实主义的情境化解释（Welch et al.，2011）为逻辑，分析本项目各研究视角的适应性，提出解释性模型和理论假设，进行逻辑严密的理论演绎。韦尔奇等（Welch et al.，2011）提出，社会现象的解释既是因果的（正如实证主义）、又是解释的（正如诠释主义），但是基于巴斯卡尔（Bhaskar，1998）的批判现实主义哲学思想，在一个开放的系统中（如人类社会）中，原因与结果的关系是权变的、外在的，而不是必然的、内部相关的。就是说，一个因果关系机理能否激活取决于其所面临的条件（Welch et al.，2011）。因而关于各种因果关系的理论构建，需要进行情境化理论研究。本项目作为一项情境嵌入式研究，充分整合情境化解释与归纳性理论建构的方法，严谨地对情境理论化的哲学基础和方法论基础进行了分析，提出将市场分割性视为中国经济转型过程中的独特情境特征，并在这一具体的情境特征下探讨中国企业集团的战略行为与提升国际竞争力的关系，构建了一个整合框架，基于案例研究和实证分析展开了全面地理论推演、抽象和提炼。

（二） 比较研究方法

本项目组在文献研究和理论研究的基础上采取了比较研究，重点揭示与成熟市场经济环境相比，中国情境特点及其对中国企业集团战略行为和绩效的特殊影响，从而推演中国企业战略行为特点。其中，借鉴了"历史比较制度分析"（Historical and Comparative Institutional Analysis）中关于历史分析、比较分析、制度分析的方法论思想在以下三个方面展开了分析：第一，对经济全球化与经济转型对中国企业集团经营环境的影响进行了制度分析，特别对市场分割性的制度设计、制度变迁进行了剖析（见第二章、第三章）；第二，对中国企业集团成长

（多元化）战略与重组的行为演化进行了研究（见第五章、第六章），将经济全球化和经济转型的影响纳入同一视野进行解释性比较研究，提出制度变迁是中国多元化企业重组的根本动因，制度因素是企业重组的关键约束变量；第三，从经济全球化、经济转型影响机制的历史演化出发，分析了中国国家特定优势的变迁及其对企业特定优势的影响，揭示了中国企业集团国际竞争优势演化路径（见第八章）。

（三）案例研究方法

案例研究是本项目采取关注例外研究视角的重要实现方法，项目组选择了中国不同行业、不同类型具有代表性的企业集团（少数杰出"例外"企业），进行了探索性、解释性及验证性的案例研究，分别在不同时期对以下企业展开了案例研究：青岛啤酒集团有限公司、中国国际海运集装箱（集团）股份有限公司、海尔集团、苏宁电器股份有限公司、华为、联想、TCL、广东格兰仕集团有限公司、深圳大族激光科技股份有限公司、广东东菱凯琴集团有限公司、广州晶华光学电子有限公司、振华港机、广东天龙油墨集团股份有限公司、康美药业、珠江啤酒、雪花啤酒等。在案例研究的实施过程中，本项目组首先根据探索性、解释性及验证性案例研究方法的不同要求，有针对性地进行了差别的研究设计；其次，高度关注案例研究的严谨性和规范性，保证研究的信度和效度。最后在探索性案例研究中着重从样本企业的战略行为归纳和抽象出行为的共性，提出命题和构建理论，为进一步从事更深入的实证研究创造条件。

（四）问卷调查的实证研究

项目组在已有的中国最大的 250 家企业集团及其附属企业的 1996～1998 年大型数据库的基础上，通过发放问卷的方式建立了三个大样本问卷调查的数据库：一是 150 多家国内跨区进入方式的企业样本；二是 200 个跨区并购及其整合的企业并购样本；三是 560 家广东企业提升国际竞争力的企业样本。这三个大型数据库分别针对不同的理论模型和假设进行了实证分析和假设检验，以演绎的方法揭示具有普遍规律的现象，研究结果在揭示经济转型国家企业战略行为的特点方面表现出重要的科学意义。这样，整合案例研究和问卷调查的实证研究，既实现了理论创新的需要，又满足了政策研究的基本要求。

（五）二手数据库建设与基于二手数据的实证研究

本项目组建立了 2002～2010 年的上市公司大型数据库，以用于针对不同研究问题的研究，分别完成了 9 个博士学位论文及专著，包括企业集团的战略选择、内部结构与绩效之间的关系；企业集团成长中的多元化与绩效关系；企业集团成长中的纵向一体化与产业链整合；企业集团成长中的战略学习、能力与战略选择；企业集团的国际化成长、特定优势建立与绩效的关系；企业集团高管团队、大股东对公司治理有效性与绩效的关系；多元化企业集团组织结构与绩效；企业集团重组影响因素及模式研究等。本项目因此在中国企业集团的具体战略行为研究上，获得多个知识性创新，揭示了若干个在情境权变条件下的战略行为与绩效关系的规律。

（六）政策研究

本项目组自从 2004 年以来共承担了约 40 项企业和政府委托的咨询项目。在企业的横向项目的开展过程中，深入进行了企业内部的田野调查（Field Study），根据政治学和社会学中政策评估与设计的通行方法论，形成了本项目针对中国企业集团成长的整体性政策建议（见本书第十二章）。其次，项目在研究期间，项目组的一些政策建议已获得广东省相关政府部门予以采纳并付诸实施，例如，广东省经济和信息化委员会委托的"省市联动促进产业升级"、广东省国资委委托的"广东省商贸企业集团商业模式创新"、广东省外经贸厅委托"新形势下广东培育自主国际知名品牌的对策研究"等研究，取得了积极的政策效果。

第六节　主要贡献与创新

为了使本研究的成果能够在企业的微观实践和政府的宏观政策上切实推动中国企业集团提升国际竞争力，对中国企业集团战略行为研究上做出情境嵌入式的理论贡献与创新，本项目组将国外先进的理论和研究方法与中国企业集团所处的特殊经营环境特点相结合，选择了多种研究视角及相关的研究方法，对中国企业集团，尤其是那些在提升国际竞争力方面表现杰出的企业集团进行了长达九年的研究，在下列三个不同层次上取得以下主要的理论贡献和知识创新成果。

一、研究视角及方法上的理论贡献

自从西方企业管理的理论和方法被引入中国以来，有关中国企业管理的应用研究一直面临着两个方面的困扰：第一，西方企业理论和方法在多大程度上能够应用于对中国企业的战略管理行为的研究，以及这种研究成果能够在多大程度上指导中国企业的管理实践？第二，国内学者对于中国企业管理行为的研究成果能够在多大程度上实现理论上的创新？在中国企业管理发展的最初阶段，国内学者主要致力于国外先进理论和方法的引进与消化，对于中国企业经营环境方面的特殊性并不敏感。随着中国企业管理实践水平的上升和企业管理理论的逐步发展，中国企业在管理实践上面临的问题使国内外学者都意识到中国企业所处的经营环境具有特殊性，因此开始关注中西方国家在经营环境上的区别，并开始将对中国企业管理行为的应用研究置于中国企业经营环境独特这个基本的前提之下，即实现从所谓"情境钝感"向"情境敏感"的转变。随着中国经济的发展和中国企业国际竞争力的提升，越来越多的国内外学者开始重新审视中国企业管理研究中的主、客体关系，开始关注中国情境的所谓"情境效应"，希望以此发展中国的管理理论而不是管理学的中国理论。但是至今为止，无论是发展管理的中国理论还是中国的管理理论都缺乏研究视角及方法上的支撑。

在长期从事中国企业战略行为研究，特别是开展本项目研究的过程中，本项目组也同样面临着与国内其他管理学者相同的困扰。因此，本项目组在研究过程中非常关注如何根据本项目的研究需要实现研究视角及方法的创新，从而有效地将整个研究嵌入在中国情境之中，实现研究设计的目的和要求。首先，本项目组注意到本研究是一种典型的情境嵌入式研究，其目的是要以中国"入世"后经济全球化影响和中国经济转型的现状为情境特点，研究如何提高中国企业集团国际竞争力，包括中国企业集团应该采取什么样的成长和重组战略，中国政府应该提供什么样的制度环境才能够有效地促进中国企业集团提升国际竞争力。因此，本项目组不仅采取了情境嵌入的视角，而且也同时采取与情境嵌入相关的另一个研究视角和方法，即制度基础的研究视角。进一步地，本项目组认为仅仅采取上述两种视角和方法还不足以反映中国企业集团所处的情境特征和满足本项目的研究需要。为了深入分析中国企业集团所嵌入的特殊情境，尤其是制度环境及其影响，本项目组还采用了另外三种视角及方法。

第一，本项目组注意到中国经济转型在推进方式上与其他经济转型国家不同，是一种所谓渐进、放权和试验的方式。在整个经济转型的过程中，中国政府以放权和试验的方式推动体制改革，以渐进的体制改革推动经济社会的发展，从而导致中国企业集团所处的经营环境和制度环境呈现出高度动态的特点。在体制改革动态演进的影响下，中国企业集团所处的制度环境、经营环境和企业战略也相应地呈现出明显的动态互动和共同演化的特点。因此，对中国企业的战略行为研究，包括对本项目的研究也应该采取共同演化的视角及方法。基于这些认识，本项目组运用共同演化的研究视角和方法，对中国经济改革不同阶段上的制度变迁与中国企业集团成长与重组战略选择进行了研究，从对企业集团概念的引进、背离和回归的研究揭示了中国企业集团的性质与特点；从对中国企业集团成长与重组战略演化的研究揭示了中国企业集团战略选择行为的特点；在新形势下中国企业集团战略选择模型的构建的基础上，推演出中国加快经济体制改革的必要性和紧迫性。

第二，本项目组同时注意到中国"入世"后已经逐步发展成为全球最为开放的市场之一，国内与国外的市场边界正在逐步模糊和消失。考虑到本项目需要在这样的背景下研究中国企业集团如何提升国际竞争力的问题，本项目组采取了国内与国外市场整合的视角。运用国内外市场整合的视角，本项目组提出中国企业集团提升国际竞争力需要整合国内外两个市场，其中，先整合国内市场，再整合国际市场可能是中国企业提升国际竞争力更现实的路径选择；既需要在整合国内市场中形成和提升企业国际化所需要的企业特定优势，也需要通过整合国际市场建立和提升整合国内市场所需要的企业核心竞争力；在整合国内分割性市场的过程中，中国企业集团需要运用国际化的战略思维，而在国际化的过程中，中国企业集团同样可以借助和发挥其克服国内市场分割性过程中获得的经验和能力。

第三，本项目组还注意到制度影响和制度差异都是中国企业集团所面临的典型情境特点。作为一个经济转型国家，制度影响是中国企业集团所面临的情境特征，因此制度理论被认为是最适合于解释中国企业集团战略选择的理论视角。但是，这种视角只适合解释中国企业集团战略选择的共性。然而，中国企业集团所承受的制度影响会因为其所有制、隶属关系、行业特点和资源能力的不同而呈现差异，说明制度差异则是另一个不可否认的中国情境特征，关注这种制度差异对于理解企业战略行为显得十分重要。因此，本项目组认为在解释中国企业集团战略选择行为上，在以制度为基础的观点去解释中国企业战略选择行为的共性的同时，采用关注例外的视角及方法来解释中国企业集团战略选择上的差异性是十分必要的。制度环境是制约中国企业集团提升国际竞争力的主要因素，能够突破制度环境制约而发展成为世界级企业的中国企业集团基本上属于"例外"。通过采用这种关注例外视角和方法，本项目组对少数具有国际竞争力的企业集团进行了结构性案例研究，从而揭示出中国企业集团应对经济全球化和市场分割性的战略选择，并且从中提炼出中国企业集团提升国际竞争力的优势、路径和战略选择，为其他中国企业集团提升国际竞争力的实践提供指导。

本项目在研究视角与方法上的贡献主要表现在以下两个方面：第一，基于对中国情境的分析，提出研究全球化条件下中国企业，尤其是企业集团的战略行为需要采取共同动态演化、国内外市场整合和关注例外的视角及方法；第二，以情境嵌入视角为基础，整合其他四种相关的研究视角及方法，构建了一个研究转型期中国企业集团战略选择行为的方法体系（见图1-1）。本项目组在研究视角和方法上的创新已经引起了国内学者的关注，在一定程度上为国内其他学者有效开展有关中国企业战略行为研究提供了研究视角与方法上的支持。

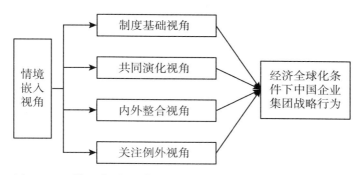

图1-1 转型期中国企业集团战略选择行为的方法体系

二、情境理论化方面的贡献

与中国企业管理理论的发展一样，中国企业战略管理理论的发展经历过一个从"情境钝感"向"情境敏感"转变的阶段。在这个阶段上，由于中国战略管理学者还没有深刻理解情境与理论的关系，以为西方企业战略管理的理论是"情境钝感"或者普遍适用的；没有看到中国情境差异的合理性和长期性，也没有将这种情境差异转化为理论创新的动因。随着国内外学者对中国企业战略管理研究的逐步深入，越来越多的研究表明西方企业战略管理的理论是"情境敏感"的，并不一定完全适用于中国情境；作为一个经济转型和新兴市场经济国家，中国情境特殊性具有其合理性和长期性，将中国企业战略管理研究嵌入在这种特殊的情境之下有可能取得创新性的成果和发展管理的中国理论，由此中国企业战略管理开始进入了一个从"情境敏感"向"情境效应"转变的阶段。在这个阶段上，一些学者研究发现，单纯的情境敏感性并不能很好地解释当前中国企业的战略行为，中国独特的情境不仅调节了一些关键战略要素对企业战略行为的影响程度与方向，甚至完全改变了影响企业战略行为的关键要素，因此提出以"情境效应"取代"情境敏感"，并在此基础上创建与发展中国的管理理论。目前中国企业战略管理学者都在探讨如何做好情境理论化的工作，如何打开"情境效应"的黑箱，其中包括什么是情境，其结构与维度如何？中国情境的独特性何在？即中国企业所处的情境究竟在哪些方面独特于一般经济转型国家或者新兴市场经济国家？这些独特性能否用理论解释并获得实证支持？这些独特性究竟对指导中国企业战略管理行为具有哪些实质性作用？

为了使本项目的研究不仅能够对中国企业集团提升国际竞争力提供切实可行的帮助，而且能够实现知识性的创新，本项目组试图在本项目的研究中将中国情境从一般经济转型或者新兴市场经济国家向着更为具体的方向推进一步，希望找到某个具体的情境特点为突破口，推进情境理论化工作。为此，本项目组首先总结了团队成员以往对中国企业集团多元化与绩效关系的研究，试图从中寻找到当前仍然阻碍中国企业集团回归主业和建立国际竞争力的主要原因。结果发现，随着经济体制改革和经济全球化影响的深入，原来推动中国企业集团多元化的主要动因都在逐步减弱，而以区域竞争和地方保护为基础的市场分割性一直都是阻碍中国企业集团回归主业和实施横纵向整合战略的主要原因。在此基础上，本项目组对少数中国世界级企业进行了案例研究，试图探讨这些企业"先做中国第一、再做世界第一"的战略选择为什么难以复制或者缺乏跟随者。结果发现，市场分割性是限制中国企业集团利用国家特定优势提升国际竞争力的主要障碍。这些研究最终引发这样一个问题：假如中国市场是分割的，那么对中国企业集团的战略选择会有什么样的影响？对于这个问题的进一步深入探索，使我们尝试将国内外经济学家关于中国市场分割的研究和相关的成果引入到本项目的研究中，将市场分割性视为中国经济转型过程中的最典型的情境特征，这样不仅可以解开此前在企业多元化和提升国际竞争力研究方面的许多困惑，而且能够为中国情境理论化做出理论贡献。

1. 将中国市场分割性作为中国情境特征符合"情境结构"的概念要求

作为一个国家市场结构的特征，市场分割性的形成是中国经济转型过程中的一种制度选择和制度安排；市场分割性集合了查尔得（Child）所说的物质体系和理念体系中主要因素及其交互关系，这种特征一旦形成就具有相当高的稳定性和持续性；市场分割性通过环境、组织和个人三个层次的交互作用对企业管理行为的实质性影响。因此，市场分割性能够在多大程度上影响企业的战略选择与企业所处行业的市场化程度、企业的隶属关系、管理传统，甚至高管团队的构成都存在着密切的关系。

2. 将中国市场分割性作为中国情境特征具有理论和比较研究的基础

从 20 世纪 90 年代后期开始，以林毅夫等为代表的国内经济学者对中国市场分割性的成因和表现进行了持续的研讨。国外经济学者则运用二手数据，从产业结构、跨区域经济合作等方面对中国市场分割性的表现进行了实证和比较研究，相关的结论也得到了国外学术界的认同。事实上，国外学者和跨国企业对中国市场分割性的感受比国内学者和企业更为明显和深刻，这是因为：进入中国之前，他们都认为中国是一个巨大的市场；但是进入中国之后，他们却发现中国市场实际上又很小。

3. 将中国市场分割性作为中国情境特征对中国企业战略行为具有相当强的解释力

将市场分割性作为情境特征能够为至今仍然难以解释的一些企业战略行为提供合理的情境解释。例如：第一，为什么中国出口加工企业转向国内市场困难重重；第二，为什么中国实施跨区域横向整合企业很难获得应有的整合效益；第三，为什么中国企业在跨区域整合过程中要采取"假子公司真分公司"管理体制；第四，为什么在国内市场上有效实施跨区域整合需要借助国际化战略思维；第五，为什么实施高度地方化和行业多元化战略的中国企业经济效益并不低，相反实施高度全国化和行业集中战略的企业经济效益却不高。中国市场分割性与上述中国企业战略选择行为之间的关系，不仅可从经济学、政治学，而且可从社会学方面得到解释；不仅可采用市场基础观、制度基础观，而且可采用资源基础观的视角进行分析。

4. 将中国市场分割性作为中国情境特征可以直接对情境效应进行观察和分析

作为市场结构的主要特征，市场分割性对中国企业战略行为的影响是直接的、多重的和可观察的。如果在国内市场上实施横向整合战略的企业认为中国市场具有分割性的特点，那么它们在下列决策或者行为方面可能由于区域的不同而存在差异：第一，区域进入战略，包括进入区域、进入方式；第二，管理模式，包括管理体制、组织结构、集分权程度、控制机制等；第三，区域管理团队的选择、评价和激励方式等。虽然一个具体企业做出上述选择并非完全依赖于自身对市场分割性的判断（还包括企业自身特征与管理传统），但我们仍然可以通过对大量企业战略行为的直接观察，来对中国市场分割性的情境效应进行实证分析。

三、理论模型构建方面的创新

为了实现项目的研究目的，本项目组不仅需要采用符合中国企业集团情境特点的多种研究视角，并将中国企业集团情境特点理论化，而且需要能够在此基础上整合已有的研究成果，构建能够准确和全面揭示中国企业集团战略行为特点和规律的理论或者概念性模型。迄今为止对企业战略管理理论影响重大和深远的一些理论或者概念性模型，例如，SWOT模型、行业竞争结构分析模型、国家特定优势分析模型、价值链模型，都是在整合原有研究成果的基础上"推导"出来的。虽然这些理论或者概念性模型只是一种集成创新，而不是基于实证的知识性创新，但其丰富的解释力和广泛的应用价值得到了广泛和持续的认可。在中国企业管理，尤其是企业战略管理从"情境敏感"向"情境效应"的转变过程之中，对于发展中国企业战略理论来说，基于中国情境特殊性而展开知识性的创新固然

25

重要，但是基于中国情境特殊性而构建能够揭示中国企业管理行为特点的理论模型可能更重要。

（一）解释中国企业集团战略行为的概念框架

迄今为止，关于中国企业、特别是中国企业集团战略决策与选择行为的研究具有两个共同点：一是从事这种研究的学者都有一个共同的假设前提，那就是强调中国企业和企业集团所嵌入的情境独特。但是，这些学者并没有系统地回答接下来的两个问题——中国企业集团所嵌入的情境究竟在哪些方面独特？这些情境上的独特是怎么影响企业集团战略决策的呢？二是从事这种研究的学者都认识到了情境特征和企业特征对中国企业集团战略决策与选择行为的影响，但是还没有考虑上述两种特征在影响中国企业集团战略决策与选择行为过程中的交互作用。其中一部分学者只关注比较中国与其他经济转型国家的情境差异，将情境特征作为自变量去揭示中国企业集团战略行为上的共性，解释中外企业集团战略行为上的差异性；而另一部分学者则只关注中国企业集团在所有制、隶属关系和资源能力等方面的特征，将企业特征作为自变量去解释中国企业集团战略行为上的差异性。本项目在研究中国企业集团战略行为的过程中，不仅关注中国情境独特性对中国企业集团战略行为的影响（以此解释中外企业集团战略行为上的差异），而且关注具有不同企业特征的中国企业集团在相同情境下的战略行为特点（以此解释情境因素影响中国企业战略行为的机理）。因此，本项目组整合了上述两种研究中国企业集团战略行为的视角，认真分析了情境与企业特征在影响中国企业集团战略行为过程中的交互作用，构建了一个解释中国企业集团战略行为的概念。

根据国内外相关文献的分析，转型经济、新兴市场经济、差异化的制度环境和环境动态化一般被认为是中国情境独特性几种具有代表性的表述；嵌入在具有这些特征的情境之中，中国企业集团在管理导向、战略思维模式、应对制度影响和对待企业管理传统等方面陷入了"两难困境"，中国企业集团在战略行为上表现出不同于西方企业战略行为的特点；面对这些"两难困境"及其背后情境因素的影响，中国企业集团的战略行为会因为中国情境特征与企业自身特征，包括制度地位、资源能力和管理传统的交互作用而表现出不同的特点。一般来说，面对相同的情境，具有相同企业特征的企业在战略行为特点上表现出趋同性，同样具有不同企业特征的企业在战略行为上表现出差异化。为了解释为什么在相同情境下具有相同企业特征的企业会在战略行为上产生巨大的差异，有些成为世界级企业，有的则处于破产的边缘，我们进一步引入了企业战略管理者和公司治理理论。运用这个概念框架，首先可以基于中国企业所嵌入的若干情境特征回答关于中国企业战略行为的第一问题：为什么中西方企业的战略行为不同？其次，可以基于中国企业所嵌入的若干情境特征与企业自身特征的交互作用回答关于中国企业战略行为的第二个问题：为什么中国企业的战略行为既存在一定的趋同性（具有相同特征的企业之间），又表现出一定的差异性（具有不同特征的企业之间）？运用这个概念框架还可以在考虑中国情境特征和企业特征交互作用的基础上，引入企业高层管理团队、企业家精神和公司治理理论，进一步解释关于中国企业战略行为的第三个问题：为什么在不同类型的中国企业，甚至国有控股企业中都能够出现少数世界级企业？

（二）新形势下中国企业集团战略选择的描述性模型

迄今为止，国内外学者关于经济全球化条件下中国企业集团战略选择的研究还表现出另外两个特点：第一，基本上没有将对中国企业集团战略选择行为的研究嵌入在中国情境之中，也没有将其所处的情境特点作为一种现实和客观的存在，当然也就难以理解和尊重嵌入其中的中国企业集团战略选择的合理性；第二，基本上没有真正将中国企业集团作为一个企业来对待，总是希望这些企业集团能够为国家、社会发展做一些企业本来不应该做或者不一定能够做的事情。例如，在国内市场经济体系尚不健全的情况下，政府要推动中国企业集团以企业之力量去建立国际竞争力。本项目组在研究中国企业集团成长与重组战略选择的过程中，从"现实的就是合理的"这个基本点出发，着重于描述经济全球化和经济转型条件下中国企业集团的战略选择，试图去理解中国企业集团做出自主性战略选择的理由，并且在此基础上构建了一个新形势下中国企业集团战略选择的描述性模型。

中国"入世"以后，中国企业集团外部经营环境所发生的一个根本变化趋势就是经济全球化的影响越来越深入和直接，每一个中国企业集团都对经济全球化所带来的机会和威胁做了自己主动或者被动的选择。因此我们将企业集团对经济全球化的态度作为纵轴，以企业行业多元化程度作为测定企业集团战略选择的代理变量，分析中国企业集团应对经济全球化趋势的战略选择。中国"入世"以后，经济全球化影响的深入和直接凸显了中国经济体制改革的滞后。中国市场分割性不仅集中反映了经济全球化条件下中国市场经济体制的不完善性，而且也集中反映了制度环境对中国企业集团战略选择的影响。因此，我们将中国企业集团对市场分割性的态度作为横轴，以企业市场多元化程度作为测定企业集团战略选择的代理变量，分析中国企业集团在应对市场分割性影响的战略选择。将两个维度整合起来，将新形势下中国企业集团应对上述两种环境变化趋势的四种战略选择构成了一个"四方格矩阵"。值得说明的是，这个描述性模型并不适用于对

27

新形势下中国企业集团战略选择进行社会责任的判断，也不暗示中国企业集团采取其中何种战略选择可以获得更高的经济效益，因为做出这些战略选择的毕竟是企业，而不是政府或者社会团体。这个描述性模型的主要作用就在于帮助企业战略管理者理解新形势下的各种战略选择及其利弊，指导企业战略管理者根据自身的性质（制度要求）、资源与能力、管理传统做出自己的选择。如果中国政府希望推动更多的中国企业集团实施有利于建立和提升国际竞争力的战略，不能指望这些企业自己突破制度制约，而应该进一步深化改革，减少或者消除市场分割性，营造有利于企业集团提升国际竞争力的制度环境。

四、主要知识发现及创新

（一）企业集团的概念演化：背离与回归

为了明确本课题的研究对象，本项目组结合对中国企业集团发展历史的回顾，分析了企业集团概念在引入中国以后的变化及影响，认为现阶段中国企业集团的概念已经背离了其本来的含义，变成了一个具有独立法人资格和母子公司特征的企业组织；结合对中国企业集团发展面临问题与挑战的分析，认为企业集团的概念已经完成了其在经济转型特定阶段上的历史任务，限制了中国多元化企业实施回归主业的战略和采取集权化管理模式。在经济全球化条件下，为了推动中国多元化企业通过横纵向整合战略做强主业和通过集权化管理发挥整合效益，本项目组提出应该恢复"企业集团"的原本含义，即明确企业集团作为一种法人联合体而不是法人这样一个根本特征；应该切断企业集团与母子公司体制之间的必然联系。企业集团的概念可以被多元化企业、控股公司、国际化企业、大型企业等概念所代替。企业集团的概念回归既有利于提高政府"做强做大"政策的针对性，又有利于国内外学术对话，提升国内企业管理领域的学术研究水平（蓝海林，2007）。

（二）经济转型中国有企业集团行为的研究

针对经济转型中我国国有企业集团的战略行为，本项目组基于我国的国有企业集团及其附属企业的大样本问卷调查获取的一手数据进行了实证研究，结果发现：第一，在经济转型过程中，政府对国有企业集团附属企业的行为产生了显著的影响，政府目标与政策的冲突，直接导致了国有企业集团附属企业的行为冲突，而它们的基本行为导向偏向保持雇佣规模，而不是市场创新。第二，集团公司可以对附属企业的行为发挥影响，强化或者弱化政府对附属企业的影响，但是作用不明显。第三，国有企业集团能否发挥集团优势将取决于产权和管理模式的改造。本项目组认为，对国有企业集团行为的解释和作用的评价不能够单纯依靠经济学或者社会学，还必须从政治学的角度加以补充，进而指出国有企业集团是我国政府在经济转型特定阶段中为实现稳定与发展两大目标而扶持和依靠的一种政治工具。与前人研究相比，本项目组选择了一个新的角度，搭建了新的概念模型，以政府对附属企业行为的影响为切入点，分析国有企业集团行为导向；从集团公司总部对附属企业行为的影响为切入点，分析政府影响下国有企业集团的角色和作用；从政治学的角度解释了经济转型过程中国有企业集团的行为，丰富了我国理论界对经济转型过程中我国国有企业集团行为的认识（蓝海林，2004）。

（三）转型时期我国企业集团的多元化、结构与绩效的关系

本项目组于 2005 年对我国企业集团多元化、结构和绩效进行了研究，这是本项目组在 1999 年对我国企业的多元化和绩效问题研究之后的再次跟踪研究。此次通过上市公司数据的实证分析结果表明：第一，我国企业集团中低度多元化获得的收益要高于高度多元化；第二，集团内部市场、企业通用性资源、控股子公司规模与其多元化程度存在明显的正相关关系，但国有股与多元化程度存在负相关关系；第三，集团核心企业的绩效要优于集团其他成员企业；第四，国有控制的集团成员企业的绩效低于非国有控制的成员企业；第五，内部产品采购和内部要素市场对集团成员企业的绩效存在正相关关系，内部产品销售与其绩效存在负相关关系，而且集团两种内部市场的交互作用在各自对绩效的影响中存在调节关系；第六，多元化和内部销售市场之间不存在交互作用，多元化和内部采购市场之间的交互作用在内部采购对其绩效影响的关系中存在负调节作用，多元化和内部要素市场之间的交互作用在内部要素对绩效的影响中存在负调节作用；第七，集团金字塔式体系的控制权与现金流量权的分离系数与其成员绩效存在明显的负相关关系。上述结果揭示了国内转型时期企业集团内部市场的普遍存在，而且这种内部结构在当前能够有效地促进成员企业的绩效，补充了基于新制度经济学理论对企业集团的研究，并从实证角度支持企业集团能够有效降低交易成本从而使其成员企业绩效提高，丰富了对经济转型时期企业集团的认识（姚俊和蓝海林，2005）。

（四）中国行业机会与中国企业集团的多元化经营

本项目组于 2007 年第三次对中国企业集团的多元化问题进行实证研究，此次研究主要是以中国上市公司为样本对中国行业机会与中国企业集团的多元化经

营之间的关系进行了实证分析，研究发现：第一，中国企业集团的形成、发展与多元化经营密不可分，以至于一部分企业集团的对多元化发展产生"路径依赖性"；第二，中国企业集团的多元化在一定程度上是国家政策（制度因素）和行业竞争结构（市场因素）之间博弈的结果，转型时期的特殊国情决定了这一过程的必然性；第三，中国企业集团多元化与绩效之间的关系并不符合国外学者提出的"倒U形"模型，中国企业集团的多元化与绩效总体来说呈显著负相关关系，其中，高度不相关多元化会明显降低企业绩效，但限制性相关多元化与低度不相关多元化对绩效的影响没有显著差异；第四，当面临行业机会时，非国有企业集团相比国有企业集团对机会的敏感性更强，多元化程度更高；第五，行业开放敏感性与绩效正相关，非国有企业集团对行业开放机会的敏感性，对其多元化程度和绩效的关系具有正向调节作用，但行业开放带来的诸多收益并没有超过非国有企业集团不相关多元化的成本；第六，企业集团不相关多元化程度与新兴产业敏感性正相关，但新兴产业并没有为企业集团带来预期的收益，而且企业集团对新兴产业机会的敏感性，对其多元化程度和绩效的关系具有微弱的负向调节作用。上述研究发现进一步丰富了当前对新兴经济或转型经济国家多元化理论的研究（黄山和蓝海林，2007）。

（五）转型时期中国企业特性与多元化的关系

鉴于我国企业集团的多元化仍然是企业集团成长与重组中的关键问题，本项目组于2012年再次进行了实证研究，此次选取了我国七个行业中的上市公司为研究对象，对转型期我国企业的自身特性与多元化之间的关系进行了实证研究，发现：第一，国有股比例越高的企业会更多地选择区域多元化，并且会较少地进行行业多元化；第二，隶属于中央的国企比隶属于地方的国有企业更注重区域多元化的经营，避免增加行业多元化程度；第三，自我发展起来的国有企业比重组改制的国有企业在选择行业多元化时更加慎重和保守，更注重采取市场开拓战略提高主业竞争力；第四，企业高管的政府背景将有利于企业进行区域多元化的战略执行。此外，企业总部所在地的市场化程度在企业进行战略选择时的重要作用，具体表现为对国有股比例与区域多元化程度之间的关系有负向的调节作用，对隶属关系与区域多元化之间的关系有负向的调节作用，对隶属关系与行业多元化之间的关系有正向的调节作用，对企业出生地与区域多元化程度之间的关系有正向的调节作用，对高管的政府背景与行业多元化程度之间的关系有负向的调节作用（宋莹莹和蓝海林，2012）。本项目组是国内较早并持续对我国企业集团的多元化问题保持高度关注的研究团队，取得的研究成果和研究发现对于揭示我国企业集团发展过程中的多元化问题以及帮助企业集团制定合适的战略决策起到了较好的指导作用。

（六）特定优势视角的我国企业国际化程度与企业绩效的关系

本项目组基于上市公司数据库和案例研究相结合的方法，从特定优势转移、获取的内容与方式的角度引入特定优势和国际化进入方式的概念，对我国企业的国际化程度与企业绩效关系进行研究，结果发现：第一，中国这样一个发展中国家正处于经济转型与新兴工业化时期，企业国际化呈现复杂的交互、交替状态，因此不能简单地回答"国际化是否能为企业带来盈利"的问题。目前我国企业国际化程度与企业绩效的关系还是一种不确定或波动的关系，尚未出现如发达国家那样的规律性特征。第二，现阶段我国企业已经不能完全单凭区位优势或者制造加工的国家竞争优势来参与国际市场的竞争，特定优势已经成为更为重要的盈利来源。第三，特定优势中，广告密集度与企业绩效负相关关系的研究结果说明，特定优势的获取和建立是要有所投入的，其对企业绩效的影响有一个"门槛效应"。第四，进入方式程度与对国际化与企业绩效关系的正向调节作用的研究结果表明，进入方式的不同不仅是特定优势转移渠道的不同，更是特定优势获取渠道的不同；进入方式在风险和资源承诺上的差异性是我国企业选择不同进入方式和学习程度的影响因素（黄嫚丽和蓝海林，2006）。

（七）中国企业横向整合管理模式选择研究

本项目组采用案例研究方法对中国若干典型企业横向整合的管理模式进行了探讨，结果发现：第一，在中国经济转型期，整合国内市场的重要性已经得到中国企业的重视，但企业整合国内市场的管理模式受制度因素和市场因素的双重制约。第二，中国企业的管理传统和制度地位对企业横向整合管理模式选择具有重要影响。企业管理传统越是被证明有效，企业横向整合管理模式的选择就越具有路径依赖的特征；企业管理传统越是受到挑战，企业横向整合管理模式就越具有路径修正的特征。第三，行业市场特征这个变量所代理的制度因素和市场因素对企业横向整合管理模式选择具有直接影响。企业所处行业的整合潜力越高，就越倾向于采取高度整合的管理模式，反之亦然。第四，相对于企业自身特征，行业市场特征对企业横向整合管理模式选择的影响程度更强，这体现了制度因素的强制性特征和市场因素的诱致性特征对企业横向整合管理模式的作用和影响。第五，企业认知调节了企业自身特征和行业市场特征与企业横向整合管理模式选择的关系。在行业市场特征与企业对行业市场特征认知不一致的情况下，企业横向整合管理模式会背离行业市场特征，而与企业对行业市场特征的认知趋向于一致。第六，选择与行业与企业特征相匹配的管理模式有利于横向整合企业取得更好的国内市场整合效果。上述发现表明，在转型经济的背景下，中国的横向整合企业基于自己的管理传统和制度地位对管理模式做出了"情景嵌入式的变通"（李铁瑛和蓝海林，2011）。

（八）转型期制度环境对企业跨区域市场进入模式的影响机制研究

本项目组以中国境内的跨省经营企业为研究对象，通过大样本的问卷调查获取数据，对转型期我国企业跨区域市场进入模式进行了实证研究，结果发现：第一，制度环境对市场进入模式选择具有主效应，表现为：管制制度差异与企业跨区域市场进入模式中的资源承诺与控制程度和投资比例的大小负相关；支持性制度、市场—行业规范等方面的制度差异与企业跨区域市场进入模式中的资源承诺与控制程度和投资比例的大小正相关；政治关系网络与企业跨区域市场进入模式中的资源承诺与控制程度和投资比例的大小负相关。第二，产业环境特征对制度环境与市场进入模式间关系具有调节作用，表现为：在高研发密集度的产业中，公司总部与分部间的管制制度环境差异越大，企业跨区域市场进入的选择更倾向于资源承诺高、控制程度大和投资比例大的市场进入模式；而在低研发密集度的产业中，公司总部与分部间的管制制度环境差异越大，企业跨区域市场进入的选择更倾向于资源承诺越小、控制程度越小和投资比例越小的市场进入模式；在高营销密集度的产业中，公司总部与分部间的管制制度环境差异越大，企业跨区域市场进入的选择更倾向于资源承诺高、控制程度大和投资比例大的市场进入模式；而在低营销密集度的产业中，公司总部与分部间的管制制度环境差异越大，企业跨区域市场进入的选择更倾向于资源承诺越小、控制程度越小和投资比例越小的市场进入模式。第三，企业能力特性对制度环境与市场进入模式间关系具有中介作用，表现为：企业财务能力是管制制度环境与市场进入模式关系间的部分中介作用；企业营销能力是规范制度环境与市场进入模式关系间的部分中介作用；企业关系能力是管制制度环境与市场进入模式关系间的完全中介作用；企业关系能力是规范制度环境与市场进入模式关系间的完全中介作用。该研究构建了一个综合而系统的关于制度差异对企业跨区域市场进入模式选择影响和作用机理的理论分析框架，为后续研究奠定了基础；探索了转型期制度环境对市场进入模式的影响与作用机理，为解答目前国际学术界中关于"制度对企业战略行为的影响和作用机理"的理论难题提供了可能；在转型期制度情景下，以中国境内跨省域经营企业为样本，探讨了"制度基础观"的适用性问题，丰富和扩展了"制度基础观"的理论成果（汪秀琼和蓝海林，2011）。

（九）基于信息技术视角的中国企业地域多元化的控制机制研究

本项目组运用案例研究方法，以四家行业领导企业为对象，对我国企业地域多元化下的控制机制、信息技术能力与绩效进行了研究。研究发现：第一，在信息技术能力与制度因素（当地市场化程度）、市场因素（行业一体化潜力）和组织管理传统的交互作用下，企业采取了基于活动的、在不同价值活动集权分权同时并存、动态协调的控制机制。第二，信息技术应用效能正向调节了控制机制与绩效的关系。具体而言，当信息技术应用产生了效率效能时，研发、财务、采购、生产的集权控制程度越高，越有利于提高绩效。当信息技术应用产生了快速反应效能时，营销、服务的集权控制程度越低，越有利于提高绩效。第三，信息技术能力具有路径依赖性。在企业地域多元化的不同历史时期，为适应多样化和复杂的各地环境，信息技术能力的提升与控制机制设计相互制约、共同演化，体现在关键价值活动的不同控制程度组合，从而解决了与异地二级组织信息不对称的问题，降低了内部交易成本、代理成本和信息成本。第四，在经济转型期，中国企业在分散的中国市场中采取母子公司制以满足合法性要求，但实际上以信息技术能力为支撑设计控制机制，使得企业在母子公司体制下产生出总分部的整合效应实现对效率机制的追求，这是企业面对制度压力的主动性战略回应进而获得竞争优势。也就是说，企业内部采取基于信息技术能力的控制制度安排来追求效率机制，弥补了由于适应外部合法性而造成的组织效率的损失。第五，即使在经济转型期的制度环境中面临巨大的制度化压力，企业的战略选择也不单纯是以制度为基础的。企业在考虑如何适应制度要求的过程中不仅考虑制度合法性收益，而且也需要考虑企业自身的资源、能力和核心竞争力的发挥与提升，这又符合以资源为基础的观点。上述研究结果揭示了中国企业在特定历史时期、在特定的制度环境下的地域多元化控制机制及其演化路径，在一定程度扩展了制度理论对经济转型期中国企业战略行为的解释范围，验证了合法性机制理论在中国企业地域多元化中的应用，推动了制度理论中关于制度环境与企业战略行为之间关系的研究；丰富了对信息技术的战略层面而不是技术层面的认识，弥补当前对信息技术认识的不足，亦拓展了对控制机制的研究。此外，结构化地呈现并从理论上凝练出在当前中国改革开放的新形势下，中国企业在国内采取地域多元化战略并有效实现整合、发展成为"世界级"企业的行为规律、特点和路径，对政策制定者和企业战略决策者具有积极的前瞻性指导和重要的实践意义（王晓健和蓝海林，2010）。

（十）基于合法性视角的中国企业并购后控制与并购绩效的关系

本项目组基于制度理论的视角，引入合法性的概念，对中国企业并购后的控制方式和程度与并购绩效之间的关系进行了实证研究，结果发现：第一，并购后主并企业对被并方的正式控制程度与主并企业的并购绩效之间没有显著相关性；并购后主并企业对被并方的非正式控制程度与主并企业的并购绩效之间存在显著正相关关系。第二，并购的外部合法性与主并企业的并购绩效之间没有显著相关性；并购的内部合法性与主并企业的并购绩效之间存在显著的正相关关系。第三，并购的外部合法性对并购后正式控制与并购绩效之间的关系具有显著的正向调节作用；并购的外部合法性对并购后非正式控制与并购绩效之间的关系具有显著的正向调节作用；并购的内部合法性对并购后正式控制与并购绩效之间的关系没有调节作用；并购的内部合法性对并购后非正式控制与并购绩效之间的关系具有显著的负向调节作用。该研究创新性地对并购合法性及其在并购中的影响进行了实证分析，一定程度上丰富了国内并购领域的研究以及制度理论对中国企业战略行为及绩效的解释，也为我国企业管理者在思考并购后如何对被并方进行控制以更好地实现并购预期目标以及企业的战略利益提供参考和借鉴（乐琦和蓝海林，2010）。

（十一）转型经济背景下中国企业战略并购的整合机理的实证研究

本项目组构建了一个转型经济背景下中国企业战略并购的整合机理的理论模型，并通过大样本的问卷调查获取数据进行了实证检验，结果发现：第一，企业并购的区域特征和行业特征同时影响企业并购绩效；第二，并购后的内部整合影响财务绩效、市场绩效和运营绩效，并购后的外部整合影响财务绩效、市场绩效和运营绩效；第三，企业在跨区域并购的过程中，外部整合与内部整合对并购绩效的影响都大于同区域并购中外部整合与内部整合对并购绩效的影响，表明跨区域并购中整合因素对企业并购成败的影响比同区域并购更大；第四，企业在跨行业并购的过程中，外部整合与内部整合对并购绩效的影响都大于同行业并购中外部整合与内部整合对并购绩效的影响，表明跨行业并购中整合因素对企业并购成败的影响比同行业并购更大。该研究一方面为中国企业在现实情景下为有效进行并购整合提供了理论指导，为企业战略管理理论的发展做出了情景嵌入式的知识创新；另一方面也为改善制度环境提出了政策性建议（王成和蓝海林，2010）。

（十二）我国多元化企业的组织结构与绩效的关系

本项目组主要通过我国上市公司的二手数据对我国多元化企业的组织结构与

绩效的关系进行了实证分析，结果发现：第一，在我国行业多元化企业中已经采用事业部制组织结构企业的比例并不高，相对于其他组织结构类型来说，实施事业部制的行业多元化企业会获得更好的绩效；第二，相关多元化战略与各种类型的事业部制的匹配都比不相关多元化带来更好的绩效，这说明相对于不相关多元化来说，相关多元化战略是一种更加优越的公司级战略；第三，我国多元化企业采用事业部制的可能性受到内外部因素的影响和制约，主要有企业成立的年龄、规模及环境的动态性、行业的开放性等。同时发现企业的多元化程度越高，并没有增加企业采用事业部制的可能性，而是较多地采用了母子公司制。该研究首次对我国多元化企业所采用的组织结构的现状、不同组织结构类型对我国多元化企业绩效的影响和采用事业部制这种类型的组织结构的影响因素进行了实证研究分析，特别是首次建立了多元化企业采用事业部制的影响因素分析模型，通过对多元化企业内部因素和外部环境的探讨，为我国企业采用事业部制的原因给出了较好的解释（宋旭琴和蓝海林，2008）。

（十三）我国上市公司高层管理团队异质性与企业绩效的关系

本项目组基于上市公司的公开数据对我国企业高管团队的构成及其与绩效的关系进行了实证研究，结果发现：第一，在我国社会环境下，高层管理团队的任期异质性、职业经验异质性与企业绩效负相关；第二，企业多元化程度与高层管理团队任期异质性的交互作用在团队任期异质性对企业绩效的影响中存在正向的调节作用；第三，在我国企业中，国有股比例与高层管理团队教育专业背景异质性的交互作用在团队教育专业背景异质性对企业绩效的影响中起了负向的调节作用；第四，在我国企业中，高层管理团队职业经验异质性、年龄异质性与行业动态性的交互作用在各自对企业绩效的影响中产生了负向的调节作用；第五，高层管理团队平均年龄与企业绩效负相关。该研究发现加深了对我国企业高层管理团队特征的影响的认识，拓展了高层梯队理论的应用空间，所得结果补充和丰富了高层管理团队研究的内容（张平和蓝海林，2005）。

第二章

经济全球化趋势

全球化（Globalization）是当前世界各个国家所面临的边界越来越广泛，界定越来越困难和影响越来越深入的一种持续和综合性的趋势。有学者认为全球化趋势源于人的天性，因此全球化趋势应该始于原始社会；有的学者则认为全球化趋势源于资本家的天性，因此全球化趋势应该开始于资本主义社会（王南湜，2012）；也有学者认为全球化趋势源于西方国家，尤其是美国政府的推动，因此全球化趋势应该开始于第二次世界大战以后。无论全球化趋势是始于什么时候和源于什么动机，它已经全面、深刻和长久地影响了全球各个民族、国家、企业和居民（鲁志强，2000；邹广文，2003；周弘，2009）。因为这种趋势，世界正在变得越来越小，各个国家和民族之间的交往和沟通越来越容易；世界各个国家和民族在制度、文化和需求上越来越趋于一致；世界正在变得越来越扁平，各个国家和民族的相互作用和影响越来越大。

正如对其他复杂现象的研究一样，不同的学者总是从不同的学科视角去研究全球化，于是全球化就有了很多种含义。由多国学者组建的里斯本小组认为全球化包括了七个方面的内容，涉及了我们经常使用的政治全球化、经济全球化、生活方式全球化、技术与知识全球化等（里斯本小组，2000）。虽然这种"形而上学"的努力不免切断了各种全球化现象之间的内在联系，但是在特定的历史阶段，这些分学科的研究有利于我们揭示全球化的本质特点。考虑到本研究的需要和中国经济转型现阶段的特点，我们只将经济全球化作为本项目关注的重点。

第一节　经济全球化的本质

所谓经济全球化是指商品、服务、生产要素与信息跨国界流动的规模和水平不断增加的趋势。通过经济全球化，国际分工、跨国投资，资源在全球范围的配置效率越来越高，各国经济相互依存程度日益提高，世界经济越来越趋于一体化。因此，也有学者将经济全球化称为经济一体化。从对经济全球化主要特点的描述中可以看出，经济全球化至少应该包括市场全球化、竞争全球化、企业战略的全球化和相关规则的全球化。

一、经济全球化的动因

经济全球化的历史的确源远流长，但是，现代意义上的全球化应该是在第二次世界大战以后，得益于以下四种主要力量的相互推动而逐步形成燎原之势的。

（一）技术进步

早在 20 世纪 80 年代，著名的管理学者列维特（Levitt，1983）在他的名为《市场的全球化》（The globalization of Markets）一书中指出：有一种力量正在推动着市场需求的趋同和市场共同体的出现，这种力量就是技术的力量。随着互联网的飞速发展，电子商务大量增加，网络已经成为社会信息沟通的基本工具和国际商贸的重要手段。资金、货物和服务的数字化交付，更是大大推动了经济全球化的发展（蔡长华，2001）。具体来说，交通、通信和互联网技术的发展，增进了世界各个国家人们的相互了解，使得他们的需求和偏好逐渐趋同；提高了商品、信息和人员流动的效率；提升了跨国企业在全球范围内从事营销、利用资源、直接投资、参与竞争和跨国管理的能力。正是因为技术进步的推动，使得原来相互隔离、相互封锁、相互对立的国家和地区之间的了解增加、敌视减少、合作增加、对抗减少，整个世界变成了一个"地球村"。现在三十多年又过去了，技术进步的速度还在不断地加快，列维特（Levitt，1983）关于"地球村"的预言已经逐步变成了不争的事实。

（二）企业战略

技术进步及其所带来的影响受到了国际化企业的关注。在此之前，国际化企业所采取的是多国化战略。利用技术进步带来的上述影响，国际化企业开始实施全球化战略，这种战略以世界各个国家市场需求和制度环境趋同化为前提，以标准化产品和集权管理为特点。这种战略克服了多国化战略存在的缺点，提高了全球整合效益，当然也失去了多国化战略的优点，即牺牲了顾客满意度和当地反应能力。现在越来越多的国际化企业开始实施跨国化战略。这种战略试图整合产品的差异化和标准化、管理的分权化和集权化、战略上的多国化和全球化战略，同时寻求全球整合效率和地方反应能力的最大化。国际化企业以自己战略的力量进一步推动了市场、行业和竞争全球化的趋势。

（三）需求趋同

在技术进步和企业战略两股力量的推动下，需求的趋同化也越来越明显，并且成为推动经济全球化的第三股力量。一方面，在技术进步的推动下，世界各个国家和民族之间的交往、了解和文化融合，消除或者减轻了各个国家和民族之间的对立；另一方面，实施全球化战略的企业依靠强大的广告投入、品牌影响和标准化的产品，进入了越来越多的国家，推动着顾客需求的趋同。在这两种力量的推动下，即使是在那些希望保持文化传统的、讲究民族尊严的，甚至那些封闭和独裁的国家中，消费者也逐渐成为了全球化企业产品的追求者，他们在所使用的产品上与西方国家消费者没有品牌上的差异，更多的是产品系列上的差异。消费者需求的趋同带动了全球营销、全球生产和全球采购的一体化，促进了全球贸易、全球直接投资和跨国金融交易的迅速扩大。

（四）政府推动

交通、通信和旅游行业的发展客观上增进了各个国家人民和政府之间的相互沟通和了解。上述三股力量的影响首先使西方发达国家政府意识到全球化的潜在好处，开始利用自己巨大的实力，积极推动贸易和投资自由化，帮助和推动跨国企业实施全球化战略；其次，发展中国家也由于积极接受、参与全球化，在国际分工、国际产业分工、直接投资和技术扩散中得到了一些好处，成为世界市场上劳动密集型产品的提供者，这些国家也开始要求西方国家减少贸易和投资壁垒；最后，在全球竞争的压力和发展中国家的示范下，原来社会主义阵营的国家，包括中国也开始对实施对外开放和制度转型，逐渐接受和融入全球化趋势。目前，中国需要在新的国内、国际形势下进一步转变政府职能，加快政府改革，进而创造有效率的市场环境，促进中国经济持续快速健康发展，并对世界经济发展与经济全球化做出中国应有的贡献（国务院发展研究中心"经济全球化与政府作用"课题组，2001）。

二、经济全球化的趋势

如果说技术进步是全球化趋势自然和原始的推动力量，那么企业和政府则是为了应对技术进步所带来的机遇而成为推动全球化趋势的力量，上述三股力量的共同作用导致了经济全球化趋势。

（一）市场全球化

全球化使商品、服务、资本、人才、资源等各种要素流动的技术性和政策性障碍大幅度下降，加快了世界贸易自由化和全球市场的一体化趋势。例如，跨国金融交易和全球贸易数量迅速上升。全球化促使各个国家参与国际合作与分工，促进了世界范围内生产要素的转移和资源的配置。例如，中国经济的发展就得益于发达国家的资金、技术、人才和知识与中国的资源、廉价劳动力和市场的有效结合。全球化推动了世界经济结构和产业结构的调整，全球工业化的重心正由西半球向东半球转移。联合国工业发展组织（UNIDO）发布的 2011 年工业发展报告称，从 1990 年到 2010 年，全球制造业增加值每年增加 2.8%，从 42 900 亿美元增加到 73 900 亿美元，发达国家的平均水平为每年 1.7%，而发展中国家却达到 5.6%（见图 2－1）。2010 年，15 大发展中国家的制造业增加值占了全球发展中国家的制造业增加值的 73.2%，其中贡献最大者就是中国。中国制造业增加值份额从 2005 年的 9.82% 增加到了 2011 年的 14.45%。从国际经济格局来看，新兴经济体已经成为市场全球化的重要动力。2000～2011 年，代表发达国家的

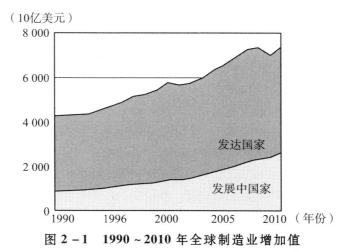

图 2－1　1990～2010 年全球制造业增加值

资料来源：联合国工业发展组织：《2011 年工业发展报告》，国研网，2012 年 8 月 6 日。

七国集团（G7）在全球的比重从 66% 下降到 48%，而 24 个新兴经济体（E24）的占比则从 16% 上升至 29%。从贸易和投资额看，G7 占全球进口的比重从近 50% 降至 37%，同期 E24 占比却从 16% 提高到 28%。从经济增量看，2008～2011 年全球经济总量增长的近 90% 来自发展中国家（张琦，2013）。而按照购买力平价测算，2011 年，新兴经济体占全球 GDP 的份额由 2008 年的 48% 升至 51.87%，首次超越发达经济体（国资委研究中心课题组，2012）。

（二）企业全球化

作为经济全球化的主要推动者，一大批企业为了追求要素成本、规模经济和范围经济效益而将自己的采购范围、市场范围、投资范围和经营管理范围从一个国家扩大到多个国家，乃至全球范围，并且在全球配置资源、跨国协调和管理经营活动的过程中实现了产权、管理和观念上的全球化，因此而被称为跨国公司或者全球化企业。这些全球化企业通过全球投资，全球采购以及在全球范围开展生产与经营活动，不仅在若干产业中控制了关键的资源和技术，而且在全球市场上占有了垄断性的市场份额，成为了独立于国家和政府之外，并能够对各个国家政治和经济产生重要影响的力量。瑞士苏黎世大学 2011 年发布一项研究报告显示，尽管全球国际性企业总数已经达 43 060 家，但全球财富主要由其中 147 家大型跨国企业所操控，仅占 0.34%。2012 年世界五百强企业创造的 GDP 约占全世界的 40%，其中中国大陆（含中国香港）上榜企业共 73 家，总收入为 39 846.71 亿美元（约合 253 799.63 亿元人民币），占 2011 年国内生产总值 47.2 万亿元的 53.77%。2013 年，中国大陆（含中国香港但不包括中国台湾）上榜企业更是由上年的 73 家增长至 89 家，共有 16 家新上榜公司，占新上榜公司总数的 60% 左右（李红光，2013）。中国上榜企业的总收入达到 5.2 万亿美元，占世界 500 强企业总收入的比重已经达到 17%（马志刚，2013）。

（三）竞争全球化

市场全球化和企业全球化正在导致各个国家相对独立的国内市场变成了全球市场的一个组成部分，围绕着商品、服务、资本、人才和资源的竞争在全球范围越来越激烈地展开。这些领域的竞争推动了世界性的兼并、重组和结构调整，促使企业突出核心业务、组成战略联盟、加大 R&D 投入，以增强国际竞争力。那些没有积极对外开放和参与全球化进程的国家，将被边缘化或者被排斥在世界经济发展的主流之外；那些没有全球化观念和全球化竞争意识的企业，将被淘汰或者并购。在全球化竞争中，西方发达国家依然占据主导地位，但是随着资本和技术向发展中国家的转移，它们所面临的来自于发展中国家的低成本竞争压力将越来越巨大。

（四） 规则全球化

正是因为世界银行、国际货币基金组织以及关贸总协定在第二次世界大战以后奠定了国际经济秩序的基本规则，经济全球化趋势才得以形成和强化。1995年，世界贸易组织取代了关贸总协定，使全球贸易、投资与金融自由化的规则大大强化。世界贸易组织的有关协定也促使自由化从货物贸易领域迅速扩展到服务贸易以及相关的投资和知识产权保护领域。截至 2012 年，世界贸易组织成员已从关贸总协定成立之初的 23 个增加到 156 个，标志着越来越多的国家和地区接受了经济全球化的规则。从目前情况来看，世界贸易组织所遵循的非歧视的、更自由的、可预见的、更具竞争性的、更有利于欠发达国家的原则，为经济全球化的发展规定了新的方向，使经济全球化成为一种难以逆转的潮流。

第二节　经济全球化的影响

从关贸总协定到世界贸易组织，全球化趋势越来越明显，全球化的影响也越来越深刻。然而，对全球化影响的评价却因为受影响国家的感受的不同而存在差异，这种差异往往与这些国家的态度、策略和努力的程度存在着密切关系。无论对全球化影响的感受和评价有多么大的分歧，绝大多数人都认为全球化趋势是科技进步和经济发展的必然，拥抱它要比拒绝它更积极，迎接它所带来的挑战要比否认它的存在更主动。

一、经济一体化

经济全球化趋势的一个直接和明显的结果就是弱化了有形和无形的"国界"以及由此产生的对经济、市场、产业和企业活动的限制和保护。从贸易一体化到生产一体化、市场一体化和金融一体化，经济全球化已经在越来越广的范围和越来越高的层次上推动了全球经济的一体化的形成（雷达和于春海，2000）。在这个过程中，原来相互隔离、不同和竞争的经济体系之间变得相互合作、趋同和依赖。全球经济一体化在总体上促进了各个国家的经济分工和合作，提高了各种资源的最佳配置，加快了全球经济的发展。但是，全球经济一体化也增加了世界经济风险。面对经济一体化所带来的经济风险，发展中国家面临着艰难的抉择：那些选择远离全球经济一体化的国家将被边缘化，但是那些选择融入全球经济一体化的国家则难以避免在全球经济危机中独善其身。从目前的情况来看，加快经济体制的改革，提升本国企业的国际竞争力，才能够最大限度地享受全球经济一体化的好处，并尽可能避免可能遇到的风险。

二、企业跨国化

如果说技术进步是推动经济全球化的自然力量，那么跨国企业就是推动经济全球化的人为力量。跨国企业利用自己在资金、技术和管理上的优势克服了绝大多数国家的贸易和投资障碍。在企业跨国化的第一阶段上，发达国家的企业通过将资金、技术和管理输入发展中国家，得以利用这些国家自然资源和人力资源，降低了自己的制造成本，提高了自己在全球市场上的竞争力。在企业跨国化的第二阶段上，发达国家的企业利用自己在技术、产品和品牌上的优势开拓发展中国家的高端市场，扩大了自己产品的销售。在企业跨国化的第三阶段上，发达国家企业利用全球要素市场，通过跨国直接投资，实施全球范围内的横向和纵向整合，形成了对整个产业链和全球市场的控制。当前，发达国家的跨国企业利用自身的核心竞争力、市场控制力和多点竞争优势，形成了一个特殊的利益团体，实际上拥有了影响和制定行业、市场和新经济的规则的能力。近年来，跨国公司在全球经济中占据了更加重要的地位。根据联合国有关专家的预测，目前全球最大的 300 家跨国企业的销售额将达到西方世界国内生产总值的 3/4 以上。世界贸易总额的一半以上是在 3 000 家跨国企业中进行的。全球若干个行业，例如，电脑、半导体、汽车、化学等行业 80% 以上的市场份额都是控制在前 10 名的跨国企业手上。根据贸发会议（UNCTAD）的年度调查，2011 年全球最大的 100 家跨国公司的海外销售收入和雇员人数的增速都明显高于母公司的业绩增长。从衡量国际化水平的跨国指数来看，全球非金融类企业中，前 100 强的跨国指数不断提升，从 1993 年的 47.2% 上升至 2011 年的 62.3%。严峻的现实情况表明，一个国家能否提高国际竞争力主要取决于能否在经济一体化的过程中发展出若干具有国际竞争力的跨国企业。对于发展中国家的中国来说，虽然截至 2012 年年底，中国在境外投资设立企业约 2 万家，国家和地区覆盖率已经超过 70%，但仍然存在以下主要问题：第一，中国跨国公司的国际化水平比较低；第二，中国跨国公司缺乏高端核心竞争力；第三，中国跨国公司治理结构易招歧视和误解；第四，同类公司间存在一些恶性竞争现象；第五，支撑中国跨国公司发展的制度环境不够完善；第六，东道国企业社会责任要求对中国跨国公司形成挑战（"对外投资与促进中国跨国公司发展研究"课题组，2013）。我们的大企业有世界第二的数量，但并不一定有世界第二的质量（柏晶伟，2013）。因此，中国仍然亟待大力发展具有国际竞争力的跨国企业。

三、经济转型

在经济全球化的推动下，国家之间的政治对抗逐步化解，和平和发展成为世界主题，发展经济已经成为发展中国家所面临的主要任务。为了促进经济的发展，越来越多的国家用对外开放代替了政治对抗，希望利用对外开放吸引国外的资金、技术和管理；用市场经济代替计划经济，以此促进资源的优化配置和使用；用"入世接轨"代替贸易保护，以加快融入世界经济体系。因此，在全球化趋势推动下，越来越多的发展中国家加快了经济体制和社会生活方式的转型（杨蕙馨和吴炜峰，2010）。在全球经济一体化的过程中，发达国家的资金、技术和管理与发展中国家的资源、廉价劳动力和市场的有效结合，使全球制造行业的重心开始从发达国家向发展中国家转移。期间，发展中国家加快了社会生产方式的转变，即从农业社会向工业社会的转变。在发展中国家对外开放和融入世界经济体系的过程中，西方国家，通过直接（国际经济规则）和间接（跨国企业的要求）的方式将相对比较先进、健康和可持续的增长方式（如资源节约、社会责任、环境保护等观念）带到了发展中国家，在很大程度上推动了发展中国家及其企业实现经济增长方式的根本转变。

四、两极分化

面对经济全球化，发展中国家确实得到了一些新的发展机遇。如果发展中国家能够积极参与和应对经济全球化，加快对外开放和经济转型，就有可能趋利避害，完成工业化，发挥本国优势，提高自己的国际竞争力。同时，面对经济全球化，发达国家也同样遇到了很大的增长压力。发达国家只有积极参与和应对经济全球化，加快产业转移、结构调整和技术进步，才能有效应对大量廉价商品对本国经济的影响。但是，整体而言，发达国家在经济全球化过程中占据了主导地位，也是经济全球化的最大受益者。因此，在经济全球化的过程中，发达国家与发展中国家的两极分化在总体上有进一步扩大的趋势。一方面，面对经济全球化，发展中国家的中小企业确实从利用资金、技术、管理和进入国际市场等方面获得了难得的发展机遇，如果它们能够集中资源，利用本国成本优势，尽快提高国际竞争力，就有可能在相对狭窄的行业中战胜跨国企业。另一方面，跨国企业也同样面临着来自发展中国家的大企业，甚至中小企业集群的竞争压力，如果它们不能够在市场和竞争的全球化中继续保持技术领先或有效利用发展中国家的低

43

成本优势，就有可能在与发展中国家的企业的竞争中失去自己昔日的优势地位。相对来说，跨国企业在经济全球化过程中占据主导地位，也是最大的受益者。因此，跨国企业在经济全球化过程中有继续膨胀的趋势。

第三节　全球化战略的特点

在经济全球化的过程中，跨国企业所实施的全球化战略发挥了重要的作用。因此，要想了解经济全球化、市场全球化和企业全球化的影响，尤其是对中国企业的影响，就需要进一步了解跨国企业所实施的全球化战略及其主要管理模式。

一、全球化战略的内涵

全球化战略的概念存在着广义与狭义之分。广义的全球化战略就是指全球化企业所实施的战略，其基本含义与国际化战略基本相同，而狭义的全球化战略则是指企业国际化战略的一种选择，又称为全球标准化战略。本研究在这里所说的全球化战略主要是指广义的全球化战略。伴随着经济全球化的深入，全球化战略开始从经营层面转向投资层面，从单一产品转向相关产品，从市场的横向整合转向行业的纵向整合，从跨国经营活动的单独管理转向协调管理，通过控制关键价值增加环节和核心竞争力的共享追求交易成本的降低、范围经济效益（Hamel and Prahalad，1985）的扩大，来建立在全球市场上的多点竞争优势；通过全球营销、采购、制造，充分利用信息、市场的不完善性，获得在要素成本、国际汇率变化方面的优势，降低全球经营中的风险（Hout，Porter and Rudden，1982）。由此可见，企业全球化战略的动因已经从简单向复杂转变；企业全球化战略内容已经从单一活动向多种活动转变；企业全球化战略选择已经从多国化、全球化向跨国化转变。

二、全球化战略的动因

随着越来越多的企业采取全球化战略，全球化战略的目的和竞争优势的来源越来越表现出多样化和综合化的特征。戈沙尔（Ghoshal，1987）综合关于全球化动因的相关研究，提出了一个能够综合全球化目的和竞争优势来源的解释性模型（见表2-1）。

表2－1　　　　　　全球化战略的目的和竞争优势来源

战略目的	竞争优势的来源		
	国家/区域差异	规模经济	范围经济
提高效率	利用要素成本差异	从各种活动中挖掘规模经济效益	跨产品/市场/业务分享投资和成本
管理风险	利用不同国家政策和市场差异管理风险	通过平衡规模达到战略和经营上的弹性	通过组合多元化降低风险和创造选择
创新性学习和适应	从组织/管理/制度的社会差异中学习	利用经验曲线降低成本和实现创新	在多产品/市场/业务单位间跨组织学习

资料来源：Ghoshal, S., "Global Strategy：An Organizing Framework", *Strategic Management Journal*, 1987, 8, pp. 425 - 440.

三、全球化战略的选择

在试图利用多方面的优势去实现全球化战略的多重目的的过程中，跨国企业必须在以下三种战略选择中做出自己的取舍（见图2－2）。

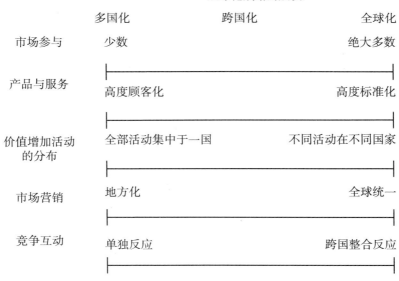

图2－2　跨国企业的全球化战略类型

资料来源：Yip, G. S., Counouriotis, G. A., "Diagnosing Global Strategy Potential：The World Chocolate Confectionery Industry", *Strategy & Leadership*, 1991, 19 (1)：4 - 14.

（一） 多国化战略

在实施全球化战略的过程中，一些企业更关注不同国家市场的差异及其对当地竞争的反应，因此采取一种被称为多国化的战略。实施这种战略的企业假定各个国家市场是具有很大差别的。因此，它们致力于为不同国家市场提供高度顾客化的产品或者服务；将相关的价值创造活动高度集中于一个国家；将各种相关的市场营销活动都高度地方化；由各个国家经营单位对所遇到的竞争单独做出回应，即各个国家和地区的经营单位可以独立决策、经营和管理。这种战略的优点在于顾客满意度和地方反应能力高，缺点在于牺牲了全球化经营所应获得的效率。

（二） 全球化战略

在实施全球化战略的过程中，还有一些企业则更关注全球整合所带来的高效率，包括规模和范围经济效益，因此它们采取一种被称为全球化的战略，或者叫做全球标准化战略。实施这种战略的企业假定各个不同国家市场没有实质性的差别。因此，它们致力于为不同国家市场提高高度标准化的产品或服务；将相关的价值创造活动进行全球配置；各种相关的营销活动则高度全球化；由各个国家经营单位对所遇到的竞争进行跨区域反应，因此，各个国家和地区的经营单位在决策、经营和管理上需要高度整合。这种战略的短处在于牺牲了顾客满意和地方反应。

（三） 跨国化战略

在实施全球化战略的过程中，经过上述两种战略的实践，越来越多的企业开始同时关注全球效率和地方反应，因此采取了一种介于多国化和全球化之间的战略，即所谓跨国化战略。由于实施这种战略的企业希望同时实现全球整合效率和地方反应能力的最大化，为此它们需要在决策、经营和管理上同时采取集权和分权的体制，或者针对不同的活动采取不同的管理机制，例如，由产品维和区域维交叉而形成的矩阵结构。因此，这种战略又被称为全球矩阵战略。

在实施国际化或者全球化战略的过程中，企业具体采取何种战略以及在何种活动中采取何种选择首先取决于企业所在行业的全球化潜力大小。在全球化潜力大的行业中，企业更倾向于选择全球化战略；而在全球化潜力小的行业中，企业更倾向于选择多国化战略；如果企业所在行业相同，那么企业在上述三种战略中的具体选择则取决于特定企业的管理传统。例如，在全球汽车行业中，菲亚特公司采取的是多国化战略，丰田汽车公司采取的是全球化战略，而福特汽车公司采取的是跨国化战略，这与三个汽车公司的出生、成长路径与其形成的管理传统密切相关。

四、跨国企业的管理模式

在实施全球化战略的过程中，全球化战略所依赖和希望建立的多产品和多市场组合优势同样是来源于管理模式与战略选择的匹配。对绝大多数跨国企业来说，选择匹配的管理模式去发挥全球化战略所包含的组合效益比选择全球化战略本身更困难（Bartlett，2002）。在实施以出口为主的战略阶段，企业主要采取的是在职能型结构中增加国际业务部的方式。随着全球化战略的升级，企业可以根据所选择的是多国化战略还是全球化战略，在以分权为主的区域事业部与以集权为主的产品事业部管理模式之间进行选择。为此，约翰·斯多福特（John Stortford，1972）从战略与管理模式动态匹配的角度提出了一个解释性模式（见图2－3）。由于越来越多的跨国企业偏向采取跨国化战略去追求全球效率和地方反应，因此，全球化矩阵结构已经成为绝大多数跨国企业的管理模式。这种管理模式的主要特点是：第一，矩阵结构：整合产品和区域两种事业部制；第二，总部—分部制；第三，共同参与战略决策，整合集权和分权两种机制；第四，强调主观控制和复杂协调，以促进事业部之间的横向和纵向合作。

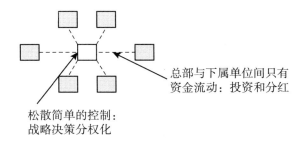

A. 分权为特点的联邦型模式

总部与下属单位间只有
资金流动：投资和分红

松散简单的控制：
战略决策分权化

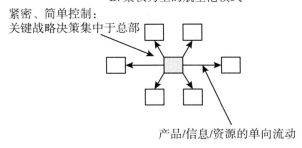

B. 集权为主的航空港模式

紧密、简单控制：
关键战略决策集中于总部

产品/信息/资源的单向流动

C. 整合的网络模式

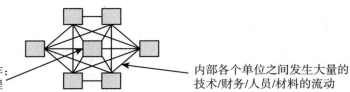

严密复杂的控制和合作：
共同参与战略决策过程

内部各个单位之间发生大量的
技术/财务/人员/材料的流动

图 2 - 3　跨国企业的管理模式类型

资料来源：[美] 克里斯托弗·A·巴特利特；[英] 休曼特拉·戈歇尔，赵曙明：《跨国管理》，东北财经大学出版 2000 年版。

随着全球化进程的深入，跨国公司管理模式正在发生一些较为明显的变化，包括：从单一管理维度向多管理维度的转变；构建以母子公司关系为基础的网络化组织；塑造以知识传递为纽带的管理过程；重新定义管理者的角色行为（魏明，2005）。

五、跨国企业之间的动态竞争

技术进步、市场全球化和竞争全球化进程的加快，导致了全球企业，尤其是西方跨国企业经营环境的动态化。经营环境的动态化则使得竞争优势越来越难以保持，也因此凸显了核心竞争力的重要性。正如戈沙尔（Ghoshal，1987）在全球化目的和竞争优势来源模式中所指出的，围绕着如何在全球范围内利用国家差异、规模经济和范围经济去建立新的竞争优势已经而且还将引发跨国企业之间进行一系列的动态竞争。这种以提高全球竞争力为主要目的的竞争最直接地发生于两个方向：一是集中于通过横向整合，扩大主业的全球市场范围；二是集中于通过纵向整合，扩大对价值链的纵向整合和控制。跨国企业在上述两个方向的战略行为不仅会增加它们的静态优势，而且还会增加自身的动态竞争，尤其是多点竞争的优势。

（1）相对于单一市场或者单一产品的企业来说，跨国企业可以利用其他市场（多市场点）和其他产品（多产品点）的竞争优势打击对手，而对手没有可能在相对应的"点"上对跨国企业进行反击。因此，具有多市场和多产品的跨国企业在对付发展中国家的单一市场和单一产品企业方面具有明显的多点竞争优势（见图 2 - 4）。例如，由于 P&G 公司具有多市场优势，它可以将其在其他国家市场的利润转移到中国，专门针对只在中国国内经营的某个企业进行降价竞争。而这个中国国内企业存在着单一市场的劣势，没有可能利用其他市场来抑制竞争对手，也就被迫降价应对，最终破产或者被迫卖给 P&G 公司。

（2）相对于在全球范围内实施了纵向整合的跨国企业来说，仅在国内集中于一个价值环节进行经营的企业也同样存在着两大劣势：一是无法利用国家差异、规模经济和范围经济的劣势；二是在价值链竞争上存在着多点竞争劣势（见图 2-5）。因此，跨国企业可以利用自己在价值链上的多点竞争优势，攻击只从事单一价值创造活动的国内企业，导致这些企业只能没有选择地在受攻击的价值创造环节上做出被动的反击，从而导致自己或者承受巨大的损失或者沦为被收购兼并的对象。

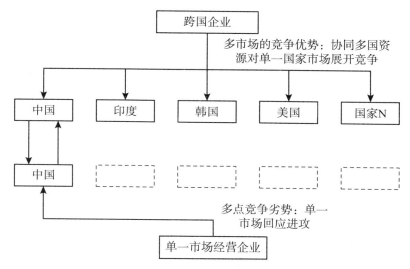

图 2-4 全球化企业相对于单一市场经营企业的多点竞争优势

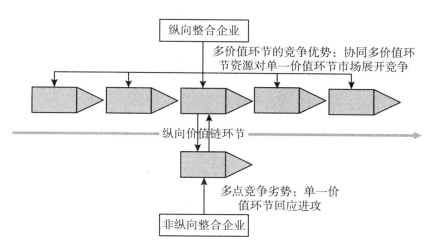

图 2-5 纵向整合企业对于非纵向整合企业具有多点竞争优势

相对于同样实施了横向和纵向整合的另一个跨国企业来说，两个跨国企业之间的多点竞争则有利于抑制对手的反击，最终将会降低两个对手之间的竞争强度。因此，多点互动、适度反应、共同发展、消灭其他具有多点竞争劣势的企业就成为跨国企业在全球化时代的一种不成文的潜在游戏规则。如果受跨国企业攻击的是一个在同样实施了横纵向整合的或者实施了跨国经营的中国企业，情况则与两个实施了横向或纵向整合的跨国企业之间的竞争类似。此时，这个中国企业可以选择在国内其他市场或者其他国家市场上对跨国公司（如 P&G 公司）的进攻进行反击，这样就可以有效地牵制该跨国公司，导致其放弃在某个局部市场或者整个中国国内市场上针对自己的降价竞争。

在企业之间的竞争互动中，尤其是多市场或者多产品的竞争中，反应速度和协调能力具有决定性的影响。谁能够在多点竞争中赢得竞争在很大程度上取决于高层管理者对特定区域市场或者特定产品差异性的理解、子公司或分公司的产权控制程度及总部对这些区域或者产品分部所采取的管理模式。一般来说，总部高层对区域或者产品差异性的理解越高，企业采取的是总部—分部制而不是母子公司制，总部对分部采取集权式管理，那么其动态互动和多点竞争中的决策正确性就越高，协调能力越强，执行速度就越快。

第四节　经济全球化对中国对外开放的影响

与对其他国家和地区的影响一样，经济全球化同样推动了中国的对外开放和经济改革，而推动中国政府实施开放与改革的根本动因则在于中国认为自己能够处理和控制好稳定与开放的关系，既可以利用经济全球化所带来机遇，又可以控制经济全球化可能带来的威胁。

一、中国经济对外开放的历程

中国不仅是世界四大文明古国之一，而且曾经也是世界政治、经济和军事的中心，因此一直认为本国是世界的中心或者是"天之骄子"。在最近几个世纪里，尤其是近二百多年以来，以中国为代表的东方文明的地位逐步被西方文明所代替，中国在世界政治、经济和军事上逐步由强变弱，直至百病缠身。直到1949 年以前，整个近代中国历史基本上是国外列强，尤其是西方帝国主义国家欺负、掠夺和分裂中国的历史。国外列强以武力为手段，敲开了中国这个泱泱大国的大门，掠夺了中国的财富，分裂了中国的领土，将中国从一个封建的独立国家变成了一个半封建、半殖民地国家，这在心理上给中华民族后来与这些国家的交往留下了强烈的负面感受和障碍。从我们使用"对外开放"这个概念就可以直接感到到最近几百年中外交往的历史给中华民族留下的心理阴影：第一，中国是泱泱大国，是外国想让中国开放，而不是中国需要开放；第二，中国开不开放和在多大程度上开放的主动权在中国，我们随时可以将对外开放的"门"关小或者完全关闭。在迎接全球化影响的过程中，中国至今都还没有摆脱本民族这种复杂心理的影响。

1949 年，中国共产党领导中国人民推翻了长期压在中国人民头上的"三座大山"，即封建主义、资本主义和帝国主义。其中前一座大山是中国自己的，后两座都是外国人强加在中国人民头上的。改革开放以前，中国一直站在世界社会主义阵营一边，与世界资本主义阵营对抗。期间，中国基本上封闭了与资本主义阵营及其相关国家的政治、经济、军事和文化上的往来。有限的经济和文化往来主要是通过香港实现的，尤其是通过自然资源和农副产品的出口以换取国家所需要的外汇和紧缺物质。所谓的文化交往主要就是海外华人回国探亲，尽管这种交往其实很少发生。然而，就是这些并不非常直接、公开的交往对后来的中国对外开放和经济转型发挥了相当重要的作用。从中国后来推进对外开放的方式来看，这个时期通过特定地区实现有限交往的经验对中国对外开放政策的制定和实施产生了非常重要和长期的影响。

第二次世界大战结束以后，利用战争中发展起来的生产力和市场经济机制，西方资本主义国家在经济和科学技术两个方面都取得了快速的发展。其中，西方科学技术，尤其是交通和通信技术的迅速发展，导致了世界各个国家之间的相互了解增加、贸易来往上升、市场需求趋同，区域合作加强，政治对抗缓解。西方国家的跨国企业非常希望利用这种经济全球化的趋势去获得更好的资源配置和利用，获得更大的范围经济和规模经济效益，因此开始采取所谓的全球化战略。在这个战略的过程中，西方国家和跨国公司看重的不仅是落后国家的自然资源和人力资源，更重要的是这些国家巨大的人口和市场潜力。在经济全球化和跨国公司全球化战略的推动下，西方资本主义国家的政府开始推动更多的发展中国家，包括一些社会主义阵营中的国家采取更开放和市场化的政策。而发展中国家和地区，尤其是以日本、韩国、新加坡和中国台湾为代表的亚洲国家和地区则利用这个趋势成功地实施了经济转型，取得了惊人的经济发展。今天看来，经济全球化，尤其是亚洲地区"四小龙"和后来"四小虎"的巨大变化实际上就是后来推动中国对外开放和经济转型的直接推动力。

与此同时，社会主义国家的发展则相对较慢，这不仅是因为这些国家采取的是计划经济而不是市场经济，是集权而不是分权的管理体制；更主要的是因为这些国家过于关注与西方资本主义阵营的对抗，实施了错误的发展战略。首先，这些国家将主要的精力和有限的资源投放在了政治和军事的对抗上，忽视了对经济发展的关注。其次，在与西方资本主义国家的政治和军事对抗的同时，也完全断绝了与其他国家经济上的合作和社会文化上的交流；采取了重点发展了重工业的工业化道路，忽略了轻工业，抑制了农业的现代化，从而导致本国产业结构的严重失衡。20 世纪 70 年代末期，两大阵营之间的政治和军事对抗相对减弱了，但是，大多数社会主义国家，尤其是中国，人民日益增长的经济需求与社会生产力落后的矛盾却变得越来越突出，面临着来自内部的和越来越严重的经济、社会和政治上的危机。粉碎"四人帮"以后，新的中央领导认真分析了当时中国社会所面临的主要矛盾，决定将工作重心转移到经济建设上来，以利用对外开放来把握经济全球化给中国带来的发展机遇。中国的对外开放和对内经济改革就是在这种情形下开始的。由此可见，利用经济全球化趋势所带来的机遇，大力发展生产力，才是中国在 1978 年以后实施对外开放政策的主要推动力。

"开放经济"被定义为"进口、出口或生产要素越过边境的活动都没有限制"的经济（格林沃尔德，1981），然而实际上，完全无限制的开放经济是不存在的，即使是倡导自由经济的世界贸易组织也提出各国经济的适度保护和限制。中国三十多年来所执行的对外开放政策就是从基本完全限制到逐步减少限制的过程。目前对外经济已经成为中国经济发展的重要力量（对外开放的状况如表 2 - 2 所示），其

表 2 - 2　　　　　　改革开放以来中国对外经济发展情况

年份	GDP 总值（亿元人民币）	GDP 增长率（%）	对外经济贸易（亿美元）			外汇储备（亿美元）	实际使用外资额（亿美元）
			进出口总额	出口总额	进口总额		
1978	3 645.2	11.7	206.4	97.5	108.9	1.67	1979 ~ 1988 累计：121
1980	4 545.6	7.8	378.2	182.7	195.5	- 12.96	
1985	9 016.0	13.5	696.0	273.5	422.5	26.44	
1990	18 667.8	3.8	1 154.4	620.9	533.5	110.93	102.9
1995	60 793.7	10.9	2 808.6	1 487.8	1 320.8	735.97	481.3
2000	99 214.6	8.4	4 742.9	2 492.0	2 250.9	1 655.74	593.6
2001	109 655.2	8.3	5 096.5	2 661.0	2 435.5	2 121.65	496.7
2002	120 332.7	9.1	6 207.7	3 256.0	2 951.7	2 864.07	550.1
2003	135 822.8	10.0	8 509.9	4 382.3	4 127.6	4 032.51	561.4

续表

年份	GDP 总值（亿元人民币）	GDP 增长率（%）	对外经济贸易（亿美元）			外汇储备（亿美元）	实际使用外资额（亿美元）
			进出口总额	出口总额	进口总额		
2004	159 878.3	10.1	11 547.9	5 933.7	5 614.2	6 099.32	640.7
2005	183 867.9	10.4	14 221.0	7 620.0	6 601.0	8 188.72	603.0
2006	210 871.0	11.6	17 607.0	9 691	7 916	10 663	694.7
2007	251 483.2	11.9	21 738.3	12 180.2	9 558.2	15 282.49	783.39
2008	300 670	9.0	25 616.3	14 285.5	11 330.9	19 460.30	924
2009	335 353	8.7	22 072.7	12 016.7	10 056	23 991.5	900.3
2010	397 983	10.3	29 728	15 779	13 948	28 473	1 057.4
2011	471 564	9.2	36 420.6	18 986	17 434.6	31 810	1 160.11
2012	519 322	7.8%	38 668	20 489	18 178	33 116	1 117

资料来源：《中国统计年鉴》2012 年、国家外汇管理局《中国历年外汇储备总表 1978 ~ 2012》、《中国商务年鉴》2003 ~ 2012 年、中华人民共和国 2012 年国民经济和社会发展统计公报。

具体表现为五个方面：一是贸易规模迅速攀升，迈上了一个新台阶；二是利用外资规模持续攀升，质量和水平明显提高；三是外汇储备持续增加，抗风险能力显著提高；四是对外投资加快发展，"走出去"与"引进来"相得益彰；五是自由贸易区网络初步形成，经济收益十分显著（李玉举，2010）。总之，改革开放以来，中国 GDP 已经从 1978 年的世界第 15 位上升到 2011 年的第 2 位；对外贸易从第 32 位上升到世界第 2 位，并且已经连续三年成为世界货物贸易第一出口大国和第二进口大国；利用外资全球排名上升至第 2 位，并连续 19 年位居发展中国家首位。加入世界贸易组织是中国改革开放的一座巨大里程碑，"入世"近 6 年来，中国外贸年均增长达到了 21.7%。

中国在经济上对外开放先后经历了三个不同的发展阶段，这三个阶段分别是：

（1）以资源性产品出口换外汇、以要素成本吸引外资的阶段（1978 ~ 1991年）。改革开放初期，中国的工业装备和技术水平相当落后，不得不以引进和进口设备、生产线和技术作为对外开放的基础。在资本和技术"双缺口"的现实背景下，以资源性产品出口换汇成为当时主要的对外开放形式。原材料和经过简单加工的资源密集型产品的出口主导了当时我国的商品出口，其出口额占到全国总出口额的 55% ~ 60%（杨汝岱和朱诗娥，2008）。1983 年，中国政府将吸收外商直接投资确定为中国改革开放的一项基本政策，目的是希望以资源换投资、设备和技术，提高中国的对外贸易。但是，在最初阶段上中国能够吸引到的外国投资，基本上是来自港澳地区的企业，以劳动密集型的加工项目和宾馆、服务设施等第三产业项目居多，高度聚集于广东、福建和其他沿海省市。

（2）以投资环境、国内市场和要素成本换取国外直接投资阶段（1992～2000年）。1992年党的十四大的召开深化了中国的对外经济发展，先后提出了"以市场换技术"、"以质取胜"、"市场多元化"、"大经贸"、"科技兴贸"等一系列对外经济发展战略。这个时期中国吸引外资的力度不断加强，各地竞相推出优惠政策以及加大投资建设工业园区，改善基础设施，从"软"、"硬"两个方面提升投资环境来吸引外资。其次，为进一步解决资本和技术"双缺口"，中国实施了"市场换技术"政策，向外资开放更多的行业和地区，希望以广阔的国内潜在市场作为外国企业先进技术的对等交换条件，并通过吸引外资产生技术溢出、学习模仿，来提升中国企业的技术和管理水平。最后，这个时期也开始运用产业政策手段调整外资投资方向，重视出口商品技术含量的提升，资本和技术密集型产业迅速发展。此时，中国逐渐在初级加工、配套产业等方面形成了成本优势，凭借包括劳动力在内的、更为完整的要素成本优势吸引外国直接投资。

（3）全面国际化的阶段（2001年至今）。"入世"后，中国的对外开放从有限的市场开放转变为全方位的市场开放。2001年的"十五计划纲要"将对外贸易、利用外资与"走出去"列为"十五"开放型经济发展的三大支柱。2002年，党的十六大报告进一步指出，要"坚持'引进来'和'走出去'相结合，全面提高对外开放水平"。党的十七大报告更是明确提出，"创新对外投资和合作方式，支持企业在研发、生产、销售等方面开展国际化经营，加快培育我国的跨国公司和知名品牌"。中国"入世"以后，一方面为履行自己在"请进来"方面所做的承诺，放松了对外资的管制，加快了国内市场对外资的开放，扩大了利用国外资金和技术的方式，包括以购并方式吸收国外投资。另一方面，中国大力推动企业"走出去"，并将推动企业国际化上升为新的国家战略。为此，中国在原有的境外投资管理体制上，逐步建立完整的境外投资政策体系和完善的境外投资外汇管理政策。在这种情况下，中国对外开放战略开始逐渐转变，即从以出口创汇为核心目标转变为以促进经济发展模式转变为目标，从追求外资外贸规模与速度转为讲求质量与效益，从以"引进来"为主转变为"引进来"与"走出去"并重，从制造业开放为主转变为制造业与服务业开放并重（国务院发展研究中心课题组，2010）。至此，中国已经基本形成了从有限贸易自由化、封闭的资本自由化到全面贸易自由化、较开放的资本自由化的对外开放态势。

二、中国经济对外开放的特点与现状

（1）中国的对外开放具有层次性的特点。中国实施对外开放的主要目的是利用全球化所带来的机遇去发展生产力，并不是接受全球化的影响而改变中国的政治制度，因此，中国的对外开放从根本上说是经济领域的对外开放。虽然随着中国经济领域的对外开放，中国在社会文化领域的开放程度得到了提高，但是中国的对外开放并没有上升到政治，特别是意识形态领域。即使是在经济领域，中国的对外开放也是分层次的，这种层次性主要体现为不同行业或者市场的开放时间和开放程度上的不同。对于国家政治、经济和社会安全与稳定影响比较大的行业相对来说开放得晚一些，开放的程度也低一些。从这个意义上说，经济全球化对中国不同行业和地区的影响存在着程度上的差别。

（2）中国的对外开放具有区域性的特点。中国在实施对外开放的过程中采取了一种分区域推进的策略。第一个策略是从经济特区开始，然后再逐步扩大到其他非经济特区。由于中国近现代的对外开放有很多"负面"的经历，加上新中国成立以后的长期封闭，没有人可以估计对外开放是否可行以及将会对当时的中国经济、社会，尤其是意识形态和政治体制产生什么样的影响。因此，中国实施这个策略的具体方式是先让对外开放的政策在沿海地区的一些有条件的中小城市进行试点，然后将更加成熟的政策推广到其他地区。第二个策略就是从东南沿海地区开始，然后再将对外开放逐步扩大到内地和西南、东北和西北地区。实施这个策略的主要原因则取决于东南沿海地区在对外开放方面具有更好的历史传统、社会基础和地理环境。从这个意义上说，经济全球化对中国不同地区的影响也存在着程度的不同。

（3）中国的对外开放具有渐进式的特点。与其他一些国家和地区相比较，中国的对外开放不是所谓"爆炸性"的，而是渐进式的。由于中国的对外开放主要是经济领域而不是政治领域的，因此保证中国的政治稳定是实施对外开放的前提。在这个根本前提下，中国的对外开放需要与对内保护相适应，过快的对外开放会伤害中国相对脆弱的民族工业，丧失国家对重要行业的控制；中国对外开放也需要与经济体制的改革与完善相适应，渐进式的改革过程不可能容许和支撑中国采取"爆炸式"的对外开放。

在中国加入世界贸易组织之后，中国的对外开放程度迅速提高，已经使中国市场成为全球经济体系中最为开放的市场经济国家之一，具体表现在：第一，中国绝大多数的行业已经在不同程度上实施了对外开放，跨国企业不仅可以在中国投资设厂，而且可以相当平等地在中国从事各种经营活动，甚至购并活动；第二，中国市场的开放已经从沿海扩大到了整个国内市场，国外的各种产品相当自由地在中国市场流通；第三，为了充分利用经济全球化所带来的机遇和提高中国企业的国际竞争力，中国开始推动企业实施国际化战略，具体表现在推动中国企业从对外出口转向国际营销，从组装加工转向自主制造，从发挥国家优势转向综合利用全球资源优势。

三、中国企业的国际竞争力

在过去的三十多年里，中国企业经历了从"无"到"有"，从少到多以及从多到大的转变，在当今世界 500 强企业中已经有将近 90 个中国企业赫然在列，显示出中国已经拥有了一批具有国际竞争力的企业。

在中国"入世"之前，中国企业所面对的市场可以清楚地划分为两个完全不同或者边界清楚的市场，中国企业因此也可以划分为内向型企业和外向型企业两大类型。因此，在评价中国企业竞争力时总是将国内比较和国际比较分开。改革开放之初，中国国内还没有真正意义上的市场、竞争和企业。中国发展市场经济是从政企分开、放权搞活、增加企业和引入竞争开始的，真正意义的市场、竞争和企业都是在中国经济转型的特定阶段上才出现的经济现象。在中国经济转型的前三个阶段上，中国国内企业或者说内向型企业的竞争力基本上只有国内比较意义：第一，在相当长的时期里，中国政府对外资企业在国内市场销售产品最初是完全限制的，这种限制后来才逐步放开；第二，即使国外企业在国内市场上销售产品，它们的定位也明显高于国内的企业；第三，国内市场相当复杂和特殊，国外企业要适应国内市场还需要一个过程。尽管如此，中国企业的竞争力还是在国内市场的特殊磨炼中得到了有效的提高。这个时期，由于中国外向型企业基本上没有企业特定优势，因此主要的竞争力基本上来源于中国特定优势或者国家比较优势，即中国特有的要素成本优势和相关配套产业的优势。正是凭借这种国家特定优势，中国外向型企业在出口创汇方面取得了举世瞩目的成就。

在中国加入世贸组织之后，中国市场已经成为全球市场的一部分，国内外两个市场和两种类型企业的划分已经基本失去了其原来的意义，因为两种类型的企业都想利用原来对方的市场或者说整合国内和国际两个市场提升自己的国际竞争力。提高国际竞争力已经不再单纯是原来外向型企业所面临的挑战，其同样也成为原来内向型企业所面临的挑战。随着中国"入世"，越来越多的跨国企业以更加直接的方式对国内市场实施战略性的进入，因为中国的所特有要素成本和市场规模优势已经成为全球跨国企业未来竞争优势的主要来源。这个时期的跨国企业开始直接在中国投资建立新企业或者收购企业，直接利用中国的要素成本优势。

而且，它们也开始调低其在中国市场的战略定位，其目的是要利用中国的市场规模优势。在这种情况下中国国内市场已经逐步国际化了，它已经云集了世界上绝大多数跨国企业。在这个意义上说，能够在中国市场上占据优势的国内企业本身的竞争力就有了国际比较的意义。同时，这个时期的中国外向型企业在国际市场上遇到了前所未有的挑战，这些企业的规模太小，无法将国家特定的要素成本优势转化成为规模成本优势；这些企业的效益和实力差，无法在成本优势的基础上建立差异优势。当这些企业的国际竞争对手纷纷直接在中国建立或者收购制造企业之后，它们就丧失了原来独占国家特定优势的可能，也丧失了利用国家特定优势迅速提升国际竞争力的机会。本项目组的研究表明，即使是外向型企业，它们的国际竞争力有可能在很大程度上会来源于国内市场，特别是对市场规模优势的利用（黄嫚丽和蓝海林，2006）。换句话说，即使是一个完全内销的企业也可能在国内市场上磨炼出国际竞争力。同样，一个完全外销的企业并不一定就具有国际竞争力。由此可见，中国的经济转型已经进入到了一个新的阶段，在这个阶段上中国企业必须通过整合国内外两个市场而建立和提升自己的国际竞争力（王成和蓝海林，2010）。

第三章

中国的经济转型

经济全球化对中国最大的影响就在于它推动了中国过去三十多年所发生的深刻的经济与社会转型。理解全球化影响下中国的经济转型的主要目的在于：第一，由于经济全球化与中国经济转型一起构成了过去和未来中国企业经营环境变化的主要推动因素，了解全球化影响下的中国经济转型有利于掌握中国企业经营所嵌入的情境特点。第二，由于中国企业集团是在经济转型过程中产生和发展起来的，了解全球化影响的中国经济转型不仅有利于理解中国企业集团的产生和发展的历程，而且有利于洞察中国企业集团战略决策或者行为的特点。

第一节　中国经济转型的性质

1978 年以前，中国长期处于一种基本封闭、高度集权和完全公有的社会主义计划经济体制之下（林毅夫、蔡昉和李周，1999；吴敬琏，2008）。这种经济体制的形成和长期保持源于两个基本的原因：一是对社会主义根本特征认识和发展阶段的判断；二是对新中国成立以后中国的国际关系和国内政治形势的判断（林毅夫、蔡昉和李周，1999）。在这段将近 30 年的时期里，中国对外面临着西方资本主义国家政治围堵的外交政策，对内则采用了与苏联高度类似的排斥市场经济和非公有经济的经济体制，外围的围堵与内部经济体制的僵化导致供需矛盾和产业结构矛盾越来越突出，国民经济逐步到了崩溃的边缘（吴敬琏，2008）。

在此期间，技术进步增加了各个国家之间的往来和了解，导致了世界各国文化交流和需求趋同程度上升、区域间经济合作与贸易往来增加、政治隔阂和对抗减少，全球化趋势和影响越来越明显；西方国家新自由主义的兴起和跨国企业的对外投资使相对落后的国家获得了新的发展机遇；亚洲新兴工业化国家经济发展的成功范例，与中国经济的相对封闭和落后的情况形成了越来越鲜明的对比。沿袭以往的经济体制，中国将在全球化趋势中被边缘化，中国与西方和周边国家的差距会越来越大，甚至，中国的国家安全、政治和社会稳定将受到威胁。面对这样的严重局势，1978 年 12 月召开的中共十一届三中全会决定解放思想，将全党的工作重点转移到社会主义现代化建设上来；对权力过分集中的经济管理体制进行改革，在自力更生的基础上积极发展同世界各国平等互利的经济合作。由此进一步确立了对外开放和对内搞活经济的重要方针，拉开了中国经济体制改革和对外开放的帷幕。

在经济全球化的影响下，世界上有许多国家和地区已经先于中国进行了不同性质和类型的经济转型，从而成为市场经济国家或地区，其中最具代表性和影响力的就是亚洲的日本、韩国、新加坡和中国台湾（林毅夫、蔡昉和李周，1999）。西方学者对"经济转型"或者"新兴市场经济国家"进行了大量的研究，普遍认为经济转型必然导致政治体制及社会文化等各个方位的革命，并且最终导致转型国家的政治体制与全球资本主义制度趋同。科尔奈（2000）认为，所谓"转型"，就是从社会主义向资本主义转变。这种转型的历史过程的完结，取决于社会主义的经济特征和政治制度被资本主义的经济与政治制度所取代的过程。萨克斯（2000）认为，所有的历史经验表明，保持一个制度核心是经济发展长期成功的根本，因而经济转型是后社会主义国家的制度与全球资本主义制度趋同的过程，而不是创造一个本质上不同于资本主义的制度的创新过程。经济转型只有完成了宪政转轨，才算真正完成了"转型"，仅仅完成了市场取向的改革，并不能算完成了"转型"。西方学者的这些研究成果也的确被运用于一些国家和地区，并在一定程度上推动了这些国家的政治体制的变革。

然而，中国的经济转型从一开始就具有不同于其他经济转型国家的出发点。作为执政党的中国共产党并不认为当时中国所面临的经济和社会危机是源于执政党、执政党的意识形态及其所坚持的社会主义制度；也不认为解决当时经济和社会矛盾的根本途径应该是根本、全面和爆发性的"革命"，不仅如此，通过总结中国近现代历史之经验教训和认真分析当时的国际与国内的形势，中国政府意识到任何因为开放或者改革而带来的不稳定或者社会动乱都将最后妨碍中国经济转型根本目的的实现。同时，中国共产党人认为中国当时所面临的经济与社会问题主要是源于生产力水平太低，源于当时的计划经济体制和对外封闭限制了生产力水平的发展，需要通过经济体制改革和对外经济合作促进中国经济的发展和人民生活水平的提高，但前提是保持现行政治体制和社会稳定。所以，中国的经济转型需要以保持整个国家安全与社会的稳定发展为前提，以发展经济和改善人民物质和精神生活水平为主要目的，通过经济体制改革和对外开放来提升效率。基于以上基本认识，中国政府进一步强化了如下信念：只有继续坚持中国共产党的领导、坚持社会主义、坚持马列主义和坚持无产阶级专政，才能够保证国家的安全和社会的稳定，才能够保证经济转型的顺利推进。因此，中国经济转型过程中的开放、改革和发展基本上是局限于经济及其相关领域，没有明显的或者直接跨入上层建筑，尤其是意识形态领域，并显著地表现为一种以渐进方式推进的经济转型。

首先，对于经济转型的指导思想经历了一个循序渐进的演进过程。在改革开放的最初阶段，中国进行的所有开放与改革都必须符合"四个坚持"的基本原则，因为违背了"四个坚持"的原则就会动摇中国经济转型的基础。随着改革开放的深入，中国共产党开始意识到自己所坚持的那些意识形态及其相关的原则并不一定是完全正确的，需要在实践中做出与时俱进的调整，于是提出中国的改革开放可以按照"三个代表"和"三个有利"的原则向前推进，例如，发展社会主义市场经济就是这种思想转变所带来的重大创新。执政党在经济转型过程中的这种观念的改变为中国经济改革的深入逐步解开了思想上的束缚，进一步加快了中国经济转型的速度。

其次，中国特殊的情境和特殊矛盾决定了经济转型的渐进性。中国是一个由共产党领导的社会主义人口大国，在这样的国家中实现从计划经济向市场经济、从相对封闭向相对开放、从农业社会向工业社会的转变是一种前无古人的创举，并没有现成的经验可以借鉴，需要通过实践的摸索并不断的调整；中国的区域和城乡差别巨大、产业结构严重失衡、供需矛盾突出，企业竞争力非常低下，在这种情况下实施"大革命式"的经济转型将导致巨大的社会矛盾和政治风险；西方资本主义国家欢迎中国的经济转型，可以为中国的经济转型提供帮助，但是西方资本主义的经验不能简单地照搬，西方资本主义国家的帮助更多的是基于自身利益的考虑。

为了保持政治和社会稳定的前提下实现经济转型的主要目的，中国在推进经济转型的过程中高度重视稳定与发展、发展与改革的关系，确立了"以稳定为前提，以发展为目的"和"以改革促进发展，以发展保证稳定"的两项基本原则。为了贯彻上述两项原则，中国的经济转型采取了渐进的方式，并且在相当长的时期内保持了两种经济体制并存的状态：在实施对外开放的过程中非常注意对内保护；在发展市场经济的过程中必须保留一些计划经济；在推进工业化的过程中必须注意保护农业。中国的经济转型还采取分权和实验的方式推进，希望利用中国的区域和城乡差异，在探索中寻求符合中国实际的经济转型路径。

经过三十多年的对外开放和经济改革，中国共产党在解放思想的道路上不断前行，从"四个坚持"到"三个代表"和"三个有利"，确定发展社会主义市场经济的基本路线；中国的经济体制经历了从相对集权到相对分权、从相对封闭到相对开放、从单一所有制到多种所有制并存、从计划经济向市场经济的转变，开始融入全球经济体系；中国的产业结构经历从农业社会向工业社会、从工业化初级阶段向中级阶段的转变。现在，中国的国民经济水平、中国人民的富裕程度都已经发生了巨大的变化，而这些变化正是得益于中国为应对经济全球化而实施的长达三十多年的经济转型。

我国经济学学者徐玙和权衡（2003）归纳了关于中国经济转型的各种研究，认为对中国转型经济主要有以下五种不同理解：

第一，体制转型，即把转型理解为从计划经济体制向市场经济体制转变的过程，这在国际和国内是一种占主导地位的解释。这种解释的基本观点是把经济转型时期就看成从社会主义计划经济向市场经济过渡的时期，其起点就是以原来行政命令方式作为经济资源配置的主要手段的计划经济体制，然后通过体制创新逐步过渡到市场经济体制，终点是建立完善的以市场机制和价格供求关系来配置经济资源的市场经济体制；

第二，经济形态的转型，即从生产力角度把转型理解为从较低层次的经济发展阶段向较高层次阶段的转变。如中国在加入 WTO 过程中，有人认为中国既不是发达国家，也不是发展中国家，而是一种特殊的"转型国家"，显然这里的"转型国家"是指中国正处在从发展中国家向发达国家过渡的阶段或者处于两者之间的一种特殊的经济形态。

第三，指经济体制与社会形态转型的结合，即指从计划经济向市场经济的转变，同时在此过程中，社会形态（包括以所有制关系为基础的生产关系性质及上层建筑性质）也发生了根本性变化。

第四，从传统社会主义阶段向社会主义初级阶段转变。改革开放以前中国所实施的传统社会主义阶段实际上是超越生产力发展阶段，尤其是超越了商品经济和市场经济的充分发展这一特定阶段。因此，从发展生产力角度来说，中国的经济转型实际上是从传统社会主义阶段回复到现实的社会主义阶段，即生产力水平不发达的"社会主义初级阶段"。

第五，经济增长方式的转型与体制转型，也就是"两个根本性转变"，即从计划经济向市场经济体制的根本性转变和从粗放型经济增长方式向集约型经济增长方式根本性的转变。在"两个转变"中，体制转变更具有根本性意义，只有体制转变的顺利完成才能从根本上实现经济增长方式的转变。徐琤和权衡（2003）在同一篇文章中指出，中国转型经济的实质是双重转型，具体来说有两层含义：第一层是基于中国目前仍然是一个发展中国家出发，认为中国经济发展中最基本的任务——工业化和产业结构转换的任务尚未完成。因此从发展意义上说，中国的经济转型是从相对落后的农业国转向较为发达的工业国，从农业社会向工业社会转型，这可以叫做经济发展转型。第二层是基于传统的封闭型计划经济体制对经济增长的严重制约作用考虑，中国必须打破旧的计划经济和行政命令机制，逐步建立现代开放型市场经济体制，尽快完成从封闭的计划经济体制向开放的市场经济体制转型，尽快步入全球经济一体化与市场化的过程，这可以理解为经济体制转型。显然，经济体制转型本身包括了体制改革和对外开放两方面的内容和任务。

本书所说的"经济转型"包括了徐琤、权衡所归纳的五种不同的理解及其提出的"两重含义"。结合上述对中国经济转型的五种不同理解和"两重含义"的理解，以及对中国三十多年经济转型演化的分析，我们可以发现中国经济转型的本质是在坚持社会主义道路的前提下发展市场经济；在保证社会稳定的前提下实现经济的持续和高速增长；在坚持独立自主的前提下享受经济全球化带来的发展机遇。选择这种经济转型方式的理由，首先是来源于实事求是地分析中国前30年社会主义实践的结果，澄清了将市场经济与资本主义挂钩的历史性认知的误区，为构建市场经济体制提供了合法性基础；其次是认真分析其他发展中国家经济转型实践的结果，认识到社会动荡对经济转型成功的威胁，为经济转型的路径选择提供了基本方向；最后是总结中国近现代历史的结果，明确了对外开放的同时需要适当地进行对内的保护，为对外开放的进程与范围提供了基本框架。在实现上述既相互联系又相互矛盾目标的过程中，正确处理稳定与发展、改革与开放的关系一直是制定经济转型方针政策和掌握经济转型进度的基本原则。

第二节　中国经济转型的基本过程

中国经济转型的方向和目标基本上是明确的，即要通过实现从相对封闭向相对开放、从计划经济向市场经济、从农业社会向工业社会转变，全面提高中国的经济发展水平和国家竞争力。但是，中国经济转型的路径、步骤则是动态的，其中包括持续的发展，也包括暂时的停顿或者后退。认真回顾和分析这个过程，我们可以将中国经济转型的过程划分成为若干个重要的阶段，通过了解各个不同阶段上经济转型的内容和特点，可以更加深刻地了解中国经济转型的基本过程及经济转型的演化逻辑。

一、萌发阶段（1979～1983 年）

在经过关于"实践是检验真理的唯一标准"的政治辩论之后，中共中央在十一届三中全会上确立了解放思想、开动脑筋、实事求是、团结一致向前看的指导方针，决定将党的工作重点转移到社会主义现代化建设上来，实施对外开放和经济改革。

这个时期对外开放的主要目的就是发挥中国特殊的自然资源和特有的要素成本上的优势，扩大出口，吸引外国资本，技术和管理，用外向型经济带动内向经济的发展。所采取的对外开放措施主要表现为：第一，为了促进中国资源性和农副产品的出口，开始容许国有外贸企业在海外投资和经营企业；第二，1979 年中国通过了第一部《中外合资企业法》，中外合资企业最初出现于非生产性领域，目的是改善投资环境以促进国际贸易，稍后则广泛出现于出口加工领域，目的是在保护国内市场和企业的前提下吸引国外资本、技术和管理。

这个时期的对内改革主要目的就是扩大生产，缓和严重的供需矛盾，尤其是生活必需品的供求矛盾。因此，中国的对内改革是从农村实施土地承包责任制和放开农副产品价格开始的。在实践是检验真理的唯一标准的思想指导下，放权搞活就成为中国经济改革的第一次思想解放的主要体现，而打破中央集权和计划经济就成为经济改革的突破口。主要的改革措施包括：第一，中央政府对地方政府放权，强化地方政府发展经济的责任，让地方政府可以充分利用这些权力去发展地方经济；第二，各级政府开始对企业放权，逐步让企业在生产、销售、采购和员工激励方面有更大的自主权，开始了国有企业管理体制的改革；第三，在保证以计划价格为主的前提下，引入了市场价格作为补充调节机制，开始了价格体制的改革；第四，在保持国有传统购销和流通体制的同时，容许国有和集体企业自销、商业选购和产销一体化等购销体制，容许个体户、私营商业、合资合营商业等其他所有制形式的企业从事商品流通领域，开始了商品流通体制的改革。

认真分析这段经济转型的历史，可以发现中国经济转型的主要目的就是发展生产力，而不是为了实现政权或者政治体制的更替；对外开放的主要目的就是发挥中国的比较优势来发展经济，而经济改革的主要目的就是通过放权调动地方、企业和个人的积极性。打破中央集权的计划体制是中国经济转型的起点，由此产生的"活力"促进了中国经济在这个阶段的发展，并构成了后续阶段进一步改革的认识基础和制度基础。

二、逐步展开阶段（1984～1992年）

1984年中共中央十二届三中全会通过了《中共中央关于经济体制改革的决定》，以此为标志中国的经济转型的重点开始从打破计划经济体制转向探讨建立市场经济体制的阶段。在放权搞活取得成功的基础上，中国政府进一步将原来归中央政府管理的许多权限下放给地方政府，使地方政府具有了更大的动机、职责和权力去发展地方经济，也鼓励某些地方政府积极开展经济转型的试验，其中最为典型的就是中央政府在沿海地区建立了以深圳为代表的四个"经济特区"。在新的制度安排下，出现了一种原来高度集权的计划经济体制下未曾出现的一种现象：各个地方政府之间围绕着招商引资和经济增长开展竞争。在这个特定的历史阶段上，放权带来了活力，也带来区域竞争，甚至导致了重复建设带来的不经济。但是，因为活力的增加和竞争所产生的收益可以有效地弥补资源浪费产生的不经济，放权改革的积极作用远大于消极作用。带着放权所产生的活力和竞争压力，各个地方政府在实施对外开放和经济改革的过程中，争前恐后地争取更好的政策、更好的资源和更快地推进改革，以此作为推动本地经济发展的根本途径。

在这一阶段，中国继续奉行并进一步推进了对外开放，主要内容是通过围绕招商引资进行了相关制度的改革和制定了相应的优惠政策，极大地推动了中国外向型经济的迅速发展。首先是中国沿海地区在招商引资方面发展迅速，这不仅是因为中国在生产要素条件上具有突出的比较优势，适应了国外产业转移的需要，更主要是因为中国政府制定和实施了大量行之有效的优惠政策。各级地方政府都将吸引外资兴办中外合资合作企业作为发展本地经济最为有效的途径，并且开始围绕如何吸引外资展开了"硬件"和"软件"两个方面的竞争，形成了具有竞争力的投资环境。其次，招商引资的发展在一定程度上解决了中国在改革开放之初最缺乏的外汇、资金、技术和管理等生产要素，合资和合作企业直接和间接地促进了中国资源型和劳动密集产品的出口，在中国新增加的出口产品中，大部分是通过合资和合作企业直接出口国外，一少部分则是在合资和合作企业的带动或者影响下由国内企业通过间接方式实现的出口。

然而，在这个阶段上中国经济体制改革的推进则经历了一次反复，由于金融市场改革的滞后和1984年年末开始出现的经济过热、1988年公众对于"物价闯关"后形成的通货膨胀预期和出现的抢购潮，以及对前几年倒买倒卖计划调拨物资和外汇额度等寻租活动的蔓延的不满，导致了由于经济问题而引发的1989

年的政治风波，也使得一些认为这些动荡是来源于市场经济改革的认识，质疑中国是否需要继续进行市场经济改革的声音开始出现。1992 年邓小平的"南方谈话"，进一步坚定了进行市场经济改革的发展思路，才使整个改革在峰回路转之后回到了正确的发展路径上来。

在这个阶段开始的时候，中国政府沿着放权搞活的基本思路继续向前，1984 年 10 月的中共十二届三中全会确立了"社会主义有计划商品经济"的改革目标，并开始在发展市场经济的各个方面进行了有益的探索。

（一）培育市场经济的主体

首先，沿着放权搞活的思路，中国政府继续深化国有企业体制改革。1984 年，通过"利改税"将国营企业和国家的关系变成国家所有、自主经营和依法纳税的关系，为政企分开创造了条件。1987 年以后，在国有企业中全面推行企业承包经营责任制。1992 年国务院通过《全民所有制工业企业转换经营机制条例》，赋予国有企业在经营管理上的各种权利，并且鼓励国有企业进行内部管理改革。其次，在前期试验的基础上，中国政府决定打破社会主义与公有制之间的必然联系。一方面，从产权入手去培育真正的市场经济主体。从 20 世纪 80 年代中期开始推行以职工内部持股和定向法人持股为主要方式的股份制试点，1992 年国务院下达了《股份制企业试点办法》、《股份有限公司规范意见》和《有限责任公司规范意见》。到 1992 年年底，全国约有各种股份制企业 3 700 家，其中原国有企业 750 家。另一方面，大力发展非公有制经济和外资企业。在这个阶段上，个体经济、私营经济等其他所有制经济已经不再作为社会主义公有制经济的必要补充，而是不可分割的一个部分；有限制地吸引外国企业在中国开展"三来一补"和建立合资合作企业已经成为一项基本国策。从此以后，民营企业和外资企业进入了一个高速发展的阶段。

（二）建立市场经济体制

在这个阶段上，中国政府首先提出社会主义初级阶段上要实施计划调节与市场调节相结合的体制。在计划经济条件下，高度集中的计划经济体制主要是依靠下达指令性计划实现资源的分配和调节社会再生产互动。1985 年，农业生产的指令性计划全部取消；1991 年国家计划委员会将工业生产指令性计划品种从 1978 年的 120 种减少到 54 种；国家统一分配物质品种由 1978 年的 256 种减少到 1991 年的 22 种。其次，进一步加快价格体制的改革，从容许价格调整转向完全放开价格。到 1992 年，中国消费品价格已经完全由市场决定，生产资料价格也已经基本放开。再其次，开始逐步建立市场体系。最初启动的是原材料和商品市场的建设。1985年通过的《中共中央关于制定国民经济和社会发展第七个五年计划的建议》，正式将市场体系的建设明确为新型的社会主义经济体制的一个重要方面。到1992年，全国已经建立了多种经济成分、多种经营方式、多种层次和跨地区的农产品、工业消费品和工业生产资料的市场。然后推进的是金融市场，包括短期信贷资金的短期同业市场、商业汇票承兑贴现市场、证券发行市场和证券流通市场的建设。1992年，全国范围内各种类型的有价证券的发行总量达到1 280亿元；全国大约有1 000多家证券公司；全国证券交易总量达到1 728亿元。1992年10月，中国证券委员会和证券交易管理委员会成立，开始进入了对证券交易所、自动报价系统和地方证券交易中心进入统一管理和规范的阶段。最后推进的是劳动力市场、技术信息市场和房地产市场的建设。其中，对于房地产市场的建设进行了一系列的试点，并且最后选择深圳作为试点城市，并且在总结深圳经验的基础上制定了一系列的相关政策。到1992年年底，全国共有各种房地产开发经营企业12 400多家。

这个阶段的经济转型沿着从中央集权到地方分权，从计划经济到市场经济的方向前进。其中，对外开放和分权搞活的思路基本确立，但是中国的经济改革是否需要从计划经济转向市场经济的问题依然经历了一个争论的过程。围绕市场经济所进行的改革虽然有了重大的突破，包括多种所有制企业发展和各种要素市场机制的建立，市场机制还只是作为中国社会主义初级阶段经济体制可以接受或者可以并存的另一种经济调节手段。

三、深入发展阶段（1993～2000年）

在邓小平同志南方谈话的推动下，中共十四大于1992年10月宣布中国经济改革的目标是建立社会主义市场经济体制，至此中国经济转型的基本目的和内容得到了最后的确定，中国经济发展也重新进入了一个新的高速发展时期。1993年中国经济出现了严重的增长过热和通货膨胀，而导致通货膨胀的根本原因是因为金融和信贷管理体制改革滞后，社会固定资产投资增长过快，企业经济效益低下。虽然中国政府采取一系列有效的措施抑制增长、投资和通胀，但是实践证明仅仅依靠"放权搞活"而不从根本上建立相应的市场经济机制已经很难保证中国经济继续健康发展。1993年11月，十四届三中全会通过了《中共中央关于建立社会主义市场经济体制若干问题的决定》，提出在20世纪末期初步确立社会主义市场经济的基本框架。将市场经济与社会主义建设相联系，解决了对于市场经济是姓"资"还是姓"社"的争论问题，为中国经济转型的深化提供了合法性，并推进中国经济转型进入了实质性阶段。

第一，中国对外开放和经济改革开始从试点转向全面推广，从沿海向内地扩展。中国经济转型过程中的放权改革的特点不仅体现在政府对企业放权上，而且体现在中央对地方政府放权上。在改革开放的早期阶段上，中国的经济特区不仅被赋予了发展地方经济的责任，更主要的是中央将原来中央控制的各种与经济发展和管理相关权限，包括工商、税务、价格、项目审批、海关及金融管理等权限下放到这些特区，给这些特区更大的权力去实施对外开放和经济改革。在邓小平南方谈话之后，中央政府将在这些"特区"取得的成功经验向全国其他地区转移，从而使国内地方政府在改革和开放两个方面的权力得到加强。从1994年1月开始中央对地方放权在税收上进一步落实，开征和扩大增值税；建立中央与地方分税制。从此，地方政府为了增加 GDP 和地方财政收入而展开的竞争从此成为推动中国经济发展的主要动力之一。

第二，国有和集体企业的改革从放权搞活深入到了产权改造的阶段。为了从根本上克服国有和集体企业存在的问题，国家对竞争性行业国有和集体企业进行了从承包经营制向产权改造过渡的改革。首先是通过国有资产授权经营，对国有和集体企业进行清产核资，理顺产权关系，对其中的中小国有和集体企业进行各种形式的产权改造；对其中的大中型企业，包括企业集团进行建立现代企业制度和公司治理结构的试点，实施国有资产监督管理。1994年，全国已有100家国有大型企业集团被列为建立现代企业制度试点企业。到1999年，绝大多数县市级国有和集体企业基本上完成了产权转让和股份制改造，省属和央属的国有企业都相继进行了公司制改造，并由新成立的国有资产监督管理委员会进行管理。

第三，市场机制的建设从物质商品向金融领域深入。1993年，国务院通过金融体制改革的意见，强化了中国人民银行作为中央银行在调节货币和管理金融秩序上的功能；国有银行信贷体制从计划配置向市场配置转变；组建了包括国家开发银行、出口银行和农村发展银行等政策性银行；大力发展证券市场。从1994年1月起，普遍实行了银行结汇制，消除了外汇双重汇率，实现了由国家干预的单一市场汇率，建立了全国外汇交易中心。进一步扩大了企业的外贸权力和普遍推行外贸代理制。

四、国际接轨阶段（2001 年至今）

从 20 世纪 90 年代中后期开始，中国政府已经意识到中国经济的继续增长需要进一步深化经济体制和经济增长方式，并且希望通过进一步对外开放来带动改革的深化。为此，中国政府确立了以进一步对外开放，特别是以争取加入世界贸易组织为动力，以建立与国际接轨的市场经济体制为目的，推进社会主义市场经济体制的完善和经济增长方式的转变。在中国"入世"后的最初几年里，中国的经济转型主要与兑现"入世"承诺密切相关。

第一，按照"入世"所做的承诺，中国开始全面清理现行的法律、法规和政策，增强法律法规的统一性和公开性。具体来说，按照开放市场的承诺，逐步取消非关税贸易壁垒，取消对外资准入领域的限制，取消对外商投资企业在本地含量、出口比例、外汇平衡和技术转让方面的强制性要求，对外资企业与外国产品实行"国民待遇"，加强知识产权的保护。

第二，以"国退民进"为重点，中国开始取消对国内非国有企业的准入限制，营造国内各类企业公平竞争的环境。事实上，我国在取消外国企业的行业准入限制之前已经率先取消了对国内非国有企业的行业准入限制。与此同时，我国也清理和大幅度减少政府行政性审批，进一步减少政府对经济和企业经营的干预。

第三，以国有大型企业集团和企业改制为重点，中国开始加快国有经济布局战略性调整的步伐。在竞争性行业中，通过容许民营资本收购兼并，引进跨国企业作为战略投资者和企业上市等方式推动国有大型企业集团或者企业进行产权改造和提高竞争力。在非竞争性行业中，引入竞争、推进公司制改造和国有资本适度退出。

第四，进一步完善金融市场和证券市场。中国在逐步向国外银行开放市场的同时，推动中国商业银行上市，进一步完善资本结构和公司治理；通过股权分制、加强监管和增加民营上市公司等提高中国证券市场的效率。

第五，为了进一步解决民生问题，中国开始建立和健全社会保障体系，包括扩大养老、失业、医疗保险的覆盖面，完善城市居民最低生活保障制度，以及积极探索符合农村特点的养老和公共医疗服务体系。

在与世界经济接轨的过程中，中国经济的开放性和市场化程度得到了进一步的提高。在迎接经济全球化挑战和提高中国企业国际竞争力的过程中，中国经济和企业的增长方式得到有效的改变。"入世"以后的中国经济在经济全球化和经济体制改革的双重影响下得到了非常迅速的发展。但是，亚洲金融危机以后世界经济的走势和格局发生了根本性的改变，经济增长速度的减慢和社会危机的增加，导致中国政府减慢了经济转型的进程，甚至有重新强化"有形之手"的倾向。中国外向型经济发展受到了抑制，而跨国企业对中国国内市场的争夺迅速升级，导致中国企业提升国际竞争力的压力骤然加剧；中国经济体制的不完善性，尤其是市场分割性对中国企业提升国际竞争力的暴露越来越明显。

第三节　中国经济转型的方式和特点

一、渐进式改革

中国经济转型在推进方式上的第一个特点，也是最为明显的特点就是中国的经济转型不是突变式的，而是渐进式推进的；不是瞬间完成的，而是在相当长的时期内逐步推进和完善的。所谓突变式的改革一般是在改革之前就已经对改革的目标、内容、方式和各种措施进行了系统设计，然后在某个时点上宣布实施和同步推进所有的改革，例如，苏联的转型就是采取这种方式进行的，中国采取的所谓渐进式转型则恰恰相反。中国社会科学院经济体制改革 30 年研究项目组（2008）对中国经济体制改革过程的表述是这样的：第一，先从农村改革开始，后开展城市改革，再到城乡综合配套改革。第二，从推动乡镇企业、个体私营经济和外资经济等非国有经济的发展入手，逐步形成以公有制经济为主体、多种经济成分共同发展的格局。第三，在推进国有企业改革方面，先采取放权让利的政策调整型改革，然后转到以企业制度创新和整个国有经济战略性调整为重点的改革。第四，先改革一般竞争性领域，再向传统的垄断性领域推进。第五，先在一段时期内实行计划内价格和计划外价格并行的"双轨制"，然后在条件成熟的情况下并轨，实行单一的市场价格制度。第六，先着力发展商品市场，在逐渐发展资本、土地、劳动力、技术和管理等要素市场。第七，先实行单纯的按劳分配，再向按劳分配与按要素分配相结合的分配方式推进。第八，先以微观经济基础重塑为改革的中心，再推进到以政府行政管理体制改革为重要环节。第九，先沿海、后内地，先一般加工工业、后服务业和资本技术密集型产业，先引进来，再走出去。第十，在着眼于全方位改革的过程中，先着重推进经济体制改革，再及时推进政治体制改革、文化体制改革和社会体制改革。值得注意的是，中国渐进式的经济转型中存在的一系列先后顺序也造成了中国各个区域在发展速度和水平上的差异，并且逐步引发了区域之间的竞争与保护。

苏联、东欧国家"休克式"（激进式改革）改革的设计者萨克斯教授等（1994）在论证"激进式改革"的过程中间接地说明了中国采取"渐进式改革"道路的原因。他们认为，中国与苏联、东欧国家改革绩效的不同是由于它们改革启动时的经济结构不同所致。中国经济中有个庞大的农村部门，可以通过劳动力向工业转移而促进经济增长，在低效率的国有部门的危害未超过整体经济的承受能力之前，渐进式改革还可以产生一定效果（不过以后就必须推行"休克"方式了）。考虑上述看法，我们认为导致中国经济转型采取渐进方式的其他主要原因包括以下几方面。

1. 中国经济转型主要是经济体制的改变，而不是政治体制的改变

按照萨克斯教授的解释，苏联、东欧国家以政治体制的改变为目的，向以全面私有化为基础的市场经济过渡，因此大多采取了"激进式"转型方式。在激进改革的方案中，每一个改革方案都是以其终极目标为参照系的，追求以尽快的速度尽可能地实现成熟市场经济的所有的特征（即"一揽子过渡"），排斥所有与其终极模式不完全吻合的中间形态的出现，因而对现存的那些形成于中央计划经济体制的制度安排采取完全抛弃的策略。尽管一部分制度安排在体制过渡的早期起着不可或缺的稳定宏观经济环境的作用，但仍因为它有违于最终完全自由化市场经济的特征而不得不被否定（萨克斯，1994）。中国的经济改革从一开始就不是以改变国家政治体制，甚至也不是以改变国家经济体制为目的的，而是以改变集权的计划管理体制为目的的。因此，这种以保证政治体制为前提所进行的经济体制改革就只能是渐进而不能够是"爆发式"的。

2. 中国经济转型是要将两个原本被认为根本对立的制度在新的形式上进行整合

中国经济转型是要建立社会主义市场经济体制，其核心不是从一种经济体制完全转变为另一种经济体制，而是要将两个原本被认为根本对立的制度在新的形式上进行整合。这样的经济转型不仅需要学习西方的市场经济，而是需要在学习过程中进行创新。中国改革开放的主设计师邓小平在确定了四个坚持的基本原则之后，采取的是摸着石头过河的方式推进改革，而在中国经济改革进行到一定阶段之后才最终确定了建设社会主义市场经济的目标。考虑到中国所实施的是一种探索和创新式的经济转型，渐进就成为唯一的推进方式。

3. 中国经济转型的速度受制于中国经济形态，包括增长方式和产业结构转型的速度

按照萨克斯教授的说法，苏联和东欧国家已经过度工业化，国有部门过度膨胀，必须推行激进式改革，迫使劳动力向高效率的非国有部门转移。在中国推进经济转型之前，中国仍然是一个生产力水平相当低的农业大国。虽然在此之前中国已经开始了工业化的进程，但是特殊的历史环境导致中国选择优先发展重工业，导致产业结构上存在着突出的"轻重失衡"问题。在这种情况下，中国的经济转型就需要一个相对比较的过程，因为中国政府在推进计划经济向市场经济转型的同时，需要逐步推进经济形态从农业化向工业化的转变，推进产业结构从轻重失衡向轻重匹配转变，这样才能够将巨大的就业压力转变成为经济增长的动力，而不是转变成为巨大的社会不稳定因素。

4. 中国经济转型的速度受制于中国对外开放和吸引外国投资的速度

中国的经济转型面临着巨大的供需矛盾、产业结构矛盾和就业压力，需要通过对外开放和吸引外国投资来获取大力发展轻工业所需要的资金、技术、管理。正是从这个意义上说，中国经济转型的成功在很大意义上得益于经济改革与对外开放的相互促进：通过对外开放和吸引国外直接投资，中国解决了影响社会稳定和经济发展的"瓶颈"因素——巨大的就业压力，为推进经济改革创造了良好的条件；通过经济改革的深入，改善了对外开放和吸引国外直接投资的软环境。而上述两个因素的相互促进只有在渐进式转型的过程中才能够取得理想的效果。

5. 中国经济转型的速度取决于市场机制和市场竞争的培育

持有这种观点的学者通过经济演化分析来解释中国经济转型的渐进式特点，认为经济演化表现为一种增长与市场形成的相互作用过程，强调市场形成是一个过程，而非一场"休克"（价格自由化）就能形成的。在市场机制加强、配置效益提高和生产率改进方面有一个因果关系，其中市场竞争是重要的引发因素。在推进经济转型之前，中国完全是计划经济，即没有市场，也没有竞争。无论是建立市场机制还是培育竞争主体都是一个漫长的过程。在这个过程中，中国首先是放权和部分放开价格搞活公有企业，然后通过市场机制的完善去吸引外资、培养非公有企业，最后从能够依靠外资和非公有企业去从产权上彻底改造公有企业。

二、放权式改革

中国经济转型在推进方式上的第二个特点，也是目前仍然发挥重要影响的特点就是中国的经济转型主要是以"放权"的方式推动的。与采取突变方式推进经济转型相一致，所谓集权式的改革就是所有的改革行动都是由中央批准和推动的，而地方政府的职责就是执行中央政府所布置的工作。中国政府所实施的经济转型是按照以放权的方式推进的。在这种放权式的改革中，中央政府只是确定原则，赋予地方政府相应的权力和活力，从而使转型在中央和各级地方政府之间的"上下互动"中推进。

这种放权式的改革首先发生在政府层面上，即高一级的政府对低一级政府放权，从而使各级地方政府享有更大的权力和活力去发展本地经济。如果说中国传统的经济体制是中央集权的计划经济体制的话，那么中国的经济改革的目标首先对准的是中央集权，即"条条"对"块块"的约束，其次才是计划经济体制。而中国原有的经济管理组织则为这种放权提供了便利的制度基础。正如钱和徐

（Qian and Xu，1996）所提出的：中国改革成功是因为与苏联和东欧的经济管理的制度基础不同，导致了采用了不同的改革路线。东欧与苏联的经济管理模式主要是依据功能或者分工原则而（即条条）建立的单一模式（"U 型"经济）。而中国的经济管理组织，自 1958 年以来，却主要是根据地域原则（即块块）而建立的多层级多地区模式（"深"M 型经济），而这种 M 型经济管理模式为发展非国有经济提供了有利的条件，也构成了中国的放权式经济改革得以实现的关键性制度基础。具体而言，中国放权式的经济改革主要采取了以下两种形式：第一，在从计划经济向市场经济转变的过程中，中央原来在项目审批、资源配置、生产计划和价格控制等各个方面的权力先是逐步下放给地方政府，然后再由市场机制代替；第二，与经济、市场和企业管理有关的部门原来是"条条"管理，但是在改革过程中这些部门的地方分支机构被改变成为"条条"和"块块"共同的管理，其目的是希望这些部门能够为当地政府的经济发展服务。虽然在 20 世纪 90 年代中期以后，一部分原来下放的权利被收回国家，另一部分经济管理部门被重新实施纵向管理。但是，中国的各级地方政府在发展本地经济方面的权力、责任和利益还是相当大的。

这种放权式的改革其次发生在行业层面上，即国家把一部分行业定义为非垄断性或者竞争性行业，而把另一部分行业定义为垄断性或者非竞争性行业。经济转型之前，中国在所有行业中都设置了相应的行政部门，都是受高度集权的计划管理。在整个经济转型的过程中，中国政府对这些行业实施了逐步开放的行业管理政策，具体表现在不同行业的项目审批权限、定价权限、对外开放程度不同及行业的准入障碍等多方面存在着明显的不同。相对来说，对国家利益和社会安定影响比较大的行业"开放"得比较慢，因此这些行业的垄断程度高。相反，不具备这种影响的行业相对"开放"得比较快，因此这些行业的竞争程度更高。在整个经济转型的过程中，上级政府放松对某些行业的"管制"往往对下级政府或者企业意味着"巨大的机会"，包括市场、项目、投资及收益等各个方面的好处。各个地方政府都会积极地争取进入垄断程度高的行业，并且在这样的行业中上一些大的项目；各个企业，包括外资企业都希望获得中央或者地方政府的批准进入垄断程度高的行业，在行业开放的过程中争取先动的好处。

这种放权式的改革最后发生在企业层面上，即各级政府对自己所管辖的企业实施不同程度的放权。在企业改革以放权搞活为主要内容的阶段上，政府对企业放权的主要目的是实施政企分开，激活国有企业。在计划经济条件下，在中国经济中占有绝对主导地位的企业都是公有公营，并且隶属于一个具体的政府部门，所有的经营管理活动都受严格的计划控制。因此，政府对国有企业放权越多，那么就意味着这个企业有可能有更大的经营自主权，有可能获得更好的经济效益，企业管理者和员工有可能获得更高的收入或者福利待遇。因此，在改革开放的早期，所有国有企业都希望或者争取从政府获得更大的经营自主权。在企业改革进入产权改造阶段以后，政府对企业放权增加了新的含义——"抓大放小"，其主要目的是继续保持国家对一些关键行业大型国有企业的控制以外，政府将通过产权改造"放活"竞争性行业中的中小国有企业，促进这些企业转变产权，成为真正的市场竞争主体。随着绝大多数国有企业已经完成了产权改造，这种"放权搞活"为核心内容的企业改革也就基本上走到了尽头。

中国实施"放权式改革"的根本原因源于中国经济转型性质和内容，中国的经济转型是要在保证政治体制基本不变的情况下实施经济体制的改革，要在保证社会稳定的前提下大力发展经济，改革的目的是要通过建立社会主义的市场经济去促进经济的快速和健康发展，而放权式的改革恰恰能够满足这种需要。一方面，放权式改革可以保证改革主要发生于经济体制而不是政治体制上，因为改革的发动者或者领导者是现行政府，或者说是通过现有政府之间的权力下放来推动的；另一方面，放权式改革可以保证政府对整个改革的过程能够进行有效的控制，从而保证改革是在不牺牲稳定的前提下推进。

但是，放权式改革在满足经济转型基本前提的同时，也为后一阶段进一步的改革开放构建了市场结构的瓶颈，其主要问题是地方政府权力过大，而且它们也运用手中的权力去实施区域竞争和地方保护，在一定程度上导致今天所建立的社会主义市场经济是一种"小市场经济"，而不是"大市场经济"。

三、试验式改革

中国经济转型在推进方式上的第三个特点就是中国的经济转型主要是以"试验"的方式推进的。与采取集权方式推进经济转型相一致，所谓计划式的经济转型就是中央政府在推进转型之前就已经设立了清楚的目标、详细的行动方案，各级地方政府所需要做的事情就是根据上级政府要求具体实施和落实行动方案。但中国的经济转型却在改革之前只是确定了一个比较宽泛的目标和基本的原则，而对具体的目标、路径通过逐步清晰和动态的调整，其改革推进的基本方式是"摸着石头过河"，鼓励试验、总结、学习和推广，即在个别区域或者领域取得"试验"的成功经验之后，采取由点到面和分步推进的方式逐步展开。

中国政府一开始就意识到中国的经济转型将面临着非常巨大的困难，而且最困难的就在于这是一种前人所没有尝试过的创新。正如邓小平同志所说："我们现在做的事是一个实验。对我们来说，都是新事物，所以要摸索前进。既然是新事物，难免要犯错误。我们的办法是不断总结经验，有错误就赶快改，小错误不要变成大错误。"我国的经济体制改革就是要"摸着石头过河"。邓小平同志对中国经济体制改革方式的描述充分表明：中国的经济体制改革不是事前计划，而是事中探索和完善的；不是自上而下按计划推进的，而是上下互动、共同创新的过程。虽然在改革与开放的过程中，党中央提出和坚持了若干基本的原则，包括最初提出的"四个坚持"和后来提出的"三个代表"和"三个有利"等，但是在推进改革与开放的过程中，党中央一直鼓励各个地方政府努力创新和探索，而党中央关于改革与开放的路线和方针就是在总结各个地方政府的创新和探索的过程中提出和完善的。中国的经济转型实际上是"摸着石头过河"，利用关键性改革带动多项改革，创造制度变迁的"多米诺骨牌效应"，使改革先易后难，从点到面，由浅入深（杨万铭和李海明，2004）。

为了有效发挥这种经济转型方式的作用，中国政府在推进经济转型的过程中有意识地选择了若干特定的区域、部门、行业、企业进行试验，制定有针对性的特殊政策、激发其活力、鼓励其率先改革和开放，例如，通过对特定地区的政府、特定的行业和特定企业放权，激发它们的活力。其中，对于成功的试验，中央政府是先总结，后完善，再进一步向全国推广，在这一过程中，各个地方政府依然具有较高的自主权决定是否借鉴其他领域的成功经验，或者进行调整之后运用，而不是像改革开放之前"农业学大寨"一样照搬全收，这种务实的试验性改革通过正的外部经济溢出有效地弥补了试验可能导致的成本，例如，针对农村的放权改革实验就可以转移到城市。而对于不成功的试验，则不责怪，不坚持，从而减少改革的代价，而 M 型经济管理模式也为那些不成功试验产生负的外部溢出提供了有效的隔离机制。

以"试验"的方式推进经济转型也为中国企业的经营环境带来一些值得关注的特点：第一，各个地方政府非常了解改革与发展的关系，因此会因为谁能够先成为改革的试点和谁能够获得更大的"活力"而发生区域竞争，在此过程中，各级地方政府为了本地区的发展，有可能"滥用"中央政府赋予的权利和"活力"，对企业的战略和经营行为形成过大的干预，这是中国企业经营过程中需要高度重视的一种情境。第二，基于上述原因，中国各个地区、行业和不同所有制的企业可能在发展上存在着很大的制度和政策差异。中国推进经济转型方式上的这种特殊性给了各级地方政府官员比较大的自由度，容许他们根据本地区所处环境和面临的特殊问题在改革和创新上先行一步，即使这种改革和创新被证明不一定是成功的。但是，这种制度安排也在客观上为区域竞争和地方保护创造了条件和空间，其结果就是加大了地区差异及市场分割，而这种区域差异和市场分割构成了中国企业在经营过程中所面临的另一种典型情境。

四、中国经济转型的阶段性特点

经过三十多年的不断努力，尤其在中国加入世界贸易组织之后，中国已经初步建立了社会主义市场经济体制。尽管这样，依然存在着众多需要进一步改进的地方。

第一，在建立社会主义市场经济的过程中，中国政府不仅大力发展了民营企业，引进了国外企业，而且推进了国有企业的产权改造，从而实现了社会主义市场经济在经济基础上的转变。尽管目前在整个中国经济中的国有经济比例已经持续下降，非国有经济所占的比重也已经大幅上升，但是国有经济在整个国民经济中的关键环节和要害部分的作用仍然过大，需要进一步扩大和发挥非国有经济的作用。

第二，在建立社会主义市场经济的过程中，中国政府招商引资和"国退民进"将越来越多的行业推向市场，使中国的竞争性行业越来越多，非竞争性行业越来越少。在中国非竞争性行业中，国有企业的高投入和低效率，严重影响了整个国民经济运行的有效性和其他行业企业竞争力的提高；而在中国的竞争性行业中，企业数量多、规模小、效益低的情况非常严重，行业竞争结构不合理和行业竞争强度过高影响了行业健康发展和企业国际竞争力的提高。

第三，在建立社会主义市场经济的过程中，中国政府通过生产、生活资料分配体制、交易机制和价格机制的改革，逐步建立了各种生产要素的市场，尤其是金融市场和企业购并的市场。但是至今为止，仍然有相当一部分的生产要素还没有进入市场；一些要素的交易还不是完全由市场配置的；受政府的干预，各种要素市场的有效性和效率并不高，尤其是金融市场和购并市场。

第四，在建立社会主义市场经济的过程中，中国政府也力求保证市场竞争和交易的公平性。在直到最近以前的时期里，保证市场公平性的努力主要是通过向各种不同所有制、不同规模和不同行业的企业提供各种优惠和帮扶政策来实现的。而这种增加公平性的手段又构成了事实上的另一种政府"干预"，引发一种新的政策上的歧视。不仅如此，在各级政府部门操作和落实这些优惠和帮扶政策的过程中也产生了很多不公平或者不正当的竞争。例如，中小企业的优惠和帮扶政策往往最终落在了规模相对比较大或者与政府关系相对比较好的企业身上。

第四节　中国经济转型与市场分割

经过三十多年的不断努力，尤其在中国加入世界贸易组织之后，中国已经基本上建立了社会主义市场经济体制，但是这个正在运行的市场经济体制仍然存在着许多尚不完善的地方。考虑到经济全球化的影响和中国企业提升国际竞争力的需要，中国市场经济体制的不完善比较集中地表现在市场结构上存在的所谓分割性的问题，或者说目前中国的社会主义市场经济仍然是一种"小市场经济"，而不是"大市场经济"。由于中国在推动经济转型的过程中采取了"渐进"和"放权"的方式，致使中国的市场结构从原来的高度统一逐步走向了相对的分割，或者说上述两种方式在建立社会主义市场经济的同时也将原来中国高度统一的市场切割成了若干个相对分割的小市场。根据国内外的相关文献，中国市场结构上的分割性主要表现在以下几个方面：

第一，中国国内各个行政区域之间的竞争多于合作。为了赋予和发挥各级地方政府的"活力"，推进经济转型和经济发展，中央政府不仅将相关的权力逐级地放给了各级地方政府，使得地方政府具有干预经济的权力基础，同时，也采用分税制的方式来调动地方政府的积极性，构成了张五常教授所说的"租税合约分成制"，对地方政府发展经济提供了重要的激励。但这种分成的制度安排主要体现在纵向的上下级政府之间而不是同级的地方政府之间，为各地方政府发展本地经济提供了积极性。最后，或者是最重要的，以区域经济增长速度为核心的考核和激励机制，所引致的是嵌入经济竞争的地方政府官员政治锦标赛，强化了各地方政府之间竞争关系而弱化了合作关系（周黎安，2007），这些制度安排构成了各地方政府之间的竞争多于合作的制度基础。中国各级地方政府之间的竞争造成了以下两个方面问题：一是围绕着改革试点、优惠政策、重大项目和各种资源的分配，中国各级政府之间通常会发生非常激烈的竞争，造成了大量重复建设和资源浪费；二是中国各个行政区域之间出现了越来越严重的产业结构趋同，从而导致各个行政区域之间的竞争往往多于合作。

第二，中国国内各个行政区域都存在着不同程度的地方保护。为了使本行政区域的经济发展快于其他行政区域，尤其是具有明显竞争关系的行政区域，国内各级地方政府利用自己手中相对比较大的行政权力去保护本地市场、本地企业和本地资源。在改革开放的早期，这种地方保护相对比较原始和直接，更多地表现为阻碍其他地区的企业进入本地市场、利用本地资源和收购本地企业。后来这种地方保护则变得越来越高级和间接。现在各级地方政府已经变得越来越欢迎其他地区的企业进入本地市场、利用本地资源和购并本地企业，然而其核心是希望这些企业能够在本地运营，将 GDP 和税收交给本地政府。如果中国企业在跨区域横向整合中适应地方政府的这种要求的话，那么损失的将是其应该获得的规模经济与范围经济，增加的则是不应该增加的投资和为了获得当地合法性而发生的关系和运营成本。

第三，中国国内各个行政区域之间存在着一定的制度差异。为了发挥地方政府的"活力"去促进地方经济的快速发展，中央政府不仅赋予各级地方政府一定的制度和政策制定权，而且也给地方政府在制度和政策执行上的灵活性，容许它们根据本地实际进行一些大胆的试验。在现行的地方政府和地方政府官员的考核和提升机制下，为了发展地方经济，地方政府官员往往会以各种"变通"的方式去实现区域竞争和地方保护，这就使得中央政府制定的各种统一的制度和政策很难得到严格的执行。中国国内各个行政区域存在的制度差异越大，中国企业在跨区域发展中所需要付出的成本就越高，发挥规模经济、范围经济和降低交易成本的可能性就越小。

通过渐进型和放权式改革，中国在保证国家稳定的前提下顺利地实施经济转型，建立社会主义市场经济体制，推动中国经济和社会取得了惊人的发展。三十多年来，中国逐渐从自给自足的计划经济融入了全球市场的分工体系，依靠生产要素、相关支持产业以及国内市场规模及需求增长优势的发挥，中国已经在众多行业或者产品生产上发展成为全球制造大国（蓝海林、李铁瑛和黄嫚丽，2011）。但是，采取这种战略和方式推动中国的经济转型，也在客观上导致中国的市场结构从原来计划经济条件下的高度统一逐步走向了市场经济条件下的相对分割，或者说在建立社会主义市场经济的同时，也将计划经济下的统一市场切割成了若干个相对独立的部分。中国市场具有分割性的特点已经受到越来越多的经济学者和管理学者的重视，并且认为是全球化条件下研究中国企业战略行为的一个非常重要的情境特征（蓝海林、宋铁波和曾萍，2012）。

亚当·斯密在《国富论》中明确指出，分工的深化依赖于市场范围的扩大，而分工和专业化本身则会有利于规模经济及技术进步。对于中国这样一个大国而言，只有一体化的国内市场才能使得国内区域分工和专业化走向深化，只有更深层次的地区专业化和协调发展，才能更有效地利用各个地区的比较优势，从而更有效地利用规模经济和发挥市场经济的资源配置功能（白重恩、杜颖娟、陶志刚和仝月婷，2004；李善同和侯永志，2008）。然而，地方保护和市场分割已经逐步成为中国改革开放进程中国内市场一体化和地区专业化的重要制约因素（陆铭和陈钊，2009；李侃如，2010）。

迄今为止，国内外学者对中国地方市场分割现象进行了大量研究，并取得了丰富的研究成果。相关研究主要集中在三个方面：第一，集中在中国省域市场分割程度的测量上，通过价格、贸易及产出等数据分析中国省域间市场分割程度在改革过程中的变化，评价中国改革的效果（余东华和刘运，2009）。如探讨改革开放以来，地方市场分割程度是否在减弱？中国国内市场是否在走向整合等问题（Young，2000；郑毓盛和李崇高，2003；桂琦寒等，2006）。第二，集中在对地方市场分割的负面影响进行研究，如市场分割引起的区域产业结构不合理、行业结构不合理、要素市场的发育程度不足和购并市场的不成熟等问题（银温泉和才婉如，2001；周黎安，2004；平新乔，2004；方军雄，2009）。第三，集中在市场分割的形成原因上，通过案例和制度分析的方法，提出完善财政体制、转变政府职能和加强法律建设等政策建议（银温泉和才婉如，2001；周业安、冯兴元和赵坚毅，2004）。尽管市场分割性得到了部分学者的关注，也取得了相应的具有洞察力的研究成果，但其存在的问题也是显而易见的。

首先，学者们根据各自不同的研究视角和研究目标，选择了不同地方市场分割的定义。经过对国内外相关文献梳理可以发现，目前学术界对中国市场分割概念的理解主要存在两种观点。一种观点认为市场分割是一种行为，主要指一国范围内各地方政府为了本地利益，通过行政管制手段，限制外地资源进入本地市场或者限制本地资源流向外地的行为（银温泉和才婉茹，2001；余东华和刘运，2009），我们称这种流派的观点为"基于行为观点"（吴小节、蓝海林、汪秀琼和宋铁波，2012）。另一种基于结果观点则认为，地方市场分割是地方保护主义行为所衍生的地区之间竞争损害了整个社会资源配置的一种状态（吴小节、蓝海林、汪秀琼和宋铁波，2012）。换言之，市场分割主体是地方政府，地方政府通过手中的权力，对市场和企业进行广泛而直接的干预形成的一种市场状态，它是整个中国政治和经济体制问题的一种综合反映（陆铭、陈钊和严冀，2006；方军雄，2009）。也有部分学者将地区性行政垄断直接视为地方保护或市场分割（郑毓盛和李崇高，2003；白重恩等，2004；李善同等，2004）。所谓地区性行政垄断是指地方政府利用行政权力对竞争的限制或排斥，其主要表现形式是地方保护和由此形成和导致的市场分割。冯兴元（2010）则综合了上述两种观点，提出了市场分割的一个操作性定义：市场分割既可以是指分割市场的行为，也可以是指市场的非整合状态。前者强调过程和行为，后者强调状态。市场分割既可以是中央政府或者地方政府所为，也可以是行业主管部门所为，甚至可以是私人权力集团（如私人垄断集团、寡头、卡特尔）所为。地方市场分割特指地方政府或地方行业主管部门或者地方私人权利集团的分割市场行为。无论如何，这些研究对地方市场分割缺乏统一的工作定义和概念内涵，影响了学术对话和研究的深入。

其次，已有研究关于国内市场分割的影响和后果讨论一直停留在经济学层面上，缺乏对企业微观层面的深入分析，如地方市场分割对企业经营决策到底会产生什么样的影响？其作用机制如何？这种忽略可能使我们对中国地区间市场分割造成的危害性和代价认识不足（张杰、张培丽和黄泰岩，2010）。应当指出，研究构念的内涵与定义应遵循研究问题的层次（陈晓萍、徐淑英和樊景立，2008），宏观层面的地方市场分割概念内涵并不能直接应用于微观层面，也不适合于微观层面的研究目标，因为通过宏观经济结果测量地方市场分割对企业微观行为的影响，从研究方法论的角度看，属于一种类似于"投射"的研究范式，它将企业内部的经营管理行为视为理所当然的"黑匣子"，因而难以发现地方市场分割对企业微观经营决策的内部行为和作用机理。因此，如果我们要从微观层面探讨地方市场分割对企业微观经营决策的影响与作用机制，就必须突破以往学者从宏观层面界定市场分割的内涵，从微观层面理解市场分割的本质内涵。

针对现有研究的不足，为了便于理解地方市场分割的制度基础和概念内涵，本项目组重点探讨了以下四个关键问题：回顾当前学术界对市场分割的三种不同假设；简述中国地方市场分割的形成与演化过程；关于地方市场分割成因的理论解释；从制度理论视角，厘清地方市场分割的制度基础与概念内涵。

一、关于中国市场分割性的假说

自新中国成立到改革开放，中国一直采取高度集权的计划经济。在此期间，传统计划经济体制下的市场虽然被经济理论界称为统一市场，但并不是真正意义上的市场。在此阶段，理论界对统一市场的理解和认识主要包括三方面的含义：一是市场性质上的统一，即中国的市场是以社会主义制度为前提，是社会主义制度下的统一市场；二是经济管理手段的统一，主要由国家运用计划手段对经济运行和市场活动进行统一管理和调节（孙耀川，1996）；三是商品流通渠道的统一，即商品流通职能主要由国营商业企业承担（赵亚平和肖湘，2001）。中共十一届三中全会后，邓小平首次提出了市场经济与计划经济并不矛盾的概念，中国开始进行大规模的市场经济体制改革，探索适合中国国情的经济发展模式，大胆地提倡社会主义也可以搞市场经济。从此开始，学术界对于地方市场分割与统一市场的研究才在真正意义上的市场经济概念下展开。

自 20 世纪 80 年代实行行政性分权改革以来，地方市场分割就成为中国经济运行中的突出问题（赵奇伟和鄂丽丽，2009）。地方市场分割主要指一国范围内各地方政府为了本地的利益，通过行政管制手段，限制外地资源进入本地市场或限制本地资源流向外地的行为（银温泉和才婉茹，2001；国家计委宏观经济研究院项目组，2001；臧跃菇，2000；洪银兴，2005；陈淮和张智，2006），地方市场分割几乎渗透到市场体系的各个组成部分，导致了市场体系建设零落不全（银温泉和才婉茹，2001）。改革开放伊始，随着中央向地方政府的行政性分权，特别是从1980年实行"划分收支、分级包干"、"分灶吃饭"的财政管理体制开始，区域封锁、块块限制、地方市场分割的现象开始出现并逐步加剧，严重阻碍了产品、资本、劳动力等资源的横向流动，全国统一的市场体系难以建立（臧跃菇，2000）。由于地方保护阻碍了商品和要素在全国范围内的自由流动，削弱了市场机制优化资源配置的有效性，不利于发挥地区比较优势和形成专业化分工，也不利于获得规模效益。地方保护主义所导致的地区之间的市场分割不仅引起了学术界和政策制定者的忧虑（Wang，1992；Young，2000；严冀和陆铭，2003），也引起了对于中国地方保护主义的程度的关注，但理论界并未达成一致的认识（白重恩等，2004）。围绕中国市场的统一性和分割性问题，目前学术界形成了三种主要的观点：

1. 中国市场统一说

主张中国市场统一说的学者基本上是从中国经济转型的基本性质出发的，认为中国的经济转型是在保持中国原有政治体制和社会性质的前提下进行的一种渐进式、放权式和试验式的经济改革。他们并不否认经济转型的过程中出现了地方市场分割的现象，但是他们认为这只是一种暂时和阶段性的现象，并不足以在宏观、整体和制度上否认中国市场的统一性。另外，即使存在着市场分割的现象也不奇怪，因为克服市场分割性和建立全国统一市场本身就是中国经济体制改革的重要目标。"消除地区壁垒，建立全国统一市场……是我们从改革开放以来就建立并逐步得到深化的共识"（林毅夫和刘培林，2004；李剑阁，2003）。可见，即使坚持国内市场统一假说的学者也并不否认现阶段中国市场存在分割性的事实，只是认为这种短暂和阶段性的现象并不足以代表国内市场在总体上的性质，也不表示这种现象将长期存在下去。

2. 中国市场分割说

自20世纪80年代实行行政性分权以来，区域竞争与地方市场分割就成为中国经济运行中的突出问题（赵奇伟和鄂丽丽，2009），并且引起了学术界和政策制定者的忧虑（Wang，1992；Young，2000；严冀和陆铭，2003）。杨格（Young，2000）的经验分析发现，中国各地的GDP结构和制造业产出结构存在着收敛的趋势，而各地的商品零售价格、农产品收购价格以及劳动生产差异呈现扩大的趋势，中国各地区的市场分割越演越烈。庞赛特（Poncet，2002）发现，虽然中国各省之间的市场一体化程度高于中国与其他贸易伙伴的国际市场一体化程度，但从国际比较来看这种中国国内市场一体化程度很低，而且其水平还在不断下降。郑毓盛、李崇高（2003）的研究也认为，具有明显地方分权特征的中国改革造成了地方市场分割和扭曲，而且省际之间资源配置不合理现象的恶化显示出地方分割的负面影响日益严重。陆铭、陈钊和严冀（2004）和方军雄（2009）发现，地方保护主义所衍生的地区之间的市场分割损害了整个社会资源配置效率。朱希伟等（2005）研究指出，中国国内市场分割和地方保护严重，导致国外市场的进入成本低于国内市场的进入成本，因而中国企业将长期"锁定"于 OEM 的出口贸易方式。钟昌标等（2006）的研究发现，中国在对外开放的政策实施过程中，各地区迅速将注意力转向对外贸易，并不同程度地形成"对外贸易偏好"。这种对外贸易偏好在很大程度上不是国内市场自然扩张的结果，而是国内市场分割和地方保护严重制约所形成。

对于国内统一市场形成的条件则有不同的观点，认为商品经济的发展程度（郭文轩，1983）、社会分工水平（林文益，1994）及制度与非制度的演进（孙耀川，1996）都会影响国内统一市场的形成。对于统一市场内涵的理解应该包括以下几个方面：一是市场的统一性，这种统一性不是指市场范围在地理上的统一，而是市场规则等内在要素的统一，各种经济主体能够按照统一的市场规则进行各自的经济活动（石奇，2002）；二是市场的开放性，开放不仅要对外开放，更主要的是对内开放；三是市场的竞争性，即消除各种障碍，为各种市场主体提供公平、平等的市场环境（周振华，2001；洪银兴，2004；赵亚平和肖湘，2001）；四是市场的秩序性，即由统一的市场规则维系市场活动的秩序，反对行政干预和权力对经济生活的渗透（赵亚平和肖湘，2001）。尽管各种观点的表述有所不同，但对我国国内统一市场的发育状况和建设统一市场的迫切性都有比较一致的看法：国内统一市场发育程度还较低，必须加强市场的培育，这些研究对我国国内统一市场的培育有着重要的促进作用（姜德波，2003）。

其实，对于中国市场分割性的存在中国政府不仅非常重视，而且也非常希望通过进一步的经济改革加以克服。1993 年党的十四届三中全会《中共中央关于建立社会主义市场经济体制若干问题的决定》明确提出："建立全国统一开放的市场体系，实现城乡市场紧密结合，国内市场与国际市场相互衔接，促进资源的优化配置"，"发挥市场机制在资源配置中的基础性作用，必须培育和发展市场体系。当前要着重发展生产要素市场，规范市场行为，打破地区、部门的分割和封锁，反对不正当竞争，创造平等竞争的环境，形成统一、开放、竞争、有序的大市场"。2000 年 10 月党的十五届五中全会《关于制定国民经济和社会发展第十个五年计划的建议》进一步强调："进一步开放市场，建立和完善全国统一、公平竞争、规范有序的市场体系。打破部门、行业垄断和地区封锁，进一步开放价格，发挥市场在资源配置和结构调整中的基础性作用。"2003 年 10 月，党的十六届三中全会《中共中央关于完善社会主义市场经济体制若干问题的决定》突出强调要"打破行业垄断和地区封锁，加快建设全国统一大市场"、"建立统一开放竞争有序的现代市场体系"。胡锦涛在党的十七大报告中提出了"完善基本经济制度，健全现代市场体系"的目标，要求"深化垄断行业改革"、"加快形成统一开放竞争有序的现代市场体系"。由此可见，建立全国统一大市场是我国从计划经济体制向市场经济体制转轨所要达到的重要目标，是完善市场经济体制的必然要求，是顺应经济全球化的必然选择，也是加入 WTO 后必须兑现的承诺（孙宁，2009）。

3. 中国市场联邦说

基于对西方资本主义国家兴起的研究，诺斯（North）等人发现政治制度是经济发展的基础，而国家（地区）间竞争是创新和发展的动力（North，1981，1990；North and Thomas，1973；North and Weingast，1989）。钱颖一和温加斯特（Weingast，1995）认为"经济系统基本的政治两难问题是：'一个足够强大以至于有能力保护产权和迫使合同执行的政府，同样也具有足够强大的力量将居民的财富充公'，而且这是贯穿于整个人类历史的核心两难问题"（North and Weingast，1989）。

钱颖一和温加斯特（1995）认为可以通过构建"保护市场的联邦主义"的政治体制来保证政府在维护私有产权的基础上维护市场经济的有效运行。中国的分权改革使不同级别政府形成了一个十分类似西方联邦主义（Fesderalisn）的政治结构，正是这个结构确保了市场化的顺利进行，钱颖一和温加斯特（1995）进一步提出中国在市场化体制改革过程中，中央政府将更多的权力转移给地方政府，形成了"保护市场的联邦主义"的政治体制，产生了类似于"联邦制"的地区分权制度，提高了地方政府配置资源的效率，推进了中国的改革（钱颖一，1998）。

钱颖一和温加斯特（1995）认为中国市场只是一个类似联邦市场，而不是一个完全意义上的联邦市场。有效的联邦市场必须满足以下五个特征，缺一不可：一是政府体系至少有两个层级，每级政府都有明确的授权范围或者自治权；二是下级政府对其辖区内的经济事务具有首要的管理责任；三是中央政府保证国内市场统一；四是地方政府硬预算约束；五是这种权威和责任的划分能够自我实施。检验中国市场化改革的历程，他们都认为中国的分权模式基本满足前两个条件，部分满足后三个条件，因此，中国市场是不完全的"联邦市场"。

"保护市场的联邦主义"理论的一个重要的条件是：中央政府有权监督区域共同市场的运行，从而确保商品和要素在各地区之间自由流动。但对于处在转型期的地方政府而言，一是因为行政分权，中央政府将经济管理的权限下放到地方政府，地方政府拥有对本地经济的自主决策权；二是因为财政分权，中央政府将财权赋予地方政府，共同享有财政收入，两种分权制度的安排对地方政府发展当地经济产生了强而有效的激励作用，引导其往往从本地的经济利益出发，设置各种贸易壁垒或地方经济封锁来保护本地经济（徐斌，2007），进而导致了地方市场的分割。

二、市场分割的形成与演化

中国市场在行政区域上的分割是在中国经济转型的特定阶段才出现的一种市场结构特点或者状态。虽然国内经济学界对于中国市场分割化是否在继续加剧问题上存在着分歧，但是，没有学者否认它是中国从计划经济向市场经济转型过程中一种确实存在的状态或者过程。中国市场分割化的过程大体上可以分为四个阶段。

（一）放权改革阶段

从 1978 年开始，中央就开始实施了以放权为主要内容的改革。首先是通过财税包干制将经济剩余分享权和控制权放给了地方政府，其后又逐步将经济管理权逐步放给了地方政府。由于放权改革是逐步和分区域实施的，因此，这种放权改革就不仅"放"出了地方政府发展的活力，也同时"放"大了区域之间的差异，带来了改革的代价和成本（王永钦、张晏、章元、陈钊和陆铭，2006）。这个阶段的放权式改革虽然还没有导致明显的区域竞争和地方保护，但是为以后的市场分割化奠定了制度的基础。从 1978 年实施改革开放以来，从最初的建立经济特区到设立东部沿海发展城市再到区域发展规划的出台，都与中国经济体制改革的试验式、渐进式密切相关，这也是邓小平建设中国经济理念的体现：允许一部分地区先富起来，最终实现共同富裕。区域规划政策的陆续出台，在促进中国区域市场发展的同时，必然导致不同的地区面临不同的制度环境和市场环境。地方政府受利益驱动，将会导致中国市场在短期内形成一个类似联邦制的市场结构。

（二）鼓励竞争阶段

随着放权改革的深入和区域差异的扩大，中央与地方政府及地方政府之间进行了一系列的"博弈"，结果是区域间竞争得到了默许和认同，而区域间竞争就带来了地方保护。在这个阶段，产业结构的趋同、市场进入壁垒和市场竞争的不公平表现得越来越明显，并且在 20 世纪 90 年代中后期达到了高峰。这个阶段的地方竞争和地方保护所造成的市场分割是封闭式的，也是最直接和原始的，即地方政府主要是保护本地企业和排斥国内其他地区的企业到本地从事销售和收购兼并。

（三）　结构调整阶段

为了克服区域竞争和地方保护所带来各种宏观经济和管理失控问题，中央政府从 20 世纪 90 年代中期就开始逐步限制区域竞争和整治地方保护。同时，也开始对过于分权的管理体制进行调整。这种调整具体表现在以下两方面：第一，税收、海关、金融归属中央管理，相应的收益也归中央。但是，这些部门缺乏对实施整合战略企业的支持；第二，所有重要行业的经营权给了中央企业，相应资产和收益也归了中央。在这次中央与地方权力的调整中，中央政府并没有减轻地方政府在经济发展上的压力，也没有调整地方政府的收入结构，却将发展和稳定的巨大压力留给了地方政府。中国"入世"以后，越来越多的地方政府意识到区域合作而不是竞争才能够促进本地经济发展，吸引国内其他地方的投资与吸引国外投资对本地经济的发展同样重要。虽然跨区域经营和投资的障碍仍然存在，但是至少地方政府对国内其他地区的企业到本地区投资和购并的态度发生了重大转变，地方政府开始从封闭式的地方保护转向开放式的地方保护。但是，我们必须注意到地方政府为了本地区利益而对市场和企业行为进行过度干预的机制和方式并没有根本改变，只是干预的核心目的从过去限制区域市场进入转向了限制 GDP 和财政收入的外流。据此，我们更愿意认为在这个阶段只是中国市场分割化的内容发生了变化，而难以做出中国市场分割性的趋势已经出现了逆转的判断。

（四）　区域间经济合作整合阶段

自 20 世纪 90 年代末期起，中央政府陆续出台了西部大开发、促进中部崛起和东北等老工业基地振兴等区域发展战略。考虑到中国地域辽阔、区域市场发育呈现多层次特征等因素，中央政府先后批复了珠江三角洲、长江三角洲、天津滨海新区等发展规划，试图通过跨区域的经济合作来突破单一行政区划资源能力的约束，随着经济转型的逐步深入，中央政府越来越认识到跨区域合作的重要性，并出台了一系列旨在促进区域间合作的相关规划，2009 年 1 月开始，中国政府加快了区域规划政策的出台，先后批复了《关于支持福建省加快建设海峡西岸经济区的若干意见》、《关中—天水经济区发展规划》、《江苏沿海地区发展规划》、《横琴总体发展规划》、《辽宁沿海经济带发展规划》、《促进中部地区崛起规划》、《中国图们江区域合作开发规划纲要》、《黄河三角洲高效生态经济区发展规划》和《鄱阳湖生态经济区规划》九个规划。2009 年批复的区域经济规划数量几乎是过去四年的总和，范围从东部、南部延伸到中部、西部、东北等地区，中央政府扩大了地方政府的权利以搞活经济，鼓励充分利用当地的资源优势发展经济，实现各地区经济的协调发展。

尽管这样，由于这些规划常常涉及多个行政区域，在规划的实施过程中并没有构建具有真正能够调拨核心资源的行政机构，而在区域间存在着经济竞标赛和官员政治晋升竞争的环境条件下，对于突破市场分割的作用依然存在着局限性，跨区域间的经济合作依然受到市场分割的重要制约，反过来说，市场分割性并没有因为这些规划的出台和实施出现根本性的改变。

（五）"入世"后中国市场分割性的演进趋势

关于中国"入世"以后的市场分割性的变化趋势，学术界主要存在两种观点，第一种观点认为中国市场分割的程度在提高，第二种观点认为中国市场分割的程度在降低。事实上，无论是市场分割程度增加还是降低，都是中国统一大市场形成过程中的一个阶段性现象，主要包括以下几种观点

第一，关于中国市场分割程度在下降的观点。有学者认为中国市场的一体化程度在逐步提高。劳顿（Naughton，1999）利用投入产出法测算中国 25 个省 1987～1992 年的区际贸易依存度，结果表明：中国省际贸易的流量不仅很大，而且制造业内部各行业间的贸易占主导地位，这种趋势与全国经济一体化是相协调的，各省贸易在总体上趋向开放，国内市场一体化程度明显上升。杨和阿伯特（Yang and Albert，2003）的分析也得到几乎相同的结论：中国市场一体化程度加深。从产业角度来看，利税较高及国有化程度较高的产业，地方保护更趋严重，产业的地区集中度也相应较低（白重恩，2004），中国产业区域专业化水平在经历了早期的微弱下降后，在经济改革的近几年来有显著的提高，这个结论与杨格（Young，2000）相反，却与劳顿（Naughton，1999）一致。陈敏、桂琦寒、陆铭和陈钊（2007）利用 1985～2001 年的省级面板数据，首先检验了国内市场整合程度在改革开放过程中的变化趋势，认为中国国内商品市场在经历了短时期的分割程度恶化后，呈现出了市场逐渐一体化的趋势。虽然各省的市场一体化进程有些差异，但总体上均呈现出一体化程度提高的趋势。范爱军等（2007）在扩大样本容量、细化研究数据的基础上，利用相对价格法测算了中国商品市场的分割程度，所得到的结论与劳顿（Naughton，1999）、徐（Xu，2002）、白等（Bai et al.，2004）、陆铭等（2006）一致。赵奇伟、熊性美（2009）构建居民消费价格指数、固定资产投资价格指数和职工平均工资指数来测算消费品市场、

资本品市场和劳动力市场的市场分割指数，发现中国市场分割程度呈现稳定的收敛过程，市场一体化程度日益加深。赵奇伟和鄂丽丽（2009）进一步在其基础上使用主成分法构建综合市场分割指数，对我国地方市场分割的趋势进行了描绘。无论是从全国来看还是从东部、中部和西部地区，自1997年以来我国整体市场分割程度呈现出不断震荡波动但波幅逐渐变小的趋势，也就是说，我国的市场分割程度是逐渐减弱，而不是越来越严重。从中国农产品市场来看，市场发育程度不仅趋向成熟，而且取得了异乎寻常的整合效果，一体化市场的数量大大增加了，中国农产品市场的整合程度是比较高的（黄季焜等，2002；喻闻和黄季焜，1998）。

第二，关于中国市场的分割性程度在增加的观点。库马（Kumar，1994）使用商业机构统计数据分析省际间零售购买趋势得出省际贸易强度下降的结论。在中国渐进式改革进程中，随着权力下放，地方政府利用当地企业来攫取"租金"的冲动，导致了各地产业结构趋同，以及市场分割和地方保护（Young，2000）。中国各地的GDP结构和制造业的产出结构存在着收敛的趋势，而各地的商品零售价格、农产品收购价格以及劳动生产率差异随着时间有扩大的趋势，中国各地区的市场分割越演越烈（Young，2000）。庞赛特（Poncet，2002）使用"边界效应"的方法，研究中国各省国际和国内市场一体化，结果表明在各省的国际贸易水平不断提高的同时，国内省际间贸易强度减弱，认为中国改革在推进国内市场一体化方面不成功，中国国内市场有被分割为众多子市场的趋势。从国际比较来看，中国的国内市场一体化程度很低，而且其水平还在不断下降，中国国内市场有走向"非一体化"的危险。郑毓盛和李崇高（2003）将中国省份1978～2000年产生的潜在损失分解为技术效率损失、产出设置结构非最优的损失、要素配置结构非最优的损失，其中后两种损失就是由于市场分割和地产保护而产生的。通过实证发现，后两种损失在改革开放后，特别是1996年以来虽然有波动，但总体趋势是上升的。到2000年，由于地方保护和市场分割所导致的产出损失高达20%。他们的研究发现，中国改革初期主要的问题是省内技术效率不高，但是随着时间的推移，问题越来越集中在产出结构和省际要素配置不合理上。刘小勇和李真（2008）通过实证分析发现，财政分权，尤其是收入分权加剧了市场分割程度，阻碍了全国商品市场一体化进程。大量经验事实和研究表明，国内商品市场仍呈现出一定分割状态（张如庆和张二震，2009）。部分学者选择某些典型行业来分析中国市场的分割程度。周惠中（2000）从烟草工业，李杰和孙燕群（2004）从啤酒市场分别测量了中国市场的分割或整合程度，认为这些行业的市场分割比较普遍。冯兴元和刘会苏（2003）认为产品市场上的分割主要在白酒、啤酒、水泥、化肥、药品等行业；劳动力市场分割以城乡隔离为主要形式；投资领域的保护主要表现在阻碍资本流出方面。此外，在生产领域和司法领域都存在地方保护和市场分割行为。造成产品市场分割的原因在于地方政府以行政手段对外地产品实行销售数量、价格和工商质检等限制措施，产权市场和劳动力市场的分割现象也源于地方政府的不合理干预（石淑华，2006）。

以上基于文献研究的分析表明，对于中国"入世"之后市场分割性的发展趋势并没有得到一致性的结论，事实上，无论是市场分割程度增加还是降低，都是中国统一大市场形成过程中的一个阶段性现象，而毋庸置疑的是：中国市场确实存在着分割性，并通过企业经济环境对企业战略行为具有重要的影响作用。

三、中国市场分割的成因

国内外经济学者对中国市场分割性的成因进行了长期和广泛的研究，这些研究的成果大体上可以划分成为六种不同的假说。

1. 改革分权说

众多文献将中国市场分割的根源归因于分权式改革，这一视角的主要观点是：市场分割是地方政府在分权式改革获得各种经济自治权利的结果。地方政府在财政税收，国企利润和其他经济权利寻租的激励下，为了自身的经济利益不惜"以邻为壑"（银温泉和才婉茹，2001；沈立人和戴园晨，1990；白重恩等，2004；陈抗等，2002；平新乔，2003）。

2. 对外开放说

部分文献认为中国对外开放政策加剧了国内的市场分割。这一视角的主要观点是：由于对外开放对原有产业结构具有"挤出效应"，以及国外市场对国内市场具有替代效应，从而导致了市场分割程度的加深。此外，长期依赖国外市场导致我们掩盖了国内市场分割的严重性，忽视了国内市场规模的重要性（黄玖立和李坤望，2006；桂琦寒等，2006；马光荣和周敏倩，2008；陆铭和陈钊，2009）。

3. 发展战略说

部分文献认为我国市场分割需要归因于国内各地方实行的赶超式发展战略。这一视角的主要观点是：改革以来中国的地方保护与市场分割现象，很大程度上是过去国家发展历史上重工业优先的赶超战略在分权式改革下的逻辑延伸，各个地方为追求自身利益而忽略各地的资源禀赋，比较优势和企业的自生能力（林毅夫和刘明兴，2003；林毅夫和刘培林，2004；于良春和付强，2008）。

4. 分工策略说

还有部分文献从贸易的分工策略角度论证了市场分割的作用机制。这一视角主要认为：很多产业都存在着"干中学"的收益递增性机制。在这种机制作用

87

下，发达地区（行业）在技术上的比较优势，因此在地区贸易中将分享较大利益，落后地区（行业）如果选择暂时不加入分工体系将会失去当期分工的收益，但是可以通过"干中学"机制和以保护换来的时间实现追赶。即使追赶不成功，落后地区（行业）也能够提升本地的经济独立能力，从而提高自己的谈判地位，并在未来获得更多的分工利益（王小龙和李斌，2002；陆铭、陈钊和严冀，2006；陆铭和陈钊，2009）。

5. 政治晋升说

最近的一些文献从政治激励视角探讨我国市场分割的根源，其个人层面上解释逻辑也显得更为现实和贴切。这一视角的主要观点是：地方保护和市场分割内生于地方官员考核标准和晋升制度。虽然这种制度能够有效地激励地方政府官员努力工作，但在"政绩锦标赛"中地方官员没有获得进行经济合作的激励，反而在互相提防中扩大了市场分割和地方保护（周黎安，2004；张军，2005；周黎安，2007；徐现祥等，2007；皮建才，2008）。

6. 政府竞争说

还有一些文献发现政府竞争本身也就是市场分割的主要根源。这一视角认为：由于地方政府本身构成参与市场的一个重要主体，其通过争取上级特殊政策，影响要素流动及相关市场主体的行为来介入市场活动。因此，地方政府的竞争行为特征必然构成市场秩序的一部分，由此造成的区域经济冲突是市场分割的根本原因（周业安和赵晓男，2002；周业安、冯兴元和赵坚毅，2004；张平和李世祥，2007）。

对于以上文献研究的结果进行进一步的整理可以发现，改革分权假说、注资晋升假说和政府竞争假说其实具有内在的逻辑一致性，其前提是地方政府对发展当地区域经济发展具有积极性并同时具有必要的资源调配能力，这种积极性和资源调配能力在中国具有深厚的社会基础，也具有相应的认知合法性和组织合法性，如果整合制度理论、发展经济学与企业战略管理理论等多学科的视角，将对市场分割性成因及市场分割的影响产生更为深刻的洞见。

四、市场分割的制度基础与概念内涵

（一）市场分割的形成是一种制度选择

在文献研究的基础上，我们认为中国国内市场分割的形成应该是一种制度选择。做出这种判断的主要依据源于以下考虑：

1. 中国经济转型的性质

中国的经济转型是在相对保持社会性质和政治体制的前提下，通过对外开放和经济体制改革，推动中国从计划经济向市场经济体制，从相对封闭的国家向相对开放的国家，从农业化为主的经济形态向以工业化为主的经济形态转变的过程。中国经济转型的性质决定了中国经济转型具有几个重要的特点：改革和开放都起步于"放权"，中央向地方放权，政府向企业放权；改革和开放的动力源于地方政府之间的"竞争"，尤其是围绕权力、政策、资源的竞争；改革与开放的思路来源于区域竞争中所产生的"实验"，成功的经验就被推广，成功地区的领导就会被重用。因此，中国的经济转型是初步建立了市场经济体制和促进了中国经济的高速发展，但是由此伴生的区域竞争和地方保护必然导致这种市场经济是一种带有市场分割性的市场经济，或者说"小市场经济"。

2. 中国经济转型的主要方式

中国经济转型的性质决定了中国采取了独特的经济转型方式——"渐进式的改革"，而不是东欧国家所采取的"突变式的改革"。在推进这种渐进式改革的过程中，中央政府高度重视稳定与发展、稳定与改革的关系，并且是根据稳定来决定改革、开放和发展的进程的。因此，中国政府在推进渐进式改革的过程中所采取的基本方式就是先开放沿海地区，再逐步向内地延伸；先开放一些行业，再逐步开放另一些行业。这种经济转型的方式必然扩大了区域之间的不平衡，引发了区域之间的竞争，最终导致了国内市场的分割。

3. 中国经济转型的主要手段

推动中国经济转型的主要手段并不是政治体制从权威制向民主制、从集权向分权的转变，而是中央政府在上述政治体制不改变的情况下向地方政府逐级"放权"，因此中国的经济转型被称为"放权式改革"。中国的"放权式改革"开始于1979年实行的中央与地方政府的财政包干制，从此地方政府就成为其所管辖区域经济剩余的索取者和控制者（张维迎和栗树和，1998），也因此成为地方经济发展中的最大投资者。中国地方政府的权力在中央将经济管理权限的全面和逐级下放中达到了顶峰，那个时候包括海关、金融、税收、项目审批、出口经营等管理权限都下放地方，并被要求配合和支持地方经济发展。1994年以后，中央政府又逐步将重要的经济管理权，包括海关、金融、税收和部分项目审批等管理权限逐步收回。中国放权式改革具有以下两个特点：第一，放权是分步骤、分对象逐步进行的，这导致了区域之间的差异和地方政府之间的竞争；第二，经济管理权、经济发展责任是同时下放的，而且实施了以经济为主的考核和晋升机制，因此市场分割就成为了这种改革的代价和成本（王永钦等，2006）。改革开放以后，我国东部经济财政分权的积极作用大于中西部经济地区，不利于缩小地区差距（张晏和龚六堂，2005）；经济分权和政府竞争导致和加剧了地方政府公共支出结构"重基本建设、轻公共服务"的扭曲（傅勇和张晏，2007）；许多地方政府都试图通过设置贸易壁垒来保护与自己关系密切的企业（张维迎和栗树和，1998）。

（二）市场分割来源于特殊的制度背景

既然可以将中国区域市场分割的形成视为中国在经济转型过程中的一种特殊的制度选择，那么我们就可以进一步发现市场分割的背后有一套特殊制度安排构成了其制度背景。

1. 中国地方政府在经济管理方面所拥有的权力过大

经济转型迄今还没有完成，政府仍然可以运用行政权力和计划手段对经济活动进行管理，仍然掌握着各种重要的资源及资源的分配权，仍然可以促进地方经济发展的名义去动用手中的权力和资源，中央政府对地方政府的过度放权，导致地方政府在经济管理方面的权限过大。

2. 中国地方政府对经济发展的关注过大

地方政府承担的经济发展责任过大，而承担的社会发展方面的责任不足；过分关注投资带动增长，轻视公共服务和社会福利；地方政府的收入结构不合理，过于依赖增值税和所得税，而不是消费税和房产税。

3. 地方政府监督、考核和升迁机制不合理

在目前的政治体制中，地方政府的考核和升迁基本上是看 GDP 和政府收入的增长速度，而不是地方居民或者通过人大所表达出来的民意。而在如何行使自己的权力去促进 GDP 和收入增长速度方面又缺乏通过本地区内居民或者人大实现的监督。这就使得地方政府有充分的动机和自由运用过多的权力去进行区域竞争和地方保护。

4. 各级政府执法和行政权力缺乏监督

在经济转型的过程中，中央政府一直鼓励地方政府进行试验式改革，鼓励地方政府官员在"四个坚持"、"三个代表"和"三个有利"的前提下进行大胆创新，这在客观上减弱了对地方政府在执行法律、制度和政策上的监督，也鼓励了官员们在政策制定和执行上的随意性，从而在很大程度上导致地方政府对市场和企业的行为进行过度的干预，并在一定程度上造成地方政府官员在对市场和企业行为进行干预的过程中出现"寻租"行为。

（三）市场分割性的概念内涵：本质上是一种制度影响

组织社会学制度理论已被广泛地应用于组织与管理研究中，它克服了工具理性行动主义假设的局限（Fligstein，1989），建立异于效率机制的合法性机制，通过对规则、规范及认知要素的强调，引发了对企业管理理论的主导逻辑和范式的重大修正（Campbell，2010）。组织社会学制度理论根植于社会学，在强调规则、规范和认知要素的同时，放松市场同质和完全理性等组织管理研究中的古典经济学假设，其独特的解释逻辑对组织管理特别是企业微观管理实践和管理理论发展具有较大影响，其对组织与管理研究的贡献主要体现在斯科特（Scott，1995）所提出的制度的三个支柱上（吕源和徐二明，2009）。

为了理解中国市场分割对中国企业微观经营行为的影响的本质内涵，下面我们从斯科特（Scott，1995）的三个制度支柱意义上去理解中国市场分割对企业的影响，就会非常清楚这种影响是一种制度影响：

第一，在管制制度层面上，中国市场分割不仅源于制度设计和选择，而且也是通过正式制度系统对企业发生作用的。例如，中国的税收、海关、金融、工商、科技等管理体制到目前为止都是按照行政区域划分和为地方政府服务的。考虑到中国地方政府之间普遍存在的区域竞争和地方保护，这种制度安排及其影响有利于将企业的数量做多，不利于将企业做强，尤其是不利于中国企业实施跨区域整合战略。

第二，在规范制度层面上，即使地方政府没有权力规定企业的行为，它们仍然可以通过制定各种鼓励和优惠政策明确地表示它们希望企业采取什么行为。如果企业采取了地方政府希望它们做出的行为，那么企业就有可能从地方政府获得更大的"外部合法性"以及相应的合法性收益。例如，当一个企业在异地经营或者投资建立工厂的时候，尽管从法律和规定的角度来说它可以设立分公司。如果它设立的是分公司，那么在 GDP 和税收方面对地方政府的贡献就少，当然享受当地的各种扶持与优惠政策也相应地减少，在当地政府那里得到公平待遇的可能就越小。

第三，在认知制度层面上，各个地方的政府部门，甚至社会机构都形成了一种信念、传统和文化，那就是它们更愿意帮助、支持和服务于本地企业，哪怕这个企业是外地企业或者个人在本地投资形成的企业。这种信念、传统和文化的形成，使得地方政府的各个部门和相关的社会团体在执行制度和政策的时候存在着一种对跨地区经营企业的歧视。即使这种歧视在吸引外地投资的过程之中不一定发生，它也会为进入后的企业带来很大的经营困难和成本。

综上所述，从组织社会学制度理论视角理解地方市场分割概念的本质内涵，它包括：第一，中国市场分割性是指中国市场结构存在着被行政权力分割的现象；第二，造成中国市场非整合结构的主体是政府，既包括中央政府，也包括地方政府，其中主要是地方政府，当然也不排除私人权力集团利用政府行政权力的情况；第三，政府部门对市场和企业行为的干预主要是通过立法、行政和执法部门实现的，但是也可能演变成为一种意识形态或者社会文化。因此，市场的分割不仅来源于制度和政策的差异，而且更主要来源于制度和政策的执行落差；第四，政府对市场和企业行为的干预是一种制度影响，有些是强制性的，但是更多的是非强制性的或者是认知性的；第五，市场分割的状态综合反映了现阶段中国政治和经济体制中存在的各种问题。

在此，我们可以清楚地厘定两个重要概念——市场分割与市场差异——的区别。市场分割与市场差异是源于英文"Market Fragmentation"两种不同翻译或者表述的方法。虽然这两种不同的概念都是描述市场状态的，但是二者所揭示的实际上是两种完全不同的结构特点。市场分割主要源于制度安排，而不是自然环境与社会文化；造成和支持市场分割的主体是政府及其相关的机构，而不是市场中的消费者或者其他参与者；市场分割主要表现在制度与规则（包括有形和无形的）的差异和执行上的差异；市场分割的影响属于制度影响，而不是市场影响；市场分割的制度影响以行政区域为边界，而不是以自然区域为边界（吴小节、蓝海林、汪秀琼和宋铁波，2012）。认真分析国内外企业在整合中国市场中面临的困惑和困难，我们应该可以确认这些企业面临的真正挑战是市场分割性，而不是市场差异性。

由于不同国家市场之间本来就是在不同的制度管辖之下的，因此在国际化领域中没有"市场分割性"的概念。但是国内各个区域市场存在不同的制度环境就有些特殊性了，由此形成的市场分割性构成了中国情境的主要特点，对于中国企业的经营环境及战略行为将产生深刻的影响，因此，在研究中国企业集团战略的过程中，充分考虑市场分割的情境的影响，不仅有利于更为深刻的理解中国企业战略行为的内在逻辑，具有重要的实践意义，同时也是对发展企业战略管理理论的有益尝试，具有重要的理论价值。

第四章

中国企业集团：概念的异化和回归

在经济全球化条件下，怎样的企业最有可能担负起时代和国家赋予的责任，哪些企业最有潜力成为中国第一代跨国企业的培养对象呢？这个是中国政府和学术界必须回答的重大实践和理论问题。同时，由于该问题涉及本研究的研究对象，因此本研究项目将尝试对此进行回答。过去中国政府、学术界和企业界都认为担负责任和培养对象应该落在中国企业集团身上，这是因为当时绝对大部分的中国大企业都采取企业集团的组织形式。然而，在迎接全球化挑战的过程中，大多数的中国企业集团饱受行业多元化发展困境和母子公司管理体制僵化等问题的困扰，企业集团这种组织形式受到了越来越多的质疑。虽然本研究在立项的时候是以中国企业集团为研究对象的，但是随着研究的深入，本研究认为这个企业不应该是企业集团，而应该是中国的大企业，或者说不应该是采取行业多元化战略和母子公司管理体制的企业集团，而应该是能够做强主业和发挥整合效益的企业集团。因此，本研究的主要目的就是推动中国企业降低行业多元化程度，通过资源集中和发挥整合效益提升国际竞争力。

第一节　企业集团的本意

企业集团是产生于国外，并且于改革开放之后才被引进到中国的一种特定的企业组织形式。因此，厘清中国企业集团的概念首先应该理解"企业集团"的本意，即国外学者对企业集团性质和特点等的基本观点。

一、企业集团的定义

"企业集团"是一个在国际上被普遍采用，但在不同国家的使用名称有较大的差异，例如，企业集团在日本称为"Keiretsu"，在韩国称为"Chaebol"，在拉丁美洲称为"Grupos Economicos"，在中国台湾地区称为"关系企业"，在土耳其称为"Family Holding"，在德国称为"Konzerne"，在美国和其他西方国家称为"Business Group or Industrial Group"。

各个不同国家的学者在不同的时期对于企业集团有着不同的定义，了解这些定义有利于我们大体上知道关于企业集团性质和特点的看法存在的异同。恩卡理森（Encarnation，1989）在分析印度的"企业集团"（在印度称为"Business Houses"）时，强调企业集团是成员企业间的多种形式的纽带。他说，每一个企业集团成员之间存在着多种形式的纽带，如家族、等级制度、语言、种族和地区等，这些纽带加强了成员企业间的财务和组织关系；格诺维特（Granovetter，1994）认为企业集团是企业联合体，通过各种不同程度的法律和社会上的联系，并处于一个核心或者占优势企业的控制之下，同时在几个市场上运作。卡哈拉和瑞钦（Khanna and Rivkin，2001）采取了下面的定义：企业集团是一个家族企业，这些企业具有独立的法人地位，并且通过正式或者非正式的纽带形成一体，通常有一致的行为。日本学者金森久雄在1996年主编的《经济词典》中，将企业集团定义为："多数企业相互保持独立性，并且相互持股，为协调行动而在金融关系、人员派遣、原材料供应、产品销售、制造技术等方面建立紧密关系的企业群体。"日本学者今井贤一和小宫隆太郎（1995）在其主编的《现代日本企业制度》一书中，将企业集团定义为："通过主管兼职或者某种程度的股票持有能够确认企业之间存在联结关系的企业集合，是采取协作性行动的企业集合。"

从以上的定义中我们可以发现各个不同学者对企业集团的定义中存在以下的共性特点：第一，企业集团就是独立法人企业之间联合体或者若干独立法人企业的集合；第二，这个联合体、集合或者家族中的成员之间存在着多种关系所构成的联系或者纽带；第三，在这些成员企业中有一个企业具有核心地位，而其他的成员企业则会根据自己与这个企业的关系或者距离而确定自己的地位；第四，建立联合体或者集合的主要目的是通过这种关系或者纽带而获得更大的协同效益。

二、企业集团的性质

根据上述共性特点，大部分研究企业集团的国外学者都认为企业集团在性质上属于一种介于市场和企业（科层组织）之间的中间组织。按照企业理论，市场和科层制企业是企业资源有效配置的两种方式，有的资源的配置是在企业内部进行，有的资源配置则完全在市场上进行。在上述两种机制出现不完善的情况下，资源配置则通过中间组织进行，在这种情况下两种机制有可能都在一定程度上发挥作用。今井贤一（1980）对资源配置的三种情况和交易的准则进行了概括（见表4-1和表4-2）。

表4-1　　　　　　　　　　　市场、中间组织和企业

	M2	M2 + Q2	Q2
M1	纯市场	有组织准则参与的市场	
M1 + Q1	有组织准则参与的市场	中间组织	有市场准则参与的组织
Q1		有市场准则参与的组织	纯组织

注：M1：利用价格或其他信号追求个体利益最大化；

M2：表示为自由进入或退出；

Q1：基于权力之上的命令和共同利益最大化；

Q2：固定、持续的关系。

资料来源：仲伟周：《论企业集团的本质与功能——企业集团形成及其运作边界的经济学分析》，载于《当代经济科学》2001年第1期，第62~68页。

表4-2　　　　　　　　　　市场、组织与中间组织的比较

比较项	制度安排形式		
	市场	中间组织	组织
配置资源方式	价格机制	价格机制和科层组织混合调节	科层组织调节
调节参考点	价格	契约和隐含契约	权威
调节力量来源	供求	谈判、博弈	计划
主要相对成本	交易成本	交易成本和组织成本	内部组织成本
交易成本比较	大	适中	小
组织成本比较	小	适中	大
稳定性比较	小	较强	强
业务关联性	无	较强	强

续表

比较项	制度安排形式		
	市场	中间组织	组织
合作性	差	较强	强
竞争性	强	较强	弱

资料来源：赵增耀等：《企业集团治理》，机械工业出版社 2002 年版，第 14 页。

研究企业集团的学者大多数都认为企业集团是一个中间组织，或者至少是包括了中间组织的组织。根据上述两个表格，从交易的内部程度来看，处于市场和企业之间的中间组织可以包括契约性联盟、关系性联盟和资产性联盟，而一个企业集团内可能存在包含这些关系的企业。企业集团成员之间交易的决策准则可能同时受到市场和组织准则的影响，其存在的理由主要是克服市场和企业两种形式的不完善性，以取得更好的组合效益，包括降低交易成本和获得规模经济与范围经济效益（蓝海林，2004）。

三、企业集团的成员及其纽带关系

企业集团的成员一般会根据它们与核心企业的关系而被划分成为以下几种类型：核心企业、紧密层企业、半紧密层企业和松散层或者协作层企业。其中，紧密层企业是核心企业全资或者控股企业，它们是可以与核心企业合并报表或者作为统一核算的对象；半紧密层企业是核心企业、紧密层企业参股或者与它们存在家族、人员关系等稳定社会关系的企业；松散层或者协作层企业与核心企业、紧密层企业和半紧密层企业具有长期契约关系（见图 4 – 1）。

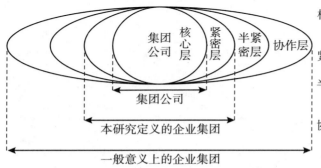

核心层：核心企业，即注册公司的法律边界范围以内的部分。
紧密层：核心企业和被作为其联合核算对象的成员企业。
半紧密层：核心企业和通过股权或其他经济的、社会的纽带联结的企业。
协作层：与集团公司或成员企业有长期契约关系但未正式被法律承认。

图 4 – 1　企业集团内部关系

资料来源：改编自王凤彬：《集团公司与企业集团组织——理论、经验、案例》，中国人民大学出版社 2003 年版，第 18 页。

在企业集团这个中间组织中间，各个成员按照什么准则进行交易取决于它们与核心成员之间的关系。其中，核心企业与全资企业、控股企业的交易则主要接受组织准则指导，而核心成员与松散层或者协作层企业的交易则主要接受市场准则的指导，但是具体的情况则取决于核心企业与各个成员企业的战略选择（蓝海林等，2007）。

四、企业集团的特定含义

作为一种中间组织，企业集团早就存在于多个国家和地区，只是不同国家对这种组织形式给予了不同的称呼。但是，企业集团与现在国外流行的关于企业的概念，例如，母公司、多元化企业、控股公司、跨国企业等之间究竟是什么关系？与其他中间组织的概念，如战略联盟等又存在怎样的关系呢？本研究认为，只有厘清这些关系才能真正理解西方学者对企业集团的内涵。

西方国家从理论研究和实践运用都较少使用"企业集团"这个概念。在西方学者所编著和出版的企业战略管理教材中，基本上没有任何一本教材中使用"企业集团"，大多采用"多元化企业"。同样，西方大企业基本以"公司"代替"企业集团"。其主要原因是西方国家的市场经济和法律制度相对完善，从市场到企业之间，企业成员之间的关系的界定较为清楚。其中，核心企业与紧密层企业之间的关系通过总部与分部关系、母公司与子公司关系、投资者与被投资者关系，就完全可以清楚和确定地加以描述了。而核心企业与半紧密层、松散层或者协作层企业的关系则就是资产关系和契约关系，前者被称为合资关系和资产性联盟，后者则被称为非资产性联盟或者战略型外购关系。

因此，西方学者对企业集团现象非常重视，是因为它是一种不同于西方国家的中间组织或者说是新兴市场经济国家所特有的中间组织，其成员之间的联系并不是西方惯常的资产关系或契约关系，而是社会关系或者政治关系。在新兴市场经济国家和地区，尤其是亚洲新兴市场国家和地区，包括日本、中国台湾、韩国、新加坡等。除了经济关系外，企业集团成员之间还通过社会或政治关系提高它们的国际竞争力。综上所述，当前国外学者基本上都把企业集团当作战略联盟，而且重点研究企业集团成员之间的非经济纽带。然而，国内学者基本上是把企业集团当作具有独立法人资格的母公司或者控股公司。为什么针对同一个组织现象，国内外学者在概念等方面存在如此重大分歧？为什么国内外学者都知道这种分歧的存在而无法解决呢？对以上两个问题的回答，有必要回顾企业集团概念在中国的演化过程。

第二节 "企业集团"概念的引进

如上文所述,企业集团从本质上是一个"舶来品"。但企业集团的本意是什么不重要,重要的是引进这个概念的国家当时处于什么情况,为什么要在那个特定的时间引进这个概念,以及引进这个概念的主要目的是什么?在引进的过程中基于特定的背景和目的赋予了这个概念什么新的内涵?

企业集团概念的引进是 1978 年以后改革开放的结果(Keister,2000,Lu,Buton and Lan,2004)。改革开放以前,中国实施的是高度集权的计划经济。当时,所有的工业企业要么归各级的政府管理(所谓"块块管理"),要么归各个政府的各个工业部门管理(所谓"条条管理");政府对工业企业的管理完全是按照计划进行的,工业企业生产什么和生产多少,产品销售对象和销售价格,材料采购对象和采购价格等全部是按照计划。工业企业在企业经营管理上既没有"权",也没有"利",因此缺乏积极性。在这种情况下,生产与需求脱节,造成供给与需求的矛盾和各种社会矛盾越来越突出。

正是在这种情况下,中国从 1978 年开始实施了对外开放和经济体制改革。改革主要目的是,在保证稳定的前提下大力发展生产力,以满足日益增长的物质需要和精神需求。当时,在大力发展生产力方面主要解决两个最大的矛盾:一是如何促进企业打破"条条块块"的管理体制,实现横向联合,以实现更好分工与协作。在按照市场需求进行生产的过程中,企业必须打破原来的"条块分割"的计划管理体制,通过分工与合作来解决原材料、零配件、生产设备和技术等问题。二是如何通过政府和企业的分离,扩大企业的自主权和积极性。如果企业不能够按照市场的指引去组织生产,那么生产和需要脱节的问题就得不到解决;如果不能够调动企业和员工的积极性,那么供需矛盾就不可能得到解决。

一、企业联合体

为了解决当时非常突出的供需矛盾,政府首先推动国有企业打破原来的"条条块块"的管理,在生产、产品开发和产品销售等多个方面进行经济协作或者企业联合。1980 年 7 月,国务院发布了《关于推动经济联合的暂行规定》,该文件对经济联合的意义、原则、组织管理、政府作用及有关政策作出了原则性规定:"走联合之路,组织各种形式的经济联合体,是调整国民经济和进一步改革经济体制的需要，是我国国民经济发展的必然趋势"；"组织联合，不受行业、地区和所有制、隶属关系的限制，但不能随意改变联合各方的所有制、隶属关系和财务关系"。政府对经济联合体的认同和推动，促进了企业的经济联合，掀起了跨地区、跨行业经济联合体的热潮。例如，20 世纪 80 年代初期，我国居民对消费品，特别是耐用消费品的需求持续高速增长。当时刚刚开发出家用冰箱的广州万宝冰箱厂所生产的冰箱面临严重供不应求。为了扩大市场需要的冰箱，该厂必须解决组装能力、零配件生产和原材料采购方面的问题。为此，该企业只能够打破"条条块块"的管理，通过与纵向和横向相关的企业建立跨行业和跨地区的经济联合体，在不改变这些企业所有制、隶属关系和财务关系的前提下，扩大市场急需的冰箱生产。到了 80 年代中期，这个经济联合体成员有几十个成员企业了。

随着经济联合的发展，龙头企业已经开发和生产了大量居民需要的商品，缓解了供需之间的矛盾，但是以龙头企业为核心的企业联合体内部的松散合作关系也带来了越来越多的问题。1986 年 3 月，国务院又颁布了《关于进一步推动横向经济联合若干问题的规定》。为了贯彻和实施该规定，国家各个部门开始颁发了有关的配套措施去推动企业之间的横向整合。就在这个阶段，我国工业部门领导考察国外企业，发现了企业集团这种组织形式，认为这种企业中间组织与我国政府正在推动的企业经济联合非常吻合。于是，在 1987 年，国务院先后颁布了《关于大型工业企业联营企业在国家计划中实行计划单列的暂行规定》和《关于组建和发展企业集团的几点意见》，第一次在正式文件中引进了"企业集团"的概念。尽管这两个文件并没有对企业集团的本质特征进行明确规定，但是它们对推动企业集团的发展发挥了重要作用，全国掀起了组建企业集团的第一次高潮。到 1988 年年底，全国经过地方政府批准和在工商行政管理局注册的企业集团已经有 1 630 家，其中广东和上海分别有 240 家和 163 家。

这个时期所建立起来的企业集团实际上就是西方学者所说的战略联盟，因为它们是国有企业之间在不改变隶属关系和财务关系的前提下，基于自愿原则所形成的经济联合体，即企业集团成员之间的连接纽带不是行政隶属关系、投资控股关系或者契约关系，更多只是国有企业之间的协作关系。这是因为，当时国有企业之间并不习惯签订合同，更没有承担民事责任的能力和意识，它们只是在计划经济条件下所谓联合攻关中形成的协作关系。因此，当时所建立起来的企业集团组织松散，核心企业没有办法通过有力的协调行动扩大横向整合中的规模经济和范围经济，也无法有效地降低纵向整合中的交易成本。例如，刚刚组建不久的广东万宝集团就因为连续发生的严重产品质量问题而陷入困境。表面看来，导致万宝集团质量问题的原因是管理者过分关注了数量而忽视了质量控制，但是其背后

99

真正的原因就在于企业集团中的核心企业没有产权或者行政权所赋予的权力去控制上游企业的产品质量，也没有办法追诉这些企业的法律责任。

为了规范企业集团这种法人联合体的组织形式，1991 年 12 月国务院批准了国家计委、国家体改委、国务院生产办公室《关于选择一批大型企业集团进行试点的请示》，其核心内容是推动企业集团的成员企业实行"六统一"，即发展规划、年度计划，由集团的核心企业统一对计划管理部门；实行承包经营，由集团的核心企业统一承包，紧密型企业再对核心企业承包；重大基建、技改项目的贷款，由集团核心企业对银行统贷统还；进出口贸易和相关商务活动，由集团核心企业统一对外；紧密层企业的主要领导干部，由集团核心企业统一任免。以此为基础，国家陆续颁布了《试点企业集团的审批办法》、《乡镇企业组建和发展企业集团的暂行办法》、《关于国家试点企业集团的登记管理实施办法》等一系列法规，对企业集团的组建和运行进行规范。在贯彻和执行上述政策文件的过程中，一些地方政府尝试通过行政划拨的方式将现有相对比较松散的企业联合体组建成为企业集团，从而形成了中国企业集团产生的第一种方式。在采取这种方式组建企业集团的过程中，一些基于合同或者协作关系而发生关系的松散性成员被划在企业集团之外。但必须注意的是，到此时为止的企业集团中还没有出现集团公司这个概念，仍然强调的是核心企业。综上所述，企业集团成员之间的连接纽带还不是产权，而是政府法规赋予的行政关系和不那么可靠的合同关系，在此阶段的企业集团实际上就是西方意义上的企业联盟。但这种企业集团数量少，而且由于纽带过于松散，其寿命也很短，现在已经基本消失。

二、政府与企业间的中间组织

改革开放之初，中国政府所确定的基本原则就是要在"四个坚持"之下实施改革和开放，大力发展生产力，满足人民日益增长的物质和精神需要。在推进对外开放和经济改革的过程中，中国政府既要稳定，又要改革与发展，其中稳定是前提，发展是根本。中国政府在推行经济体制改革中所确定的基本思路就是放权搞活。在宏观经济层次上，放权搞活的核心内容是在继续实施中央集权的同时，开始对地方政府放权；在继续以计划经济为主的同时，开始引入市场机制；在继续实施计划价格的同时，开始引入市场价格；在继续发展公有经济的同时，开始发展外资和个体私营经济。在微观经济或者企业层次上，放权搞活的核心内容就是政府对国有企业放权，并且最终实现政企分开，将企业培养成为能够"自主经营、自我激励、自我约束、自我发展"的市场竞争主体。如果不能够在微观上搞活国有企业，那么就不可能在宏观上发展市场经济。

微观上的放权搞活在最初的阶段主要是将农村实验成功的"承包经营责任制"转移到城市，在国有和集体企业中实施"承包经营"和"厂长经理经营责任制"。虽然这种方式是在一定程度上激活了国有企业，但是政府和企业并没有从真正意义上分开，企业的资产和债务仍然在政府手中。另外，在政府失去了对企业经营和管理控制权之后，企业管理者在承包经营过程中的"短期行为"带来了许多经济问题和社会问题。因此在微观上的放权搞活企业的第二个阶段，推动政企分开就成为主要内容，而具体的做法就是政府与企业之间发展一种中间组织，即企业集团。在这个阶段上，各级政府开始将原来的产业管理部门整体转变为企业集团，工业部门的领导转变成为企业集团的总经理，而这些部门原来管理的一级企业或者法人企业就转变成为这些企业集团的下属企业，这些部门对这些企业的行政管理权从此被转移到了企业集团总部。从此，对政府来说企业集团是企业，而且它可以通过进一步放权搞活下属企业；对下属企业来说企业集团又不完全是企业，而是政府外设的一个行业或者企业管理部门。政府可以通过这种中间组织继续保持对国有企业的控制。正是在这个意义上，企业集团就是中国政府为了同时实现稳定和发展两个"矛盾"目标而专门设计出来的一种政治工具。企业集团就是中国政府在经济转型特定阶段的一种特殊制度安排，其主要目的就是要在实现政企分开的同时，保持对国有企业的控制；要在搞活国企促发展的同时，保证社会的稳定。

在政府工业部门转变为企业集团的过程中，产权并没有转移给企业集团。这些企业集团可以撤换下属企业的领导，因为企业集团与下属企业之间存在行政隶属关系。但是，这些企业集团不能动用下属企业的资产和收益，因为它不具有法人地位，也不是下属企业的母公司。从这个意义上说，这个时期所有从政府部门转化而来的企业集团都还是企业联合体或战略联盟。虽然这种方式成立的企业集团已经不包括契约型关系成员企业，但是也没有建立清楚的产权纽带，有的只是紧密的行政隶属关系。也正是基于这个原因，后来的国有企业产权改造才提出要"明确产权关系"和"建立产权纽带"。以这种方式成立和管理的企业集团存在着以下两个明显的缺陷：

第一，由于不是以产权为基础，企业集团只能采取"放权"管理，无法对下属企业的资产、战略、投资和财务进行有效的管理和控制。因此，下属一级企业的管理者就可以利用当时的融资体制和增长机会，实施高度多元化发展，导致当时国有企业集团的一个主要作用就是通过发挥财务上的范围经济效益，成为下属企业的"资金放大器"。当时的企业集团普遍存在多元化程度高、增长速度高和企业负债高的"三高"问题（蓝海林，1996）。

第二，由于缺乏产权关系纽带，企业集团只能够采取松散性管理，无法在降低交易成本和提高规模与范围经济上发挥作用。这个时期的中国企业集团主要是在行政管理、人事管理等方面发挥作用，无法在财务管理、资产管理、战略管理、投资管理和经营管理上发挥作用。因此，这个时期的中国企业集团更像介于政府和企业之间的一个中间组织，兼具政府和企业的性质，主要在政府和企业之间发挥上传下达作用。

三、资金放大器

大约在 1992 年前后，中国在经济转型的这个特定阶段进入了第一次企业行业多元化和集团化发展的高潮，到 1993 年年底，全国登记注册的企业集团已经达到了 7 500 家，如果考虑到民间没有登记而自称为企业集团的企业，这个数字可能超过 1 万家。在这个特定的历史阶段，中国企业都不约而同地选择了通过增加行业多元化程度来实现快速增长的战略（蓝海林和张平，2012），具体原因是：

第一，市场机会多。随着国内居民收入的增长和对外开放所带来的各种机会，这些企业的确面临着空前绝后的多元化发展机遇。例如，20 世纪 90 年代初期，中国家庭基本上没有任何家用电器，中国也没有家电行业。因此，只要企业能够筹集到资金，敢于大胆投入，所生产的产品基本上不存在销售方面的问题。

第二，增长压力大。各级政府给这些企业很大的增长压力，以至于这些企业很难在短期内依靠单一行业经营来达到政府在规模和效益上对它们的要求。因此，通过进入更多行业去实现规模和效益的增长就成为这些企业唯一的选择。

第三，金融体制落后。当时中国的金融机构是在计划经济下，实施放权式管理。几大国有银行的地方分支机构可以根据地方政府的要求，向地方国有和集体企业提供贷款。企业可以凭借地方政府的担保而不是资产抵押或资产负债表获得银行的贷款支持。

第四，企业管理失控。各级政府部门或各种企业集团普遍采取"放权式管理"，只关注搞活下属企业，并没有在战略上、财务上和投资上约束这些企业通过高负债的方式进行行业多元化投资。

第五，缺乏退出机制。由于政府部门，尤其是企业集团与下属企业的关系是行政关系，而不是资产关系，因此政府部门或企业集团只有建立新企业的动力，而没有出售下属企业的权力和相关的政策安排。因此，绝大多数企业集团在进入新行业的同时并没有退出原来的行业，行业多元化程度也就随之不断上升。

在实施行业多元化发展的过程中，企业集团这种特定的企业形式得到极大的强化。在行业多元化发展高潮下，也带来了企业集团的新特点：第一，原来的企业联合体从松散连接向紧密连接发展，成为行业多元化发展的企业集团；第二，原来的政府经济管理部门通过政企分开，成为行业多元化发展的企业集团；第三，单一行业经营的国有、集体企业和少数个体私营企业开始采取企业集团的形式实施行业多元化发展。

深入分析这个特定阶段企业集团和多元化发展之间的关系，我们可以发现企业集团在推动企业行业多元化发展方面主要是发挥了两个方面的作用：

第一，企业集团成为对外融资和投资的主体。在市场机会多但资金严重缺乏的环境下，中国企业发现只要能够筹集到资金就可以进入许多新的或者竞争不激烈的行业；只要能够最早或尽快进入这些行业，企业就能够获得高于利息成本的收益；只要能够获得高于利息成本的收益，企业就可以成功地利用财务杠杆获得发展。值得说明的是当时的国有企业还不知道国有银行会如何对付国有企业，更不知道什么叫"资不抵债"和"破产"。在这种情况下，企业集团就成了融资和寻求外资合作的主体。利用这个主体所筹集到的资金，企业集团就可以进一步利用外资企业的技术、资金和管理，大力实施行业多元化发展。

第二，企业集团成为下属企业融资和担保融资的工具。在前两种企业集团中存在着两种类型的下属企业：一种是企业集团存在以前就存在的企业，它们在行政上被划归这个企业集团之后就成为企业集团的下属企业，但是在产权上并不被这个企业集团所拥有；另一种企业成员则是企业集团建立之后通过自己投资而新建的企业，其中包括全资或控股的企业，这些企业在行政上隶属企业集团，而在产权上的隶属关系则尚需法律认可。尽管如此，在当时的信贷体制下，企业集团可以通过银行融资而将自己债务的转化为下属企业的投资，下属企业则可以利用这些投资形成的自有资本在银行进行再融资；此外，还可以为下属企业担保而帮助下属企业对外融资。所以，企业集团成为了一种内部银行和资金放大器。这样企业集团和多元化发展相结合就可以极大地发挥财务上的范围经济效益，通过融资和担保将资金无限制地放大，支持企业多元化发展的需要。

第三节　"企业集团"概念的异化

企业集团曾经是中国在经济转型特定阶段上的一种制度安排。通过这种安排可以在"三不变的原则"（所有制、财务关系和隶属关系）下进行企业联合，在推动政企分开搞活国有企业的同时，保持政府对企业的控制，从而实现经济转型过程中两个既对立又统一的目标：稳定和发展。但是，中国企业集团的发展最终背离了引进这个概念的本义，并且迅速地走向了完全相反的方向，最终演变成为母子公司或者控股公司，而不再包括原来所谓基于行政纽带或者契约纽带连接的成员。至此，中国企业集团的发展经历了一个非常独特"从肯定到否定"的过程，即经历了一个从基于原意被引进到最终在反义上被应用的过程。

在1992年以后的新一轮经济高速增长过程中，上述三种形式，尤其是后两种形式发展起来的企业集团都采取了基本上相同的增长模式，即以企业集团为"资金放大器"，通过高负债和行业高度多元化的方式，实现企业规模的高速增长，同时也引发了相同的隐患，即企业集团普遍失去了对下属企业在战略、资产、财务和投资管理上的控制权。1993年前后中国宏观经济和政府政策发生了一系列重大趋势性变化：第一，由于经济增长过快，通货膨胀已趋严重，中央政府宣布实施宏观调控，全力收紧银根和压缩固定资产投资；第二，国家宣布中国经济发展已经进入了一个供不应求的阶段，企业竞争加剧，市场机会开始减少；第三，为了控制不良贷款和"三角债"的影响，政府宣布实施银行信贷体制的改革，即企业只有依靠资产抵押或资产负债表才能够获得信贷。正是这些变化导致上述隐患终于酿成严重恶果，大部分的企业集团立即从资金"放大器"变成债务缠身，陷入严重的资金短缺，甚至资不抵债。伴随着中国企业高度不相关多元化方针高潮的结束，仅仅依靠行政纽带而松散维系的企业集团终于走到了尽头。

1993年11月，党中央召开了十四届三中全会，并且通过了《关于建立社会主义市场经济体制的若干问题的报告》，开始在宏观上推动金融、财税、投资、外汇、外贸等各个方面的经济体制改革，迅速建立和完善社会主义市场经济体制。同时在微观上推动对国有企业和集体企业的产权改造，克服国有企业在管理体制上的根本缺陷，发展和扶持一批产权明晰、以资产为纽带和具有现代企业特征的大型企业集团。在1994年到1998年期间，我国政府采取一系列的改革和扶持措施推动我国企业集团的发展发生了一次"质"的改变：

第一，通过实施国有资产授权经营和《国有资产监督管理条例》，先将国有资产的经营权委托或者授权给上述两种形式发展起来的企业集团，从而将政府与国有企业集团和企业集团与成员企业内部之间的行政管理关系转变成为产权为基础的委托代理关系，从而为企业集团实现战略改变、组织调整和资产重组提供合法依据。

第二，推动国有和集体企业集团进行内部清产核资，明确产权关系、建立产权纽带，推动对下属企业进行各种形式的产权改造。从而使原来企业集团基于合作关系和行政隶属关系而形成的所谓核心、紧密、半紧密和松散型的关系转变成为基于产权纽带的全资、控股和参股的关系，从此参股企业和合同连接的企业已经不再属于企业集团的正式成员了。

第三，在实施新的《公司法》的基础上，推动企业集团按照母子公司的管理体制，建立和健全现代企业的治理结构，规范母子公司的行为。借助这样的管理体制，企业集团对成员企业的管理必须以产权为纽带，以《公司法》为依据，企业集团内部的法人企业之间必须按照市场规则进行交易。

以明晰产权关系和建立产权纽带为主要内容的企业集团管理体制改革对我国企业集团克服多元化和放权式管理所带来的问题发挥了重要作用。但是与此同时，企业集团这种组织形式从原来意义上的企业联合体彻底地转变到了其反面，成为传统西方意义上的控股公司、母子公司或多元化企业等，而两者的区别在于中国企业集团的总部全部变成了"集团公司"。在中国工商局的有关规定中，任何企业需要注册为具有中国特色的"集团公司"（西方国家应该没有任何对应的概念与之匹配），必须拥有五个独立法人地位的子公司。受政府重点扶持发展大型企业集团优惠政策的刺激，原来采取单一行业经营的大型国有企业和民营企业都开始向企业集团转变，它们要么就将原来的分公司、分厂，甚至车间先注册成为独立法人企业，要么通过投资而建立几个独立法人地位的全资子公司。它们通过这样的方式，注册成为具有法人地位的"集团公司"，并且以企业集团的名义进入中央和各级地方政府重点扶持发展大型企业集团的名单，从而据此享受各种优惠政策。

在重点发展和扶持一批以产权为纽带的大型企业集团的过程中，中国的大企业，无论是原来已经高度多元化的企业集团还是高度集中经营的大型企业都被要求采取了母子公司或控股公司的组织形式。这种转变在一定意义上推动了国有企业的产权改造和资产重组，但是确实导致了中国企业集团在战略和组织结构的匹配上陷入一种矛盾中：一方面通过在企业集团内部明确母子公司的关系有利于理顺企业集团内部的产权关系，建立产权纽带，加强母公司对全资和控股企业的战略、财务、投资和资产上的控制；另一方面通过在企业集团内部明确母子公司的关系又容易导致企业保持或增加多元化程度，因为母子公司或控股公司的组织形式只适合不相关多元化战略，不适合相关多元化，特别是纵向和横向整合战略的企业。这种矛盾具体表现在以下两个方面：第一，绝大多数企业集团在采取母子公司结构之后，都将集团公司定位成为资本经营的中心，将集团总部的价值创造方式看成是资本运营，这就导致集团公司不愿意降低，甚至还无法抑制地提高行业多元化程度，因为集团公司拥有的全资或控股子公司越少，其权力和存在的理由就越少。第二，母子公司的管理体制的核心是产权集中，但是经营权放开，这与不相关多元化战略是匹配的。但是，这种管理体制与实施纵向多元化战略、市场多元化和相关多元化战略是矛盾的，因为这些战略的有效实施需要通过一定程度的经营权集中来实现交易成本的降低和规模与范围经济效益的提升。这也就是说在企业集团从原来意义的企业联合体转变成为母子公司的过程中，不仅原来那些基于参股和合同关系连接的成员被排斥于企业集团之外，而且原来纵向、市场和相关多元化企业之间的合作也受到了极大的约束。如果企业集团无法有效地通过内部合作去发挥组合效益，那么增加行业多元化的程度似乎就成了合理的选择。

第四节　"企业集团"概念的回归

中国加入世界贸易组织以后，中国企业所面临的主要问题开始从产权改造转向提升国际竞争力。从宏观经济发展的角度来看，中国经济能否利用加入世贸组织的机会突破市场、环境和资源的制约实现持续的增长在很大程度上取决于中国企业的国际竞争力。从企业发展的角度来看，跨国企业在加入世贸组织之后更容易进入中国市场，直接参与对国内市场的争夺和利用要素成本优势，从而在国内和国外两个市场上对中国企业形成了强大的压力。假如中国企业不能迅速提升国际竞争力，不仅无法开拓更大的国际市场，更可能丢掉原来的国内市场。

此时，中国的企业集团被认为最有可能代表中国企业去捍卫甚至带领中国企业参与全球化竞争。这是因为在当时，所有大型企业都已经转变为集团化经营模式。在国内外学者研究中国企业如何提升国家竞争力的过程中，中国海运集装箱股份有限公司总是被作为一个非常典型的案例。中集集团首先把握了世界集装箱制造行业向中国转移的历史机遇，将自己的资源高度和长期集中于标准集装箱的生产。其次，利用自己在管理成本上的优势，在国内外集装箱行业实施横向和纵向整合；利用集权化管理在销售和采购成本等多方面获得了广泛和巨大的规模与范围经济效益，走出了一条被证明是切实可行的建立和发挥国际竞争力的道路。中国海运集装箱股份有限公司的成功经验带给我们的启示是，中国企业集团要想提升国际竞争力，必须高度集中于主业而不是多元化经营；必须在国内市场上实施横向和纵向整合以利用中国的市场规模优势；必须实施集权而不是分权管理模式以发挥组合效益。

道理是如此清楚明白，但为什么能够选择和实施的战略提升国际竞争力的企业集团那么少呢？一开始的普遍认识是产权制度不合理，因此我们以发展和扶持大型企业集团为契机，基本上解决大型企业集团所面临的产权问题。但是在将企业集团转变成为母子公司或者控股公司的过程中，我们实际上又为中国企业集团提升国际竞争力制造了新的枷锁。制度要求所有的企业集团都采取母子公司的管理体制，但实际上那些实施市场多元化或行业相关多元化（包括横纵向整合和共享多元化）战略的企业不应该采取母子公司管理体制，而应该采取的是总部—分部的管理体制或者称为合作型事业部制。企业只有在其所进入的相关行业或者不同的区域市场上设立分部或者非法人经营单位，这才有利于企业将包含于行业组合或者市场组合中的各种组合效应发挥出来。

根据上述对中国企业集团概念演化过程的回顾和分析，"企业集团"这个概念的"名"和"实"在中国经济转型的特定历史阶段上经历了一个从"统一"到"对立"的过程。改革开放之初，为了促进企业合作和在实现政企分开的同时保持对国有企业的控制，中国引进了企业集团的概念，企业集团内部成员间存在的只是合同和行政关系，此时中国企业集团的"名"和"实"是统一的。但是，为了从产权关系上解决中国企业集团发展中出现的各种问题，中国企业集团逐步演变成为母子公司或控股公司，此时中国企业集团的"名"和"实"是对立的。这种概念上的"异化"对解决中国企业集团的产权不清问题发挥了积极作用，但对中国企业集团的提升主业的国际竞争力产生了消极影响。因此，现在是中国学者和政府部门需要认真考虑恢复企业集团作为战略联盟本意的时候了。在企业集团的概念经过了从"肯定到否定"的转变之后，我们迫切需要再一次推动企业集团概念实现从"否定到新的否定"或者叫"否定之否定"的转变。

第一，从企业战略的角度来看，继续在现在意义上使用"企业集团"的概念，将会不利于我国企业的成长，妨碍我国在竞争性行业发展出一批世界级企业（蓝海林，2007）。首先，在建立母子公司管理体制的过程中，如果继续沿用"企业集团"，而不是强调企业的概念，将导致我国绝大多数企业集团总部转变为"控股公司"（如各个地方国有资产经营公司），并且专门从事所谓行业多元化发展与资本经营。这种"控股公司"的"生存欲望"将从根本上阻碍它们降低行业多元化程度和实施对国有企业的改造。发展具有国际竞争力的大企业需要我们逐步减少或者消灭这种所谓专门从事资本经营的企业集团，培育更多专注于相关行业经营的大企业。其次，在建立母子公司管理体制的过程中，如果继续沿用"企业集团"这个概念，而不是采用大企业的概念，将导致我国绝大多数企业集团忽视集约经营、降低交易成本、扩大规模经济和获取范围经济效益的作用。"企业集团"概念的核心是松散的法人联合体，如果在保持这个概念的前提下对成员企业进行产权改造，就没有必要在企业集团内部设立过多的独立法人企业，不但严重影响内部交易成本的降低，更会影响核心专长的共建与共享。这是因为从法律意义上来说，法人企业是平等的，不存在直接的控制与指挥的关系，企业集团如果要集中采购、规模生产、统一营销等就将受到诸多的限制。发展具有国际竞争力的大企业要求我们逐步减少而不是增加内部的独立运作的法人企业。最后,在推动企业"做强做大"的过程中,继续沿用"企业集团"的概念将误导一些成长中的上市企业和民营企业。政府原意是希望扶持主业突出、规模优势明显和具有较强行业竞争力的企业,但是如果我们采用"企业集团"的概念,就可能在实际操作过程中,驱使许多原本单一行业的上市企业和民营企业成为行业多元化的企业集团,或者不适当地将密切相关的内部经营单位变成独立运作的法人企业,从而牺牲了一些本来有可能成为"行业冠军"和具有国际竞争能力的民营企业。

第二,从政府政策制定的角度来看,恢复使用"企业集团"的本义有利于切断"企业集团"与"大企业"或者"竞争力强的企业"之间的必然联系,提高政策制定的针对性。为了应对中国加入 WTO,我国政府应该发展和扶持那些行业特征明显、行业市场占有率高和具有国际竞争力的大企业或者"强"企业,而不是那些规模大、多元化程度高、无法建立核心专长和发挥规模与范围经济优势的企业集团,换句话讲应该"重强"而非"重大"。所以,我国政府应该更加明确提出要发展和扶持大企业或者大公司,从而推动企业集团降低多元化程度,提高行业集中度;关注于建立核心专长,提高产业链整合能力;追求在行业中做强,不是规模上做大。与此同时,我国政府仍然可以采用鼓励基于战略联盟关系的"企业集团"的方法去鼓励大企业之间以及大企业与中小企业之间的合作。

第三,从学术的角度来看,恢复"企业集团"概念在国际学术界认同的本义有利于将对企业或者公司的研究与对这些企业或者公司的某种特性的研究加以区分,实现与国际学术界的完全接轨。将企业作为一个企业集团来加以研究只是反映了这个企业与其外部企业的稳定关系或者说在企业与市场之间的某种特殊的制度安排,与之相关的概念还包括了战略联盟、战略性外购和战略网络等。但是,这个企业完全有可能具有其他更为重要并需要学者进行研究的其他特征,例如,它有可能是一个控股公司或者母公司,仅仅投资而控股或者参股许多企业,而不实际经营这些企业;它也有可能是多元化经营的企业,因为它不仅投资而且在多个行业经营,但是它采用的是事业部而不是母子公司结构;它还有可能是一个国际化经营的企业,因为它进入了多个国家的市场,并且建立了海外分公司或者子公司。

第五章

中国企业集团的成长战略

研究经济全球化条件下中国企业集团的成长战略，首先必须了解和研究中国企业集团"入世"前的成长路径，以及其成长的环境、路径和经历将在多大程度上影响中国企业集团未来的战略选择。中国加入世贸组织后，经济全球化为中国企业的成长带来新的机遇和威胁，但是并没有推动中国经济体制改革同步向前推进，即影响中国企业集团成长的制度环境并没有发生重大的改变。因此，过去影响中国企业集团成长战略的主要因素，尤其是制度因素对于我们未来研究经济全球化条件下中国企业集团的成长战略具有重要意义。

第一节　中国企业集团的产生

如果摆在我们面前的是 2002 年中国企业 500 强的名单，那么研究这些企业集团的成长战略应该说是具有代表性的。虽然我们研究的主要目的是希望它们将来可以去我们希望它们去的地方，即具有国际竞争力。然而，我们研究中国企业集团的成长战略时，却引出了以下三个子问题：

第一个问题是这些企业从哪里来的？这是因为正如亨利·明茨伯格在其《战略管理的丛林理论》一书中所指出的那样，一个企业的未来到哪里去将在很大程度上取决于其过去是从哪里来的（明茨伯格，2002）。

对于西方市场经济国家来说，也许这个问题在整体上不重要，因为企业集团都是从无到有、从小到大地自然发展起来的。但是对于中国这样一个经济转型国家来说，这个问题显得特别重要，因为相当多的企业集团并不是自然成长出来的，而是在政府主导或者推动下通过多次转型和重组而成。因此，我们首先应该探究这些企业集团的前身是什么（蓝海林，2004）？在中国企业集团中有相当一部分是来源于改革开放之前就已经建立所谓的"老企业"，而另外一部分则是在改革开放以后才建立起来的。由于中国经济转型所采取的推进方式是渐进式的，它们所面临的外部环境，尤其是制度环境的差异将导致不同阶段上建立起来的企业集团在建立和成长方式的选择上存在着很大的差异。需要关注的是，在改革开放之后相当长的一段时期内，国有企业集团的成长战略主要不是基于自己的选择，而是政府计划或者意志控制和影响的结果。随着时间的推移，经过产权改造的国有企业集团才逐步拥有了成长战略选择上的相对自主权。

第二个问题是这些企业集团的出资者是谁？改革开放之前就已经建立的"老企业"中的绝大多数都是由各级政府和集体作为出资人的，即所谓国有企业和集体企业集团。改革开放之后，在继续发展公有经济的同时，也鼓励发展非公有经济和混合经济，使得企业集团的出资人越来越多样化。企业集团的出资人及股权结构在很大程度上影响了企业集团对成长战略的选择。具体来说，国有独资和国有控股企业集团受到政府意志和政策的影响相对比较大，行业多元化的程度相对比较高；而非公有制的企业集团，尤其是民营企业集团受政府意志和政策的影响相对比较小，行业多元化程度也相对比较低（宋莹莹，2012）。

第三个问题，也是最重要的一个问题是，这些企业集团的组建方式究竟是怎样的？对于绝大多数源于单一行业企业且自然成长起来的企业集团来说，其组建方式并不成为问题。但是，对于实施了行业多元化战略的企业集团来说，其组建方式则是一个非常重要的问题。正如之前章节所述，行业多元化与企业集团化之间存在着某种必然的联系。对于一个原来在单一行业中经营的企业来说，是行业多元化导致企业从职能型向事业部转变，从而导致了企业集团的出现，这就是中国企业集团形成中的所谓"自然成长型"的企业集团。而对于政府部门转化或者政府主导组建的企业集团来说，则是企业集团的出现导致了行业多元化。

第二节　中国企业集团的行业多元化发展

在经济转型的过程中，中国企业集团的成长在很大程度上受到了行业多元化①和集团化的影响，因此，我们需要深入了解中国企业的行业多元化与集团化的历史演化过程。总的来说，中国企业先后经历了两次行业多元化与集团化的高潮：第一次是以国有企业为主角，第二次则是以民营企业为主（黄山和蓝海林，2007；蓝海林等，2012）。其实，在第一次行业多元化与集团化的高潮之前，还存在一个企业多种经营的阶段。

一、国有企业改革与多种经营

1978 年之前，中国实行的是高度集中的计划经济体制。在这种体制下，国有企业被看做是政府主管部门的附属物，仅仅是一个用来完成国家计划任务的生产单位，没有自主经营权。企业所有的生产经营活动过程与结果完全受国家控制（吕政和黄速建，2008）。改革开放前夕，这种高度集权的计划经济体制暴露出了越来越明显的弊端，产业结构的不合理、产品结构不合理以及工业企业的低效率导致严重的供不应求，社会矛盾越来越突出。在这种情况下，国有企业改革拉开了序幕。

国有企业的改革是从扩大企业自主权开始的，最早始于四川省。1978 年 10 月，四川省在全省范围内选择不同行业具有代表性的重庆钢铁公司、成都无缝钢管厂、新都县氮肥厂、宁江机床厂和南充丝绸厂等 6 家企业进行扩大企业自主权的试点。1979 年 7 月，国务院下达了《关于扩大国营工业企业经营管理自主权的若干规定》等 5 个文件，肯定了扩大企业自主权的改革。1984 年 5 月，国务院颁布了《关于进一步扩大国营工业企业自主权的暂行规定》，强调扩大企业生产计划权、产品销售权、产品定价权等 10 个方面的自主权（张卓元和郑海航，2008）。之后，这种放权让利进一步扩展到了体现两权分离的"国有企业承包经营"与"厂长经理经营责任制"，赋予厂长经理更大的经济责任和相应的生产经营决策权和收益分配权。这种以"放权搞活"为内容的国有企业改革极大地调动了老国有企业管理者和员工的积极性，也在很大程度上提高了企业的劳动生产率和经济效益（Field，1984；姚俊和蓝海林，2006）。

在国有企业改革的初始阶段，随着国家计划任务的逐步取消，国有企业开始直接面对陌生的市场，需要从市场上自主采购原材料与销售产品。很多国有企业之前一直依靠国家计划采购的产品，难以适应这种从计划到市场的巨大改变。在这种情况下，生存成为了企业最紧迫的一个问题。企业的理性选择自然是开展多种经营，寻找任何可以活下去的机会。众多研究对当时国有企业为了生存而进行

---

① 理论上，企业的多元化分为行业多元化和区域多元化。

多种经营的情形进行了描述。例如，郑贤玲描述当时的中集集团："李启元每天背着图章和 5 个馒头出门，到香港一些素不相识的公司、陌生的工地，厚着脸皮拉单子，凭着人工费很低的优势争取到了一些订单：钢窗、钢门、配电箱、注塑机座、不锈钢洗衣机部件、珐琅盘等，开展了多种经营运作"（郑贤玲，2012）。北京市电机总厂最初的主要产品为交流与直流电动机，为了安置组阁承包制改革后的富余人员，决定将经营活动由生产领域扩展到流通领域，兴办第三产业，并采取了总厂、分厂一齐上，内外并举的方针：凡有富余人员的分厂、科室都可以承办股份公司的业务，结果在短短的几个月就实现了"一业为主，多种经营"——与四川武胜县合资合营成立了京川贸易公司；与附件的将台乡合资兴建了一座六层楼的饭店；与加拿大某企业谈判引进外资兴建一座中高档的旅游饭店；开设雪梅露饮料厂；将市区的一个修理车厂改造为小型旅馆；直流分厂承办了缝纫组，由开始承做总厂劳保手套扩大到制作衣服（北京市机电总厂，1985）。北方机械制造厂坚持走"一业为主，多种经营"的道路，其产品也从单纯的农业整地机械，扩大到了建材行业的蒸压釜和石化机械、工程地质钻机、粮食烘干机等（李荣权，1987）。

以上的多种经营，可以视为国有企业改革开放早期的一种行业多元化。也就是说，在中国企业第一次行业多元化和集团化的高潮之前，很多中国企业为获得生存事实上已经大量地开展行业多元化了。多种经营活动的开展，使得之后组建的国有企业集团的构成成分并非单一行业的国有企业，加剧了中国企业第一次行业多元化高潮的程度。

二、中国企业的第一次行业多元化和集团化的高潮

从 1990 年开始，中国严重"短缺经济"为企业实施行业多元化发展带来的广泛的市场机遇。当时，只要能够生产出满足消费者需要的产品，企业就可能实现快速度、高效益和低风险的成长。只要能够从银行和社会上融入资金，企业就完全有可能同时抓住若干个市场机会，而不会承担过大的财务和经营风险。事实上，正是当时金融信贷体制的不健全，助长了企业依靠"市场机会带动"的成长方式。通过企业集团这个"资金放大器"，企业能够将有限的资金放大几十倍去把握尽可能多的市场机会。在这个阶段，绝大多数国有企业纷纷实施了行业多元化尤其是不相关行业多元化战略，许多国有企业集团通过大量举债的方式迅速地进入到服装、家电、医药、保健品、房地产、金融等多个不相关的行业或业务，有些国有企业集团甚至奇迹般地在一年内就进入了几个乃至十几个行业（黄山和蓝海林，2007），由此形成了中国企业的第一次多元化高潮（姚俊、吕

源和蓝海林，2005）。根据当时《中国工业统计年鉴》资料：截至 1993 年年底，42 家全国性企业集团中仅有 2 家没有跨行业经营，其余 40 家已经跨行业经营，占 95.2%；列入机械电子工业 100 强中的 23 家企业集团公司中，有 18 家已经跨行业经营，占 78.3%（中国工业统计年鉴，1994；王月平，2006）。在这个时期，国有企业集团的管理者所思考的主要问题是"如何快速增长"，而解决问题的方式往往就是"高负债形成高投入、多元化实现高增长"（蓝海林，2001）。

中国企业行业多元化与集团化的快速发展，导致中国于 1993 年出现了投资过热引起的通货膨胀，进而促使中国政府制定并实施了一系列极其严厉和根本性的治理措施：第一，对外宣布中国已经进入供过于求的市场阶段，要求各地政府和金融机构压缩固定资产投资，这就使得那些采用高负债、高投入和高度多元化发展的企业陷入了困境；第二，全面清理、追讨国有企业的债权债务，这就使得那些无法偿还到期债务的企业集团陷入严重的财务危机，甚至破产的境地；第三，实施金融信贷体制的市场化改革，包括国有企业在内的任何企业都必须提供抵押物或者资产负债表才可能获得银行贷款。此外，由于国有企业在这一轮的行业多元化发展高潮中暴露出了严重的代理问题，付出了很高的代理成本，因此，中国政府在 1994 年之后开始实施国有资产授权经营和国有资产监督管理条例，并启动了以"明确产权关系、健全资本纽带、完善治理结构、建立现代企业制度"为主要内容的新一轮国有企业改革。中国政府上述经济体制改革和国有企业改革政策措施的实施逐步结束了这一轮的行业多元化高潮，绝大多数国有企业集团普遍通过战略重组降低了行业多元化的程度。

三、中国企业的第二次行业多元化与集团化的高潮

在中国企业第一轮多元化和集团化的高潮中，民营企业反而做实做强自己的主业。当国有企业集团正在为第一轮多元化与集团化付出代价的时候，中国民营企业充分利用国有企业的战略改变、结构调整与资产重组而迅速发展。这并不是因为这些民营企业主动选择了行业集中的战略，而是因为它们在这个阶段还没有实力和资格实施行业多元化发展的战略。但是，这种情况在 1997 年以后发生了重大改变：

第一，中央对国有经济的发展实施了"抓大放小"的战略。1997 年 9 月，党的十五大提出了调整和完善中国经济所有制结构的战略性任务，要求"从战略上调整国有经济布局。对关系国民经济命脉的重要行业和关键领域，国有经济必须占支配地位。在其他领域，可以通过资产重组和结构调整，以加强重点，提高国有资产的整体质量"。对此，江泽民同志多次强调"对国有经济要坚持有进

有退，有所为，有所不为"，"除极少数必须由国家垄断经营的企业外，要积极培育和发展多元化的投资主体，逐步实行股权多元化"。在1999年召开的党的十五届四中全会进一步强调了"放宽市场准入限制和鼓励私营企业参与国有企业的改组与改造"的政策导向，废除了一些对非公有制经济带有明显歧视性的政策法规，尤其在非公有制经济的市场准入方面取消了诸多限制。这种"国退民进"战略的实施为非国有企业带来了行业多元化契机，它们开始通过参与国有企业的股份制改造和并购国有企业等方式，大举进入它们以前根本无法进入的一些行业。

第二，中央重点扶持发展新兴和高新技术行业。进入2000年之后，随着中国加入WTO，新兴和高新技术产业，如信息技术、房地产、手机、汽车、医药生物制品、环保与新材料等行业不断涌现。为了促进新兴产业的快速发展，中国政府通过制定与实施相关政策对新技术的产业化、原有产业分支的分化以及满足新潜在需求的企业进行扶持，帮助企业获得必需的生产要素、经济资源和市场份额，为企业的发展创造有利的市场条件，从而推动了新兴产业的发展与壮大。国家对这些产业的政策扶持以及新兴产业的本身发展潜力对于中国企业实施行业多元化战略带来强烈的刺激。此时国有经济正在进行战略性调整而分身乏术，非公有制经济，尤其是民营经济因此而获得了进入这些行业和得到发展的机会。

第三，民营经济的合法性在制度上得到了保证。在确立中国经济转型的目标是建立社会主义市场经济和实施"国进民退"政策的过程中，非公有经济，特别是民营经济的制度合法性和在国民经济中所占的比重得到了进一步的提升。这就使得非公有经济，特别是民营企业第一次有了进行长期和大规模投资的冲动，它们开始大规模地进入房地产行业、高新技术行业，乃至钢铁、化工、矿产资源开发等行业，甚至进入到了高等教育行业。

在上述几类因素的共同作用下，2000～2001年，中国企业掀起了第二次多元化和集团化的高潮（黄山和蓝海林，2007；蓝海林等，2012）。与第一次多元化与集团化高潮不同的是：首先，这次是民营企业而非国有企业担任了主力，并且民营企业的行业多元化在一定程度上是通过参与国有企业的重组实现的；其次，这次多元化与集团化的高潮是以行业多元化为实，以集团化为虚，民营企业并不愿意为企业的集团化付出过高的成本；最后，这次行业多元化与集团化的高潮来得快，去得也快。这不仅是因为民营企业的产权关系和债权债务非常明确，更主要的是这个阶段资本购并市场已经建立并逐渐健全。当多元化发展导致民营企业经济效益开始下降、资本结构恶化的时候，民营企业就迅速地做出了有效的战略反应与战略调整，因此这次多元化与集团化持续的时间并不长。

第三节　中国企业集团行业多元化与经济效益的关系

　　企业多元化与经济效益的关系是企业战略管理的核心问题，也是理论界与实务界长期争论不休的重要问题。20 世纪 90 年代以来，在中国企业战略管理实践中，一方面，很多企业集团前赴后继地大力推行行业多元化战略，并视其为提高国际竞争力的一剂良方（洪道麟和王辉，2009）；另一方面，也不乏很多曾经辉煌的企业集团由于盲目过度行业多元化而导致一朝灰飞烟灭的惨痛教训，如巨人集团、德隆集团等。那么，中国企业集团多元化与绩效之间的关系究竟是怎样的呢？对于这个问题的全面与准确回答，首先需要从理论上把握企业的行业多元化战略与经济效益的关系。

一、西方企业行业多元化与企业绩效的关系

　　从西方的研究情况来看，对于行业多元化与企业绩效的关系，目前主要有三种截然不同的观点。第一种观点认为，行业多元化战略的实施可以提高企业经济效益，因为行业多元化可以带来范围经济（Porter，1987；Barney，2002）；实施行业多元化战略的企业可以通过掠夺性定价、相互购买和多点竞争三种机制来充分地发挥市场力量的作用（Saloner，1987；Grant，1998；Palich，et al.，2000；Barney，2002；Bernheim and Whinston，1990）；行业多元化战略不但可以分散公司的经营风险，而且还能够通过行业多元化建立有效的内部市场，尤其是内部资本市场（Weston，1970；Williamson，1986；Gertner，et al.，1994；Stein，1997；Barney，2002），从而突破外部资本市场融资约束的限制，实现资源的有效配置，为企业创造价值。因此，企业行业多元化战略可以提高绩效水平。第二种观点认为，行业多元化战略的实施会降低企业经济效益。这是因为行业多元化会使得企业将有限的资源分散到不同的业务单元，公司的内部管理由此变得非常困难（李雪峰，2011）；行业多元化企业往往对新行业和新产品的未来发展状况预测不准确，因而更可能投资净现值为负的项目（Jensen，1986）。通过行业多元化所成立的内部资本市场也不会比外部市场更为有效，结果导致项目过度投资或投资不足，即产生所谓的"愚蠢资金效应"（Stupid Money Effect，Stulz，1990）；基于代理问题的存在，管理者实施多元化战略的主要原因可能在于获取更多私人利益而不是为了降低企业的经营风险（Scharfstein and Stein，2000；Aggarwal and

115

Samwick，2003）。第三种观点则认为，行业多元化战略是企业公司层战略的一种选择，本身并没有优劣之分。如果企业具有充足的资源能力并能有效利用外部环境的机会与规避威胁，行业多元化战略就会取得成功，反之则会导致失败（李雪峰，2011）。

如果不是将行业多元化战略与单一行业战略进行简单化的比较，而是将行业多元化战略进一步细分为三种不同的多元化战略，那么就会发现企业多元化程度与经济效益之间呈现出"倒U形"的关系，即相关多元化的经济效益最高，不相关多元化的经济效益最低，单一或者主导型多元化的经济效益则居中。从最近二十多年的战略实践来看，美国企业经历两次提高多元化程度的购并高潮之后，大多放弃高度或不相关多元化战略，更多选择实施相关多元化战略，尤其是非限制性相关多元化战略已经成为跨国企业主流的战略选择。

二、中国企业行业多元化与企业绩效的关系

从国内的研究情况来看，最初学者们认为中国企业所面临的经营环境不同、企业性质和特点也不同，所以企业多元化与经济绩效的关系也应与国外学者的研究结果不同，国外学者关于行业多元化与经济效益关系的研究成果不能够简单地应用于中国。令人奇怪的是，这种看法并不完全正确。中国国内学者在不同历史阶段上都对中国企业行业多元化与绩效关系进行过实证研究，但是这些研究所得到的结论并不一致，有的阶段上的研究成果与西方学者的成果接近，有的阶段上所得到的结果则差别比较大，而且这种差别在"入世"前后表现更为明显：

1. "入世"前中国企业行业多元化与绩效的关系

大部分的研究表明："入世"前，中国企业所实施的不同的行业多元化战略对于企业的绩效没有显著的影响。例如，刘力（1995）以29家电器企业和21家纺织企业为对象的研究表明，企业多元化经营程度对绩效没有显著的影响。1999年，本学科团队基于250家工业企业集团的问卷调查表明，不同类型的企业多元化战略与绩效之间的关系并不存在显著的差异（马洪伟和蓝海林，2001）。朱江（1999）的研究认为，虽然企业多元化经营能够分散经营风险和减少利润水平的大幅波动，但是企业多元化程度和绩效之间并不存在显著的相关关系。与此类似，金晓斌等（2002）研究发现，多元化经营本身是中性的，它是在竞争条件下企业为实现价值最大化所采取的一种经营模式和发展战略。然而，李玲和赵瑜纲（1998）以1993~1997年在大陆A股上市的公司为样本的研究表明：上市公司多元化经营程度与企业绩效负相关。

2. "入世"后中国企业行业多元化与绩效的关系

"入世"之后，中国企业所处的经营环境发生了极大的改变，那么企业行业多元化程度与绩效之间的关系是否也发生了改变呢？大量的研究表明，"入世"后，企业行业多元化程度对于绩效存在负面的影响。例如：2004 年，本学科团队基于国内深沪两地 906 家上市公司 2001～2002 年数据的研究发现，企业行业多元化程度与总资产收益率（ROA）存在显著的负相关关系。2008 年，本学科团队基于深沪两地 706 家上市公司 2003～2004 年数据的研究再次表明，行业多元化程度与企业效益依然呈现显著的负线性相关关系，并没有呈现出"倒 U 形"结构，其中限制性相关多元化和低度不相关多元化对绩效的影响差异不大，而高度不相关多元化则明显降低了企业绩效。之后，辛曌（2004）、艾健明和柯大钢（2007）的研究也得到了类似的研究结果。张翼、刘巍和龚六堂（2005）以大陆 1 022 家非金融上市公司 2002 年数据为样本的研究也发现，企业行业多元化程度与托宾 Q 值正相关，但与 ROA 负相关，且这种相关性在采用不同的多元化测量指标或加入控制变量后依然保持显著。2005 年，余鹏翼、李善民和张晓彬基于 1998～2002 年的 399 家上市公司的财务数据的实证研究表明，上市公司实施行业多元化战略后，行业多元化程度与短期绩效（当年托宾 Q）正相关，而与中期绩效（两年平均托宾 Q）负相关。2006 年，洪道麟和熊德华采用 1999～2003 年国内上市公司数据的研究不仅验证了行业多元化损害企业绩效的观点，而且发现企业规模、上市年限、成长机会、控股股东类型以及行业特性等因素对上市公司的行业多元化战略选择有重要影响，而宏观经济形势的影响并不显著。魏锋（2007）以 4 272 家上市公司 1999～2004 年的年度混合数据为样本的研究为行业多元化降低企业绩效观点提供了新的证据，同时该研究还发现以 ROA 衡量公司绩效的行业多元化折价比例在 1%～8% 之间，而以 ROE 衡量公司绩效的行业多元化折价比例在 3%～16% 之间。韩忠雪和王益锋（2007）的研究进一步表明，中国上市公司行业多元化的平均折价水平为 4.8%，而导致多元化降低公司绩效的主要原因则在于控股股东的利益攫取行为。林晓辉和吴世农（2008）的研究发现：企业行业多元化程度越高，公司的绩效越差；行业多元化经营对公司绩效的影响程度与行业相关性有关；行业多元化对公司绩效的影响程度与控股股东股权性质无关，与控股股东持股比例有关；代理问题是导致行业多元化降低企业绩效的原因。柳建华（2009）的研究也表明，行业多元化投资减损了企业价值。而且，上市公司产权约束不同，行业多元化投资绩效也存在显著差异，其中地方政府控制的上市公司多元化投资绩效最差，私有产权的次之，中央政府控制的上市公司行业多元化对企业绩效的影响不明显。而经营者的自利、政府干预和大股东自利是导致多元化折价在产权约束不同的上市公司中存在差异的重要原因。与此类似，徐彦武（2009）研究也发现，就目前中国制造业上市公司而言，行业多元化战略不能提高企业绩效；企业上市以后的投资冲动、法人治理结构的不完善以及对多元化投资的片面认识是导致多元化投资不能提高投资绩效的关键因素。

尽管大量实证研究为"入世"之后中国企业行业多元化战略与企业绩效负相关的观点提供了支持，然而少数学者研究却表明行业多元化对于企业绩效有积极的影响。苏冬蔚（2005）以 1 026 家上市公司 2000～2002 年数据为样本的研究发现，在控制了企业规模、成长机会、财务杠杆和股利政策等因素之后，上市公司的多元化对于绩效依然有显著的积极影响。相关研究还揭示导致这种情况出现的原因在于，价值较高的上市公司更易于实施多元化经营战略，而上市公司通过多元化战略构建的内部资本市场是有效的。姜付秀、刘志彪和陆正飞（2006）的研究也表明，企业多元化经营不仅提高了企业的价值，而且降低了企业收益的波动程度。

"入世"后，行业多元化与绩效之间关系的研究结论依然表现出不一致，是否因为行业多元化与绩效之间的关系是复杂的而非简单的线性关系，或者是还有其他情境因素的影响所致呢？近年来，国内的学者对此进行了进一步的研究，也获得了一些新的发现，例如，靳明和邓广华（2009）基于 70 家沪深上市公司的研究结果表明，行业多元化经营程度与企业绩效之间并非呈一种简单的、单向变动的线性关系，行业多元化经营存在一个"度"的问题，相关多元化优于其他多元化类型。谢军和徐青（2009）以 2005～2007 年广东省和浙江省 109 家制造型上市公司的数据为基础的研究则发现，产品多元化程度越高，出口绩效均表现越差；产品的相关多元化对出口绩效均存在显著的积极影响；广东省和浙江省样本企业存在出口绩效差异，但在产品多元化方面没有显著差异。刘克春、张明林和包丽（2011）选择以农业企业作为研究对象，他们基于江西省 200 家农业龙头企业 2008 年数据的研究结果表明，农业比较利益低下和追求多元化经营的潜在收益，是农业龙头企业实施多元化非农经营战略的根本动因；实施多元化非农经营战略对农业龙头企业产出绩效具有显著的正向影响，但对于提高单位资本产出没有显著影响，追求适度的经营规模是农业龙头企业实施多元化非农经营战略取得良好绩效的一个边界条件。薛有志、张鲁彬和李国栋（2010）利用 2003～2006 年 154 家民营企业数据的实证研究则发现，为了满足多元化战略实施的要求，民营企业会采取积极的政治策略为企业发展创造良好的外部环境，并积极运用政治资源以满足战略执行的资源需要。民营企业积极实施政治策略将有助于改善行业多元化战略实施环境，提高行业多元化经营业绩。之后，邓新明（2011）以我国 2002～2005 年在沪深证券交易所上市的民营企业为样本，综合考察政治关联与行业多元化对公司绩效的共同影响,结果发现:无政治关联企业的行业多元化与公司业绩关系呈"倒 U 形",具有政治关联的企业行业多元化与公司业绩关系呈"逆 L 形";具有政治关联的企业更可能实施行业多元化,尤其是非相关多元化;有政治关联的民营企业在进行国际化发展时,更有可能通过不相关多元化战略进行扩张,但是对于无政治关联的企业,则更可能通过专业化战略拓展海外市场。

3. 中国企业行业多元化与绩效关系的情境解释

前述分析表明,中国企业行业多元化与绩效的关系在"入世"前后发生了根本性的变化。"入世"前,绝大多数研究认为行业多元化对于企业绩效并没有显著影响;"入世"后,大多数的研究却表明行业多元化损害了企业绩效,而且近期的研究则得到了更为深入的结论。由此说明,中国转型期独特情境的变化可能在很大程度上影响甚至改变了企业行业多元化与绩效之间的关系。为此,本项目将从中国企业所处的转型期独特情境入手,也许能为中国企业行业多元化与绩效之间的关系提供一致性解释。

本学科团队在较早的时期就注意到了中国转型期情境对于企业战略行为的影响。从 1996 年开始,本学科团队就在国家自然科学基金和社会科学基金的支持下,与国外相关领域的著名学者合作,从事中国企业行业多元化与绩效关系的研究。在这些研究中,本学科团队尤其注意将国外的相关理论与中国企业的管理实践相结合,或者按照现在的说法是将中国企业行业多元化与绩效的关系嵌入在中国经济转型的具体情境下进行研究。我们认为,与国外企业所处的经营环境相比较,转型期中国经营环境和企业性质具有以下几个明显的特点:

第一,过去的三十多年,中国一直在推动着从计划经济向市场经济、从相对封闭向相对开放、从农业社会向工业社会的转型,或者说中国目前是一个经济转型国家。在这三十多年中的任何一个具体时点上,中国企业所处的经营环境都具有典型的"双轨制"或者"二元结构"的特点,而并非完全或者成熟的市场经济条件。因此,中国企业的经济效益并不都是来自于市场,也有可能来自政府,或者说来自于制度的合法性。

第二,中国的经济转型具有渐进式的特点,从计划经济向市场经济、从相对封闭向相对开放、从农业社会向工业社会的转型是一个渐进的过程。在经济转型的不同阶段,外部环境不同,相应的企业行业多元化与效益的关系也不一样。因此,单纯的基于横截面来研究行业多元化与绩效的关系只能说明此两者在具体时点上的关系,而不能揭示经济转型过程中行业多元化与绩效之间的动态关系和演化规律。

第三,中国现代意义上的市场和企业是在经济转型过程的特定阶段上才逐步建立和完善的，其过程到现在都没有完成。因此，"二元经济"和混合所有制企业仍将长期存在，这就使得企业的战略选择不能只从经济学角度解释，还需要从政治学角度加以解释。企业绩效不能只关注经济效益，还需要关注社会效益。

基于上述对中国企业本身特点及其所处经营环境的深刻认知，本项目组在过去十几年时间，尤其是在承担本项目研究的过程中，先后三次对中国企业行业多元化与绩效的关系进行实证研究。第一次，马洪伟、蓝海林于 1999 年对在国家统计局工业企业集团资料库中随机抽取的 250 家工业企业集团进行问卷调查，探索了影响我国企业行业多元化的主要因素、组织结构对不同类型行业多元化战略与效益关系的影响；第二次，姚俊、吕源、蓝海林以国内深沪两地 906 家上市公司 2001 ~ 2002 年的平均数据为样本数据，对中国经济转型期企业集团行业多元化、结构和效益的关系再次进行了实证研究；第三次，黄山、宗其俊、蓝海林以 2003 年和 2004 年深沪两地 706 个上市公司数据为样本数据，对中国行业机会诱导下的企业集团多元化行为进行研究，其中也包括了行业多元化与绩效关系的研究。

在上述三项实证研究的设计上，本项目组针对中国经济转型的特点和其他国内研究所存在的问题，重点关注了以下三个关键点：

第一，不是在一般意义上研究行业多元化与绩效的关系，而是具体研究不同类型的行业多元化战略与绩效之间的关系。最初的研究对行业多元化战略的分类还比较粗浅，例如，只是将企业行业多元化战略划分为单一、相关和不相关战略三种类型。而在随后的研究中则进一步考虑行业多元化业务在企业总销售中的比重以及多元化进入的行业与原有行业之间的关系，并且将单一业务型战略细分为单一业务和单一一体化两种类型；增加主导业务型，并进一步细分为主导一体化、约束主导、联系主导和非相关主导等类型；将相关多元化战略细分为约束相关和联系相关两种类型。

第二，不仅关注行业多元化经营企业过去的经济效益，而且关注行业多元化企业未来的竞争优势和可能创造的经济效益。在国内学者对多元化与绩效的研究中，测定绩效的指标主要是 ROI、ROE、ROS 等，而本项目组则开始采取托宾 Q 值，从投资者对企业竞争优势和未来效益的判断来测定企业的绩效。同时，还考虑了企业行业多元化与技术创新能力、多点竞争能力之间的关系。

第三，在对研究发现和创新进行解释的时候，高度关注研究的情境嵌入性，将所得到的研究发现以及对发现的解释嵌入到经济转型的特定阶段加以解释，从而提高对研究结论或成果解释的科学性。

通过对中国企业行业多元化与绩效关系的连续以及多视角的研究，我们在中国大型企业或者企业集团行业多元化与绩效的关系的研究中得出了一个非常重要的创新性结论：不能简单地说中国企业行业多元化与绩效之间的关系是负相关、正相关或者不相关，因为在中国经济转型的不同阶段，企业行业多元化与经济效益的关系是不同的。

在我们所做的第一项基于问卷调查的研究结果表明，在 1999 年以前，不同类型的企业行业多元化战略与企业经济效益之间的关系并不存在着明显的差异，也就是说两者之间的关系基本上是一种水平直线关系。在市场机会多、金融市场不健全及市场经济水平低的情况下，通过高度行业多元化和集团化发展有利于抓住一些规模和效益增长的机会。相反，实施高度集中和专业化经营的战略则有可能错过一些在新行业中先动和获取高盈利的机会。国家和地方政府重视发展国有经济，尤其是国有企业对经济增长速度提供了主要贡献的阶段，以国有企业为主的行业多元化可能在市场上得到的经济效益不高，但是它们通过政府优惠和扶持政策而得到的"软预算"能够在一定程度上弥补其在市场竞争中的效益损失。相反，单一行业专业化经营的企业虽然在市场竞争中得到的增长和效益多，但是它们在规模和速度上对地方经济和社会稳定的贡献小，因而难以得到政府"软预算"的补贴。上述两个因素的共同作用，使得不同类型的行业多元化战略在绩效方面并不存在明显差异。随着时间的推移，中国企业的经营环境，尤其是制度环境，包括行业市场化程度、行业竞争程度、市场经济体制的健全和完善程度、政府对国有经济的支持力度等方面，在"入世"过程中发生了一系列根本性的变化。

我们所做的第二项实证研究表明，低度行业多元化企业所获得的经济效益明显高于高度行业多元化的企业，但是中度行业多元化战略（包括限制性和非限制性相关多元化战略）的绩效并没有显著高于低度和高度多元化战略；集团核心企业（主业）的绩效要优于其他成员企业（行业多元化发展而进入的行业）的绩效。这说明中国政府为准备和争取中国"入世"所做的一系列改革措施开始发挥了效果，建立和发挥核心竞争优势与企业经济效益的关系出现了明显的正向改变。但是，有效地发挥中度行业多元化，即相关多元化战略的组合效益还需要中国企业有效地提升管理水平，尤其是选择和发挥匹配的管理模式的能力。

我们所做的第三项实证研究表明，行业多元化与企业效益呈现显著的负线性相关关系，还没有呈现出"倒 U 形"结构，其中限制性相关多元化和低度不相关多元化对绩效的影响差异不大；高度不相关多元化则明显降低了企业绩效。此项研究结论表明：经济全球化影响的深入导致高度不相关多元化战略对企业效益的负面影响在进一步扩大；中国企业集团在以降低多元化程度为核心的战略改变、组织调整和资产重组过程中，还没能有效地建立和发挥组合优势，尤其是资源整合与共享所应有的规模经济与范围经济效益。

迄今为止，西方国家企业多元化与效益关系的争论仍然没有最终的结论，而中国经济转型期企业行业多元化与绩效关系的研究依然在继续，相关的争论也越来越多。在这种情况下，开展更为深入系统的情境理论化工作，应当可为中国企业行业多元化与绩效之间的关系提供合理的解释（蓝海林等，2012）。

第四节　中国企业集团行业多元化成长中出现的问题

通过对中国企业集团行业多元化发展的历史回顾和分析，我们还发现中国企业集团在实施行业多元化成长的过程中普遍暴露出来的一些策略上的共性问题：

1. 过早多元化

在市场经济条件下，企业行业多元化的成功在很大程度上取决于实施这种战略的企业在自己原来的主业上已经建立了稳定的市场地位，否则这些企业很难为新行业的开拓提供足够的资源。衡量一个企业是否在自己的主业上建立了稳定市场地位的标准有两个：一是企业所处的行业是否发展到了产品生命周期的成熟阶段；二是企业在这个行业中是否具有稳定的竞争优势和市场占有率。过早实施行业多元化成长战略的结果很可能是：企业不仅没能成功地开拓新行业，反而丢掉了原来行业中的竞争优势与市场地位。在经济转型的过程中，相当多的中国企业集团就是在上述两个条件并不具备的情况下开始实施行业多元化战略的。例如，改革开放之初，市场需求的变化和计划经济的失灵，导致多数单一行业经营的国有企业集团面临着计划订单快速减少乃至消失的巨大生存压力。在这种情况下，政府决定扩大企业自主权，允许和鼓励国有企业开展多种经营，这实际上就是中国国有企业，或者中国企业实施行业多元化战略的开端。

2. 过快多元化

在市场经济条件下，企业行业多元化的成功在很大程度上也取决于实施这种战略的节奏是否合理。测定行业多元化节奏是否合理的标准就是企业是否有足够的时间积累行业多元化所需要的资金、知识和人才。其中，资金的积累是最容易完成的，符合要求的人才准备则是最难完成的。在经济转型的初始阶段，市场机会很多而且竞争激烈程度较低，相当多的中国企业集团并没有按照知识、人才准备的节奏，而是按照资金准备的节奏来实施行业多元化。因为在那个特定的历史阶段，只要有资金就可以行业多元化，只要行业多元化就可以获得高成长。然而，随着经济转型的深入，市场机会逐渐减少而市场竞争强度逐渐增加，依然采用这种节奏来实施行业多元化战略的企业集团，显然不是在培育"新的增长点"或者"新的支柱"，而是在制造新"亏损点"和一堆的"大窟窿"。

3. 过度多元化

在市场经济条件下，企业行业多元化的成功在很大程度上还取决于行业多元化的程度。一般来说，行业多元化可以提高组合效益，但是也要付出额外的成本，包括研究、学习和分散资源等方面的成本。衡量行业多元化程度是否适当需要综合考察行业多元化的收益与成本之间的关系。随着行业多元化程度的增加，如果增加行业多元化程度所带来的收益超过了其产生的成本，就说明行业多元化程度还可以上升，反之则说明行业多元化的程度已经过高。在经济转型的最初阶段，大多数中国企业集团过分关注了行业多元化在增加收益方面的作用，而忽视了行业多元化所带来的代理成本、学习成本、机会成本及各种风险，因此往往会过度行业多元化。中国国有企业集团的行业多元化的程度普遍偏高，因为在改革开放之后相当长的一段时期里，国有企业集团并没有被授予其下属企业的国有资产所有权与经营权，这就使得它们只能够朝着行业多元化的方向发展。无论是改革开放之初的被迫从事多种经营还是后来的主动把握市场机会，这些国有企业集团都只能在行业组合上做"加法"而不能做"减法"，只能实施成长战略而不能通过战略重组而实现调整和收缩战略。这样，行业的过度多元化就成为了中国企业集团的必然选择，结果导致了企业为行业多元化付出的成本超过了行业多元化所带来的收益。

4. 盲目多元化

市场经济条件下，企业多元化的成功在很大程度上也取决于行业多元化战略选择的合理性和战略实施的持续性。衡量行业多元化战略选择合理性的标准就是战略选择是否符合"趋利避害"与"扬长避短"的基本原则，而衡量战略实施持续性的标准就是若干战略选择之间是否具备一致性和稳定性。在中国经济转型的过程中，大多数企业集团在战略决策时更多地关注了短期机会，而忽视了长期威胁，更多地关注了自己的长处，而忽视了自己的短处，结果很可能造成重大的战略失误。虽然企业集团行业多元化战略的每一次选择都是合理的，即以对市场机会的把握来带动企业的成长，但是将多次的战略选择综合起来分析就显得非常不合理，任由机会左右自己的战略选择，"东一榔头，西一棒子"，最后只能是"一事无成"。

第五节　中国企业集团偏好高度
行业多元化战略的原因

通过对中国企业集团发展历史的分析，尤其是两次行业多元化与集团化发展高潮的分析，我们可以发现经济转型过程中的中国企业集团对高度多元化成长战略具有明显的偏好。虽然这种偏好的程度在中国"入世"之后有了明显的下降，但是至今中国企业集团的行业多元化程度仍然保持在相对比较高的水平。

正如本项目组于 2007 年以 333 家企业集团为样本的研究所揭示：截至 2006 年，我国大多数企业集团的多元化水平已经下降，多元化程度小于或者等于 5 的企业集团比率为 73.27%，而多元化程度大于 10 的企业集团比率仅为 1.80%。1988 年美国财富 500 强中只从事单一或者有优势业务的企业已经达到 53%，而在 1974 年该比例为 37%（Markides，1992）。因此，中国企业集团的行业多元化的程度仍然偏高，而通过重组而回归主业的速度相对比较慢。虽然经济全球化对我国企业提升国际竞争力的压力越来越大，但是我国大型企业或者企业集团对高度不相关多元化战略仍然有明显的偏好（宋旭琴和蓝海林，2007）。

一、行业多元化战略的动机

除了企业行业多元化与绩效的关系以外，行业多元化的动机也一直是西方企业战略管理学者研究的重点。基于现有文献的分析可知，企业实施行业多元化战略的内外部刺激因素/诱因（Incentives）与管理者在不同目标函数下追求行业多元化的动机（Motives）共同构成了企业多元化的动因。目前，西方关于企业多元化的动机主要有三种理论观点，其中前两种理论只适合在一般意义上解释企业行业多元化的动机，并不适合解释中国企业对高度行业多元化战略的偏好。

第一，基于竞争的观点认为，企业实施行业多元化是为了获得规模经济、范围经济和市场影响力。但基于竞争的观点只适合解释企业集团从单一行业向相关性行业的扩展，即通过限制性或者非限制性相关行业发展，强化、共享和转移规模经济与范围经济优势，增强自己在主业上的市场影响力。但是，这一观点并不适合解释企业集团从相关多元化向不相关多元化战略的转变，因为如果企业集团再进一步向不相关行业扩展，那么企业集团的规模经济、范围经济效益和市场影响力将不是提升，而是下降。

第二，基于风险的观点认为，企业可以通过行业多元化的业务组合来分散公司经营中的非系统风险。中西方企业对不相关多元化战略的偏好都在一定程度上与分散非系统风险有关。但是，仅仅是为了分散非系统风险而实施不相关多元化战略的企业并不多，这是因为：分散风险毕竟不是企业所有者经营企业的主要目的；企业所有者还有比投资实业更好的分散风险的方法；分散非系统风险也是有代价的。按照投资组合管理理论，随着股票投资多样化程度的上升，不相关多元化投资所产生的降低风险的收益将小于为分散风险所支付的成本。正如著名战略管理学者纽曼所说，鸡蛋放在不同的篮子固然可以分散风险，问题是放鸡蛋的篮子也需要成本（蓝海林，2012）。

第三，基于代理理论的观点认为，公司多元化的动机不是为了增加经济效益或股东利益，而是管理者为了保护、维持自己的地位，降低自身风险而盲目追求庞大的规模。相对而言，代理理论对解释中国企业偏好不相关多元化的动因具有更强的且可能扩展的解释力。

二、中国企业集团偏好行业多元化的具体动因

（一）主要推动因素

1. 市场机会

美国企业之所以选择回归主业，主要是因为美国经济发达，市场经济成熟，市场竞争激烈，新的市场机会越来越少。但中国这样的新兴市场经济国家，改革开放使居民长期得不到满足的市场需求终于爆发，新的市场机会多而竞争不激烈，这就为中国企业的两次行业多元化高潮提供了主要诱因。具体来说，推动中国企业行业多元化的市场机会主要包括三种类型：由新兴产业带来的投资机会；由行业逐步开放带来的进入机会；由地方保护和市场分割带来的多元化发展机会。

（1）由新兴行业带来的投资机会。

改革开放以来，中国居民的收入、消费水平及整个轻重工业和服务业都有了极大提高，期间产生了许多新的行业和新的行业发展机会。政府在立法、财政投入、税收、信贷和风险投资渠道等方面对新兴产业给予大力支持。正是利用了这些机会，部分中国企业实现了从无到有和从小到大的迅猛发展。在这个过程的早期，甚至中期阶段，企业在判断自己是否需要把握这些市场机会的时候，基本上不考虑竞争优势和核心专长，因为是新兴行业，越早进入新兴行业的企业就越能够抓住先发优势和政策扶持等利好条件，从而享受独占市场和获得高额利润的机会。其次，规模越大就越能够得到政府的重点扶持。这就是最早引发中国企业行业多元化的外部原因。新产品、新行业的机会多，且整个市场普遍缺乏资金。而行业多元化和集团化则恰恰创造了一种将资金放大去抓机会的途径和机制。正是这个原因，直到今天西方学者仍然认为在发展中国家，不相关多元化是企业在特定阶段实现快速增长的一种有效战略。

（2）由行业逐步开放所带来的进入机会。

非国有企业第一轮多元化高潮出现在改革开放初期，中国政府"抓大放小，

逐步退出竞争性行业"政策实施时，当时大批的非国有企业积极参与到国有企业的股份制改革中，它们通过控股、参股等形式进入了以往是垄断竞争性的行业，这是第一轮民营企业行业多元化发展的机会。然而随着市场供给关系的改变、竞争程度的增加和金融信贷体制的改革，从 20 世纪 90 年代中后期开始，第一轮实施不相关多元化的企业逐渐显现出战略失控和债务危机，其中一些企业更因此破产或者被重组。这时，这些企业醒悟到竞争优势和核心专长对于企业发展的重要性。但对于第一轮多元化发展高潮中没有抓住行业多元化机会的民营企业来讲，却仍然对通过不相关多元化去把握市场和政策机遇跃跃欲试。它们一直认为导致在第一轮多元化高潮中出现问题的主要原因是国有企业的所有制和治理结构的不完善，而不是行业多元化战略选择问题。随着中国加入 WTO，带给民营企业第二轮行业多元化发展的机会。中国政府逐步放宽了非公有制经济市场准入的门槛，允许非国有企业进入基础设施、公用事业，甚至部分垄断性行业。少数实力雄厚的非国有企业集团利用国企改革、行业开放的时机进入了这些寡头垄断性行业，或围绕这些寡头垄断性行业寻找"利基"市场，或为国有寡占企业进行配套性生产服务，例如钢铁、汽车、微电子、电力、石油、电信、民航、水电、公路收费等（蓝海林，2011）。

（3）由地方保护和市场分割带来的多元化发展机会。

渐进式、放权式和试验型的经济转型使得中国市场从计划经济体制下的统一走向了市场经济体制下的分割。这种市场分割源自于中国政府的一种制度选择，即通过放权搞活和鼓励竞争来促进经济发展，是一种自上而下并且涉及企业经营所有方面的制度安排，结果一方面促进了经济的高速发展，但另一方面却引发区域竞争与地方保护。一般来说，如果企业没有选择高度多元化战略，包括非相关多元化和不相关多元化战略，那么企业的成长就必须依靠有效地实施横向和纵向整合战略，而整合战略的实施则不可避免地涉及跨区域销售和投资。然而，中国企业选择实施这种有利于提升行业竞争力的整合战略受到了市场分割性在两个方面的制约：首先，本地区政府的不支持和不鼓励。对于急功近利的地方政府来说，本地企业异地投资就是"旺了别人，损了自己"。由于没有配合地方政府实施区域竞争和地方保护或者影响了本地官员的政绩，实施跨区域投资的企业很可能会受到当地政府的冷遇，甚至惩罚。其次，跨区域投资的成本和风险过高。尽管出于区域竞争和地方保护的目的，各地政府往往通过消除障碍、提供优惠政策等方式来吸引外地企业到本区域投资。然而，中国跨区域投资企业越来越清楚地发现：第一，政府的支持只是当地经营环境好坏的一个重要方面，而不是全部。当地社会组织、企业、消费者和居民的不认同甚至排斥，将为跨区域投资企业带来极大的经营困难。政府的支持也不等于所有政府部门都支持，如果当地政府中的各个部门都"排斥"跨区域投资，那么跨区域投资的企业也会寸步难行。第二，为了获得地方政府的优惠和扶持政策，企业很可能需要增加不必要的投资或者加快投资的速度，牺牲跨区域横向和纵向整合期望得到的规模经济与范围经济效益，同时增加人员、管理和控制的成本。相反，如果中国企业不实施跨区域横向和纵向整合战略，而是在本地区实施非限制性相关或者不相关多元化战略，那么上述不利因素将会马上转变为有利因素。

2. 政策鼓励

改革开放以来，中国政府一直以引入竞争和鼓励竞争作为主要的经济发展动力，其结果导致催生并保护了很多中小企业，却牺牲了很多企业在主业上做强的动力和机会。这个时期的大型国有企业都感到自己是"老鼠掉进了风箱，两头受气"。1995年年底，政府开始实施重点发展和扶持大型企业集团的战略，同时相应出台了一系列指标要求和优惠政策，目的是想迅速发展出一支可以对抗跨国企业的队伍，以应付"入世"以后的竞争。与其他政策的推行一样，中央的政策被地方政府迅速地逐级贯彻和模仿，全国很快就掀起了"抓大和扶大"的浪潮。尽管各级政府对"做大企业"提出了很多不符合国情或者超过企业实际的要求，例如，销售、资产和利润要达到多少才能够成为重点发展和扶持对象，还要向政府承诺多少年之后销售、资产和利润要达到多少等，然而考虑到政府所给予的各种优惠政策实在是诱惑太大，各级地方政府及其所辖企业依然是想尽办法，创造条件也要成为"大企业"，主要通过以下手段：第一，在短期内依靠政府主导，推动优势企业的"强强联合"或资产重组，将若干企业拼凑在一起达到"进笼子"的目的；第二，通过高负债、高投资和高度多元化去完成原来的承诺。其实从20世纪90年代后期开始，国有企业依靠放权搞活提升竞争力的路子已经被堵死了，因为无论对国有企业怎么放权也不可能让它们与民营企业一样"活"。

3. 国企经营困难

在经济转型的过程中，政府部门转化型和政府主导重组型企业集团面临的经营困难最大。第一，这两种企业集团，尤其是前一种企业集团是政府为同时实现稳定和发展两个矛盾目标而设计出的一种政治工具。这种企业集团必须将稳定放在第一，发展放在第二。考虑到直接解决老企业债务、人员和收入等问题将可能影响社会稳定，这种企业集团只能一方面稳定在原有行业中经营的老企业，而在另一方面大力在新行业中发展来解决老企业的问题。第二，这两种企业集团的集团公司没有实际拥有原来下属企业的产权和收益权，因此在成立之初就面临着制度合法性低的挑战。"集团总部的命令没人听、资金没来源、收益靠化缘"就是当时这种集团公司缺乏制度合法性的真实写照。为了增加集团公司的收益和贯彻集团公司的意志，这些企业只能在稳定原有下属企业的同时，重点在新的行业中发展。因为只有新建企业的产权和收益权才能非常明确地归属集团公司，也就是说，只有新建企业才是集团公司"亲生"的和"听话"的"儿子"。

4. 过剩资源

管理者永远都有增加多元化，特别是不相关多元化的动机和诱因，但是没有一些必要的资源，包括有形资源、无形资源和财务资源等，管理者是不可能将动机转变为行动的，即能选择高度多元化战略去应对那些诱因的。由于不同资源的稀缺性和可转移性不同，因此，发挥不同的资源优势将会推动企业采取不同程度的行业多元化战略。第一，有形资源的柔性或者可转移性有限，因此，建立在有形资源上的竞争优势将主要推动企业实施相关多元化，通过资源共享增加规模经济、范围经济和降低交易成本。第二，与有形资源相比，无形资源的柔性或者可转移性更高，因此发挥无形资源，例如，品牌、关系方面的竞争优势将会推动企业进一步增加行业多元化的程度。第三，财务资源，包括内部现金流和外部融资能力等的稀缺性适中，但是可转移性很高，因此发挥财务资源的优势将会导致企业采取高度多元化的战略，但由于其很容易被模仿，因此创造价值的能力也低。

一般来说，如果管理者可以支配的无形资源与财务资源越多，那么企业行业多元化的程度就越高。在中国改革开放的过程中，过剩资源对于企业行业多元化的影响主要体现在两个方面：

第一，资金缺乏而信贷体制不健全。改革开放之初，市场机会多而竞争不激烈，但是绝大多数企业却没有资本金，也很难获得资金。在这个特定的阶段，资金成为了极其稀缺和重要的资源。只要有资金优势，企业就能把握很多进入新行业、开发新产品和抢占市场先机的机会。在信贷体制不健全的情况下，国有企业，尤其是国有企业集团虽然没有资本金和现金流，但是可以通过多元化，尤其是高度多元化，最大限度地发挥集团公司"资金放大器"和财务上的范围经济效应，尽可能多地从银行获得资金，再利用银行的资金去获得外资企业和其他渠道更多的资金。这就是推动国有企业第一次多元化高潮的主要动因。当国有企业集团为第一次行业多元化付出代价而进行战略重组的时候，民营企业同样是利用自己的资金优势去实施行业多元化战略，所不同的是民营企业主要是通过购并或者参股的方式来实施行业多元化。

第二，市场参与者的不成熟与市场机制不完善。从计划经济向市场经济转变的过程中，中国企业成长面临着两个非常突出的问题：①市场和消费者不成熟、中介机构不发达。绝大多数消费者在选择产品的时候主要看品牌、看企业规模，而不是客观地评价产品的内在价值。在这种情况下，品牌和企业规模就成为企业开拓市场的稀缺和可转移的竞争优势。在第一次多元化高潮中，国有企业集团利用品牌优势的转移实施不相关多元化，再利用不相关多元化做大企业集团的规模和影响力，在品牌与规模的交互强化中大幅度提高了多元化的程度。②市场经济体制不健全条件下，企业集团在融资、采购、营销等各个方面关系可能比竞争优势更重要，或者说关系也是一种核心竞争力。在前后两次多元化高潮中，国有企业和民营企业集团在获取项目、资金、渠道等方面都借助和发挥了关系上的范围经济。

5. 管理者动机

根据代理理论，企业的所有权与经营权在建立现代企业的过程中逐渐分离，从而产生了代理关系，即企业的所有者将企业经营权委托给企业的职业经理，而企业的职业经理则接受所有者的委托而从事企业经营。委托代理关系中，存在着企业所有者与经营者权利与责任的不对等，不经营企业的所有者要承担企业的经营风险和资产损失，而实际经营企业的职业经理却无需承担企业的经营风险和资产损失。

由于委托代理关系所引发的企业所有者与经营者之间利益的冲突，就被称为委托代理问题。例如，在针对财富500强企业的调查发现，绝大多数企业管理者都偏好高度多元化战略，而绝大多数股东都偏向低度多元化战略，这种战略偏好上的差异就是最为典型的委托代理问题。委托代理问题的存在导致了委托代理成本的提高，这些成本包括监督管理者的成本、激励管理者的成本以及管理者决策失误所带来经济效益上的损失等。

委托代理理论的观点认为，所有的管理者，无论西方和中国的管理者"天生"喜欢多元化，尤其是高度多元化战略，这是管理者的"原罪"。管理者之所以有这种"原罪"，是因为无论多元化能否为股东带来更高的收益，管理者总是能够从多元化战略中得到好处：多元化程度高，企业规模增长快，企业管理者的经济收入、社会地位和知名度就高；多元化可以分散管理者职位和收入波动的风险；多元化程度高有利于企业管理者摆脱所有者的有效监督；多元化程度高，管理者团队更容易获得晋升或提拔。就这个意义而言，高度多元化对企业高层管理者来说永远是一个只赢不输的游戏。

（二）主要限制因素

如果企业管理者非常希望实施行业多元化，包括高度多元化战略，那么它们总能找到所需要的诱因和资源。因此，为了预防这种典型的委托代理问题和降低委托代理成本，股东和社会需要在企业的内部和外部建立相应的治理机制来约束企业管理者过度提高行业多元化程度的决策。一般来说，这种内部和外部的治理机制越有效，那么企业的行业多元化程度就越能够得到有效的控制，即使管理者具有很强的多元化动机、充足的资源和良好的诱因。

1. 内部治理机制

企业内部的治理机制是否有效与以下四个变量有关：第一，企业的股权集中度适中，从而保证企业的股东能够对企业予以恰当地关注；第二，企业的董事会具有足够的代表性、行使权力所需要的知识和信息及对企业应有的责任心；第三，企业高层管理者的选择；第四，企业高层管理者的激励与控制。假如所有的管理者都有高度行业多元化战略的偏好，那么有效的公司治理就需要确保：选择正确的人担任企业的高层管理者，并且运用合适的激励与约束机制来防止企业管理者出现"以权谋私"的决策行为；保证企业董事会和高层管理者共同参与企业战略决策，从而避免企业管理者随意动用资源对外部和内部的诱因做出错误的反应。当企业高层管理者"以权谋私"（如不恰当地提高企业的行业多元化程度），导致公司绩效下降的时候，有效的公司治理应该保证企业能在最恰当的时机更换高层管理者。有效公司治理的缺乏，也是导致两次多元化高潮的重要因素。在第一次多元化高潮中担任主力的国有企业集团，其本质是介于政府与企业之间的中间机构，由于产权关系不清、母子纽带尚未建立，使得企业治理的问题十分严重。国有企业在当时实施的所谓"厂长经理责任制"和"承包经营制"其实就是一种政府与管理者之间的委托代理合同。这个合同的核心内容是在为管理者提供激励的同时将企业的经营权授予了管理者，这是当时情况下一种不得已而为之的"办法"。对于国有企业管理者来说，这完全是一个收益最大但没有损失和风险的游戏。即使没有完成责任制或者承包指标，企业管理者的个人损失基本上可以忽略不计。而在第二次多元化高潮中担任主力的则是公司治理同样不完善的民营企业。与国有企业不同，民营企业的产权清晰、母子纽带也已经建立，但民营企业也存在委托代理问题，尤其是缺乏保证决策科学的治理结构和机制。

2. 公司治理市场

公司治理市场（Market for Corporate Control）是一种外部治理机制，由一些个人或机构投资者组成，它们希望购买或兼并一些价值被低估或经营不善的企业。它们的投资活动造就了构成外部治理市场的两大市场，即资本市场和经理人市场。

从资本市场的情况来看，即使是在西方市场经济发达国家，企业内部治理也有失效的时候。那些成绩卓越或者任职时间很长的企业管理者有可能利用自己的影响力和董事会的失职，开展以权谋私的活动而不受公司内部治理的约束。但是，如果企业外部存在一个非常有效的资本市场，这种情况就会得到一定程度的抑制。这是因为假如资本市场是有效的，那么当企业行业多元化损害了企业效益和股东利益的时候，股票价格就会迅速下降，企业就很可能成为收购兼并的对象。一旦企业被收购，那么新股东所做的第一件事就是解雇损害企业效益和股东利益的高层管理者。从这个意义上说，企业外部资本市场越是有效，企业内部的高层管理者就越是不敢做违背股东利益的事情。对于中国而言，资本市场是在经济转型发展到一定阶段才出现的，其有效性还在逐步提高。因此，在较长一段时期，中国资本市场并非完善和有效。由于企业资本社会化和市场化的程度低，即使国有企业集团或者民营企业在行业多元化方面犯了错误，企业外部的投资者也很难及时了解，更不用说通过有效地实施购并来驱逐不称职的高层管理者。同样，在行业多元化上犯了错误的企业只能够通过自我消化和非常原始的方法去实施资产重组和行业退出，其间很可能还要通过继续行业多元化发展来解决历史问题。就此意义而言，资本市场的不健全和低效率是中国企业偏好高度不相关多元化的原因之一。

从经理人市场来看，如果企业内部治理和外部治理均有效，那么一个以权谋私，并且给股东造成重大利益损失的高层管理者就应该被及时解雇而重新进入经理市场。经理人市场的有效性就在于能够给每个职业经理进行正确的评价和定价，包括被解雇而再次进入经理人市场的高层管理者。换句话说，如果那些以权谋私，并且给股东造成重大利益损失的高层管理者在经理人市场上得不到应有的惩罚，那么这种经理市场就是低效的。经理人市场的原始和低效率主要表现在：第一，经理人市场上的专业机构没有对在岗管理者进行跟踪评价；第二，相关的媒体缺乏对企业及其管理者进行有效的评价；第三，缺乏有效的定价机制。企业管理者的绩效与其在经理人市场的收入的联系并不是直接和密切的。在这种低效的经理人市场影响下，更多以权谋私的高层管理者就会更加大胆地提升企业的行业多元化程度和损害股东的利益。令人遗憾的是，我国的经理人市场仍然是低效或者无效的。直到目前，国有企业的高层管理者还是由政府任免的干部，而干部主要来源于国有经济系统或者政府系统，而不是来自外部经理人市场。即使他们做了对不起股东的事情，也没有失业或者降薪的担心，只是重新回到政府、平调到其他企业或者自己下海创业等。对于非公有制企业，包括上市公司的管理者来说，他们也敢于在战略选择上做出以权谋私的决策，因为中国的经理市场还是原始和低效率的。

第六章

中国企业集团的重组

从 1993 年中开始，中国经济在总体上进入了供大于求的时代，中国金融信贷体制进行了市场化的改造，导致此前实施高度多元化战略的企业集团深陷成长的困惑和财务困难，不得不放弃行业多元化增长战略。同时，经济全球化，尤其是中国政府为加入世界贸易组织所提前进行的一系列更为深入的经济体制改革，致使原来支撑中国企业实施行业多元化，特别是不相关多元化发展战略的制度环境发生了根本性逆转。一系列以市场换取投资的招商引资政策、对非公经济鼓励发展政策的出台和实施，导致了国内市场竞争程度急剧上升，凸显了企业建立和发挥竞争优势，尤其是核心专长的重要性和急迫性。基于对"入世"后跨国企业侵蚀国内市场的担忧和把握中国企业国际化机遇的期望，部分中国企业集团，尤其是处境艰难的企业集团开始实施以提升主业国际竞争力为主要目的重组战略。这些重组战略在内容上与西方企业在 20 世纪 70 ~ 80 年代所实施的重组战略相似，但是受特定制度环境的影响和成长路径的制约，中国企业集团在实施这种重组战略的过程中表现出了自己的特点。

第一节 企业集团重组内容与影响因素

从 1994 年开始，重组这个概念就从国外引入国内，逐步引起国内学术界和企业界的重视，也衍生出一大批与企业重组的相关概念，包括战略重组、业务重组、市场重组、组织重组、企业重组、资产重组、人员重组、资本重组等，使该概念的内涵与外延越来越模糊。国内管理理论和实践对于企业重组活动性质的理解也高度的不一致，包括从被动撤退到主动撤退、从消极撤退到主动进攻，甚至将重组战略也看成是一种成长战略。研究中国企业的成长与重组，需要对重组的概念和内容进行有效的界定，并对重组和成长的概念加以区别。

一、企业集团重组的概念

企业重组的概念来源于 20 世纪 80 年代美国企业在纠正过分多元化所采取的一系列收缩措施。从此开始，越来越多类似的战略行为纳入重组的概念，如缩减企业人员的行为。1990 年，霍斯金森和库克（Hoskisson and Turk）明确提出公司重组是公司业务组合和公司战略的重大改变，主要指行业多元化经营企业通过主动分立或者被动出售（或者清算）收缩业务或市场范围。可见，重组是与行业多元化成长相对立的一个概念，是对企业错误或者不当实施多元化战略的修正。弗雷德·维斯通（1996）在《接管、重组与公司治理》一书中，明确指出20 世纪 80 年代美国公司的重组是 20 世纪 60 年代大公司合并运动的逆转，提出企业重组主要包括资产剥离、所有权关系的重组和财务重组，也强调重组与兼并收购是同一层面的概念。帕特里克（1998）在其著作《兼并收购与公司重组》中指出公司重组（Corporate Restructuring）一词通常指的是类似剥离（Divestiture）等出售资产的活动。迈克尔和戴维（Michael and David，1992）则提出公司重组包括分立、剥离、破产、清算等多种形式。从这些定义中来看，重组被视为与成长并行、对立的概念，包括以收缩企业经营范围和规模为目的的战略及其相关管理行为。另有一些学者对于企业重组的定义则更为宽泛，认为重组除了剥离之外，还包括收购（Bowman and Singh，1993；Hoskisson，Johnsons and Moesel 1994；Michael，1995；Dnonald D. Bergh，1998）。君和安妮（Jun and Anil，1997）明确提出：重组可以分为精简、外部扩张或多元化和内部结构的调整。显然，这些研究认为重组就是企业业务边界的调整，不仅包括业务边界的收缩，还应该包括通过收购，甚至多元化等手段来实现业务边界的扩大。尽管在重组对于是否包括业务边界扩张的认识不同，但国外研究者对于重组目的的认识却具有高度的一致性，认为重组是一种构建合适的业务组合的活动。同时，考虑到业务组合高度相关的资产关系、组织结构等方面的调整活动，大部分研究者都认识到业务组合的重组并非一个独立事件，还应该包括与业务重组相关的其他要素的重组活动，并在重组内容方面也形成了较为一致性的认识，认为企业重组应该包括业务范围、组织结构、资本结构、资产关系和企业人员等各个方面的一系列相关调整活动。

国内学者对于企业重组的定义可以分为三种类型：第一种类型的定义将企业重组视为资产重组。益智（2004）总结了中国有代表性的四种资产重组的概念：一是业务重组论，认为资产重组是通过各种途径对企业内容和外部的已有业务进行重组组合或整合，外部并购扩张是资产重组的核心内容之一（周正庆等，1998）；二是产权重组论，认为资产重组是涉及法人财产权、出资人所有权调整的资产重新组合行为（杨有红，1999）；三是权益重组论，认为资产重组是指通过不同法人主体的法人财产权、出资人所有权及债权人债券进行符合资本最大增值目的的相互调整与改变，对实业资本、金融资本、产权资本和无形资本的重新组合，即对资本与债权的调整（陈维政等，1997）；四是上市公司重组论，提出上市公司重组主要指上市公司股权转让、资产置换、收购兼并方面的经济活动（沈重英等，1999）。总体来看，这些对于资产重组的定义，主要强调资产主体的重新选择与组合，将优化企业资产结构、提高资产的总体质量，实现资源优化配置的经济行为视为资产重组的目的。

国内学者对于企业重组第二种类型的定义，则严格地将企业重组定义为企业业务边界收缩的相关活动，并派生了诸多与此相关的概念，这些概念包括收缩性资产重组、收缩性资本运营、收缩战略、收缩重组、收缩型重组、资本收缩。综合来看，这些强调"收缩"的企业重组的定义，其实是指基于业务收缩的产权重组，但并没有包括组织重组方面的内容。然而，在企业重组活动过程中，不考虑组织重组的企业重组定义显得过于狭窄，不能反映企业重组应该包括的各项活动。

第三种类型的定义类似西方学者对于企业重组广义的定义，即认为公司重组不但包含剥离、分立等收缩活动，还包含收购、兼并等扩张性活动。给出这一定义的学者包括毛蕴诗（2000）、孙敏和党兴华（2000）、李大勇和达庆利（2000）、王啸（2000），此外，还有一些学者对于企业重组给予了更为宽泛的定义，将企业重组与企业流程重组（Business Process Reengineering）、公司再造（Business Reengineering or Business Reorganization）视为是同一概念，这种定义甚至比西方理论界对于企业重组广义定义所包括的范围更广。

在中国经济转型的不同阶段上，国内学者对于企业重组定义的认识也在不断变化、更新和提升。我们可以将这些不同阶段上的看法按照时间顺序大体上可以划分三种。第一种看法就是将企业重组视为"资产重组"，反映了经济转型特定阶段上国有企业改革的需要：①改革开放之初，政府主导建立的跨区域、跨行业协作企业联合体过于松散，需要进一步整合；②政府部门需求根据政企分开的原则，通过合并、划拨等方式对国有企业的资产整合；③逐级放权和经济管理体制的改革必然涉及国有企业的归属关系需要进行新的调整。这个阶段上的"资产重组"的含义是政府主导、计划调拨方式实现的对国有资产或国有企业所进行的转移、分化和整合。第二种看法就是将资产重组视为"战略调整"。在国有多元化在多元化战略上的失误，其内部存在的产权不清、治理不善、结构恶化和管理失控等一系列问题充分暴露，重组成为国有多元化纠正错误的手段。这个阶段上重组就是收缩行业经营范围、调整组织结构、调整资本和资产结构等，其核心内容就是关、停、并、转。关于重组的第三种看法将发展包括进去，从而被看成对经营范围及其相关活动的调整。这种看法是在国有经济改造和中国企业需要提升国际竞争力的背景下形成的。经过前一轮的收缩之后，国有资产监督管理条例的实施，使国有企业改革进入了一个以建立现代企业为核心的阶段；"抓大放小"政策的实施使国有经济由单纯防御转变为攻防结合。面对经济全球化的影响，国有企业需要建立和发挥国际竞争力。

如前所述，西方学术界对于企业重组的定义并未达成一致（Vandermermance，1995；Macintosh and Maclean，1999）。而当前国内学术界对于企业重组的定义更是繁杂，甚至出现混用，不同的研究者从不同的研究视角，或者基于不同的研究目的，针对不同的研究问题进行各种概念的衍生，诸如"资产重组"、"资本重组"、"财务重组"、"公司重组"、"企业重组"、"扩张性重组"、"收缩性重组"、"收缩性资产重组"、"并购重组"等概念常常见诸商业报道，甚至学术期刊。缺乏精确的学术定义，不仅使学术研究难以取得实质性的研究成果，如在一些对于并购重组行为与绩效关系的研究中，将并购重组视为同一种战略性行为，那么，对于"绩效的上升或者下降到底是因为业务边界收缩还是因为业务边界的扩张而引起的"这一类问题的回答，往往不能得到令人信服的结论，即使得出研究结论，对于企业管理实践的解释与指导也往往会出现偏差。因此，本研究需要针对中国重组行为的研究确定一个明确的操作性定义。

首先，本研究坚持认为企业重组是与企业并购并行和对立的一种概念，主要表现为企业边界的收缩。企业兼并、并购与企业重组确实具有很强的联系，一方面，一家企业的收缩性重组可能伴随着另一家企业的兼并收购活动；另一方面，一家企业在进行收缩性企业重组之后，可能在后期需要基于其主业的发展展开针对主业的兼并收购活动，但是，对于前一种重组与并购行为，是在同一时点上，由两个不同的行为主体不同类型的战略行为；对于后一种重组与并购，则是同一行为主体在两个不同时点上对于不同性质业务的战略行为。因此，企业重组并不包括并购。

其次，企业重组并不仅仅是资产重组，应该包括与业务边界收缩相关的一系列要素的重组，包括业务、产权和组织等多种要素，单独进行某一方面的重组很可能使得企业的绩效降低。只有全面重组时，企业的绩效才可能得到大幅度的提高（万迪昉、吴雄军和汪应洛，2000）。作为一个多种要素的整合过程，只有将这些要素置于一个统一的分析框架之下进行研究，才能真正理解企业重组的影响因素及重组活动可能面临的障碍，有效地展开重组活动并达到重组的绩效。

此外，对于不涉及企业业务边界增减变化的内部重组活动，本研究将其视为一种内部的业务调整过程而不归于企业重组范围。这是因为虽然这些活动同样可能涉及与业务组合调整相关的组织结构、人员安排的变化，甚至涉及多元化对于不同业务单元产权的重组，但由于作为一种企业内部的层级管理行为，而不是市场交易行为，本研究认为不宜将其纳入企业重组范围，否则会产生企业重组行为与大量的企业内部管理行为的混同。

基于以上认识，本研究对于企业重组给予如下定义：企业重组是一个与收购、兼并并列和对立的战略概念，是针对行业多元化战略的一种修正，是通过优化业务组合结构、产权结构、组织机构来实现公司业务边界收缩的战略性行为。

二、企业集团重组的内容

企业重组的目的在于通过一系列要素的重组优化业务组合、收缩业务边界。这说明企业重组是企业在业务范围过分多元化之后的一种反向操作。这一战略目的的实现，要求企业不仅需要进行业务组合重组，还应该进行包括组织、人员、资产、资本结构等要素的调整。其中业务组合重组是指改变公司业务组合，主要是指采用剥离、出售资产（Sell-off）、分立（Spin-off）、分离（Split-up）等手段，收缩业务组合的调整活动。组织重组是指公司业务组合收缩之后，企业需要对原有的组织结构、设计和管理流程、管理机制进行相应地改变，包括从竞争性事业部转为合作性事业部，从相对分权转变为相对集权等活动。资产或者产权重组是指企业结合业务重组和组织重组过程，所进行的资本结构调整（例如，对各个下属企业股权的增持、减持、出售等）和资产结构的调整（例如，对下属企业资产的调配和债权债务的调整）等活动。

在上述各项企业重组活动中，业务组合重组具有核心地位。有效的业务组合重组对于资产重组和组织重组具有影响作用，一方面要求寻求到合适的产权受让对象和采用合适的产权重组方式，以保障重组企业的价值；另一方面业务组合重组过程也会对组织重组构成相应的要求，业务剥离过程以及业务削减之后的新业务组合，需要通过相匹配的组织架构安排和流程设计才能产生绩效。资产重组是企业通过市场化运作剥离业务的有效手段，随着中国市场经济体制的不断健全、国有企业产权的进一步明晰，以及企业产权主体多样化，资产重组逐步成为实现业务组合重组越来越重要的方式。资产重组包括资产调配、资产定价、产权转让方式等对业务重组的价值实现具有重要影响。不仅如此，资产重组涉及所有权甚至经营权的转移，在一定程度上会引起治理结构的变化和人员的调整，即资产重组会决定组织重组。组织重组是业务重组、产权重组得以实现的重要保证，组织重组涉及人员的调动或减少，组织架构的变化和相关管理流程的变化。一方面，组织的管理传统对组织重组形成的约束，会影响到组织重组可能采用的方式，进而对业务重组的范围产生约束作用；另一方面，组织重组的成败对于资产重组过程中新投资者的认同、治理结构的优化具有重要的影响，适当的组织重组将有利于资产重组的顺利进行。

总体来说，以上三种重组活动之间存在着相互匹配、相互作用的关系。因此，企业重组是业务组合重组、产权重组、组织重组之间互相联系、互相制约、三位一体的系统整合过程，如图6-1所示。而业务组合重组、产权重组和组织重组也构成了企业重组的内容。

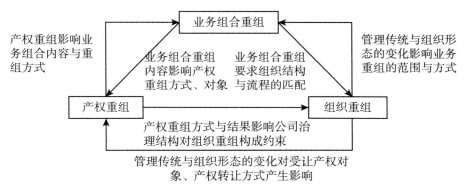

图 6 - 1　业务组合重组、产权重组与组织重组的相互联系

第二节　中国企业集团的重组过程

了解中国企业，尤其是多元化企业重组的过程，必须先了解改革开放之前的中国企业的管理体制：第一，中国企业都是公有制企业，分为国家所有和集体所有两种企业。国家所有制的企业是由政府管理和经营的；而集体所有制企业则是由集体按照政府制定的相关政策和规定进行管理和经营的；第二，这些企业中的一部分企业所有权、管理权和经营权归口中央政府的各个产业部门，即属于所谓条条管理的企业。另一部分企业所有权、管理权和经营权归口地方政府的相关经济部门，即属于所谓块块管理的企业；第三，在高度集权的计划经济体制下，这些企业经营范围、经营计划、经营管理都是由"条条块块"决定的；生产、采购、销售都接受"条条块块"的计划安排；财务、人员、工资、福利等全部执行"条条块块"的有关规定。

改革开放以后，重组的概念还没有引进中国，但是最先在中国实施企业重组不是企业，而是政府。首先，在中央政府实施放权改革和"政企分开"的过程中，一部分国有企业被中央政府下放到了地方政府，由此发生了企业行政隶属和资产归属关系的重组。其次，为了促进市场急需产品及其相关设备的开发和生产，政府先鼓励一些国有或者集体企业打破"条条块块"的框框，在上下游和相关企业之间建立企业联合体，再通过政府划拨的方法，逐步将政府若干经济、行业主管部门和已经建立起来的联合体转变为企业集团。这一系列的改革措施促进了中国经济的第一个发展高潮，也为后来的一系列企业的重组埋下了伏笔。

在这种制度安排下，中国企业的多种经营或者行业多元化发展在 20 世纪 80 年代后期开始出现。政府对企业放权，使单一行业经营的公有制企业有了摆脱计划约束从事多种行业经营的可能；厂长经理负责制和承包经营制又使催生了企业从事多种行业经营活动的动机；严重的产品和资金的供需矛盾（或者叫"短缺经济"）为多种行业经营提供了大好的市场机会。从 20 世纪 80 年代后期到 90 年代中期这个阶段，在中国"条条块块"计划管理体制还没有被打破之前，"条条块块"管理下的大多数国有和集体企业都在不同程度上大力发展所谓计划外的多种行业经营（相对于原来的单一行业或者产品的按照计划经营）。例如，当时的广州钢铁厂已经利用自己计划内的资源平台和经营能力，在煤炭采购、气体制造、钢结构加工等领域从事多种经营活动。其中由经济协作或者联合攻关所演化出来的企业联合体，例如这个时期的广东万宝冰箱厂，则是在多种行业经营发展中作为一种特殊合作与发展的产物。

随着企业计划外多种经营发展的扩大，政府与企业、"条条"与"块块"、计划与市场的矛盾越来越突出，导致了企业集团化趋势的出现。为了让"条条块块"管理下的企业既有活力又能够受控，各级政府将原来的经济与行业性管理部门转化成为企业集团；为了解决企业联合体过于松散的问题，政府在这些联合体的内部管理上推行"六统一"的政策，推动企业联合体按照企业集团进行整合和运作。在政府组建上述两种企业集团的过程中，一部分已经多元化经营的企业被归入了上述企业集团，或者说变成了这些企业集团的下属企业，而另一部分没有被归入上述企业集团的企业则自己注册成为企业集团。除此之外，一些非公有制企业也在此期间实施了行业多元化和集团化发展。虽然这些非公有制企业当时还只是定位为公有经济的必要补充，但是在"短缺经济"条件下，这些非公有制企业具有机制的活力，实施行业多元化的速度也相当快。例如，广东太阳神集团从 1991 年开始实施所谓"横向拓展为主、纵向拓展为辅、多角化经营"的战略，在短短的 3 年时间内相继进入了 20 个以上的行业，发展成为资产总值达十几个亿的企业集团。

制度的转型和市场机会的拉动，行业多元化企业的集团化不仅没有受到限制，反而进一步推动了中国多元化企业，尤其是那些政府部门转化或者政府主导组建的国有企业集团的多元化。首先，这些企业集团还没有被赋予拥有下属企业的财产权、收益权、人事权，甚至不具有法人地位，更像介于政府与企业之间的一个中间组织。没有财产权和人事权，这些企业集团没有办法"动"下属一级法人企业的资产，因此也无法推行行业经营范围的收缩。没有收益权，这些企业集团就必须进一步扩大行业多元化程度，因为企业集团建立自己投资建立的企业才是自己的企业，才有可能"养"企业集团总部。其次，在"放权搞活"的总体思路下，政府通过企业集团总部放权，但是这个没有财产权、收益权和人事权的集团总部既不可能也没有能力对下属企业实施有效的战略、资产、财务上的控制。最后，企业集团总部充当了"资金放大器"，具有产生财务杠杆的作用。在市场机会多、资金缺乏的情况下，企业集团总部从银行借的债务或者为下属企业提供担保借的钱，在自己和下属企业的多元化发展中被放大了若干倍，在实现快速规模扩张和多元化过程中产生了重要的作用，同时也为管理失控和债务负担过高留下了隐患。在外部银根紧缩时，这些隐患就会凸显出来，倒逼行业多元化企业集团进行企业重组。

一、中国企业集团第一阶段的重组

在对外开放、对内搞活、引入竞争的推动下，中国经济在 20 世纪 80 年代后期就已经出现了第一次投资过热所引发的通货膨胀及其所带来的各种经济和社会问题，导致国内关于社会主义与市场经济关系的大讨论。1992 年邓小平"南方谈话"基本解决了在这个改革开放关键问题的分歧，再次将中国经济发展推向了新一轮高速增长阶段，以至于到了 1993 年中期中国经济再次陷入投资过热、供给增长过快所引发的通货膨胀和银行信贷危机。中央认为中国短缺经济时代已经基本结束，开始采取措施收紧银根、压缩投资和改革信贷体制。面对市场供过于求，行业结构恶化和竞争失去理性的情况，国有企业机制不活、管理失控、资源分散和资本、资产结构不合理的问题暴露无遗，如经济效益迅速下降、经营处境被动、财务上捉襟见肘。面对宏观经济环境和政策导向的突然变化，那些实施高负债、高投资和高度多元化的国有企业被"釜底抽薪"，不仅成长战略和方式难以为继，甚至面临着生存危机，这就是导致中国企业，尤其是国有企业集团第一次大规模实施重组的导火索。但是，真正推动中国多元化经营企业，尤其是国有企业集团在经济转型的这个阶段上出现大规模重组的深层次和根本动因是政府政策导向和相应制度变化。

第一，从 20 世纪 90 年代邓小平南方谈话确立了中国发展社会主义市场经济的基本目标开始，市场经济的发展和市场机制的建立加快了，建立和发挥竞争优势越来越明显的成为所有竞争性行业企业能否生存和发展的关键。在这个制度环境变化的大趋势下，国有企业集团如果继续采用分散资源去抓机会的战略，不仅无法建立竞争优势，甚至很快就会陷入在所涉及的行业中被各个击破的窘境。

第二，国有企业集团的高度行业多元化及其过程中所暴露出来的战略、管理和资产失控问题导致政府开始实施国有企业的产权改造。在总结 1993 年以前国有企业多元化发展出现种种问题的基础上，我国从 1994 年开始对国有企业集团实施国有资产授权经营，即通过授权的方式明确国有企业集团与其下属成员企业的产权关系，为企业集团实施重组战略奠定了产权基础。1995 年我国又出台国有资产监督管理条例，成立国有资产监督管理委员会，赋予国有企业集团资产经营的身份，开始全面推行以明确产权关系、建立产权纽带、完善公司治理和建立现代企业制度为主要内容的国有企业改革，这些政策与制度的出台，为国有企业实施重组战略提供了关键的制度基础。

第三，考虑到推进改革开放和应对经济全球化的影响，中国的经济成分应该进一步多元化。从 1994 年开始，中国政府就已经逐步实施了以市场换投资的战略，跨国企业参与国内市场竞争。考虑到中国"入世"以后，跨国企业将对国内企业形成更大的冲击，中国政府越来越明确地认识到加入世界经济贸易组织需要调整国有经济在国民经济中比重，调整国有经济的产业分布，在更多的行业中引入非公有经济和市场竞争。如果国有经济继续在国民经济中发挥主要作用，继续控制绝大多数行业和市场，将抑制民营和外资企业发展、阻碍市场经济体制完善，影响中国加入世界贸易组织。因此，中国政府应该抓住重点行业和重点企业，集中资源发展和扶持一批有可能建立国际竞争力的大型企业；国有企业从某些产业中退出，而其他经济成分的企业进入某些产业，这是调整经济结构的有效手段。上述这种认识为国有企业实施重组战略提供了思想基础。

正是基于上述政策和制度变化的影响，中国企业集团，尤其是国有企业集团的重组具有以下四个特点：

（1）重组的动因方面。

从名义上看，绝大多数中国企业集团重组都是基于企业重组也是成长战略的举措这一认识基础上的，至少在表面上必须被认为是要"有所作为"才选择

"有所不为"的，这样才具有展开企业重组的合法性。从实际上看，中国多元化企业在这个阶段开始重组是因为"内外交困、四面危机、不得不做"的一种防御或者撤退战略。在中国企业集团实施高度多元化成长战略的过程中，绝大多数企业集团的资本结构和资产结构都已经严重恶化，随着宏观经济、市场需求和信贷体制的变化，部分企业集团已经陷入了资不抵债的境地，如果不进行重组，就会在这些企业集团内部产生"多米诺骨牌"现象。

（2）企业重组的内容。

中国企业集团，尤其是国有企业集团基于业务重组的需要，还进行了资产、组织重组。虽然当时关于企业重组的理论和方法还没有系统地引入中国，但是中国企业集团已经在实践中摸索出了企业重组的主要内容及其基本关系。首先，企业集团需要在战略上决定如何调整行业多元化组合，具体来说就是准备退出哪些行业或者市场；其次，企业集团需要选择调整组合资产的方式（如在关、停、并、转、出售等各种方式中选择行业退出的方式）和与各个成员企业的资产连接方式（可以选择的方式包括全资、控股和参股）；最后，在完成业务与资产重组之后，企业集团还要根据新的行业组合对组织结构和管理模式进行调整，如采取职能制结构还是事业部制结构，采取竞争性事业部制还是采取合作性事业部制等方面进行选择与调整。

（3）实施重组战略的范围。

从战术上看，收缩行业组合以适应外部环境变化是企业集团重组的直接目的；从战略上看，调整国有经济的产业分布和改造国有企业的产权结构才是企业集团重组的主要目的。最初的企业集团重组是个别企业集团的个别行为，但是，随着企业重组活动的逐步深入，企业集团重组逐步演变成了政府推动的集体行为。如果仅仅是企业集团希望通过重组以达到自保的目的，可能中国企业集团重组的范围和程度都不需要那么大，而在这个阶段后期的中国企业集团重组活动已经变成了调整国有经济产业分布和改造国有企业产权结构的主要方式，其范围和程度已经上升到了宏观经济的层面。

（4）推动企业集团重组的主导因素。

从表面上看，推动企业集团重组的主导因素是外部市场环境的变化，实施战略重组的主体是企业集团；从实际上看，推动企业集团重组的主导因素是外部的制度环境的变化，实施战略重组的主体其实就是政府。从外部环境因素来看，中国企业集团开始重组的直接原因并不是宏观经济形势和市场环境，更重要的是金融信贷体制的改革；从企业集团内部因素来看，推动中国多元化企业开始重组的直接原因不仅仅是经营状况不好，而更重要的是国家在推动建立和完善现代企业制度。

中国企业集团在这个阶段上的重组取得了很大成绩，但是受制于经济体制改革的进程和相关配套措施滞后，企业集团在这个阶段上的重组进行得并不彻底。这是因为：

第一，1995 年推出的重点发展和扶持大型企业集团的政策，客观上减缓了中国企业集团收缩行业组合和回归主业的速度。随着企业集团重组趋势逐步扩大，一部分企业集团因为债务过重而陷入破产，引发了一系列连锁反应，也引发了对国有企业集团作用的怀疑。就在这个时候，政府提出要重点发展和扶持一批大型企业集团，并出台了一系列相关扶持或者优惠政策，这就在客观上延缓了一些企业集团的重组，拯救了一批濒临破产的企业集团。因为国家重点发展和扶持的对象的选择标准是"大"，而不是竞争力，所以相当多的大型多元化国有、集体所有制企业集团就立即停止收缩，甚至反过来全速推进高度多元化战略，以争取能够进入各级政府重点发展和扶持的名单。这些企业集团非常清楚争取来自政府的扶持政策，可以迅速和有效地缓解来自产品市场和金融市场的压力。

第二，企业集团必须采取母子公司结构的要求，延缓了企业集团的组织结构调整，阻碍了组织重组对降低多元化程度和回归主业战略的支持。从高度或者不相关多元化战略向低度或者相关多元化战略的转变，需要企业集团在组织结构上相应地实现从母子公司制和竞争性事业部结构向总部—分部制和合作性事业部结构转变，因为母子公司制和竞争性事业部结构只适合于实施不相关多元化战略，而不是适合实施低度或者相关多元化战略。就在大多数企业集团，尤其是国有企业集团已经或者准备实施战略重组的关键时刻，政府开始推行建立现代企业制度，要求所有企业集团，尤其是国有企业集团采取母子公司制和相关的管理模式，其结果是或者企业集团总部为了采取母子公司制而延缓行业组合收缩，或者使相关多元化战略的组合效益在母子公司管理体制下难以体现。

第三，资本市场、购并市场、经理人市场和劳动力市场以及整个社会福利和保险制度的落后，导致多元化经营企业集团逐步失去了继续实施重组战略的动力和有效的办法，资产变现难、处置职工难成为约束企业重组的两大桎梏。在西方国家，如果企业希望通过重组来降低行业多元化程度是一件非常有效和容易实现的事情，只要将资产的价格调低一点，收购兼并就可能发生；处置管理者和员工非常方便，因为其相关的市场机制和制度保障系统非常完善。但是，这一时期中国的资本市场、购并市场、经理人和劳动力市场建设的滞后，使得多元化企业集团的行业退出变成一件非常缓慢和痛苦的事情。

二、中国企业集团第二阶段的重组

为了迎接中国"入世"所带来的各种挑战，中国经济体制改革在"入世"

前后的确向前迈进了一大步，这种制度环境的改变具体来说表现在以下四个方面：首先，中国"入世"带动经济体制改革的进一步深入，使各种要素市场，尤其是信贷、资本市场的建立和健全有了重大的突破；其次，"国退民进"和外资对中国交通运输、银行、电信等市场的进入，使若干重要的行业市场化程度迅速提高，非公有经济的比重大幅提高；再次，国有企业的产权改造和治理结构的完善，推动了国有企业集团多元化程度的下降、组织结构和管理机制的优化和市场竞争力的提升；最后，民营企业有了更合法的地位、更公平的市场竞争环境和更大的规模和竞争力。

同样，为了充分和有效地利用中国"入世"所带来的巨大机会，跨国企业也在中国"入世"前后纷纷调整提高了中国市场在其全球战略中的地位，全面加大了对中国国内市场的直接投资，包括增资、购并和新建全资企业等，从而给中国企业提升国际竞争力提出了直接和明确的要求。在上述两种外部力量的推动下，中国企业集团的重组进入到了第二个阶段，其根本动因就是为了应对中国"入世"前后所面临的经济全球化和经济体制改革所带来的挑战。中国企业集团在这个阶段上的重组行为表现出如下特点：

（1）实施企业重组战略的主体。

随着经济全球化影响的深入和国内经济体制改革的深入，至少在实施重组活动的数量上，非公有制企业，包括企业集团所从事的重组活动逐步超过了国有企业集团。经过第一阶段的重组，中国国有企业集团已经调低了其多元化程度；公司治理结构的完善和"国退民进"的政策已经基本上减弱或者控制了国有企业集团的行业多元化发展的动机。因此，国有企业集团以降低行业多元化程度为主要目的的重组活动也基本暂停了。与国有企业集团不同，处于竞争性行业的非公有制企业，包括多元化经营的上市公司和民营企业集团，开始成为实施重组战略的主力。在国有企业战略性退出竞争性行业的同时，一些上市公司与民营企业曾经用"低成本进入"的名义掀起一轮高度多元化的高潮。但是，中国"入世"所带来的国内市场国际化，使它们很快就发现自己在行业多元化上犯了错误。由于非公有制企业的历史负担少、管理机制灵活，反应速度也快，所以它们很快就开始通过重组纠正了自己在增长战略选择上的偏差。

（2）实施重组战略的动因。

在这个阶段上，推动中国企业集团重组的主要因素依然来自外部环境，但是更主要的是外部环境中市场因素，因此企业集团的重组已经主要不是政府行为，而是企业集团自身行为。在中国准备和加入世贸组织后的一段时间里，中国政府在对外开放和经济体制改革方面的政策是相当明确和稳定的，其核心就是要兑现若干在"入世"过程中所做出的承诺。相反，中国企业的外部环境，尤其是市场环境的变化相当大，如亚洲金融危机和美国次贷危机等，这些外部市场环境的变化对中国企业的经营状况和效益产生了重大和长期的影响。在这种情况下，中国企业集团，包括从事行业多元化经营的公有和非公有制企业，在选择重组战略的时机和方式上表现出越来越强的主动性、独立性。例如，面对国家鼓励"做大做强"优惠政策的制度激励，非公有制企业也许会为了"捞政策"而在通过多元化经营去增加规模上"虚晃一枪"，但更多的企业反而会在做强自己主业上坚持做实。像美的集团退出汽车行业的重组并不是政府推动的结果，而是企业出于自身发展战略的一种调整。

（3）企业重组的主要内容。

为了提升国际竞争力，以调整行业组合和资产组合为主要内容的企业集团重组仍然在进行，但是以组合效益的实现为主要目的的组织重组已经成为企业集团重组的核心内容。通过前一阶段的重组，中国企业集团无论是公有制的还是非公有制的企业集团都在一定程度上实施了战略、资产和组织重组，但是它们仍然找不到有效发挥相关多元化组合效益的组织与管理模式。做强主业要求企业实施横向与纵向多元化战略，组合效益的实现必须依靠集权化的管理体制才能够实现，由于国有企业集团以往所采取的组织管理模式基本上是以分权为主的，为了实现业务组合管理和管理模式的匹配，这个阶段上许多企业实施的重组主要体现在组织重组方面，围绕着组织结构、管理机制、控制方法进行调整。与其他两种重组不同，组织重组往往需要经过多年和不断的反复才能够完成和发挥作用。

（4）重组战略的实施方式。

在资本市场迅速发展的带动下，国内购并市场逐步完善和扩大，购并在企业集团重组中发挥了越来越重要的作用。在中国企业集团重组的第一阶段，尤其是第一阶段的前期，行政划拨是国有企业集团实现重组的一种主要方式，而出售资产和购并则是一种相对次要的方式。到中国企业集团重组的第二阶段，资本市场和购并市场的完善与扩大，购并逐步代替行政划拨而成为企业重组更主要的方式，企业重组的效率也因此有所提升。受让重组企业的不仅有国内非公有制企业，而且也包括了国外企业，尤其是跨国企业。跨国企业的参与曾经在特定的阶段上被国有企业称为"引进战略投资者"。

在应对经济全球化影响过程中，中国企业集团在第二阶段上的重组延续了第一阶段重组特点，即以降低行业多元化程度和推进国有企业集团的改造为主要内容，但是企业重组的重点还是发生了一些新的变化。这个阶段上的企业重组主要是在探讨一种能够支撑企业有效实施相关多元化，包括非限制多元化、纵向相关多元化和市场多元化战略的管理模式，包括组织结构、管理机制、资源配置方式和控制机制。由于组织重组比战略和资产重组更复杂和难以把握，所以这个阶段上企业集团进行的重组往往不是一次到位的，而是要经过若干次的反复。尽管这一阶段上企业集团重组的频率相对第一阶段有所增加，效率也有所提升，但是重组战略的实施依然受到一些外部环境因素的制约，具体表现为以下三个方面：

第一，购并市场的低效率仍然制约企业回归主业的速度。在购并市场效率高的情况下，西方多元化发展的企业可以依靠购并市场迅速完成资产重组，实现向主业的回归。在购并市场不发达的中国，企业集团很难利用购并市场纠正自己在行业多元化方面出现的失误，因此很多中国企业集团分阶段实施重组。例如，先组建一家所谓实业公司，将所有想卖而卖不出去的企业放在这家公司，防止它们影响主业的发展。然后，再伺机对其中的企业做出进一步重组。

第二，市场分割性从企业外部限制实施相关多元化，尤其是进行了跨区域横向和纵向投资企业建立和发挥组合优势。区域竞争和地方保护所造成的国内市场分割不仅为中国企业集团在国内实施横纵整合战略树立了跨区域进入的障碍，更重要的是导致实施了跨区域横纵向整合战略的企业很难获得应有的整合效益。这就导致很多中国企业集团在知道无法通过跨区域横纵向整合战略做强主业的前提下，不得不继续实施高度多元化战略。

第三，母子公司管理体制仍然制约着实施相关多元化和横纵向整合战略的企业集团获得和发挥组合优势。随着连续两个阶段的企业重组，中国企业集团行业多元化程度已经开始下降，逐步从不相关行业多元化向相关行业多元化和市场多元化的转变。但是，企业集团与母子公司结构在制度上被等同或者挂靠在了一起，这就导致了许多中国企业集团，尤其是国有企业集团战略与组织结构、管理模式的不匹配。它们没有在调整组合战略类型的同时相应地将组织结构转变为合作性事业部或者是总部—分部管理体制。

第三节　中国企业集团重组行为影响因素的研究

企业重组是企业战略管理者应对企业外部和内部环境变化过程中的一种战略行为。深入了解影响这种战略行为的主要因素以及这些因素的作用机理具有重要理论和实践的意义。伴随着西方国家的企业重组实践活动，西方理论界在企业重组行为影响因素方面已经从事了大量的相关研究，并产生了一批研究成果。考虑到转型期中国情境的特点，我们需要对中国企业集团重组战略行为的影响因素和作用机理进行深入的研究，这既是在微观上指导企业实践的需要，也是在宏观上为中国企业有效实施重组战略营造更好制度环境的需要。

一、西方学者对企业重组影响因素的相关研究

从 20 世纪 80 年代开始，西方学者就针对西方行业多元化企业的重组行为展开了大量相关的研究，而且研究的重点就是企业重组行为影响因素的研究。其中一部分学者将注意力放到了来自企业内部的影响因素，而另一部分学者则将注意力放到了企业外部的影响因素。

霍斯金森和库克（Hoskisson and Turk，1990）经过文献探讨，认为所有制形式、董事会治理和管理者激励机制的不完善以及由此引起的战略控制不足，会导致企业过度多元化、战略失控和业绩不良，最终面临着被从外部收购的威胁。当一家企业受到外部重组威胁的时候，这家企业就很有可能先进行内部重组。在1994 年的一项实证研究中，霍斯金森（Hoskisson）等人再一次明确指出企业的产品多元化程度对企业重组强度具有直接影响，购并战略的失败往往是重组战略的驱动器（Hoskisson，Johnson and Moesel，1994）。辛和张（Singh and Chang，1996）则指出业绩不良是企业重组的一个重要动因，而这里所说的业绩不良主要指的是企业的业务成长率低。马凯兹和辛（Markides and Singh，1997）的实证研究认为：业绩不佳是多元化重组的必要条件，业绩不佳和内部控制力弱是重组的充分条件；多元化的程度越高，重组的可能性越大。科奇麦尔和村田知沙（Kirchmaier and Tomosa，2003）提出：前期战略失败是重组的动因。从这些研究结果来看，西方学者主要是从企业内部寻找导致企业实施重组战略的影响因素，并且比较一致地将企业重组视为企业对前期战略失误的一种修正，尤其是对于行业多元化战略导致效率低下的一种修正。

科奇麦尔和村田知沙（Thomas and Kirchmaier，1990）则是从企业外部寻找推动企业实施重组战略的动因，认为促进企业重组的影响因素包括：应对产品市场变化，快速满足消费者的需求；脱离旧经济时代的业务；脱离大众化的产品；应对新进入者的竞争。贝瑟尔和里伯斯金（Bethel and Liebeskind，1993）明确指出当环境发生变化时，公司通过重组其业务来改善其协同性并提高业绩。霍斯金森，约翰森和蒙赛尔（Hoskisson，Johnson and Moesel，1994）也提出：对于已经建立了核心竞争力的多元化而言，常常面对外部环境中各种诱人的机会，而重组战略能使公司的战略定位更为合适。迈克尔（Michael，1995）认为宏观经济以及环境变化，包括全球竞争的增加、市场调整和金融机构提供巨额贷款的可能性等，导致了企业通过重组来应对这些变化。威斯通（1996）提出企业重组的基本动因有：第一，迎接全球竞争需要；第二，解决公司经理与股东之间利益冲突的代理问题；第三，使资本转移到能更有效地使用资本的股东手中。此外，满足

政府反托拉斯法的规定也是被动重组的重要原因。马凯兹和辛（Markides and Singh，1997）认为重组的动因应该包括：全球竞争者的攻击和战略创新的全球化压力。科奇麦尔和村田知沙（Kirchmaier and Tomosa，2003）则提出技术或经济变化是企业重组的外部动因。从这些研究结果来看，企业重组主要被看成是企业对外部环境变化的一种战略性反应行为。

此外，一些学者关注了区域、行业、组织发展阶段与企业重组的关系，布莱克利和威廉姆森（Bleackley and Williamson，1997）对欧洲市场上的企业重组行为进行研究，发现行业性质对企业重组行为有显著影响。同一行业的企业重组模式都十分相似，而不同行业的重组模式却大相径庭。此外，重组前企业的发展阶段也对重组有显著影响。部分学者也对发展中国家多元化的企业重组影响因素进行了关注。霍斯金森和约翰（Hoskisson and Johnson，2001）指出多元化的重组与所在国家的发展水平相关，所在国家的社会环境决定了其交易成本，不同的制度环境将导致企业采取不同的多元化和重组方式。与发达市场经济环境相比较，新兴市场经济和转型经济中的企业重组方式是不同的。进一步的研究表明：发达国家多元化企业的重组活动很大程度上是受企业战略影响（Hoskisson，Johnson and Moesel，2003），而转型经济中多元化企业的重组则主要是因为经济危机和制度变化而引致的。通过对拉丁美洲和欧洲9个国家的企业重组和环境变化之间关系的研究，霍斯金森和卡内利亚（Hoskisson and Cannella，2004）发现，国家经济发展速度的变化、竞争的加剧和放松管制（Deregulation）等环境的变化往往导致重组的增多。同时，环境变化对重组的影响会因为多元化企业成员间的关系不同而存在差异。

综上所述，关于发达国家企业重组已有文献表明：影响多元化企业重组的因素分为三类，包括企业内部因素、行业与市场因素以及外部制度因素，其中内部因素包括公司治理结构、前期战略、前期业绩、组织发展阶段，市场因素主要是市场变化、行业特性，制度因素主要是经济、行业制度的变化（见图6-2）。

二、研究的设计与过程

发达国家关于企业重组的研究成果是否能够或者说在多大程度上应用于解释发展中国家的企业重组行为呢？霍斯金森，约翰森和蒙赛尔（Hoskisson，Johnson and Moesel，2003）等人的研究发现，发展中国家企业重组与发达国家企业重组的影响因素存在着差异，发展中国家企业重组行为更多的是受到制度与环境的影响。考虑到转型期中国企业所处情境的特殊性，我们需要进一步探究中国企业集团企业重组的主要影响因素，尤其是这些因素对于企业重组行为的作用机理。

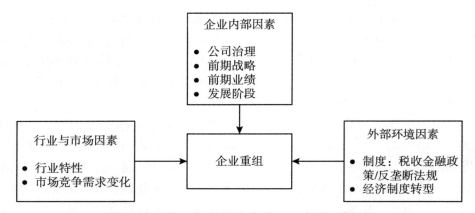

图 6 - 2　推动西方国家企业重组的影响因素

　　考虑到本书的目的是要基于中国情境揭示那些因素和通过什么方式推动了中国企业集团选择重组战略。针对这种涉及什么因素和如何影响这类问题的研究，布鲁尔（Brouer，2006）认为：采用以调查为基础的研究才能够产生微观层面的见解。克里斯坦森，卡莉和森达海（Christensen，Carlile and Sundahl，2003）则提出，多案例研究的设计对于建立和加强重组过程理论是非常有作用的方法。基于以上认识，本课题选择跨案例研究方法对企业重组影响因素进行分析。

　　我们依照案例研究理论抽样的方法，对前期已经深入研究过的 23 家企业集团进行了抽样。首先，找到发展战略方案中涉及企业重组活动的企业 12 家企业，进一步来讲，项目组依照如下标准继续选择：第一，案例企业至少启动过一次企业重组活动（包括最后未得到成功实施的重组活动）；第二，应用研究过程中涉及企业重组相关内容的资料数据库到目前依然保留得比较必备，同时案例企业目前依然存在，项目组可以继续进一步进行接触当事人并进行信息核实；这一轮之后选出 7 家企业，再继续按照跨案例研究模式匹配的方式，最终筛选出四个具有代表性的企业集团作为案例企业样本，案例企业及企业重组的概况如表 6 - 1 所示。

表 6 - 1　　　　　　　　　　　　案例企业概况

案例企业	企业所有制与主营业务	重组前企业单元经营情况	重组战略方案内容	重组战略方案最终实施结果
A 工贸企业集团	广州市国资委授权经营企业集团，主业为纺织服装制造销售	新战略确定"精工大贸"，纺织工业板块由于成本上升缺乏竞争力	剥离处在市中心的纺织品生产销售业务单元	业务重组顺利实施，通过产权重组，引入外部合作伙伴，让出控股地位，搬迁至韶关市。组织重组做出适应性调整，业务单位人员保留在集团

续表

案例企业	企业所有制与主营业务	重组前企业单元经营情况	重组战略方案内容	重组战略方案最终实施结果
B企业集团	广东省国资委授权经营企业集团，主营业务为高速公路建设运营	业务板块在国内同行具有很强的竞争力，但与集团公路投资建设的主业发展存在着关联交易，对集团管理模式业务发展构成制约	引入外部投资者和经营者持股，重组路桥施工板块	重组活动被中途终止。2008年冰灾之后，有关管理部门赋予B集团的国有企业社会责任，需要自身具有抢险应对突发性事件的力量，叫停了该企业重组
C企业集团	佛山市民营企业集团，股份制企业，主营业务包括电子元器件、家具、金属制品、生物制药、鞋类加工	集团业务多元化程度过高，整体业绩良好，当地政府希望扶持集团在业务结构优化之后上市，鞋类加工业务以OEM形式为主，具有较稳定的现金流，但缺乏竞争力	剥离鞋类OEM加工业务，集中资源发展优势产业	业务重组、组织重组顺利实施。鞋业加工板块终止，相关人员按照合约方式解除劳动关系，部分人员进入集团其他相关部门，总部组织架构相应调整
D企业集团	广州市国资委授权经营企业集团，主业为橡胶轮胎、纯碱、乳胶产品、胶管生产销售	集团整体业务绩效不佳，胶管业务与集团新战略定位主业相关性不强，胶管业务规模小，但在细分市场上具有国内行业领先地位	剥离胶管业务，集中优势资源发展主业	业务重组顺利实施，通过外来投资者和业务单位经营班子受让集团股份，集团让出控股权地位，业务单元相关人员随着产权关系的变化，重新与新单位构建劳动合同

资料来源：本项目组整理。

　　在确定案例企业的基础上，项目组进行了多重证据收集、整理、分析工作。首先，项目组对前期应用研究过程中收集的原始资料、中间文件、最终研究报告等多种资料进行整理，并且按照研究需要所列出的清单，请案例企业进一步提供部分补偿资料；其次，对相关数据进行编码工作。为了避免研究人员的认知偏差，项目组指定两个小组的人员，其中一组是当年参与过该项应用研究的人员，而另一组则是未曾参与该项应用研究项目的人员，分别对四家案例企业资料就环境因素、集团前期的绩效、业务单位的绩效、集团的战略意图等内容进行编码，然后两个小组对编码后的结果进行讨论，就存在异议的地方进行辨识，不能达成共识的继续搜寻证据；最后，为了保证研究的内容效度，项目组还对案例企业中参与当年重组活动的企业管理人员进行结构性访谈，进一步收集资料，并就初步形成的结论与多个被访谈人交流，直至对于企业重组影响因素的构成尤其是这些因素的作用方式的相关认识具有较高的一致性为止。项目组按照数据收集与分析交叠进行的方式，结合相关的理论解释，最终对中国企业集团的企业重组影响因素及作用机理形成了一些认识。本研究的具体研究发现将在以下两部分进行详细阐述。

三、研究发现：制度变迁是推动中国企业集团重组的根本动因

与西方学者研究结果相同的是，我们的研究发现导致中国企业集团实施重组战略的因素既有内部因素，也有外部因素。但是，与西方学者研究结果不同的是，我们的研究发现导致中国企业集团实施重组战略内外部因素的具体内容、影响方式不同，其中制度变迁是推动中国企业集团重组的根本动因。

（一）中国企业集团实施重组战略的内部动因

与西方学者的研究发现具有一致性，我们发现企业内部因素的确对推动中国企业集团实施重组有重要的影响，主要表现为企业战略、企业产权结构，以及企业管理模式与业务组合匹配性等，这三个方面的内部因素构成了中国企业集团实施企业重组战略的重要推动因素。

第一，由于战略、财务和管理等方面的失控，中国多元化企业高速度、高负债和高度多元化的成长战略难以为继。在"短缺经济"和资金缺乏的条件下，中国企业集团利用金融信贷体制改革的滞后性和企业集团这个"资金放大器"，以高负债的方式实施了过早、过快、过分和盲目多元化的成长战略。"过剩经济"的出现和金融信贷体制的市场化改革，使前期实施上述战略的企业集团面临着资金断裂和资不抵债的困境，甚至面临着生存的危机。因此，导致中国企业集团第一次重组高潮的动因是这些企业集团对于前期战略失控的自我拯救。

第二，导致中国企业集团战略、财务和管理失控的根本原因是公司治理和产权不清。从对国有企业"放权搞活"开始，国有企业战略、财务和管理失控的问题就已经开始出现，而且愈演愈烈。在利用企业集团实施高度多元化发展的过程中，这些问题不仅没有解决，反而越发严重，以至于到了非解决不可的地步。从表面上来看，中国企业集团的第一次，甚至第二次重组的主要内容是行业组合或者经营范围的收缩。从根本上看，这两次重组的核心内容是完善企业的治理结

构和机制，目的是标本兼治。为此，国有企业在明晰产权的基础上推进了产权改造，而部分民营企业则进行了股份制的改造。因此，在企业重组过程中进行产权改制和建立现代公司治理结构，是中国企业集团实施企业重组战略的另一个重要推动因素。

第三，行业组合类型与企业组织结构、管理模式的不匹配，制约了中国企业集团行业组合优势或者组合效益的发挥。在第一阶段的企业重组中，绝大多数中国企业集团实现了行业组合从高度多元化向中、低多元化的转变。因此，如何有效降低交易成本、提升规模经济效应和范围经济效应成为关键。但是，国有企业的产权改造使绝大多数中国企业集团被迫采取了母子公司制或竞争性事业部结构，这种管理模式与中、低度多元化组合是不匹配的，根本不利于发挥上述三种行业组合的组合效益。因此，通过组织重组解决多元化战略与组织结构或管理模式的不匹配问题构成了中国企业集团在第二阶段继续实施重组战略的主要内部动因。

（二）中国企业集团实施重组战略的外部动因

中国所实施的是一种渐进式的经济转型。在整个经济转型的过程中，经济体制的改革和对外开放的不断深入推动着中国企业经营环境的动态变化，也构成了中国多元化企业实施重组战略的外部诱因。

第一，中国实现从计划经济向市场经济转变的主要路径是通过引入和鼓励竞争，其具体的办法有两个：一是从"放权搞活"到产权改造，将国有企业变成真正的市场竞争主体；二是从容许到鼓励和扶持非公有经济，引入新的竞争主体。所以改革越是深入，竞争激烈程度的增加必然推动中国企业集团降低多元化程度。

第二，中国的对外开放不仅引入了资金、技术和管理，同时也引进了高水平的竞争者。所以对外开放程度的提升，尤其是"以市场换投资"和中国"入世"，必然会迫使中国企业集团通过不断地重组以降低多元化程度，从而提升自己的竞争力。

第三，上述经济体制改革和对外开放不仅迅速推动中国经济从"短缺经济"向"过剩经济"的转变，而且也导致中国绝大多数竞争性行业一直存在着企业数量多、规模小、水平低和竞争强度大的结构性问题。因此，在享受了短暂"幸福时光"之后，普遍存在和频繁爆发的恶性竞争，导致中国企业集团必须通过企业重组来调整业务结构，企业重组也成为一种常态的或者说与成长战略交替使用的战略选择。

（三）中国企业集团实施重组战略的根本动因

无论是经济转型还是对外开放，都是制度变迁的一种表现。所以，制度变迁是最值得关注的中国情境因素。如果我们把经济转型和对外开放视为一种制度演进的过程，那么一个阶段的制度变迁决定着中国经济的供求关系、市场开放和竞争的程度，决定着中国企业集团的战略、结构和管理模式的选择，从而也间接地影响下一阶段中国企业集团的重组行为。如果我们进一步解读制度变迁与经济发展的关系，那么就会发现这种关系中间还有一个中介变量，那就是企业战略行为。换句话说，中国经济转型过程中的每一次制度改革对经济发展的影响主要是通过企业战略行为而发生作用的，其中既包括成长行为，当然也包括重组行为。仔细研究中国企业集团在两个阶段上的重组行为就可以发现，中国企业集团的重组行为直接受到期间制度变迁的影响：

第一，经济体制，尤其是金融信贷体制改革的约束作用和诱导作用。中国国有企业在 20 世纪 90 年代中期以前的高度多元化发展与中国市场经济体制，尤其是金融信贷体制的不健全密切相关。当时，只要是政府批准上的项目，有政府或者企业集团的担保，银行不需要企业提供资产负债表或者抵押物就可以给贷款。正是这种金融信贷体制下，企业集团才能够被当做"资金放大器"支持企业实施高度不相关多元化发展。1994 年开始的金融信贷体制的市场化改革，对多样化企业集团原有的发展模式构成了重要的约束，直接导致多元化发展的国有企业集团被迫进行重组。后期的股票发行制度对于上市公司主营业务相关规定，以及对于关联交易的相关制度安排，又对部分试图上市融资的企业集团，包括非国有企业集团的重组行为产生了相应的诱导作用，使得部分企业集团通过企业重组回归主业。

第二，国有企业产权改造与监督管理体制的改变对国有企业集团重组的推动。正是政府在 1994 年开始推行国有资产授权经营才导致多元化发展的国有企业集团有可能对下属企业进行战略、组织和资产的重组。同样，正是因为政府在 1995 年制定和实施国有资产监督和管理条例，才使多元化国有企业集团能够将战略重组、组织重组和资产重组有机整合在一起，在降低多元化程度的同时也实现了产权和治理结构的改变。

第三，"国退民进"与"抓大放小"政策对国有企业集团重组的引导作用。"国退民进"与"抓大放小"是转型期中国政府关于国有经济发展的两项基本政策，中国多元化国有企业的两次重组高潮与政府关于国有经济的政策从"有所为有所不为"向"国退民进"的转变密切相关。随着这种政策导向的逐步明朗和明确，多元化国有企业集团重组的力度和广度越来越大。因此，我们不应该把这些企业的重组简单地理解为一家企业或者几家企业的撤退行为，而是整个国有经济战略性撤退行为。

第四，各级政府的优惠扶持政策的制度激励。在经济转型的过程中，中国政府对国有企业战略选择行为的影响主要是通过所有权、高管任免和"软预算"来实现的。针对国有企业债务负担重的问题，政府允许对资产重组中的一些经营困难的企业提供冲减债务、转移不良资产、减免税收等优惠政策。针对员工安置问题，政府出台了职工退养或提前退休、提供上岗培训、搞好"再就业工程"、鼓励职工向第三产业分流等相关政策；针对"企业办社会"的历史问题，地方政府通过各种方式接受了这一部分职能。因此，中国政府为国有企业所提供的相关配套政策对多元化国有企业集团的重组提供了相应的制度激励。

相对于非公有制企业来说，公有制企业特别是国有企业集团的重组行为，更容易受到制度因素的影响。在经济转型的这个特定历史阶段上，公有制企业的重组行为主要受政府政策和制度的驱动，而非公有制企业的重组行为则更多地受市场和企业内部因素驱动。相对于单一行业自然成长型国有企业集团来说，政府部门转化和政府主导重组而建立起来的国有企业集团更容易受政府制度因素的影响，而且重组行为的发生、内容和方式与政府政策和制度变化及要求存在着高度同步的关系（Lu，Bruton and Lan，2004）。

四、研究发现：制度因素也是企业重组的关键约束因素

在与国外学者探讨如何通过有效的重组来迅速纠正中国企业集团，尤其是国有企业集团行业多元化错误的时候，国外学者说这方面西方企业已经有了非常成熟的经验，那就是"购并"。在西方资本市场上，如果一家企业过度多元化，那么其股票价格就会下降，并且迅速成为潜在的收购对象。如果多家企业同时出现过度多元化的问题，那么相互之间就会通过有效的资本市场抛出自己不相关的业务单位，买进相关的业务单位，因此有效的资本市场可以瞬间治疗多个，或者说整个市场层面上存在的过度多元化问题。但是，同样的事情很难在中国现实环境，尤其是制度环境的制约下发生。

（一）政府做大经济规模的偏好降低了企业实施重组战略的意愿

在中国经济转型的过程中，中国官员的晋升和考核机制导致各级政府非常关注经济规模的增长速度，导致各级政府一向偏好制定和运用各种优惠和扶持政策刺激企业做大规模。政府对于企业做大规模的偏好，构成了转型期中国企业制度环境的一种特殊情境特点。中国企业，包括国有企业还是民营企业集团都希望投

其所好，将政府看得比市场重要，将"做大"看得比"做强"重要，将速度看得比效益重要。这种特殊制度环境对企业实施重组战略的约束具体表现在以下三个方面：

第一，在这种特殊的制度情境下，多数中国企业集团至今都不愿意公开宣布自己将要实施重组战略，害怕被政府理解为要收缩或者减速；不愿意将"重组"定义为一种成长反向或者对立的战略行为，担心由于业务范围和雇佣人员的缩减而与政府希望"做大"的意愿相违背。

第二，在这种特殊的制度环境下，即使有部分企业不得不实施重组战略，也基本上是以保证规模增长为前提，国有企业集团在这方面表现得尤为明显。西方企业选择退出行业的依据是主业业务的相关性大小，而中国多元化企业选择退出行业的依据则主要是以对规模增长的贡献大小。西方企业在业务范围缩减的过程中并不惧怕销售和资产规模的缩减，而中国企业在业务范围缩减的过程中往往非常顾忌销售和资产规模的缩减，采取的策略是在收缩业务范围同时，实施对其他业务范围的扩张战略，以保障企业的经济规模维持在一个原有或者增长的水平上。

第三，在这种特殊的制度环境下，中国企业集团的重组行动往往会被新的鼓励性政策所打断。即使是那些深陷债务危机的企业集团，也会因为政府的某项产业或者企业鼓励政策的出台而立即改变企业的重组战略，又一次在政策的驱动下重新实施行业多元化增长战略。

（二）要素市场建设的滞后延迟了企业实施重组战略的进程

在经济体制改革的进程中，产品市场和要素市场得到了逐步完善，但各种要素市场建设依然滞后，金融市场、资本市场和劳动力市场的运作效率低下，制约了中国多元化企业重组的速度，致使中国企业实施重组战略的过程相当艰难和漫长。主要原因包括：

第一，受社会保障和福利体系建设滞后的影响，经理人和劳动力市场的建设滞后，企业尤其是国有企业在重组中遇到了很大的难题，推进非常缓慢。相当多的国有企业集团就是为了保证职工就业或者没有资金安置员工而延迟业务范围的裁减。

第二，资本市场的低效率，导致中国多元化企业的企业重组不可能像西方企业一样快速完成。信息不对称、中介机构的缺乏和复杂的交易过程，导致多元化企业很难在短期内高效率地退出某一个行业。作为对市场机制失灵的弥补，中国国有企业之间的部分重组仍然采取行政划拨的方式进行。

正是因为上述原因，在中国多元化企业的重组中存在着三种西方企业所没有的独特现象。第一种可以称为实业公司现象。由于中国多元化企业无法迅速完成业务范围的缩减，因此只好将那些在准备退出行业中的企业归口到一个所谓"实业公司"，其一是让这些企业从领导的视线中消失，减少对主业发展的干扰；其二是对这些企业实施"断奶"，减少它们对资源的占用；其三是等待这些企业被其他企业收购或者这些企业的员工自动离职。第二种是"主辅分离"现象。按照企业重组要求，中央企业完全可以将自己所有的辅助业务改制或者出售出去。但是基于资本市场效率与人才市场缺失等的原因，特别是害怕人员处置影响稳定，中央企业普遍采取了所谓"主辅分离"的方法，在主业和准备剥离的业务之间保持了一种介于市场和企业之间的特殊关系和交易机制。第三种是"人事代理"现象。垄断行业国有企业采取的人事代理服务，已经演变成企业避免减员重组带来冲击的一种有效而常用的工具。

（三）市场分割性的存在制约了中国企业集团重组的力度

国内外经济学者比较普遍地认为，中国国内市场在各级地方政府的区域竞争与地方保护中被明显和严重地分割化了。各地政府对于本地企业在当地扩张经济规模提供了各种制度激励，甚至利用地方保护为当地企业进入多个行业提供了市场机会，诱导企业在当地增加投资甚至多元化发展，这种制度安排不仅削弱了中国企业集团降低行业的动机，也不利于企业基于主业发展来构建核心能力。同时，市场分割性也导致企业难以有效实施跨区域扩展和整合，中国企业，包括企业集团在重组过程中难以找到其他地区的买方，因为其他地区的企业考虑到不同市场的制度差异，对跨区域购并中可能遇到的进入障碍和进入后的整合充满着担忧，从而降低了跨区域扩张的意愿，其最终的结果是相当多的中国企业重组是在当地企业之间发生，而不是在跨地区的企业之间发生。市场分割性严重地制约了中国企业重组的有效性和效率。

第七章

中国企业集团战略行为的解释

在经济全球化和中国经济转型的背景下，对中国企业集团的性质与特点、成长和重组选择的研究表明：中国企业集团战略决策或者选择行为具有明显的情境嵌入式的特点（蓝海林、李铁瑛和王成，2009），因此，基于中国情境特点的研究可以解释中国企业集团战略行为上的共性特点（主要是与其他国家多元化企业战略行为比较）；即使在相同情境下，中国企业集团的战略行为之间也存在着明显的差异性（主要是不同类型的企业集团之间），这种差异则应该进一步从中国情境与企业集团自身特征的交互作用加以解释。本章的主要目的就是考虑中国情境与企业特征在影响中国企业集团战略行为中的交互作用，解释影响中国企业集团战略选择行为的主要因素及作用机理，从而为中国企业集团战略行为提供一种更系统和全面的解释。

第一节　研究企业战略行为的基本范式

任何一家企业，也包括企业集团，都是嵌入在一个特定的环境中存在和发展的。因此，对企业战略行为的研究应该从企业与环境的不可分割性入手，重点研究企业适应和利用环境变化过程中的重要、长期和根本性决策行为。作为一种计划，企业战略主要被认为是企业战略管理者事前、主动和理性决策的结果。首先，企业战略管理者要依据对企业内外部环境未来变化的预测、分析和整合，形

156

成企业战略的备选方案；其次，企业战略管理者需要依据对企业目前所处制度环境及其对企业的制度要求，对企业战略的各种备选方案进行理性的筛选。作为一种行为模式，企业战略还被认为也是企业战略管理者事中、被动和非理性决策的结果，至少是很难排除企业战略管理者及其相关的非理性决策的影响。

第一，企业与环境的不可分割性表现在外部环境未来的变化趋势为具有不同资源、能力和核心专长的企业提供了不同的发展机遇和威胁。因此，企业的战略选择首先取决于企业战略管理者对企业内部和外部环境的理性分析，提出有利于企业发展的各种可能的战略选择。

第二，企业与环境的不可分割性表现在企业需要根据自己当下的制度地位，了解制度环境对企业战略决策的要求。这种要求将会决定企业战略选择在多大程度上具有外部合法性或者制度合法性。企业战略管理者对企业制度地位和制度要求的认知将在很大程度上决定企业的经营目的、经营方式、社会责任和商业伦理，形成企业战略选择的外生原则。对于发达的市场经济国家来说，所有或者绝大多数企业所面临的制度要求基本上统一的。对处于经济转型期、新兴市场经济国家的中国来说，不同类型的企业所处的制度环境和制度要求是差异化的。

第三，企业与环境的不可分割性表现在企业管理传统形成于企业在过去环境下的战略选择与成长路径。企业管理传统的态度将会在一定程度上影响企业战略选择。企业战略管理者对企业管理传统的认知和态度将在很大程度上决定企业的经营目的、经营方式、社会责任和商业伦理，形成企业战略决策的内生原则。

第四，企业与环境的不可分割性还表现在企业所处环境的性质和特点将在很大程度上决定企业战略行为的性质和特点。在相对动态的条件下，企业战略不仅是一种计划，还包括一些事中、被动和非理性的决策过程；企业战略很难预定企业未来全部或者主要的战略行为；企业战略实施的有效性不仅包括计划执行的严格性，还有战略实施过程中适应性和创新性。在企业经营环境动态化的趋势下，管理传统等非理性因素将对企业战略选择产生越来越大影响（蓝海林，2007）。

为了解释中国企业集团战略行为特点，我们在文献研究的基础上构建了一个关于企业战略决策的研究框架（见图7-1）。在这个研究框架的总体指导之下，首先，我们将从中国情境特征，尤其是制度环境特征入手，揭示中国企业集团战略行为上共性特点，同时也解释中西方企业战略行为上的差异性。其次，我们将从中国情境特征与中国企业集团自身特征的交互作用入手，进一步解释中国不同类型企业集团战略行为上的差异或者个性特点。最后，我们将通过对上述两种解释进行了分析、归纳和整合，构建一个解释中国企业战略行为的概念框架，从而为在经济全球化和现行经济体制交互作用下优化中国企业集团的战略行为，提供更为有效的理论指导。

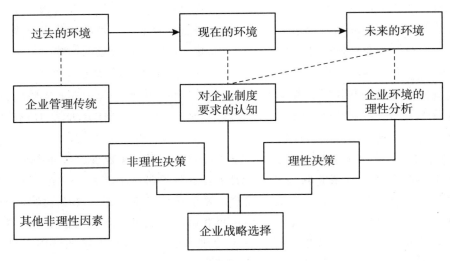

图 7 - 1　企业战略行为的研究框架

资料来源：修改自蓝海林、张平：《中国情景下的企业战略行为》，机械工业出版社 2012 年版。

第二节　影响中国企业战略行为的情境特征

伴随着全球化的影响，包括中国在内的一批发展中国家在过去半个世纪中实施了经济转型。与其他经济转型国家相比，中国的经济转型在内容和方式上具有自身的特点（蓝海林，2004）。首先，中国所实施的经济转型在内容上是一种双重转型（徐玠和权衡，2003），包括从相对落后的农业社会转向较为发达的工业社会的所谓经济发展转型；从封闭的计划经济体制转向开放的市场经济体制的所谓经济体制转型。其次，中国的经济转型采取了特殊的实现方式或者推进方式（张宇、张晨和蔡万焕，2011）。为了在保持政治和社会稳定的前提下实现上述两种内容的经济转型，中国政府确立了"以稳定为前提，以发展为目的"的基本原则（王东，1994）。按照这个基本原则，中国政府采取了渐进而不是"爆炸"的方式推进经济转型，希望以时间换稳定；采取放权而不是集权的方式推进经济转型，希望自下而上地激发改革的动力；采取实验而不是计划的方式推进经济转型，希望"摸着石头过河"，减少改革对稳定和发展造成的负面影响（郭俊华和卫玲，2011）。总之，中国经济转型在内容和推进方式上的特殊性导致中国的经济转型走出了一条独具特色的道路，从而使转型期中国企业所嵌入的经营环境表现出以下独特的情境特征。

1. 转型经济特征

多数国内外学者对中国企业战略行为的研究均将"转型经济"视为中国独特的情境特征，即中国企业战略行为既受市场经济体制也受计划经济体制的影响（王成和蓝海林，2010；宋铁波和曾萍，2012）。受渐进式经济体制转型的影响，中国至今仍然没有完成从计划经济向市场经济的转型，计划经济仍然在关键资源的配置上发挥着重要作用，行政干扰仍然广泛和频繁地困扰着经济、市场和企业的正常运行。这主要是因为：第一，各级政府手中仍然掌握着大量的资源，致使这些资源无法完全按照市场机制进行有效和有效率地配置；第二，仍然有相当数量的行业被认为是非竞争性行业或者低度竞争性行业；第三，国有经济的比重仍然偏高，效率低下，而非国有经济的地位和作用仍然需要进一步提升；第四，市场经济体制所需要的政治体制和法制环境仍然存在严重缺失或不健全。具体来说，受放权式经济体制转型的影响，各级地方政府所拥有的资源、权力和发展的责任越来越大；地方官员的任命制和以经济增长为核心的评价机制驱使地方各级政府积极地参与了区域经济增长竞赛。在上述两种机制的推动下，区域竞争和地方保护所导致的市场分割已经成为经济全球化条件下中国市场经济体制不完善性的突出表现（蓝海林、李铁瑛和黄嫚丽，2011）。

2. 新兴市场经济国家特征

相对于成熟市场经济国家来说，新兴市场经济国家一般都具有高增长和市场机制不健全并存的特点（陈卓勇和吴晓波，2006）。多数学者认为中国具有"新兴市场经济国家"的情境特征。改革开放以来，中国经济的持续高增长通过以下两个途径给中国企业带来大量的发展机会：一是中国外向经济的发展，包括吸引外资和扩大出口带来的各种机会；二是中国内向型经济的发展，包括国内市场规模的扩大和升级也带来了诸多的机会。因此，通过把握机会带动增长至今仍然是中国企业主要的战略行为（陈卓勇和吴晓波，2006）。同时，中国的市场经济体系，包括各种制度、规则和各种参与者及其行为都还不完善。因此，中国企业，尤其是企业集团完全有可能在并不具备相应竞争优势条件下，利用体制不健全、市场不完善、信息不对称而获得更好的发展机遇（Zeng Ming and Williamson，2007）。

3. 制度环境差异化特征

无论是以"转型国家"还是"新兴市场"作为中国企业经营环境的主要情境特征，其核心目的都是强调中国特有的制度环境对中国企业战略行为具有重要的影响。然而，越来越多的国内外学者运用制度理论研究中国企业战略行为时

（蓝海林、汪秀琼、吴小节和宋铁波，2010；宋铁波、蓝海林和曾萍，2010），发现制度理论虽然可以在一定程度上解释中外企业战略行为结果的差异，但依然无法有效地解释中国企业集团之间在战略行为上的差异。事实上，在渐进、放权和试验式的经济转型中，中国各级政府一直通过差异化的制度和政策的办法分别或者轮流地推动着不同所有制、不同地区、不同行业，甚至不同隶属关系的企业的改革与发展；一直给予不同行业、不同所有制，甚至不同资源和实力的企业以不同的优惠或者保护政策。正是这种差异化的制度安排，使得中国不同类型的企业所处的制度环境或者说所受的制度约束存在明显的差异。在区域竞争和地方保护日趋激烈的情况下，中国企业制度环境的差异化特征在地方政府的区域经济竞赛中得到了进一步的强化。

4. 经营环境动态化特征

源于中国经济转型方式的影响，中国企业所处的制度环境以及其他环境因素均具有高度动态性。同西方成熟的市场经济国家相比较，渐进性经济转型导致中国经营环境表现出更高的动态性；放权式经济转型导致中国企业经营环境表现出更大的区域差异性；试验式经济转型导致中国企业经营环境表现出更强的不确定性，快速应变与创新因此已经成为中国企业的主要生存和发展方式。虽然国内外学者曾经分别使用"动态性"、"复杂性"和"不确定性"等概念来描述了中国企业经营环境上的复杂程度和变动频率（Boyd et. al.，1993；曾萍、宋铁波和蓝海林，2011），但是学者对环境动态性的界定和测量多数局限在产业环境的角度，即使有部分涉及制度环境，但并没有考虑经济转型方式对经营环境的特定影响效应。因此，有必要基于中国情境对这一概念进行拓展，将渐进式、放权式、试验式的经济转型对经营环境的影响效应纳入"环境动态性"的内涵之中，从而更科学地刻画中国情境下的环境动态性。

基于上述情境特征的影响，中国企业集团在若干重大和基本战略行为上陷入了西方企业从未面临过的"两难困境"。在这种情况下中国企业集团所做出的战略选择及其与绩效的关系很难根据西方主导的企业战略管理理论进行一致性解释。

第一，由于中国"转型经济"情境特征的影响，中国企业集团在基本经营理念的选择上陷入了第一个"两难困境"——无论是选择"以政府为导向"还是选择"以市场为导向"都面临着"难以取舍"的局面。在中国经济转型的不同历史时期，虽然计划经济和市场经济的作用大小存在着一定的差异，但是这两种经济体制并存一直被认为是中国经济体制的主要特征（靳涛、张建辉和褚敏，2011）。在难以准确判断政府作用还是市场作用更大的情况下，一家企业集团如果完全"以市场为导向"就有可能忽视来自于政府的各种机会和威胁；如果完全"以政府为导向"则可能忽视来自市场的各种机会和威胁。面对这种"两难困境",一部分企业集团试图在具体的战略决策中采取"两手抓"的方式,去"一手抓市场,一手抓政府"的办法去应对这种"两难困境"(石柏青,2010)。但是,越来越多的企业集团已经意识到从根本或者长期来看上述两种管理导向是难以兼容的。因为支撑这两种管理导向所需要的资源、能力,尤其是价值观难以兼容的,长期坚持"以市场为导向"的企业集团往往缺乏支撑政府导向所需要的资源、能力优势,难以有效把握来自政府的机会或者化解来自政府的威胁;而长期坚持"以政府为导向"的企业集团往往缺乏支撑市场导向所需要的资源、能力优势,难以有效把握来自市场的机会或者化解来自市场的威胁。

第二,由于中国"新兴市场"情境特征的影响,中国企业集团在战略决策模式的选择上陷入了第二个"两难困境"——无论是选择"市场基础模式"还是选择"资源基础模式"都面临着"难以取舍"的局面。虽然随着中国经济转型的不断深入,市场机会在相对下降,市场机制也在逐步健全和完善,但是我们必须承认,迄今为止中国仍然被认为是一个充满发展机遇和投机机会的新兴市场国家。在这种情况下,一家企业集团如果完全选择"资源基础模式",那么就有可能因为对竞争优势的建立和发挥过于执著而失去其他的发展机会;如果完全选择"市场基础模式",那么则有可能因为对抓住各种机会过于关注而难以忽视竞争优势的建立和发挥。面对这种情况,一部分企业集团试图在具体的战略决策中采取"整合模式"去应对这种"两难困境",即在战略行为上同时重视外部机会的把握和内部优势的发挥。但是,越来越多的企业集团意识到从根本或者长期来看上述两种战略决策模式是难以兼容的。从本质上来看,上述两种战略行为模式在战略决策和资源配置的依据上是根本对立的。采取市场基础模式的企业集团往往会将有限的资源用于把握外部机会上,而采取资源基础模式的企业集团则往往会将有限的资源用于内部优势的建立和发挥上。

第三,由于中国制度环境或者制度差异化情境特征的影响,中国企业集团在对待制度影响的态度上陷入了第三个"两难困境"——无论是完全认同或者是完全不认同自己制度地位及其相应的制度影响,企业都面临着"难以取舍"的局面。在经济转型的过程中,中国政府一直鼓励试验和创新,但是在总体上来说制度地位不同的企业集团,其所受到制度影响,包括得到的好处和约束也不同(叶广宇和刘美珍,2013)。一家企业集团如果完全接受自己被给定的制度地位和相应的制度影响,有可能得到相应的制度合法性收益,但是因此也有可能会相应地牺牲市场合法性和制度创新的收益;如果不接受自己被给定的制度地位和相应的制度影响,有可能得到市场合法性和制度创新的收益,但是因此也有可能失去制度合法性收益。中国的经济转型本身就是一个渐进、放权和试验式的转型,

161

能够适时地和恰当地否定自身的制度地位或者拒绝相应的制度影响，才有可能把握创新和发展的机遇。相反，不能够适时地和恰当地否定自身的制度地位，有可能错失创新和改革的机遇。因此，深入分析中国企业集团的发展历程可以发现，在各个历史阶段上都完全认同自己的制度地位和接受制度影响的企业（即所谓"完全循规蹈矩"的企业集团）与完全不认同自己的制度地位和接受制度影响的企业（即所谓"完全不循规蹈矩"的企业集团）都很难在中国经济转型过程中得到持续和稳定的发展。

第四，由于受中国企业经营环境动态化情境特征的影响，中国企业集团在如何对待企业管理传统上面临着第四个"两难困境"——无论是坚持管理传统还是放弃管理传统，企业都面临着"难以取舍"的局面。在整个经济转型的过程中，中国企业集团不仅面临着经营环境动态化的影响，而且还要应对越来越明显的竞争互动和竞争动力学上日趋动态化的影响。在速度和创新越来越成为企业关键竞争优势的情况下，按照资源基础理论的观点，强调巩固和发挥管理传统的企业集团更有可能建立和发挥企业的核心专长，做强自己的主业，但是因此有可能失去自己的应变、创新和开拓的能力。相反，强调改变或者超越管理传统的企业更有可能保持和提升企业的应变、创新和开拓的能力，把握新的发展机会，但是因此可能难以建立和发挥企业的核心专长。纵观中国现代企业并不悠久的发展历史可以看出，完全坚守管理传统的企业与完全不尊重管理传统的企业都很难在中国经济转型过程中得到持续和稳定的发展。

第三节　影响中国企业集团战略行为的企业特征

深入观察和分析转型期中国企业集团的战略行为，我们可以比较清楚地发现，在相同情境下，制度地位、资源能力和管理传统不同的中国企业集团在"两难困境"下的战略行为存在着明显的差异性。深入研究上述中国情境与下列企业特征的交互作用可以在一定程度上解释同在中国情境下不同类型的中国企业集团在战略行为上的差异性。

一、企业集团的制度地位

中国企业集团发展历史的回顾和分析清楚地表明，中国企业集团对成长和重组战略的选择在很大程度上受制于企业外部，特别是政府以及政府所代表的其他社会利益的制度要求。这种制度要求包括了强制性、规范性和认知性三种不同类型的制度。处于相同经营环境下的中国企业集团所面对的制度环境具有很大的差异性，或者说是面对着差异化的制度压力。只有当不同类型企业集团的战略选择与它们所面对的制度要求一致的时候，它们的战略选择才能够获得相应的外部合法性，才能够从企业外部，尤其是政府和社会获得与此匹配的好处。正是因为中国企业集团的外部制度环境具有这种独特的情境特点，面对相同的备选战略，承受差异化制度要求的各种企业集团都会做出不同的战略抉择。国外学者曾经说：在进入中国市场之前，我们都以为中国有很多制度，但是进入中国市场以后才发现中国实际上没有制度（Meyer、吕源、蓝海林和吕晓慧，2004）。其实，中国不是没有制度，而是不同的中国企业可以遵守不同的制度，或者说可以在不同程度上遵守同一种制度。如果我们将中国市场看成是一个篮球比赛场的话，可以发现拥有不同制度地位的球队遵循的竞赛规则不同或者可以不同程度地遵守相同的竞赛规则。有的球队可以随意犯规也不会受到惩罚，而有的球队稍有不慎就会被处罚。制度地位相同的企业集团在上述"两难困境"下的战略行为具有明显的共性，而制度地位不同的企业集团在上述"两难困境"下的战略行为则具有明显的差异性。因此，研究中国企业集团在战略选择上的差异性固然不可忽视，但是说明这种差异性的来源和作用机理才是更重要的。

中国经济转型的特殊性质、方式和原则是导致中国企业承受差异化制度要求的根本原因。中国经济转型是在保证政治体制不发生根本改变前提下的经济体制改革，稳定与发展并举一直是整个经济转型中坚守的基本原则，为此中国政府以渐进、放权和试验的方式推进经济转型。在需要加快发展某种所有制企业的时候，政府就会对这种所有制企业提供更为宽松和有利的制度环境或者制度要求，而另一种企业的制度环境和制度要求就相对恶化了；在需要加快发展某个行业的时候，政府就会对这个行业的企业提供更为宽松和有利的制度环境或者制度要求，而其他行业企业的制度环境和制度要求就会相对恶化。对不同类型的企业和企业集团提供不同的制度环境和制度要求恰恰就是中国成功实现这种高难度经济转型的关键和秘密所在（蓝海林和皮圣雷，2011）。决定中国企业集团制度要求的主要特性包括：

1. 行业特征

从对中国企业集团战略选择的案例研究中发现，不同行业的企业集团可能面临的不同的制度压力，并且因此使主业不同的企业集团在战略选择上有所不同（黄山和蓝海林，2007）。

第一，在渐进式经济转型中，中国政府对不同的行业所采取的管制方式和程度存在不同。按照行业管制的方式与程度，中国各个行业大体划分为两种类型：

竞争性行业和非竞争性行业。政府对非竞争性行业的管制不仅包括提高行业准入障碍，而且包括经营策略和方式，如产品或者服务的价格、员工收入和福利、企业的经营方式和行为等。但是，政府不能对竞争性行业实施相同方式和程度的管制，包括设立过高的进入限制，当然政府也不能对这些行业中的企业提出过高的制度要求。从这个意义上说，非竞争性行业企业集团的战略选择行为更多地服务于政府的需要和受到制度的影响，因此应主要从政治学而不是经济学角度去理解。例如，南方电网公司原来的经营宗旨就是："对中央负责，为五省区服务。"而竞争性行业企业集团的战略选择行为则更多地服务于市场和企业自身发展的需要，因此主要应该从经济学而不是政治学的角度加以解释。

第二，越来越多的研究表明不同行业的全球化潜力不同。对于中国企业集团来说，身处全球化潜力大的行业更容易受到经济全球化的威胁，但是也更容易建立、提升和发挥国际竞争力，反之亦然。跨国公司的理论认为，行业特征将会影响企业在全球一体化与当地响应这一矛盾中的战略选择和协调机制（Bartlett and Ghoshal，1989）。在全球化潜力高的行业中，跨国企业更愿意选择全球标准化战略和产品事业部的组织结构，从而在跨国经营中最大限度地建立和发挥整合效益上的优势。在全球化潜力低的行业中，跨国企业更愿意选择多国化战略和区域事业部的组织结构，从而在跨国经营中最大限度地建立和符合地方响应的优势。而在全球化潜力居中的行业中，跨国企业更有可能在上述两种极端的战略选择之间中做出选择，如实施跨国化战略和矩阵结构。考虑到中国市场分割的特点，本项目组将上述理论应用于研究在国内市场上实施横向整合战略的企业的战略行为，同样发现主业全国化或全球化潜力不同的企业集团在横向整合国内市场过程中所采取的战略和管理模式的确存在一致性的差异（李铁瑛，2011）。李铁瑛（2011）通过对六家企业的案例研究，发现行业全国化潜力越高，企业越倾向于采取高度整合的管理模式，而且行业特征对企业管理模式选择的影响强于企业自身特征的影响。

2. 所有制特征

在促进多种所有制并存和发展的过程中，中国各级政府在不同的发展阶段对不同所有制的企业制定了不同的发展政策和管理制度。从这个意义上来说，所有制不同的企业集团所处的制度环境或者说所面临的制度约束不同。

在整个经济转型的过程中，中国政府一直通过所有权、高管任免权和软预算保持着对国有企业，尤其是国有企业集团的控制，希望国有企业集团在稳定与发展，尤其是稳定方面发挥重要的作用。为此，中国政府的做法是：第一，没有从国有企业，尤其是国有企业集团的产权改造入手，而是从大力发展乡镇企业、个体私营企业和外资企业入手，形成了以公有制经济为主体，多种经济成分共同发展的格局；第二，没有在实际上将国有资产的保值和增值作为国有企业集团最根本的经营目的，相反，一直要求国有企业集团响应党的号召，贯彻政府意志，使国有企业，尤其是国有企业集团对社会稳定、全面和协调发展承担了超出一般企业应负的社会责任；第三，对国有企业集团的经营方式和经营行为提出了高标准和严要求，导致国有企业集团的管理机制更"死"，各种费用更高，越来越不适合在竞争性行业中生存和发展。按照制度合法性要求和制度合法性对等的原则，国有企业，尤其是国有企业集团的"奉献"并不是没有回报的，只是回报的方式有所不同。国有企业，尤其是企业集团得到的回报通常主要包括：国家以及各级政府对国有企业实施了特殊的产业政策，不仅保持了国有企业对重要行业的独占或者控制，而且鼓励和推动国有经济向非竞争行业集中；通过提供财政补贴、资金扶持、优惠利率、减免债务、增加土地出让金和利润留存等各种方法减少国有企业的负担；在政府投资项目、土地出售、上市和信贷等各个方面向国有企业倾斜，支持国有企业的发展。

在整个经济转型过程中，中国政府对非公有制企业，尤其是民营企业的制度要求一直相对比较低，以"放活"作为对非公有制企业的扶持和鼓励，表现在：一是相对于国有企业集团来说，非公有制企业的经营目的非常明确，就是股东财富的最大化；二是在符合基本法律和政策要求的前提下，政府不会或者很少干预非公有制企业内部的经营和管理，因此这些企业经营与管理机制更灵活；三是政府并不要求非公有制企业，尤其是民营企业承担相应的社会责任，包括环境保护、劳动者权益保护，甚至消费者权益保护等；政府对非公有企业经营行为的商业伦理要求也不高，即使有一些违反商业道德的事情也处罚不严。同样，与非公有制企业所承担的制度合法性要求对等，非公有制企业，尤其是民营企业所享受的制度合法性的好处也相对有限。非公有企业的发展主要被限制在了竞争性行业；按照市场价格获得包括土地、资金、原材料等生产性资源；很难享受很大的财政补贴、资金扶持和税收优惠。相对于大型国有企业集团的扶持来说，政府对非公有制企业的基本态度也就算是一种"放养"。

随着经济改革的深入，在国有独资和个体独资企业之间以及出现了大量的混合所有制企业，公有制企业和民营企业的内涵和外延也都发生了根本性的变化。但是，仔细研究还是可以发现分布于上述两极企业之间的不同经济成分混合的企业所面对的制度要求存在差异，因此各种企业享受的制度好处也相应地存在着不同。

3. 国有企业集团的隶属关系

考虑到所有制与所处行业特征的交互作用，隶属不同层级政府的国有企业集团在制度地位上存在着明显的差异，面临着性质和方式都不同的制度影响。一般来说，具有较高制度地位的企业有可能面对的制度要求一样，但是享受的制度好处更多或者受到的制度干扰更少，因此其战略选择也可能不同。在计划经济条件下，中国的国有企业隶属于不同的"条条块块"，也存在着行政级别上的区别。中国政府对于国有企业实施了"国家所有，分级产权"的国有资产监督与管理体制（杜天佳，2007）。在中央和各级地方政府中设立了国有资产监督与管理委员会，它们在不同行政管理层次上代表政府对本地的国有企业和国有企业集团行使所有者的权益和行政管理的权限。因此，国有企业集团之间仍然存在着隶属关系，甚至行政级别的不同。那些隶属于国家的国有资产监督与管理委员会的国有企业集团被称为中央企业，行政级别等同于省部级；而另一些所属于地方国有资产监督与管理委员会所控制的企业或者就叫地方性国有或者国有控股公司，行政级别属于地市级。不同隶属关系的企业集团所处的行业不同，在战略选择上也存在着值得关注的差异。值得注意的是，企业集团的制度地位的高低不仅与企业集团的所有制和隶属关系特性有关，而且还与企业集团与政府的关系有关。导致隶属中央和地方政府的国有企业集团在战略选择或者行为上不同的主要原因包括：

第一，它们所隶属的政府存在着利益的不同。中央政府主要考虑的是国家利益，从而会以各种方式推动中央国有企业集团的战略选择更符合国家利益或者体现国家意志。但是，地方政府则更多的考虑本区域的利益，因此也会以各种方式要求地方性国有企业集团的战略选择更符合地方利益或者体现地方政府的意志。例如，中央政府希望建立社会主义大市场，隶属中央的国有企业集团更多地选择了跨区域横向整合战略。地方政府更希望发展本地经济和保护本地企业。因此，隶属地方政府的国有企业集团则可能更多地选择了在本地实施行业多元化战略。

第二，它们所隶属的政府之间存在着隶属和任免关系。与西方国家的民主政府不同，中国地方政府官员不是由本地区居民直接选举而是由上一级政府任命的。中央所属企业的管理者不仅有行政级别，而且他们的行政级别甚至等于或高于地方政府官员。因此在实施跨区域横向和纵向整合国内市场或者行业的过程中，中央企业可以利用自己所隶属的政府和本身的行政级别直接或者间接地影响地方政府，从而更容易突破市场分割性的影响，或者说更少受到区域竞争与地方保护的干扰。相反，在实施跨区域横向或者纵向整合国内市场的过程中，地方性国有企业集团则处于相当不利的地位。一方面，本地政府并不支持它们走出去，这样有可能影响本省国民生产总值和税收的增长速度；另一方面，它们在跨省整合开拓中又没有中央企业集团的优势。因此，地方性国有企业很少在全国范围内实施横向和纵向整合战略。即使它们实施这种战略，一般也只是将实施整合战略的区域限制在本身所隶属政府的行政管辖范围之内。

企业集团的制度地位还有另外两种相关的来源，那就是企业集团在特定区域中实力和政治关系资本。在现行政府和经济管理体制下，如果某一家企业集团是本地区规模与实力最大的企业，那么它们在本地区的制度地位将非常突出。在各级地方政府非常关注经济增长速度和手中掌握大量政策资源的情况下，这些企业集团可以凭借明显的"洼地效应"，在当地享受政府所能够给予的各种优惠政策和优势资源（叶广宇、万庆良和陈静玲，2010）。如果某一家企业集团与上一级政府官员或者同级政府的主管关系很好（无论是正常关系还是非正常关系），那么它也很有可能在承担相同或者更低的制度要求的前提下，享受更多的优惠政策和占用当地的优势资源。如果某一家企业集团既具有规模、实力优势又具有很强的关系资本，那么其在本区域内的制度地位就更高。在多大的区域范围中具有多高的制度地位将在相当大的程度上影响一家企业集团的战略选择。研究表明，隶属于中央的国有企业集团比隶属于地方的国有企业集团更容易实施跨区域整合战略，并且更容易获得跨区域整合的整合效益（张志宏和费贵贤，2010）。在不考虑其他影响因素的前提下，一个小地方的"大企业集团"往往容易选择在本区域实施高度多元化战略，而不容易选择跨区域实施横纵向整合战略。

二、企业集团的资源能力

在放权式改革和政府官员任免制的双重影响下，各级地方政府程度不同地参与了区域之间围绕着经济增长，尤其是GDP和政府财政收入增长速度的经济竞争，导致中国各个地方政府都不同程度地参与了地方竞争和实施了地方保护的政策措施。为了赢得这场竞赛，各个地方政府都愿意动用自己所有的资源和权力，制定在土地、税收、资金、政策等各个方面的优惠，试图吸引、扶持资源能力强的企业，尤其是企业集团，希望它们能够为区域经济竞赛做出贡献。资源能力强的企业，包括企业集团越来越成为一种稀缺资源，它们知道地方政府的压力、资源和政策手段，如果它们能够得到它们所希望得到的优惠和扶持，它们当然会给地方政府合理的回报。在这种制度情境下，中国企业集团与政府，尤其是与地方政府的关系已经逐步演变成为一种利益共同体的关系。

正是因为转型期中国各级地方政府与企业，尤其是资源能力强的企业之间存在着这样一种利益共同体关系，各级政府在执行国家"抓大放小"、"做大做强"等一系列政策的过程中表现出非常高的积极性。经过多年的经济转型，现在各级地方政府为了促进区域经济发展和提升地方政府的政绩，在经济工作中有三种普遍存在和习以为常的现象：给资源能力强的企业集团以相应的政策优惠和扶持；给资源能力强的企业集团提供"贴身服务"；为资源能力强的企业在各个方面保驾护航。在各级政府对经济活动的管理当中，几乎所有的制度，尤其是强制性的

167

制度的制定和执行都因此存在着大量的"例外"和"打折"的可能性。这种情况的存在绝对不是个别和偶然，而是成为转型期中国所特有的一种制度选择和安排，也是中国经济高速增长的一个秘诀。

三、企业集团的管理传统

企业的管理传统，其实就是一家企业多数管理者共同分享和长期坚持的管理理念、管理方式或者价值观。企业管理传统的形成来源于企业管理者对企业历史经历、经验和教训的总结、提炼，并且会对企业管理者未来做事方式、管理方法和决策基本原则产生一种习惯性和潜移默化的影响。在企业经营环境越来越动态的环境下，企业战略管理者对企业所处环境动态程度的判断和对待企业管理传统的态度将在很大程度上决定企业管理传统到底会成为企业的核心专长还是核心障碍。在企业外部和内部环境变化不大的情况下，坚持企业管理传统可以发挥企业知识资本的作用，提高战略决策的有效性和效率，因此可以被看成是企业核心专长的有效来源。在外部和内部环境变化很大的情况下，坚持企业管理传统也有可能阻碍学习、应变和创新，降低企业战略决策的有效性和效率，因此而成为阻碍企业战略改变和转型核心障碍的来源。

企业集团战略（或者更准确地说是公司级战略）是集团公司或者多元化企业总部为了建立和发挥行业或者市场组合优势而进行的一些长期、重大和根本性的决策，其核心部分包括了行业组合及其匹配的管理模式选择（蓝海林，2011）。对中国企业集团发展历史，尤其是成长和重组战略行为的研究表明，影响中国企业集团战略选择的主要管理传统因素包括：

1. 核心价值观

一家企业的核心价值观主要表现为该企业成员，尤其是企业战略管理者关于企业内部关键成功因素和外部关键利益相关团体的共同看法。嵌入在中国特殊的情境之中，中国企业集团的核心价值观更集中地表现在企业集团对政府作用、政府关系的重视程度上。对于这个中国情境中的特殊问题的回答可能在一定程度上对企业集团战略行为产生复杂的影响：第一，对政府作用和关系的重视有可能演变成为对市场分割性的惧怕，从而导致企业集团选择在本地区实施行业多元化战略；第二，对政府作用和关系的重视也有可能演变成为对市场分割性的重视，从而导致企业集团能够以更为"变通"的策略去克服市场分割所带来的困难。

2. 战略思维模式

企业战略管理者的战略思维模式是指企业战略管理者进行战略决策时所采取的基本出发点和决策依据。以市场为基础的战略思维模式认为，企业外部环境，尤其是行业盈利水平的高低，将是决定企业能否获得高于平均水平收益的关键（波特，1997）。与市场为基础的战略思维模式相关的另一种战略思维模式是以制度为基础的战略思维模式。这种战略思维模式认为，企业外部的制度环境，特别是制度合法性的高低，将是影响企业能否获得高于平均水平收益的关键，因此，制度合法性收益的大小就成为企业战略抉择的关键（Peng，2002）。采取上述两种战略思维模式的企业战略管理者在制定企业集团战略的时候一般会表现出以下三个倾向：第一，在为企业集团选择成长战略的时候，更有可能选择行业多元化程度高的组合战略，如不相关多元化战略；第二，在为跨区域战略选择管理模式的时候，更有可能选择当地合法性高的母子公司和分权为主的管理模式；第三，在实施企业集团战略重组的时候，更喜欢根据企业集团行业组合战略的要求而去调整其管理模式，而不是相反。以资源为基础的战略思维模式则认为，企业内部环境，尤其是核心专长的大小，将是决定企业能否获得高于平均水平收益的关键，因此企业内部的资源、能力和核心专长建立和发挥就成为企业战略抉择的关键（Acedo and Barroso，2006）。采取这种思维模式的企业战略管理者在制定企业集团战略的时候一般会表现出与采取前两种思维模式的战略管理者相反的特点：第一，在为企业集团选择成长战略的时候，更有可能选择低度多元化组合战略；第二，在为跨区域整合战略选择管理模式的时候，更有可能选择总部—分部制和集权的管理模式；第三，在实施企业集团重组战略的时候，更喜欢根据企业集团管理模式的特点调整其行业或者市场组合战略，而不是相反。

3. 企业管理模式

企业集团的管理模式是企业集团在公司治理、组织结构、管理机制、控制方法等管理要素及其相互关系选择上所表现出的稳定特点、风格或者管理传统（李铁瑛，2011）。按照市场为基础的观点，企业集团对组合战略的选择长期被认为是自变量，而企业集团对管理模式的选择则被认为是因变量，因此没有人关注企业集团管理模式对行业或者市场组合战略选择的影响。资源基础观点的学者认为企业管理模式是一种惯性很强的组织性资源，也可以作为一种自变量而影响企业集团对行业或者市场组合战略的选择（Collis，1994）。在资源基础观的影响下，越来越多的企业集团开始将企业集团的管理模式作为企业重要的竞争优势，并且以这种优势的强化与发挥作为企业集团选择行业组合战略的依据。一家企业集团在管理模式上的管理传统是以集权为主还是以分权为主将在很大程度上影响企业集团的战略选择。第一，相对于具有集权传统的企业集团来说，具有分权传统的企业集团在行业组合战略的选择上更偏好高度多元化，甚至不相关多元化。政府部门转型或者政府主导重组而建立起来的企业集团一般具有分权的传统，而由单一行业自然发展形成的企业集团则一般具有集权管理传统，因此前者比后者更偏好高度多元化战略。第二，即使在同一个行业之中，具有分权传统的企业集团实施横向整合或国际化战略中更倾向于选择多区域或者多国化战略。相反，具有集权传统的企业集团则更倾向于全国化或者全球化战略（蓝海林和张平，2012）。

第四节　中国企业集团的战略行为：整合情境—企业特征的解释

嵌入在中国特有情境之中，绝大多数具有相同制度地位、资源能力和管理传统的企业应对"两难处境"的战略行为具有一定的趋同性。但是，我们绝对不能够因此否认有极少数非常特别的企业集团，它们的战略行为实际上"超越"了上述情境和企业特征的约束，从而表现出了明显的差异性。例如，创建于1980年的中国国际海运集装箱股份有限公司（简称"中集集团"）曾经就是一个生产导向的、长期亏损的央企控股企业，经过三十多年的发展，现在它已经成为国内外公认的中国"世界级企业"的代表（蓝海林，2008）。相关学者对于中集战略行为的研究表明，该企业集团主要选择了市场导向，但是仍然把握了一些来自政府的机会；主要采取了资源基础模式，但是仍然抓住了很多发挥和强化自己优势的新的行业机会；既发挥了中央国有企业集团的优势，又有效地规避了中央国有企业集团的制度约束；既保持了重制造、重成本、重质量的管理传统，又在国际化、购并整合、技术创新和管理模式方面进行了大胆地应变和创新，在一系列"两难取舍"中表现出极其高超的"艺术"。认真和深入地分析少数中国世界级企业的战略实践可以发现，这些企业或者企业集团之所以能够在应对制度影响方面表现出如此高超的"艺术"，与这些企业的战略管理者以及背后的治理结构和机制密切相关。

一、企业战略管理者

在中国情境和企业特征的交互作用之下，中国企业，包括企业集团的战略决策相当复杂而富于挑战性。这不仅是因为中国情境特征给中国企业集团战略行为提供了一系列的"两难困境"，而且中国企业集团在这些"两难困境"的抉择都需要考虑情境特征与企业集团自身特征之间的交互作用。在对中国企业集团战略行为的研究中，我们发现企业集团战略管理者对中国企业战略行为的影响尤为重要。企业战略管理者，尤其是企业的董事会和企业高层管理者不仅是企业战略的制定者，而且是企业战略实施的领导者。他们对中国情境和企业特征及其交互作用的认知以及他们在应对外部环境，尤其是制度环境影响过程中所表现出的企业家精神将在很大程度上决定企业战略行为特点。

第一，企业战略管理者的认知。企业战略管理者的认知是企业战略管理者对影响企业战略行为的各种关键要素的看法，其中既包括理性，也包括非理性的成分。企业战略管理者认知之所以越来越受到重视，主要是因为企业经营环境动态化导致集体决策中的非理性因素作用的不断上升所致。嵌入在中国渐进、放权和试验式的特殊经济转型环境中，中国企业集团的战略选择具有明显的动态决策的特点。企业集团的战略选择是企业外部环境分析、内部资源能力、制度地位和管理传统的影响，但是这些影响最终是通过企业战略管理者认知这个中介变量发挥作用的。企业战略管理者的认知与企业战略管理者的构成和作用方式存在着密切的关系。

第二，企业战略管理者的企业家精神。能否在"两难困境"中系统和连续地做出一系列对企业长期发展有利的战略决策，需要的不仅是企业战略管理者审时度势的能力，更需要企业战略管理者具有的担当和执著的品格。对中国世界级企业的案例研究表明：如果主导企业战略管理者团队的是一位具有企业家精神的所有者或者职业经理，这家企业的战略管理者才有可能凭借过人的胆识和担当在"两难困境"下做出一系列既取舍恰当又另辟蹊径的战略行为。

二、公司治理结构与机制

在欣赏杰出企业战略管理者的认知和企业家精神的同时，我们一定要知道选择、激励和控制企业战略管理者决策行为的是公司的治理结构和机制。没有现代和合理的公司治理结构和机制的保证，杰出的企业战略管理者的出现和存在只是制度的巧合而不是制度的选择，反之亦然。在对少数中国世界级企业的战略行为的研究中发现，与企业"顶层设计"有关的四个因素及其相互作用的细小差异将在很大程度上决定一家企业是否能够发现、造就和拥有"杰出的企业战略管理者"。这四个因素分别为：企业的股权结构、董事会的构成和作用、高层管理者的构成和企业高管团队的激励方法。

1. 企业的股权结构

"内部人控制"是中国经济转型过程中，控制权机制的一种表现（乐琦、蓝海林和蒋峦，2009；黄群惠，2000）。在相当多的中国企业集团中间都存在着股权过于集中，从而形成"内部人控制"问题。"内部人控制"缺少对企业战略决策者控制权的必要的约束。无论对国有企业、民营企业及其所控股的企业集团来说，一股独大的股权结构都不是合理的公司治理结构，都不能够有效保证企业集团战略决策的有效性和效率。如果国有股权过大，不利于防止政府和制度影响对企业集团战略选择的不利影响；如果家族股权过大，又不利于防止非理性因素的干扰和对小股东和社会利益的伤害。例如，中国国际海运集装箱（集团）股份有限公司所具有相对分散的股权结构，尤其是两大国有股东对等持股的结构一直被认为是该企业集团能够持续做出有效战略选择的保证。正是在这个意义上，企业集团可以将引进战略投资者或者适度分散股权结构作为提高企业集团战略选择的有效方法之一。其中，国有全资或者控股企业集团可以建立控制权激励机制，通过引进外资和民营企业以减少政府或者制度对企业集团战略选择的不利影响；个人或者家族企业集团则可以通过股权多元化或者引进所需要的战略投资者，减少企业管理传统对企业集团战略选择的不利影响。

2. 董事会的构成

在企业集团的战略决策中，代表企业集团大小股东利益的董事会负有收集信息、审批战略和监督战略实施的责任，目的是防止不称职管理的第一道防线。企业集团董事会的构成和决策方式对企业集团的战略决策具有举足轻重的影响（乐琦、蒋松桂和蒋峦，2009）。本项目组的研究表明，中国上市公司董事会成员的政治资源的大小与企业行业多元化程度具有正相关关系（杨京京，2012）。其次，董事会的任务就是在不确定与面临挑战的环境下促进合作，并改变公司经营情况的能力（Walsh and Seward，1990）。由于股权结构的调整相对比较难，许多中国国有企业集团和民营上市公司都在通过调整董事会人员的构成和规范董事会决策方式来提高企业集团战略决策的有效性和效率。引进外部独立董事和规范董事会决策方式可以在一定程度上帮助企业战略管理者排除来自政府和所有者家族的干扰，理性地分析企业所面临的制度要求和制度影响，准确把握企业的资源能力和管理传统，从而保证战略管理者在应对"两难情境"上做出更有效的战略行为。

3. 企业高层管理者的构成

企业高层管理者是企业战略的制定者和执行者。企业高层管理者的经历、年龄、知识和来源等人口背景特征（Demographic Trait，Finkelstein，1990，1996）将在很大程度上决定企业集团战略选择在多大程度上受到企业内部管理传统和企业外部制度要求的影响。现有的研究成果表明，如果企业集团的高层管理者团队的成员，尤其是总经理，主要来自企业内部提升，那么将有利于企业实施稳定战略。相反，则有利于企业实施战略调整或者转型。如果企业集团的高层管理者团队中具有政府背景成员越多，企业集团行业多元化的水平就越高（宋莹莹，

2012）。根据对未来企业集团经营环境变化趋势的判断，企业集团董事会可以通过调整管理团队成员的构成来提高企业集团战略决策的有效性和效率。如果企业集团董事会预测企业集团所面临的经营环境将面临重大变化，或者企业集团内部经营状况严重恶化，需要企业实施重大战略转型，那么可以增加来自企业外部和知识异构的成员。相反，如果企业集团董事会预测企业集团所面临的经营环境不会发生重大变化，或者企业集团内部经营状况良好，只需要企业保持稳定的增长，那么就可以增加来自企业内部和知识同构的成员（张平和蓝海林，2005）。

4. 企业高层管理者团队的激励方法

嵌入在中国特有的情境之中，面对多种"两难困境"，中国企业战略管理者需要足够的胆识和担当，才能够做出最利于企业利益相关者的战略行为。如果企业的所有者和董事会希望获得或拥有这样的高层管理者并有效发挥他们的胆识与担当，就必须给予这些高层管理者相应的授权、管控和激励。我国企业针对经理人的激励机制还很不完善，或者说根本就是"激励空缺"（黄群惠和张艳丽，1995）。因此，如果企业集团的董事会希望企业高层管理者团队能够制定和实施提升主业国际竞争力的战略，那么就必须调整对企业高层管理者的考核和激励的方法。首先，采取基于提升竞争优势的长期激励方法，而不是采取基于经济绩效的短期激励方法，从而使企业高层管理者能够在战略选择上减少不合理的制度要求的影响。其次，现代企业制度理论要求企业战略决策者剩余索取权与剩余控制权相匹配。但中国很多企业集团的高管的激励大多数由企业的短期绩效确定持股，与企业长期绩效不相关（乐琦、蒋峦和蓝海林，2009）。经常出现高管持股比例过低，甚至是"零持股"的现象，而且大多数是因为投资持股或者增资配股，较少真正意义上的激励性持股（杨惠馨和王胡峰，2006）。因此，有必要建立基于长期绩效的激励性持股方式，使战略决策者的利益与企业集团的利益保持一致。

第五节　结论：一个整合情境—企业特征的概念框架

哲学家黑格尔曾经说过，凡是存在的都是合理的。中国企业集团战略行为上的共性和差异性都应该视为是一种"情境效应"，均可以通过中国企业集团的情境特征和企业自身特征的交互作用而得到合理的解释。在整合上述关于中国情境特征、企业特征及战略行为相关研究成果的基础上，本书基于情境和企业特征的交互影响，构建了一个解释转型期中国企业集团战略行为的概念框架（见图

7－2）。有效地利用这个框架不仅可以为基于中国情境的理论创新提高指引，更重要的是可以为在现行经济体制下优化中国企业集团战略行为，特别是提升企业集团的国际竞争力提供理论指导。

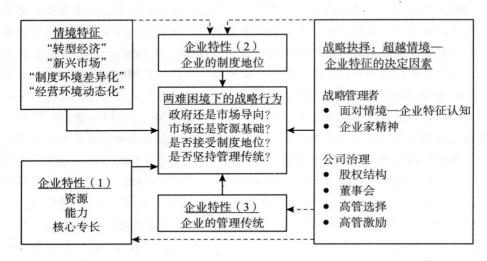

图 7－2　中国企业集团战略行为：基于情境——企业特征的概念框架

首先，运用这个概念框架可以基于中国企业集团所嵌入的若干情境特征回答关于中国企业集团战略行为的第一问题：为什么中西方企业或者企业集团的战略行为不同？由于中国经济转型具有独特的内容和推进方式，导致中国企业集团所嵌入的经营环境具有若干不同于西方国家的情境特征。这些独特的情境特征不仅导致中国企业集团深陷若干"两难困境"，而且在战略行为上相应表现出一些不同于西方企业的特点。揭示中国情境的独特性和推进中国情境理论化工作对推动中国企业战略管理学科实现理论创新具有重要意义。

其次，运用这个概念框架可以基于中国企业集团所嵌入的若干情境特征与企业自身特征的交互作用回答关于中国企业集团战略行为的第二个问题：为什么中国企业集团的战略行为既存在一定的趋同性（具有相同特征的企业集团之间），也表现出一定的差异性（具有不同特征的企业集团之间）？面对一系列"两难困境"，中国企业集团的战略行为还会受到制度地位、资源能力和管理传统等特征的调节，从而使具有相同特征的企业集团在战略行为上表现出一定的共性，而在不具有相同特征的企业集团之间表现出一定的差异性。企业集团特征对中国企业集团选择行为的调节作用可以分别从市场基础、资源基础和制度基础理论上做出进一步的解释（蓝海林、宋铁波和曾萍，2012）。具体和深入地研究中国情境和企业特征交互作用对中国企业战略行为的影响有可能取得基于中国情境的理论创新成果。

此外，运用这个概念框架还可以在考虑中国情境特征和企业特征交互作用的基础上，引入企业高层管理团队、企业家精神和公司治理理论，进一步解释关于中国企业集团战略行为的第三个问题：为什么在不同类型的中国企业集团，甚至国有控股企业中都能够出现了少数世界级企业？在中国经济转型的特定历史阶段上，少数中国企业集团之所以能够发展成为世界级企业主要应该归功于企业内部治理和企业战略管理者的贡献。即使所处情境和所具特征相同，只要企业集团同时具有良好的公司治理结构和杰出的企业战略管理者，仍然有可能在企业特征与企业情境，尤其是制度环境的交互作用中，持续利用现有制度环境的积极影响，化解现有制度环境中的消极影响。由此可见，发展中国世界级企业需要中国继续推动新的经济体制和政治体制改革。

第八章

全球化与中国企业的国际竞争力

中国加入WTO，使中国的经济体制改革和对外开放进入了一个新的历史阶段。中国市场成为全球市场最具有战略意义的一个组成部分；中国企业现在和今后将在更加市场化和全球化的条件下与国外跨国企业在国内和国际两个市场上开展竞争；中国企业的数量多而规模小，产量大而质量低，增长快而效益低的问题已经越来越突出；中国经济的可持续发展在市场、资源和环境等多方面所受到的制约越来越明显。尽快推动中国企业集团回归主业、集中资源、提升国际竞争力，发展一批"世界级企业"已经成为中国经济可持续发展的必然选择，也是本研究的核心目的。考虑到本书研究的目的、对企业集团概念的看法和本书后半部分内容的需要，我们在余下的章节中将不再在现有意义上使用"企业集团"的概念，而是根据需要分别使用企业、大企业、多元化企业、国际化企业、世界级企业、母公司、控股公司、上市公司、国有资产经营公司等更为准确清晰和国际通用的概念来代替"企业集团"这个概念。

第一节　中国企业国际竞争力的来源

研究中国企业如何形成和提升国际竞争力的问题，首先需要结构性地分析和回答中国企业的国际竞争力有可能来自哪里，其次需要从动态演化的视角分析中国企业形成和提升国际竞争力的过程和模式，这样才能够为进一步把握全球化条件下中国企业国际竞争力的来源做好理论上的准备。

一、国际竞争力来源的层次与类型

世界经济论坛在《关于竞争力的报告（1985）》中指出，企业竞争力是指企业在目前和未来，在各自的环境中以拥有比它们国内和国外的竞争者更大的价格和质量优势来进行设计、生产并销售货物以及提供服务的能力和机会。在具有国际比较意义的情况下，国际竞争力就是指企业在国际竞争中所能获得的国际竞争优势。

国际竞争优势是一个笼统的概念，其实质是一个包含宏观、中观和微观"优势"的总称（Dunning and Lundan，2008a），包括区位性优势和非区位性优势。区位性优势依赖于企业所处的外部环境，如国家特定优势（County – specific Advantage）；非区位性优势则独立于企业内部，是企业独特专长和能力，一种使自己的产品具有其他同类产品所没有的特点的能力（Dunning and Lundan，2008b），在国际化和对外直接投资的研究和实践范畴中，就称为"企业特定优势"（Firm – specific Advantage）。

（一）国家特定优势

最早关于国家特定优势的研究可以追溯到 18 世纪以国际分工为理论出发点的英国古典经济学家亚当·斯密（Adam Smith）的"绝对优势说"、19 世纪大卫·李嘉图（David Ricardo）的"比较优势说"以及 20 世纪上半叶具有现代意义的赫克歇尔（Hekscher E.）—俄林（Ohlin B.）"资源禀赋论"等理论。这三种理论都从国家层面上将"比较优势"定义为两国之间的要素差异，无论是劳动生产率、劳动成本还是资源禀赋的绝对差异或相对差异所产生的优势。这种差异优势是国际贸易产生的原因，或者说是一国企业在国际商品交换中处于有利地位的基础。

波特（1983，1986，1990）建立了一套关于多层次整合的国家竞争优势理论。他提出，企业的国际竞争力在很大程度上是依赖其所在的国家的竞争力，发挥国家竞争力是企业国际化成功的关键（Porter，1990）。企业具备国际竞争优势的决定条件在于企业所处的国家能否在特定领域中创造和保持优势，这也就是一个国家的竞争优势。一个国家的竞争优势可以在相当程度上解释了为什么有些国家的企业在某些领域能创造并保持竞争优势，如德国的印刷机、高级轿车、化工、机械制造产业，瑞士的制药业、巧克力食品与贸易业、钟表制造业，美国的计算机信息通信、电影等产业等。波特进一步提出这种国家竞争优势主要来自四个要素：第一，生产要素；第二，需求要素；第三，关联和辅助性行业；第四，企业战略、结构与同业竞争。如果一个国家在某个领域或行业中这四个因素都比其他国家更强，那么就能为其中的企业带来国家特定优势。这被称为"钻石模型"，如图 8 - 1 所示。

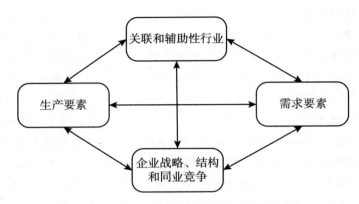

图 8 - 1　国家竞争优势的模型

资料来源：Poter，M. E.，*The Competitive Advantage of Nations*，New York：Free Press，1990.

1. 生产要素

生产要素是指一个国家的生产要素状况，包括熟练劳动力以及在某一行业竞争所必须具备的基础设施条件。生产要素基本上有两种分类方式：第一种分类方式是划分为基本要素和高级要素，第二种分类方式是根据专业程度划分为一般要素和特殊要素。第一，基本要素是指自然资源、地理位置、气候条件、普通工人等，其特点是天赋的，是一种给定的先天条件。高级要素是指开发新产品应具备的必要条件，如充足的资金、先进的技术、高素质的人才。基本要素和高级要素的差别在于，基本要素是被动继承的或只需要简单投资就能拥有的要素。第二，从专业化水平看，一般要素包括公路系统、融资、受过大学教育的人力资源等，这些要素可以被投入在任何一种产业上，而特殊要素则限制在技术型人力资源、先进的基础设施、专业知识领域中某些专门生产要素，如专门研究光学的研究机构、汽车模型设计人才等，特殊要素为某个产业提供具有决定性的竞争优势基础。从上述生产要素的分类可以发现，一个国家在某个领域资源要素上的表现可能是不平衡的，优势劣势并存。但是，波特强调，生产要素的条件不是静止的，一个国家可以通过创新克服劣势。

2. 关联和辅助性行业

如果一个行业存在具有国际竞争力的供应商和关联辅助行业，就有可能从中获得高度专业化及合作中低成本和高差异的好处；如果这些关联和辅助性行业与主导产业地理邻近，使企业与这些配套和辅助行业的企业频繁而迅速地传递产品信息、交流创新思路，这就会极大地促进企业的技术升级，形成良性互动的环境。这种企业与企业之间、行业与行业之间互相促进一荣俱荣的实例到处可见，如美国计算机硬件的发展受益于软件业的不断创新；日本电子业的发展离不开日本半导体产业的领先。

3. 需求要素

需求要素是指某个行业产品或服务的国内需求性质和市场规模。一个国家消费需求的特性会影响该国企业的国际竞争优势。取决于本国需求状况与国际需求状况比较的相对优势或劣势，以本国需求为出发点而发展起来的生产方式、组织形式、营销策略等有可能有利于本国企业打入国际市场、建立竞争优势。例如，以欧洲国家市场需求为基础而发展起来的奢侈品营销策略更有利于进入全球市场。一个国家市场潜力的大小影响该国企业的国际竞争优势。波特认为，有一些国家的企业单纯依靠本国市场就可以形成明显的规模成本优势，如中国、印度、美国和巴西等国家的企业，就比较容易在规模成本上建立世界级的竞争优势。

4. 企业战略、结构和同业竞争

企业战略、结构和同业竞争是指国内支撑企业组织和管理的条件以及国内竞争的性质。一个国家同一行业企业竞争强度的高低与这个行业的竞争结构和行业中各个企业的战略行为存在着密切的关系。如果企业战略选择恰当，行业结构合理，那么同行业竞争激烈有可能导致这个国家的企业在成本和创新两个方面更具有国际竞争力，当然也会更有开拓国际市场的动机。但是，如果企业战略选择不恰当，行业结构恶化引发同行业激烈竞争，那么同行业激烈竞争反而导致企业陷入价格战，最终难以形成关键的和可持续的竞争优势。

（二）企业特定优势

1. 企业特定优势概念的产生与演进

企业特定优势（Firm – specific Advantage）的概念起源于海默（Hymer）在1960年提出的垄断优势理论，其内涵在战略管理研究中得到了发展。垄断优势理论产生的现实背景是第二次世界大战后美国企业为了绕过贸易壁垒进入欧洲市场，在汽车、钢铁、机械、化工等行业进行了大量的对外直接投资。与当时美国市场类似，这些行业的欧洲市场结构也是寡占市场结构，主要特征是生产集中、资本积累大等。海默（Hymer，1976）认为，这些美国企业之所以能够在欧洲市场上迅速克服海外经营带来的劣势，获得比一般国际资本流动更大的收益，就是因为它们已经在规模、技术、管理经验等方面在本国市场上建立了巨大的优势。因此，海默认为这些美国企业拥有一些其他同行企业没有的独特优势，由于这种优势存在于寡占市场，因此他称上述美国企业对外直接投资所拥有的独特优势为"垄断优势"（Monopolistic Advantages），也称为"企业特定优势"（Firm-specific Advantage）。此后，邓宁（Dunning，1977）提出的国际生产折衷理论（OLI 范式）整合了海默的垄断优势理论、伯克利和卡森（Buckley and Casson，1976）的内部化理论以及区位理论的思想，将"企业特定优势"概念进一步表述为企业所有权优势（Ownership Advantage），这个所有权并不是指股权，而是指对技术、营销等专属性资产的拥有权。他认为企业对外直接投资应该同时具备和发挥所有权、内部化和区位三大优势。

对于上述三种继承主流经济学框架所提出的企业特定优势概念，不同学者对它的理解有细微的差别。金德尔伯格（Kindleberger，1979）指出企业特定优势来自三方面：一是来自产品市场不完善的优势，如产品差异、特定的营销技巧等；二是来自要素市场不完善的优势，如专利技术、专有技术（Know‐how）、管理经验等；三是来自企业规模效益的优势。邓宁（Dunning，1980，1988）认为企业特定优势可以区分为两种优势：资产优势（Asset Advantage）和交易优势（Transaction Advantage）。其中，资产优势是指能够产生收益的具有排他性的独特资产，而交易优势则是指通过跨国协调和控制资产从而使交易成本降低以及发挥规模经济的能力。也有学者将其总结为技术优势、规模经济、产品差异化、资金和货币优势、组织管理能力等（陈荣辉，1997；席酉民等，2002）。尽管如此，这些学者都认为企业特定优势是企业既有的优势（陈荣辉，1997），包括有形资产和无形资产（王林生和范黎波，2003），如研发、生产或营销技能、专利、商标、组织能力等，国际化企业能够以中间产品形式推动这些优势有效地穿越边界在内部转移（刘明霞和徐珊，2002）。

由此可见，企业特定优势的概念包含了企业独特专长和能力的一系列内容，或者说就是可以以中间产品形式在企业跨国经营单位内部之间进行转移的核心竞争能力（黄嫚丽和蓝海林，2006）。这样，企业特定优势的概念与 RBV 关于企业的核心能力的观点在一定程度上实现了融合。

2. 企业特定优势的概念界定

随着战略管理理论和研究的发展，特别是在对企业国际化以及跨国公司竞争优势研究中，学者们开始基于资源基础观点对"企业特定优势"的进行了各种探讨和发展。卡维斯（Caves，1996）提出以"专属性资产"（Proprietary Assets）来概括解释跨国公司的非生产基础资产（Non‐production Base Assets）的特征，这种专属性资产又被进一步概念化为国际化企业中所具备的"产品差异化能力"（Capabilities of Differentiating Products，Caves，1996）。这种能力包括了传统意义上的所有权优势。鲁格曼和韦贝克（Rugman and Verbeke，2001）认为非区位

（Nonlocation-bound）的企业特定优势主要有两种形式：一是反映了功能性的与生产相关的专属性资产，尤其是技术、制造技能和营销技能（Know-how）；二是一种组织能力，这种能力能够有效的协调和控制跨国企业的资产。后来有许多学者沿用"产品差异化"的概念来探讨企业特定优势对企业绩效的影响（Delios and Beamish，1999）。因此，专属性资产、产品差异化能力以及企业特定优势的概念是一致的。

综合上述观点，企业特定优势是企业自己所拥有的一种有别于国家特定优势的优势，其本质与核心竞争力的概念基本一致。从优势来源上看，企业特定优势可以分为两类：

（1）利用本国优势建立起来的特定优势。

当企业进入不同国家时，企业要通过内部转移这些独特能力才有可能克服市场进入的各种障碍和新进入者的劣势，才有可能进一步在当地市场获得和建立新的竞争优势。拥有和能够有效地转移企业特定优势是企业实施高水平国际化战略的前提。

（2）利用国际化而建立起来的特定优势。

企业特定优势的形成不仅依赖于母公司，也同样依赖海外公司。通过海外公司的适应、学习、创新和共享，国际化企业往往可以不断地在跨国经营过程中获取新资源、共享资源，在相互强化中学习与创新，形成协同效应，从而形成新的核心能力或特定优势。企业国际化不仅是一个充分利用已有特定优势的过程，而且还是一个学习、建立特定优势的过程（陈荣辉，1997）。

二、中国企业的国际竞争优势演化分析

经过三十多年的经济转型和发展，中国企业的国际竞争优势已经有了明显地提升。对中国企业国际竞争优势的形成和提升进行演化分析，不仅有利于我们进一步了解企业，特别是新兴市场经济国家企业国际竞争优势来源的理论，而且对中国企业如何进一步建立新的国际竞争优势具有重要的指导作用。

（一）中国企业的国家特定优势

在对外开放和经济转型的过程中，中国的比较优势或国家特定优势的性质和大小不仅决定了中国企业国际化的进程，而且还决定了中国企业跨国经营战略的基本战略选择、市场定位和实施跨国进入的方式。由于要素成本低，尤其是劳动力成本低被公认为是中国最主要的国家特定优势，因此劳动密集型产品、低成本市场定位和出口加工为主的国际化方式一直是中国企业国际化经营的主要特点。实际

181

上，随着经济全球化的不断深入和中国经济转型的推进，中国企业的国家特定优势实质上已经经历了三个阶段的演化，在具体内容和程度上发生了巨大的变化。

1. 第一阶段：改革开放至 20 世纪 90 年代以前

在对外开放初期，国内市场不仅规模有限而且非常脆弱，中国企业的国家特定优势主要表现为基本要素和一般生产要素的成本优势[①]。国内经济体制改革和对外开放刚刚起步，国内外市场仍然存在比较明显的有形和无形的边界。当时的中国企业基本上采取了两条不同的发展路径：第一条是通过引进设备、技术和管理生产和销售国内市场需要的产品或者服务的所谓内向型发展路径，选择这种发展路径的企业被定义为"内向型企业"。如海尔集团的前身青岛电冰箱总厂就是在 1984 年引进德国利勃海尔电冰箱生产技术的基础上发展起来的；海信在 1984 年引进日本松下技术和设备生产了第一台 14 英寸彩色电视。随着国内市场的扩大和市场竞争的激烈，中国内向型企业逐步在国内市场上建立自己的竞争优势和核心专长。在此基础上，依赖中国当时拥有的巨大的劳动力成本优势，中国内向型企业也开始以出口形式开拓国际市场。第二条是将引进设备和技术后所生产的产品全部出口的所谓外向型发展路径，选择这条路径的企业被称为外向型企业。这一时期中国积极吸引外商直接投资，采取"大进大出"、"两头在外"的策略，鼓励外国企业在国内兴办"三来一补"和合资合作企业，所生产的产品基本全部出口，迅速扩大了出口创汇。这类企业是当时中国经济融入世界经济的重要力量，也是中国以出口创汇增加国家财富的主力。

在 20 世纪 90 年代以前，中国的国家特定优势主要表现为要素成本优势，特别是劳动力成本优势。其中，中国劳动力成本优势主要来源于中国劳动力市场的体制改革。传统体制下壁垒森严的劳动力资源城乡分割被打破以后，形成了体制内劳动力市场和体制外劳动力市场（赖德胜，1996）。体制外劳动力市场的形成和发展得益于大量农村剩余劳动力存在和大规模的跨区域流动。农村剩余劳动力大量流入了对劳动力需求巨大的劳动密集型"三资"企业和乡镇企业，形成了中国劳动力成本优势的重要基础。在这个阶段上能够有效利用和发挥这种国家特定优势的企业主要是外向型或者出口加工型企业。

2. 第二阶段：20 世纪 90 年代至中国加入 WTO 以前

在国内外市场依然分隔的条件下，对外开放的进一步深入和外贸体制改革推进使中国企业的国家特定优势的内涵有所增加：在生产要素优势继续得到强化的情况下，相关支持性产业优势（也称为配套产业优势）和市场规模优势也逐步建立和显现出来了。

[①] 即钻石模型中的第一种因素。

（1）生产要素优势进一步提升。

在继续保持生产要素低成本优势的同时，中国经济的发展使中国交通、通信、教育以及城市化得到了全面的提升。中国经济体制改革的深入同时也使中国劳动力、资源、金融等要素市场逐步建立。过去视为禁区的商业、外贸、金融、保险、航空、律师、会计等服务领域以及限制投资的土地开发、房地产、信息咨询等第三产业已逐步放开和允许外商投资。与前一个阶段相比较，中国吸引国外直接投资的要素条件（如高级人力资源）、软硬环境都得到了很大的提升。

（2）相关支持性产业优势初步建立。

得益于国外直接投资企业和中国国内的内、外向型企业发展，中国重工业得到了振兴，工业配套体系和能力逐步完善，大量最终产品的上游出现了大量配套企业，中国在若干行业开始具备了新的国家特定优势，即配套和支持性产业方面的优势。中国相关支持性产业特定优势的形成与发挥，使中国外向型企业出口加工的形式迅速提升，实现了从来料加工/进料加工收取加工费的形式向多样化的承接国际产业转移、参与国际分工的形式升级。例如，加工贸易进出口总额从1981 年的 25 亿美元到 2001 年的 2 414.3 亿美元，增长 96 倍，如图 8-2 所示。同期，加工贸易出口在对外贸易中的比重从 5% 提高到 55.41%，如图 8-3 所示；初级产品贸易比重从 50.3% 下降到 10%，而工业制成品贸易比重由 50% 上升到 90%，如图 8-4 所示。如摩托罗拉 2000 年在中国已有 700 多家供应商，其中 400 多家是中国企业或合资企业，产值已达 75 亿元人民币以上。集群配套方面的优势开始建立，如进入 20 世纪 90 年代后，珠江三角洲抓住国际信息技术（IT）产业转移的契机，大力吸引台湾 IT 企业投资设厂，发展外向型 IT 硬件制造业的配套加工，形成了以深圳、东莞和惠州为主的电子产业集群。

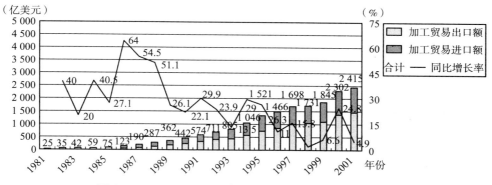

图 8-2　1981~2001 年加工贸易进出口统计数据

资料来源：根据国家统计局网站，http：//www.stats.gov.cn/和中国海关统计网，http：//www.chinacustomsstat.com/数据整理。

183

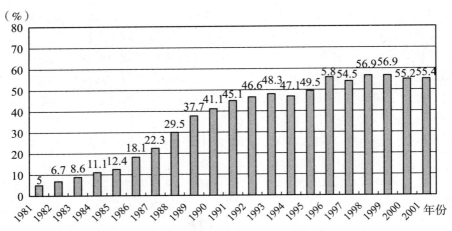

图 8－3　1981～2001 年加工贸易占对外贸易比重

资料来源：根据国家统计局网站，http：//www. stats. gov. cn/和中国海关统计网，http：//www. chinacustomsstat. com/数据整理。

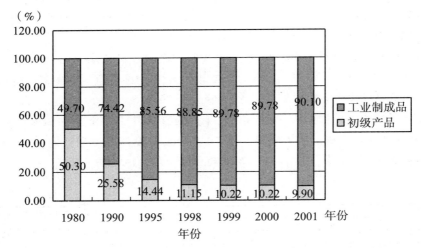

图 8－4　1980～2000 年初级产品与工业制成品占总出口额比重

资料来源：根据国家统计局网站，http：//www. stats. gov. cn/和中国海关统计网，http：//www. chinacustomsstat. com/数据整理。

（3）需求条件方面的优势开始建立，主要表现为市场规模优势。①

1992 年中国实施"以市场换技术"的利用外资战略，希望通过向外国企业出让国内市场份额以获得国外先进技术、提高国内技术水平。尽管"以市场换

---

① 即钻石模型的第三种因素。

技术"战略最终并未完全实现目标，但是却在以下方面推动了中国在建立需求条件优势方面的积累：第一，新需求的创造和出现。外资的进入加快了新兴产业在中国的发展，进而创造了新的需求，如移动通信设备行业、数字电子消费品行业等。外资在传统行业以其丰富的经营经验和以需求为导向的营销策略，亦发现了新的需求或填补了原有的市场空白。如在日用精细化工产品行业，美国宝洁公司的进入开发了多元化的洗发水细分需求，其营销模式基本上改变了中国洗发水行业原有的销售、购买方式。第二，原有需求的扩大。这一时期，外资利用其先进的生产技术、工艺以及产品设计、营销方式等改善了产品生产，增加了产品品种，在某些行业还提高了产品质量，使国内原有的需求扩大，创造了更大的市场。例如，在饮料制造业中，可口可乐和百事可乐进入扩大了国内原有的碳酸饮料市场和需求，使中国碳酸饮料市场总额成倍增长。第三，同类需求的多样化与提高。这一时期，对外开放的深入使国内市场日益受到经济全球化的影响，导致国内消费需求日益多样化，高档次的需求增多，加速了需求条件的变化。如中国汽车工业近二十年基本上是在外资的竞争中发展的，外资企业的大规模进入对近年发展起来的家庭轿车市场需求产生了主导性的影响。

经过上述两个阶段，中国已经在要素条件、相关和支持性产业、需求条件三个方面不同程度地建立起了国家特定优势。通过放权搞活企业、发展多种经济、鼓励市场竞争和完善市场建设，中国经济获得了连续多年的高增长。中国不仅成为了世界增长最快和最具潜力的内需市场，而且也变成为世界最大的制造基地和商品出口国。

3. 第三阶段为加入 WTO 后至今

为了实现中国"入世"前所做出的各种承诺，中国经济体制和对外开放进一步加快，中国经济的发展达到新的水平。这些变化导致中国的国家特定优势在结构上发生了重要变化。在这个阶段，中国国家特定优势呈现出以下四个特征：

（1）原有国家特定优势的内涵更加丰富。

当前，中国国家特定优势的内涵可以总结为以下五个方面：第一，要素成本优势。要素成本优势一直是被公认的中国企业竞争力的主要来源。随着经济全球化影响的深入，中国在土地与原材料成本上的要素优势已经明显削弱，但是在人力成本上的比较优势仍将保持一段时间。此外，要素成本优势由单要素价格成本转变为多要素的协调成本优势；第二，市场规模优势。正如西方学者所形容的那样，中国是一头拥有 13 亿人口的"大象"，一旦中国消费者开始需要什么产品，那么中国就有可能成为这些产品的制造大国。这些消费品制造行业的发展又有可能带动相关的零配件、原材料以及设备制造行业的发展，从而使中国在更多行业上升为世界制造大国。从这个意义上说，巨大的市场规模非常有利于中国企业利用国内市场获得规模效益和学习效益，形成世界级的成本竞争能力。第三，市场结构优势。中国市场的对外开放与巨大的增长潜力，使国外所有企业纷纷参与其中，提高了中国市场的竞争水平。大量性质和行事规则不同的中小企业又从低端增加了中国市场的竞争强度。因此，中国市场是全球竞争强度、动态性和复杂性最高的市场。置身于其中，中国企业不仅可以获得大量的知识、经验，而且可以在与上述企业的互动中历练自己的竞争力。第四，人才素质优势。这种优势具体表现在以下三个方面：中国大学教育，尤其是工科大学本科教育的规模与水平是非常突出的；外国独资、合资与合作企业帮助中国培养了大量的中高级技术与管理人才；大量的海外华人和海外留学生的回国投资与就业。这些人力资源优势缩短了中国企业与西方企业在管理水平、技术水平和商务经验上的差距，提高中国企业的创新能力。第五，经济转型过程的制度优势。理论研究表明，经济转型中的中国企业普遍会受到制度与市场不完善因素的干扰（赖德胜，1996）。但是我们必须承认，在计划经济手段还可以发挥作用的时期，如果政府决定支持某一个行业或者某一家企业，其支持力度与行动速度都是惊人的。同时，在市场经济仍然有待完善的阶段上，中国企业可以从市场不完善、信息不对称和机会不均等得到的"好处"也是惊人的。有效地利用这个阶段上仍然存在的政府支持和"市场机会"，也是中国企业的一种特定优势。

（2）国家特定优势的内部构成要素发生结构化改变。

从中国国家特定优势的构成看，在加入 WTO 前的两个阶段上，钻石模型的第一、第二种因素（生产要素和相关支持性产业）支撑了外向型企业获得国际竞争力，第一、第二、第三种因素支撑了内向型企业获得竞争力。在加入 WTO 之后，中国在生产要素和相关支持性产业上的国家特定优势相对下降，但是，市场规模因素的重要性却不断增长，特别是 2008 年金融危机以来，中国的市场规模优势越来越明显。其中，内向型企业的国际竞争力除了要素成本和相关配套产业以外，已经开始利用国内市场的容量和规模，抵御国外跨国企业在国内市场的竞争。但是，中国外向型企业在有效利用国内市场规模优势上仍然困难重重。值得特别关注的是，中国加入 WTO 之后，原本在"企业战略、结构与同业竞争"的优势迅速地转化成为一种劣势，越来越明显地限制了中国企业进一步发挥上述三个国家特定优势来提升国际竞争力。在放权搞活企业、发展多种经济、鼓励市场竞争的发展思路下，中国各个行业都存在着企业数量多、规模小、占有率低和竞争强度大的结构性问题。在中国"入世"之前，这种行业结构所产生的活力支撑了中国经济的高速增长，但是中国"入世"以后，这种行业结构所产生的活力不能够支撑中国经济应对经济全球化所带来的挑战，具体原因是：第一，在这种行业结构下，中国外向型企业，尤其是出口加工企业缺乏与外商讨价还价的能力，无法将中国在要素条件上的特定优势转化为合理的附加价值；缺乏转型升级所需要的资金、技术和人才，难以直接开拓国际市场。第二，在这种行业结构下，中国内向型企业同样无法利用中国在市场规模上的特定优势，去获得应有的规模优势和范围经济效益，从而将市场规模优势和其他两种优势一起转化为合理的附加价值和国际竞争力。第三，在这种行业结构下，跨国企业发现了购并整合中国各个行业的机遇，通过扩大对华直接投资，包括建立生产基地和购并国内竞争对手，不仅彻底消除自己在国内外两个市场上的成本劣势，而且也在国内外两个市场上全面抑制中国企业国际竞争力地提升。

（3）某些优势的可持续性面临重要挑战。

加入 WTO 之后，中国的国家特定优势在以下几个方面出现了逆转或者可持续性面临着严峻的挑战：第一，中国制造行业开始面临着越来越明显的供应不足和成本上升的趋势；第二，中国的能源、原材料的短缺越来越严重，价格优势转变成为价格劣势；第三，对于环境保护、资源节约、劳动保护等各种社会问题的关注，导致中国制造企业的投资和费用迅速提升；第四，在与国际接轨的过程中，中国政府对内向性企业的保护和对外向型企业的支持将会逐步减弱。

（4）中国国家特定优势不再由中国企业独享。

从国外跨国企业在华战略演变的分析可以发现，加入 WTO 前，国外跨国企业将生产分包给中国的"三资"企业和其他出口加工型企业（即外向型企业），而中国外向型企业通过利用中国的国家特定优势从事加工，出口成品，获得了有限的利润。在这个阶段上，国外跨国企业对中国国家特定优势的利用还是间接的。加入 WTO 后，国外跨国企业更加直接地进入中国，以独资代替合资、合作形式，以新建或者收购方式实施产业链整合，在这个阶段上，国外企业对中国国家优势的利用越来越直接。由此可见，经济全球化条件下，中国的国家特定优势不再是中国企业所独占的优势，国外企业不再需要通过与中国企业合作才能够分享。

综上所述，从改革开放以来至今，中国国家特定优势的内涵、结构、作用等方面均发生了改变，中国企业在改革开放的前二十多年中凭借国家特定优势在一定程度上构建了自己的国际竞争力。但是在加入 WTO 后的新形势下，不能只关注如何利用国家特定优势扩大出口贸易和吸引国外直接投资的问题，而忽视解决中国企业应该通过什么样的战略去发挥国家特定优势问题：

第一，中国的国家特定优势可以提升中国企业出口创汇的能力。但是，国内企业之间围绕着出口市场而发生的激烈竞争实际上将中国的国家比较优势消灭在了国门之内，造成中国外向型企业的经营效益差，持续发展能力低。

第二，必须从系统发挥中国国家特定优势的角度，迅速弥补中国国家特定优势中的短板。通过优化市场和产业结构、企业战略行为、市场和行业竞争强度，加快提升中国企业的国际竞争力。

第三，中国的国家特定优势可以支持中国企业"走出去"，但是发挥国家特定优势还需要中国企业具有自己的特定优势。因为当中国企业实施对外投资的国际化战略的时候，中国的国家特定优势将很难被带出去。缺乏企业特定优势是制约中国企业在跨国投资和经营中发挥国家特定优势的重要原因。

（二）企业特定优势

在中国企业实施国际化战略的过程中，大多数企业只能利用中国在要素成本和相关配套产业上的特定优势，没有或者基本上没有建立企业特定优势，因此只能停留在全球产业价值链的底端，从事低附加值的出口加工业务。只有少数企业致力于建立和发挥企业特定优势，利用自己的特定优势去发挥中国的国家特定优势，提升自己的国际竞争力。在这些少数企业中，有个别已经发展成为了"世界级企业"。

1. 中国内向型企业的企业特定优势

在国内外市场相对分割的条件下，中国内向型企业的竞争优势和核心专长通常只具有国内比较的意义，即使这些内向型企业也从事一些出口业务。在中国加入 WTO 之后，国内外市场界限越来越模糊，跨国企业越来越直接地参与国内市场竞争，内向型与外向型企业的划分方法逐步失去了原有的意义，内向型企业的竞争优势就有了国际比较的意义。随着经济全球化影响的深入和中国内向型企业国际化水平的提升，它们在国内市场中建立的核心专长也有可能部分或者全部地转化为国际竞争中的企业特定优势。

从经济全球化和发挥国家特定优势的角度来看，少数中国内向型企业建立和发挥国际竞争力的可能性可能比中国外向型企业更大，遗憾的是绝大多数中国内向型企业离具有国际竞争力差距甚远。由于多数行业普遍存在集中度低和竞争强度高的结构问题，这些行业中的大多数企业资产规模小、市场控制力差、技术创新力低，没有办法将中国特定的市场规模优势转化为规模成本优势和差异优势，没有办法抵御国外跨国企业对中国市场的大举进攻。即便是有一些内向型企业已经具有了比较高的国内市场占有率高，但是它们的国际化发展仍停留在初级阶段，还不能够完全针对特定国家市场制定和实施有效的营销策略和在全球范围整合与利用资源。

2. 中国外向型企业的企业特定优势

由于历史和定位的原因，多数中国外向型企业都是长期依靠中国在生产要素和相关配套产业上的国家特定优势，专门从事中、低端产品的出口加工；没有在生产加工规模与技术、市场营销和产品研发等方面建立企业特定优势，更没有向价值链两端延伸和提升的能力。这种单纯依赖国家特定优势"走出去"的中国外向型企业面临如下挑战：第一，它们没有办法利用国内的市场规模优势，不仅没有根据国内市场需要开发和营销产品的能力，甚至对国内市场经营环境的了解还不如国外企业；第二，它们无法通过提升研发和国际营销能力来提高产品附加值，而且生产上的成本优势地位也相对下降，因为越来越多的跨国企业开始直接投资设厂，加工生产自己在国际市场上所需要的产品。如果中国需要建立若干自己的跨国企业，那么最有可能成为培育对象的可能不是中国外向型企业，而是中国内向型企业。

3. 中国世界级企业的企业特定优势

在中国经济转型的过程中，少数中国企业很早就致力于将中国国家特定优势转化成为国际竞争力，建立自己的企业特定优势，现在已经发展成为了中国的世界级企业。这些企业特定优势内涵和建立企业特定优势的战略对未来中国企业提升国际竞争力的战略选择具有重要启示。针对中国集装箱股份有限公司（简称"中集集团"）、海尔集团、华为、联想、TCL、广东格兰仕集团有限公司（简称"格兰仁"）、深圳大族激光科技股份有限公司（简称"大旗激光"）、广东东菱凯琴集团有限公司（简称"东菱"）等世界级企业的案例研究表明，能够利用中国国家特定优势而迅速建立国际竞争力的企业需要在以下四个方面具有特定优势：

（1）将要素成本优势转变为成本管理能力。

在国内其他竞争对手高度依赖中国特有的要素条件和相关支持性产业方面的低成本优势的时候，这些企业则在享受这些优势的同时关注成本管理能力的形成和提升。首先，它们不仅向要素市场和相关配套产业要低成本优势，更主要的是向企业内部的运营要低成本优势；其次，它们不是简单地压低要素成本，更主要是通过应用科学的理念、方法和管理手段向运营管理效率要低成本优势；最后，它们在关注运营成本、效率的同时，高度关注管理决策的有效性，在保证产品性能和质量的同时，将成本和效率推向极致。通过上述三个方面的坚持和努力，这些企业建立了相较于国内同行对手而言的运营管理方面的低成本优势，从而使自己具有了超越和整合国内竞争对手的能力。

（2）将市场规模优势转变成企业规模优势。

随着中国经济的发展和经济全球化影响的深入，中国在市场规模上的特定优势越来越明显。相对于其他同行竞争对手来说，上述案例企业更早地发现了这种优势和理解这种优势的战略意义；更早地认识到在国内市场上实施整合战略将有利于将这种国家特定优势转化为企业国际化过程中的特定优势，在规模成本上形成世界级的规模成本优势；更有效地在市场分割的条件下实施了横向整合战略。上述案例企业从 20 世纪 90 年代前期就开始通过市场竞争和购并的方式在国内市场上实施整合战略，逐步完成了制造能力的扩大和制造基地的布局；通过构建以信息技术能力为支撑的跨区域制造的协同能力、管理能力和经营能力，从而最大限度地发挥规模经济效应。最后，这些案例企业以自己的战略行动和力量，克服了市场分割性的影响，提高了行业集中度；将中国市场规模的特定优势转化为了企业的规模与范围经济优势；将国家所特有的要素成本、配套产业和市场规模的优势转化成为企业的国际竞争力和经济效益。

（3）将成本优势转变为创新优势。

在有效实施国内市场整合战略的过程中，上述案例企业不仅逐步在国内市场上形成了成本管理和规模成本上的优势，而且也逐步在国内市场上建立了市场控制上的竞争优势。值得关注的是，上述案例企业在关注成本、效率的同时，没有放弃对创新的重视；在获得成本管理和规模成本优势的同时，没有忘记要在技术和管理创新方面克服自己的短处。因此，这些企业没有将自己从规模成本和市场控制上所获得的高收益用于行业多元化，特别是不相关多元化的发展，而是将自己的全部资源高度集中于自己的主业及相关行业；将自己从低成本和市场控制上所获得的高收益大量用于技术、营销和创新的投入，为自己和中国其他企业找到一条有效兼顾成本与差异优势的经营战略。

（4）将与跨国企业的互动转化为一种学习能力优势。

与其他中国企业的成长路径相似，上述案例企业在自己最初的发展阶段上都曾经得益于国外资金、技术和管理的引进，而且就是在对引进技术和管理的消化、学习和创新中发展起来的。案例研究表明，这些企业之所以能够在上述三个方面建立企业特定优势，其关键就在于它们能够在自己的成长中，利用自己规模成本和市场控制优势去提升与跨国企业互动（包括竞争与合作）的频率和水平；利用与跨国企业在国内和国际市场上的竞争互动提升自己的学习能力优势。第一，在国内市场上，它们利用内向国际化，通过引进国外技术和专家创造学习机会；利用跨国公司 R&D 研发的技术溢出增强自主创新能力；通过合资和合作企业的管理，培养了自己的管理人才。第二，在开拓国际市场或者外向国际化过程中，它们通过收购发达国家企业、与发达国家企业建立战略联盟、合作开发等，如联想并购 IBM 的 PC 机业务、TCL 并购汤姆逊、华为与摩托罗拉展开技术合作等，将海外学习到的技术和技能转移回中国，为自己构建技术能力和营销能力打下基础。中国企业在这个方面的实践已经被总结为 LLL 模式（Linkage - Leverage - Learning，Mathews，2006），该理论认为新兴市场企业可以通过建立外部联系（Linkage）、利用外部资源（Leverage）以及学习（Learning）来获得新的竞争优势。

第二节　全球化条件下中国企业集团的挑战和历史责任

2008 年的全球性金融危机对中国经济，特别是对外经济贸易的增长带来了巨大的冲击。从表面上看，这种影响来自于人民币升值、国外市场萎缩和贸易保护主义的共同作用。从本质上看，这种影响源于加入 WTO 以后中国经济持续增长面临的越来越明显的资源、环境和市场的限制。中国加入世界贸易组织以后，中国经济，尤其是对外经济贸易的发展面临着发展方式的转变；中国企业面临着提升国际竞争力的巨大压力。全球金融危机的爆发加剧了发展方式转变的压力和企业提升国际竞争力的迫切性，面临的挑战极其巨大。

一、国内外市场边界日益模糊

在改革开放初期的特定历史阶段上，中国的国内市场和国际市场之间存在着明显的有形和无形边界。当时，国外企业还没有在真正意义上参与国内市场的竞争：第一，在相当长的时期里，中国政府对外资企业在国内市场销售产品最初是完全限制的，这种限制后来才逐步放开；第二，即使国外企业在国内市场上销售产品，它们的定位明显高于国内的企业，并不形成直接竞争；第三，国内市场相当复杂和特殊，国外企业要适应国内市场还需要一个过程。在这种情况下，中国经济的增长主要是依靠下列两个战略途径实现的：第一个途径是对内搞活，发展市场经济。通过搞活国有企业，发展民营企业，以竞争和市场机制促进生产和居民收入水平的提高，满足了国内居民日益增长的物质和精神需要。第二个途径是对外开放，发展外向型经济。以生产要素方面的成本优势吸引外国对华直接投资，大力发展"三资企业"和出口加工贸易，为中国经济增长带来投资、技术、管理和大量的外汇收入。中国企业可以相对比较清楚地被划分成为内向型和外向型两大类型。因此在评价中国企业竞争力时总是将国内比较和国际比较分开，中国国内企业或者说内向型企业的竞争力基本上只有国内比较意义。中国加入WTO 后，国内外市场的边界从以下三个方面被逐步打破：

首先，中国的对外经济开放已从政策性开放向制度性开放转变。"入世"以前，中国的对外开放实质上是针对特定地区、产业和对象的优惠措施，是以试点为特征的政策性开放。如在开放区域次序安排上，由沿海开放扩展到沿边、沿线、沿江直至内地；在开放产业次序安排上，先开放第一、第二产业中的许多领

191

域，再逐步开放第三产业。然而"入世"后，中国必须按照国际规则办事和逐步开放市场、逐步达到世界市场开放的程度和水平。大量相关政策和规则以及政府行政指令都需要转为法律框架下的行为准则。例如，加入 WTO 十年间，中央政府共清理法律法规和部门规章 2300 多件，地方政府共清理地方性政策和法规 19 万多件。这样，由以试点为特征的政策性开放就转变为在法律框架下可预见的开放，中国政府需要在法律框架下调整国内外经济之间的关系。

其次，通过自身经贸体制与世界多边贸易体制的顺利对接，由有限范围和领域内的开放转变为全方位的开放。为了履行加入世贸组织的各项承诺，中国进一步提高对外开放水平，平均关税水平从加入世贸组织时的 15.3% 降至 2010 年的 9.8%，向外资开放了 104 个服务贸易部门，接近发达国家成员 108 个的平均水平。期间，允许外资参与国有企业改革，2002 年 11 月中国推出《关于向外商转让上市公司国有股和法人股有关问题的通知》，暂停多年的外资并购上市公司活动重新启动。

最后，加入 WTO 加快推动了中国市场经济制度转型的进程，国内经济与外部经济的互动关系越来越紧密。加入 WTO 实质上要求中国最终建立一个以公平、透明、法制清晰、规范为根本特征的开放市场经济体制，外贸体制的改革推动的国内经济体制改革，国内经济转型的深入和市场化程度的提高；同时，采取"走出去"战略，鼓励中国企业在海外投资经营，充分利用"两个市场"、"两种资源"。这都无疑进一步推动了国内经济和世界经济的融合，加快了国内外市场边界的消失。

中国"入世"以后，尤其是面对未来，继续将市场划分成为国内和国外，将企业划分成为内向和外向的边界已经不存在或者没有了其实际意义，因为现在无论在国内市场还是在国际市场，中国企业都面临着相同的国际竞争，都必须具有国际竞争力才能够生存和发展。即使在国内市场竞争，也需要具有国际比较意义上的竞争优势。原来由于国内外市场分割而被中国企业所独享的要素成本优势和规模制造成本优势已经开始下降，而中国企业所缺乏的创新能力、营销能力、互动能力却无法在短期内得到提升。在国内外市场边界日益模糊的情况下，必须看到提高中国企业国际竞争力最有效的途径就是将两个长期隔离的市场整合起来，在国内也能提升国际竞争力，利用国内市场所获得的竞争优势支持企业国际化，同时也利用企业国际化提升企业在国内市场上的竞争力。

二、中国企业的国家特定优势的变化

争取加入和实际加入世界贸易组织，使中国的经济体制改革和对外开放的程度实现了质的飞跃。这种质的飞跃首先表现在中国经济发展的速度和水平都有了极大的提高；其次表现在中国市场经济建设正在向国际接轨迈进；最后表现在中国已经成为了全球经济体系的一个有机组成部分。这种质的飞跃导致中国的国家特定优势发生了一些结构性的变化：

（1）中国的资源优势逐步下降，但是中国企业在全球范围内整合资源的能力迅速提升。

改革开放之初，中国的比较优势或者国家特定优势集中地表现在土地和物产丰富与价格低廉方面。但是，这种国家特定优势的存在和大小是有条件的：第一，中国经济的水平低、居民收入低，没有办法利用自己丰富的土地和资源；第二，土地和自然资源的市场化程度低；第三，国内外市场的边界明显，国外企业不能够直接利用这些资源。伴随着中国经济三十年持续和高速的发展，中国已经成为全球最大的制造基地，中国国内市场规模和水平的提升和中国房地产市场的迅速发展，使中国在土地和自然资源方面的数量和价格上呈现的优势逐步下降，而且这种趋势在中国"入世"以后变得越发明显起来。另外，中国资源市场的国际化和跨国企业对中国资源性行业投资的扩大，导致中国企业在使用中国特有资源上的价格优势彻底丧失。虽然中国"入世"使中国企业具有了整合全球资源的能力，但是，这种能力的提升仍然难以弥补土地和自然资源成本优势下降给中国企业所带来的影响。面向未来，中国经济的持续增长使得资源限制越来越突出了。

（2）劳动力成本优势逐步下降，但是中高级人才的优势逐步显现。

改革开放以前，中国是一个人口众多的农业大国。在中国从农业社会向工业社会转变的过程中，解决巨大的人口就业问题曾经是中国社会和经济发展所面临的最大挑战。改革开放将人口众多从中国的特定劣势一下子变成了特定的优势，成为中国吸引国外直接投资的主要优势。伴随着中国计划生育政策的贯彻、全球制造中心地位的确立，国内居民收入水平的提升，中国劳动力的供求关系、中国劳动力的价格和中国劳动保护与社会福利要求的提升，中国在劳动力供给和成本方面的国家特定优势逐步减弱，招工难和用工成本上升成为中国"入世"以后国内企业和国外企业所面临的最为突出的问题。但是，中国教育的发展、海外人才的回归以及中国合资和合作企业的发展使中国各种人才，尤其是中高级技术、工程和管理人才的供给和水平有所提高。中国在中高级人才供给和价格上的特定优势已经成为中国吸引外资的主要因素和中国企业提升国际竞争力的主要依靠。

中国"入世"还将中国经济放在一个更加全球化的经济环境之中，从而使中国企业更加直接地面对跨国企业的竞争。从经济全球化、竞争全球化的角度重新认识中国的比较优势，可以使我们对国家特定优势有新的认识：

第一，重新认识中国所具有的市场规模优势及其对中国企业提升国际竞争力的贡献。在国内和国外市场分割的条件下，中国在市场规模上的国家特定优势被认为是中国企业取得规模成本优势的主要来源。但是，在国内和国外市场边界越来越模糊的条件下，中国在市场规模上的国家特定优势已经变成了中国企业创新和差异优势的来源。从一方面来说，为了占据中国这个全球增长速度和市场潜力最大的市场，跨国企业纷纷进入争夺中国市场，加快了中国国内市场上的新产品投放速度，也加大了针对中国市场的研发投入。另一方面来说，中国企业，尤其是具有市场控制力的企业，可以凭借在中国市场上的竞争优势与跨国企业讨价还价，扩大与跨国企业在国内外和多方面的合作。

第二，重新认识中国在企业战略、产业结构和同业竞争方面的特定劣势。改革开放之初，中国政府就是希望通过对内搞活和对外开放促进生产力的发展，改善人们物质和精神生活水平。为了对内搞活，中国政府实施了放权式改革。这种放权式的改革在宏观上导致了地方政府之间的区域竞争和地方保护，推动了国内市场从统一向分割的转变；在微观上导致企业多元化和同质化，大多数行业都存在着企业数量多、水平低、强度大的结构性问题。为了对外开放，中国政府先是以要素条件、投资环境，后是以市场开放吸引世界各地的企业来华投资，使中国成为全球最为开放的新兴市场经济国家，但是这也进一步加剧了中国市场结构的恶化。中国"入世"以后，建立和提升中国企业国际竞争力成为中国经济改革和发展的重要任务。从这个角度来看，中国市场开放性和分割性的存在并不完全是一件坏事。它们的存在有可能为中国企业在国内市场上形成和提升国际竞争力创造了其他国家企业所不具备的条件。在这个分割和开放的市场上与跨国企业竞争非常有利于中国企业在国内市场上磨炼和提升跨国竞争和整合方面所需的国际竞争力。

第三，重新认识中国经济管理体制存在的弊病。在现行经济管理体制下，中国政府不得不运用计划经济和行政干预的方式调节资源配置、优化企业行为以克服市场不完善性和信息不对称性的影响。如果不考虑经济全球化的影响，那么这种干预的消极作用则常常受到批评。但是，如果考虑到中国企业提升国际竞争力的需要，这种干预的积极作用则可能被看成是中国的国家特定优势。中国大型企业，特别是那些主业竞争优势明显的企业更容易得到政府的直接投资、税收优惠和廉价的资源，从而帮助这些企业更有效地实施国内市场整合和国际市场开拓的战略。

三、跨国公司在华战略的调整

中国加入 WTO 促进了中国经济与世界经济的融合，国内市场和国外市场边界的日益模糊，国外跨国企业进入中国的战略随之也发生重要调整。以中国加入WTO为标志性事件，国外跨国企业在华战略的演化经历了两个不同阶段。

（一）第一阶段：以利用要素成本和产业配套优势为主的战略

加入 WTO 以前，国外跨国企业一直把利用中国要素成本和产业配套优势看成是保持和提高其国际竞争力的最重要的机会（Dunning，1998；魏后凯、贺灿飞和王新，2001；毛蕴诗，2001）。第一，充分利用中国的要素成本优势。一方面各地政府为吸引外资加快了土地开发、能源和原材料开发以及交通网络、水电和通信设施建设等，形成了基于廉价自然资源的比较优势；另一方面政府鼓励大批劳动力大军从农村转移到城市，逐渐形成了巨大的初级劳动力市场，建立了基于廉价劳动力的成本优势。第二，深入利用中国的工业配套系统和配套能力获得成本优势。全球化大大提高了中国在生产设备、工业装备等生产要素的可获得性和水平，中国企业以"三来一补"、"两头在外"为起点从事对零部件或原辅材料的初级加工、装配和组装等活动。其后，随着中国对本土配套和零部件供应国产化政策导向，以及跨国公司基于成本节约而采取的本土筹供战略的实施，越来越多的跨国公司开始将中国作为中间产品分包商或供应商，专业化和分工不断深化，逐渐形成较完整的上下游配套产业链，有些地方形成了产业集群，实现了生产规模的扩大和成本的降低，这使国外跨国公司进入中国不仅能利用廉价劳动力和土地等低成本要素为基础的比较优势，还能够利用中国较完整的配套加工制造能力。

（二）第二阶段：以挖掘和发挥中国的市场规模优势为主的战略

加入 WTO 后，国外跨国公司利用中国"入世"后所实施的一系列旨在与国际接轨的改革措施迅速地转变了自己的对华投资战略，以更加直接的方式对国内市场实施战略性的进入，因为中国所特有的要素成本和市场规模优势将是全球跨国企业未来竞争优势的主要来源。这种新的战略具有以下三个特征：第一，从以贸易为主转变为以直接投资为主，从以合作和合资为主转变为以独资为主，从自己建立为主转变为以收购兼并为主。如商务部在 2008 年对钢铁、石化等 10 个重点行业的产业安全进行的评估显示，外资并购国内知名和规模企业甚至龙头企业的现象增多，外资独资化倾向明显，1984～2007 年外资投资中外商独资企业所占比重由 18% 上升到 78%。第二，从一般消费品行业向装备制造业、原材料等基础性行业拓展，从利用要素成本优势到利用市场规模优势，努力实现对中国市场的控制力。具体表现为通过增加资本扩大对在华企业的控制；通过纵向整合，国外跨国企业降低了交易成本，控制了关键资源，提高了整个产业链的联动能力和控制能力；对所在行业的中国企业进行横向收购，迅速提升自己在中国市场上的占有率。国务院研究发展中心 2006 年发表的研究报告指出，在中国已开放的产业中，每个产业排名前 5 位的企业几乎都由外资控制；在中国 28 个主要产业中，外资在 21 个产业中拥有多数资产控制权。近 10 年，国外跨国企业对制造业市场控制度基本在 30% 以上，2005～2007 年达到 35% 以上，2008 年有所下降但仍高于 30%。[①] 国外跨国公司开始调低在中国市场的战略定位，在中国形成"高端抢利润，低端占份额"的竞争格局，不断深入发掘中国的市场规模优势。第三，从转移成熟技术转变为全球同步研发，同时直接在中国设厂，直接从事针对中国市场的营销和研发活动，根据国内市场来扩大它在国内的生产；逐渐将中国视为消费市场，而不只是一个采购基地。据商务部统计，2001 年跨国公司在华设立研发机构 124 个，到 2007 年年底增至 1 160 个，同时更加重视高端人才的本地化培养。

相对于中国企业来说，国外跨国企业普遍拥有资金、技术、品牌和管理上的资源能力优势和全球产业链或市场控制优势（毛蕴诗和汪建成，2005）。国外跨国企业调整在华战略的目的就是抓住中国"入世"的机遇，发挥上述方面的优势，争取在中国若干市场上获得垄断性的市场份额，克服成本劣势，提升其与国内企业和国际企业多市场互动的能力。

面对国外跨国企业在国内市场上咄咄逼人的产业链和行业整合战略，大多数中国企业无力反击，即使是那些有实力对抗的企业在战略应对上也显得相当被动：第一，面临国外跨国企业的上述战略，在行业内具有一定实力的国有企业正好面临着产权改造和完善治理结构的任务，而这恰好给国外跨国企业提供了参股和控股这些企业的机遇（陈文晖，2002）；第二，相当一部分主业突出的民营企业没有抓住国有企业改造的机遇做强和做大主业，反而陷入了新一轮的不相关多元化（黄山和蓝海林，2007）；第三，少数希望与国外跨国企业对抗的企业受到购并市场、管理体制和管理模式的限制而不能够有效地实施和运作整合战略。因此，针对越来越重要的市场规模优势，国外跨国公司利用其已经具备的能力在学习中挖掘出利用中国市场规模的方法，而中国企业很可能在探索中就被国外跨国企业挤出了市场。

四、中国企业的历史责任

中国加入世界贸易组织给中国经济和企业带来了前所未有的威胁和机遇。有

---

① 北京交通大学产业安全研究中心：《2009 年中国产业外资控制报告》，清华大学出版社 2010 年版。

效地把握机会和化解威胁，使中国经济的发展突破目前所受到的资源、环境和市场制约，全面提升中国经济的国际竞争力，需要所有中国企业，尤其是大型企业和企业集团承担起这个历史责任，全面提升自己的国际竞争力。通过对少数中国世界级企业的案例研究，我们发现这些企业在推动中国经济可持续发展方面扮演了以下几个重要的角色。

（1）国内市场的捍卫者和整合者。

自从中国加入世界贸易组织之后，跨国企业受中国市场规模和潜力的吸引，将中国战略看成是它们全球战略中非常重要的组成部分，开始通过更加直接的方式进入中国，整合中国国内市场。面对这种威胁，少数中国大型企业和企业集团了解中国国内市场战略意义和西方跨国企业的战略意图；了解任何能够控制和捍卫自己的"主场"企业都有可能因此而直接进入全球同行业的前列，对西方跨国企业产生巨大的威胁。在这种情况下，这些企业将自己的全部资源高度集中于自己的主业，先于西方跨国企业整合国内市场，迅速提升了自己的国内市场占有率，扮演了国内市场的捍卫者和整合者。

（2）提升产品或者服务附加值的带动者。

导致中国经济持续发展受到资源、环境和市场约束的重要原因之一就是中国企业的产品或者服务的附加价值低。少数具有国际竞争力的企业在整合国内市场的同时就帮助其所在行业解决了产品附加价值低的第一个，也是最重要的原因，即行业结构不合理和同业竞争强度过高。在此基础上，这些企业没有分散资源去实施行业多元化发展，而是将规模成本和市场控制所获得的收益迅速投入到掌握关键技术、提高研发能力和国际营销能力上，从而在成本和差异两个方面提升产品和服务的竞争力，扮演了提升中国产品和服务附加值带动者的角色。

（3）全球化资源整合的领先者。

中国企业国际竞争力的提高需要中国企业整合两种定位、两种优势和两个市场，但是这种整合还面临着越来越严重的资源限制。相对来说，中国具有实施低成本战略所需要的资源优势，但是中国又缺乏实施高差异战略所需要的资源优势。获得了规模成本和市场控制优势的少数中国企业非常了解自己掌握了全球最大、最有成长性的市场和全球低成本优势，也了解跨国企业需要什么，因此它们以自己的优势作为讨价还价的权力，通过与跨国企业的合作，对全球资源进行整合，实现了本国低成本优势资源与全球高差异优势资源的动态整合。现在少数中国的世界级企业已经具备了在全球范围内利用信息、市场不完善性和国家差异而有效整合全球资源的能力，扮演了全球资源整合的领先者。

（4）全球市场的开拓者。

经济全球化是为中国企业开拓全球市场提供了更好的机遇，但是能够有效把握这种机遇的企业仍然不多。在利用国家特定优势建立了企业特定优势之后，中国少数杰出的外向型企业通过收购自己的客户企业，在价值链的两端（产品研发、国际营销）上提升自己的能力，先直接开拓国际市场，再返身进军国内市场；中国少数杰出的内向型企业则先利用对国内市场的整合和全球资源整合，建立和巩固了自己的成本—创新优势，再以直接或者间接的方式开拓全球市场。

（5）全球影响力的塑造者和提升者。

影响中国企业进一步开拓全球市场，实施高差异战略和提升附加值的最后一个，也是最难克服的障碍将是中国企业的整体形象。在经济全球化时代，对发展中国家企业整体形象的判断标准不是以这个国家的价值体系，而是以发达国家的价值体系为准的。如果一个国家企业的整体形象不好，那么这个国家中的任何一家企业要想实施树立好的品牌或者采取高差异定位都是非常困难的。少数中国世界级企业战略实践的成功，引起了全球的广泛关注和充分的尊重，扮演了中国影响力的塑造者和提升者。

第三节　新形势对中国企业提升国际竞争力的新要求

中国"入世"以后，中国的"国家特定优势"已经发生了一种非常值得重新评价与高度重视的"复合性"变化趋势：低成本优势已经有所下降，而有利于创新或创造差异的优势则正在逐步明显地表现出来。同时，中国"入世"改变了中国国内市场与国际市场分割的状况，改变了中国企业与国外跨国企业竞争的格局，对中国企业应对经济全球化趋势提出了新的要求。因此，中国企业对"国家特定优势"的理解也发生了一些根本性的变化，由此对企业特定优势也形成了新的要求。

一、对提升企业特定优势的新要求

中国国家特定优势从低成本向高差异的转变，或者说中国国家特定优势的复合性变化趋势的出现，为中国企业在成本和创新两个方面建立"复合性"的国际竞争力创造了新的基础。在全球化条件下，充分发挥中国国家特定优势以提升中国企业特定优势有了新的要求。从理论上看，上述案例企业的实践为中国企业建立全球化条件下所需要的特定优势提供了指引：即从建立和发挥成本和市场控制优势出发，通过在国内市场上实施横纵向整合战略，克服战略、行业结构和同业竞争方面的国家特定劣势，最大限度地发挥中国其他三个方面的国家特定优势，在成本和竞争上形成国际竞争力。

关于中国在战略、行业结构和同业竞争方面的特定劣势对中国企业提升国际竞争力的影响，国内外学者都进行了研究。分割的行业结构/市场结构对中国企业的最大影响是不利于中国企业的技术创新。实际上，市场结构与技术创新的关系是产业组织研究中的经典命题。从熊彼特（Schumpeter，1979）提出垄断与创新呈正相关的结论以来，西方学者一直在争论两者关系，或证实或证伪（柳卸林，1993）。因此，经济学家们转而讨论具体的市场结构变量对技术创新的影响，包括市场集中度与技术创新、企业规模与技术创新、垄断与技术创新、进入壁垒与技术创新等。其中，在对市场集中度与技术关系的关系研究中，形成了一定的共识，即市场集中度存在一个阈值，这个阈值因不同时间、不同产业而不同（Nelson，1967）。换句话说，市场集中度与技术创新是倒"U"形关系，只是其拐点会因产业及其发展阶段的不同而有所不同。国内的一些学者也提出类似的观点，认为具有较高产业盈余率和竞争力的垄断性市场结构有利于资金积累和技术创新，推动企业从比较优势向竞争优势转变（刘林青、谭力文和马海燕，2010）。只有那些能够高度集中于主业并成功实施横向整合战略的企业，才能够最大限度地将要素成本、配套产业和市场规模优势转化为企业的规模成本优势。依靠这些在国内市场上具有垄断地位的企业，跨国公司对中国市场大举进攻之势才能够在一定程度上得到抑制，中国企业才能够"走出去"成为世界级企业，否则中国将失去发展中国世界级企业的历史机遇。

第一，通过在国内市场上有效实施横纵向整合战略，中国企业不仅可以进一步强化成本优势和市场控制优势，而且最重要的是能够锻炼和培养跨区域或者跨国的整合管理能力。当前，理论界对企业特定优势的理解是，企业特定优势应该分为三类，分别是基于资产 Oa（Ownership Advantage from Asset）、基于交易 Ot（Ownership Advantage from Transaction）和基于制度 Oi（Ownership Advantage from Institution）。邓宁指出 Oa 就是传统定义上的研发能力、营销能力、规模经济等资产；Ot 是基于内部交易协调所产生的特殊能力；Oi 是邓宁新引入的概念，是其将制度理论进入 OLI 范式的尝试（Dunning and Lundan，2008a）。邓宁和伦丹（Dunning and Lundan，2008b）认为国际化理论中的 OLI 范式对新兴经济企业解释的未来研究方向的关键在于增加其制度内涵（Institutional Content），特别是关于企业特定优势中的制度内涵（Oi–specific Advantages）。中国是一个具有高度区域分割性的市场，区域竞争和地方保护为中国企业在国内市场上实施有效实施横向整合战略造成了巨大的困难，包括市场进入的困难、购并整合的困难以及跨地区整合运营和管理上的困难。但是，如果能够在这样的市场上有效地实施整合战略，中国企业也必然因此而建立一些企业国际化所需要的企业特定优势：一方面，面对分割的国内市场，实施跨区横向整合的企业必须要在追求外部合法性与追求内部效率和内部合法性中取得平衡。制度理论认为，如果组织的外部合法性压力与效率要求是矛盾的，组织的一个重要对策就是要把内部运作和组织正式结构分离开来（Meyer and Rowan，1977）。这必然要求企业有较高的内部协调能力和处理外部关系的能力，从而具备了一种基于交易的或者说是处理各种交易关系能力的企业特定优势。另一方面，有效实施跨区域整合战略，可以使中国在国际化以前练就了应对不同制度环境的能力。正如柯汉那和帕利皮尤（Khanna and Palepu，2006）提到：发展中国家企业能在母国的金融劣势和官僚劣势中生存下来，是把政治策略（Politic Wiles）作为一种能力。这种基于制度的 Oi 能力不是指企业直接获得政府政策支持所得到的优势（那是制度优势，见上一节国家特定优势分析），而是在某种特定制度环境下，应对制度环境过程中（默从、妥协、回避、否定或操纵）所形成的认知和能力，它有利于企业学会如何在复杂而多重制度环境下积累、建立和运用基于资产 Oa 的企业特定优势。

第二，为了有效地利用国内市场结构上的特点，提高中国企业在全球市场上与跨国企业竞争互动的能力，中国企业还需要在多点竞争上建立企业的特定优势。中国国内市场具有很高的市场差异和分割性，致使中国企业在横向纵向整合过程中很难依靠规模与实力战胜中小企业。如果中国企业在横纵向整合国内中小企业的过程中发挥多点竞争的优势，那么就可以加快对国内市场的整合，建立一套能够支撑企业实施多点竞争战略的管理模式。同时，中国国内市场具有很高的市场开放性，几乎所有全球化经营的企业都进入了中国市场，将它们在中国市场上的竞争纳入了全球化竞争战略之中。如果中国企业在横纵向整合国内市场的过程中能够有效地了解、掌握跨国企业多点竞争的策略和能力，并且利用国内市场的分割性和差异性与跨国企业展开多点竞争，就有可能为在全球市场与跨国企业展开多点竞争做好能力上的准备。

第三，为了有效地利用国内市场的规模优势，在成本和创新两个方面建立国际竞争力，中国企业还需要在成本创新方面建立企业的特定优势。只有在某个行业或者产品上建立与发挥大规模制造优势，中国企业才能够将市场规模优势转化为制造成本优势；只有在产品市场上获得控制权，甚至垄断性地位，中国企业才能够将要素成本优势和制造成本优势转化为相应的盈利能力；只有将盈利持续地用于提升企业的创新能力，才能够最终在成本与差异两个方面形成整合优势（蓝海林，2001），成为世界级企业。西方学者的研究发现，中国企业能够以低成本为客户提供高科技服务，以低成本提供个性化产品种类，以低成本提供特殊商品（Zeng and Williamson，2007）。一些中国企业已经迫使西方企业放弃了大众化或者标准化产品市场，退到了高科技、个性化或者专门化市场，但是西方企业仍然可以享受高科技、个性化和专门化市场拥有的高价格和高收益。西方学者预测，这些中国企业再将大规模低成本经营所获得的资金、能力、经验和网络优势，继续以低成本方式进行学习与创新，就会迫使占据高科技、个性化和专门化市场的西方企业无法获得高价格和高收益，从而彻底退出整个市场。曾和威廉姆森（Zeng and Williamson，2007）是这样描述上述企业所造成的威胁的："中国公司正在打破已经建立起来的游戏规则，改变全球竞争态势。它们选择的工具是成本创新：一种通过各种新方式，充分利用中国成本优势为全球客户服务的战略。"他们还向西方大企业提出了一个非常严峻的问题："设想一个顾客可以以较低的价格买到高科技、多品种、个性化、特殊商品的世界，设想一个全球顾客的货币与价值等式被中国的跨国战略所改变的世界，你们还能够在这种巨大变化的竞争态势中生存吗？"

二、中国企业提升国际竞争力的尝试

作为当前接受挑战、担负历史责任的重要力量，中国大企业，包括企业集团已经在新形势下对如何提升国际竞争力进行了一系列的探索。尽管这些探索未必都能够成功，却形成了几种具有代表性的战略实践。针对这些尝试，我们提出了一个由以下四个方格所构成的解释性模型（见图8－5）。

	向外	向内
外向型企业	模式2：外向外 出口加工企业跨国并购 原OEM委托方； OEM-ODM-OBM	模式1：外向内 出口加工企业开拓国内 市场
内向型企业	模式3：内向外 内向型企业跨国并购国 外同行企业	模式4：内向外再到内 国内外市场整合； 重新定义国内市场的战 略地位

图8－5　新环境下中国企业国际化的四种模式

（一）模式1：由外向内

"由外向内"的战略是中国外向型企业通过开拓国内市场而提升国际竞争力的一种战略。中国外向型企业开拓国内市场，不仅是希望利用中国市场巨大的规模优势，更重要的是想利用这个自己认为熟悉的市场克服自己在研发、品牌和营销方面的短处，提升自己在国际化发展中的企业特定优势。西方主流理论认为，企业在国内首先具备的所有权优势（也就是核心竞争力）是对外直接投资的前提条件，而过去中国的外向型企业恰恰是反其道而行之的。面对经济全球化的影响，中国外向型企业希望返回国内市场，就是想"补课"，想要利用国内市场规模、结构上的优势克服自己的竞争劣势或者建立国际化所需要的特定优势。值得关注的是，在经济全球化和国内市场分割的情况下，中国外向型企业要想有效实施这种战略以达到提升国际竞争力的目的并不容易。以中国轮胎制造行业为例，中国出口加工轮胎企业要想"返身回国"，通过销售自己品牌的产品提升自己在成本和差异上的国际竞争力很难。首先，国内市场远比它们想象得要复杂，目标市场、经营方式和市场定位的转变，需要企业付出极大的代价去实现管理传统、价值创造活动和管理模式的转变。其次，其国外的竞争对手或者客户已经以自己的品牌、技术、管理牢牢地占据着国内高端市场，现在正在通过扩大对华直接投资克服自己在国际和中国国内市场上的成本劣势，向中端市场进军。

（二）模式2：由外向外

"由外向外"的战略是中国外向型企业通过扩大对外直接投资而提升国际竞争力的一种战略，其具体策略有两种：

第一，作为OEM的中国企业跨国收购国外企业，即在"微笑曲线"底端的中国企业跨国收购处于"微笑曲线"两端的国外企业。由于并购前双方已经有业务往来，建立了一定程度的信任，并购整合的难度相对较低，这被认为是当前中国企业快速提升国际竞争力的"赶超路径"。特别是对于那些已经有了一定技术积累和自主创新基础、学习能力较强的中国外向型企业而言，利用国外的品牌、渠道、技术和人才，在国外市场开展全价值链活动，将大大提升其深入国外市场的能力。如广州晶华光学电子有限公司，1997年成立，一直以来是一家典型的OEM企业，加工光学望远镜和相关产品，但其后企业的生存发展相当困难，成本优势不断丧失，如2008年销售收入同比增长1.79%，但净利润却只有上年的1/6。2009年，广州晶华以收购德国知名品牌"Bresser"为契机，开始从一个OEM生产企业转型为从研发到消费者终端全链条的品牌经营者，由于获得了海外稳定的销售网络，晶华以每年翻倍的投入大力发展技术创新能力，建立"现代光电研发中心"，实现光学产品到光电产品的产品升级，2011年被评为国家级高新技术企业。2010年广州晶华的出口增长率为43%，出口净利润增长率达到138%，与许多OEM企业形成了鲜明对比。可见，由外向外模式的核心问题是外向型企业需要深入国外市场，企业直接面对终端消费者，整个运营模式从生产导向转为营销导向，同时通过资源的整合以及信息的共享，带动国内技术开发，从而在持续地研发投入、营销投入以及人力资源投入中提升国际竞争力。

第二，从 OEM 向 ODM、OBM 转变。理论上认为，OEM – ODM – OBM 路径是新兴市场企业在提升国际竞争力中最为重要的追赶战略（Lee，2005），目前有许多中国企业正在从事这种战略实践：通过提升工业设计能力，增加对国外市场涉入程度，培养人才，为企业进行技术自主创新和研发奠定基础。如广东东菱凯琴集团有限公司（以下简称"东菱"）经过 21 年的发展，完成了三次重大的转变，即从简单的装配到精益制造的转变，从借助我国低成本优势发展 OEM 到建立工业设计优势发展 ODM 的转变，从依靠 ODM 出口到创立品牌开拓国际国内市场的转变，在多个小家电品种上成为全球最大供应商。东菱对工业设计领域进行了大量的投入，工业设计投入从 2000 年占销售收入的 2.91% 上升至 2005 年的 5.18%，并且近年来一直保持投入的增长。这样，东菱不再单纯靠要素成本、配套产业的国家特定优势，摆脱了低价格竞争。

（三）模式 3：由内向外

"由内向外"的战略是中国内向型企业通过对外直接投资而提升国际竞争力的一种战略，主要表现为中国内向型企业的同业跨国并购。2008 年金融危机以来中国内向型企业已经进行了一系列的跨国并购。尽管跨国并购的绩效很难在短时间内呈现。但是，这些并购的发生以及整合的效果直接受到企业在国内市场的地位及绩效的影响。例如，从并购发生的角度看，中国市场容量和企业在国内市场的地位成为跨国并购中提高议价能力（Bargaining Power）的关键，我们对某航油企业对国外机场的跨国并购案例分析中发现，该企业采取以国内股权与国外目标企业置换的策略来提高并购发生的可能性以及自己的议价地位；国内学者在对机床行业多起跨国并购的研究也发现了类似的结论（陈文晖，2002），如沈阳机床并购德国希斯，研究认为这些曾经犹豫进入中国的欧洲企业，之所以在财务出现危机后愿意被中国企业收购，那是因为看中了中国巨大的市场，如果再不进入中国，可能会在全球竞争中彻底消失。中国内向型企业同业跨国并购获得战略性资源通常会快速转移到国内，也能够较快地促进中国企业的特定优势以及企业国际竞争力的提升，如深圳迈瑞生物医疗电子股份有限公司（以下简称"迈瑞"）。迈瑞于 1991 年成立，主营业务是临床医疗设备的研发和制造，产品涵盖生命信息与支持、临床检验及试剂、数字超声、放射影像四大领域，在跨国并购前，已经在国内市场上具有了较强的地位。2008 年迈瑞跨国并购了其国外委托商——美国 Datascope 生命信息监护业务，这使迈瑞跻身全球监护领域第三大品牌，并且在 2008 年以来通过以信息系统整合为切入点的整合，迈瑞实现了在技术创新、营销和品牌管理等企业特定优势的提升，国际竞争力得到快速提升。

（四）模式4：由内向外再到内

"由内向外再向内"的战略是中国内向型企业通过对外直接投资而提升国际竞争力之后再进一步投资国内市场的战略。也可以说是已经走出去的内向型企业，重新定义国内市场的战略地位，更加深入地经营国内市场。金融危机以来中国市场已成为全球市场最具有战略意义的组成部分，无论是国外跨国企业还是中国跨国企业均对中国市场重新做出评估，调整中国战略，以至于一些已经"走出去"的中国内向型企业又重新回国，如联想、TCL等。相当多的中国内向型企业在实施"走出去"战略的同时意识到自己需要不断地巩固自己在国内市场上的地位，或者是加强国内外市场的互动，或者是为下一轮国际化做准备。联想和TCL"回国"，应该是为未来"向外走得更远"而做准备。因此，我们更希望将其定义为国内外市场整合的战略。中国国际海运集装箱股份有限公司（以下简称"中集集团"），在整合国内国外两个市场提升国际竞争力方面就具有示范作用。在世界集装箱制造行业中，中集集团在成本和创新两个方面都具有绝对竞争优势，多年来它不仅在全球的标准集装箱市场占有70%以上的份额，而且在全球其他细分市场上也都有40%以上的占有率。中集集团做强主业和建立国际竞争力的主要经验就是：第一，在这个高度全球化的行业中，它从来没有将国内国外两个市场分开；第二，在发挥要素成本等优势的同时，非常重视建立企业在成本管理、市场控制和公司治理等方面的独特能力；第三，利用企业上述独特能力，连续收购8家国内集装箱企业，同时实现市场占有率的国内和全球第一；第四，利用横纵向控制和集约化管理所获得的高收益，大量投资于研发和购买专利，先后拥有80多项专利；第五，在先成为集装箱"世界第一"之后，才进入运输装备的其他领域，在所进入新领域取得了更多的"世界第一"。中集集团成功的经验证明，如果中国企业能够集中自己的全部资源于自己的主业，主动地实施横纵向整合战略，将有可能抵御外资企业的竞争，甚至收购外资在华的企业；市场规模优势是中国企业国际竞争力最主要的来源，如果能够在国内市场上提升自己的占有率，就能够将市场规模优势转变成为巨大的国际竞争力优势。

第九章

中国企业提升国际竞争力的战略选择

　　面对全球化对中国企业带来的挑战，少数中国企业已经在提升主业国际竞争力方面取得了突破性发展。作为处于相同环境，尤其是相同制度环境下的"例外"，它们应对经济全球化和提升国际竞争力的战略实践值得挖掘。例如，一些在主业上已经具有相当竞争优势的民营和国有企业通过国内外上市而改善了治理结构和融资能力，增加了对研发和制造的投入，实施了对主业和上下游行业的整合战略，提高了在国内外市场上的占有率；而另一些在国内拥有绝对市场权力的企业则进一步利用"入世"带来的机遇，通过收购兼并国内外企业，在提高国际市场占有率的同时分别强化了自己在研发、制造、营销方面的优势，提升了国际竞争力。本项目组以关注例外的视角，采取案例研究方法，研究在相同的市场和制度环境下中国企业应对全球化的挑战和提升国际竞争力的战略选择。

第一节　研　究　设　计

一、研究方法和对象选择

　　针对少数研究对象的行为，要回答关于"怎样"（How）和"为什么"（Why）的问题，案例研究是比较合适的研究方法（Yin，1994）。案例研究可以回答一种或一组行为为什么执行、如何执行、会有怎样的结果的问题（Schramn，1971），它是管理理论建构的重要方法（Eisenhardt，1989）。在界定了研究问题、提出研究命题和分析框架基础上，项目组进行研究设计、案例选择，确定案例分析方法，资料收集与分析，最后形成命题（郑伯埙和黄敏萍，2008）。

作为探索性案例研究，本项目组采取理论抽样（Theoretical Sampling）的方式来选择案例研究对象（Glaser and Strauss，1967）。经过文献与资料分析、运用专家意见法等方法，本项目组分别在不同时期对以下大企业展开了案例研究：青岛啤酒集团有限公司（简称"青岛啤酒"）、中国国际海运集装箱（集团）股份有限公司（简称"中集集团"）、海尔集团（简称"海尔"）、苏宁电器股份有限公司（简称"苏宁电器"）、华为、联想、TCL、广东格兰仕集团有限公司（简称"格兰仕"）、深圳大族激光科技股份有限公司（简称"大族激光"）、广东东菱凯琴集团有限公司（简称"东菱"）、广州晶华光学电子有限公司（简称"晶华光电"）、振华港机、广东天龙油墨集团股份有限公司（简称"天龙油墨"）、康美药业。这些案例企业集团的基本情况与特点见表9－1、表9－2、表9－3和表9－4（按2011年销售收入从高到低总结为四组，数据更新至2011年12月）。其中，东菱和晶华光电与其他案例企业不同，它们是作为外向型企业起步，整合"外向外"和"外向内"两种模式的企业（见第八章四方格模型）。

表9－1 　　　　　　　　　**案例样本的基本特征（一）**

基本特征	华为	联想	海尔集团	苏宁电器
成立时间/年份	1987	1984	1984	1990
公司总部地址	深圳	北京	青岛	南京
公司性质	民营企业	民营企业	集体企业	民营企业
员工总人数/人	146 000	42 000	60 000	170 000
总资产/亿元	1 932.85	973.63	400（2010年）	597.87
销售收入/亿元	2 039	1 863.29	1 509	938.89
主营业务所在行业	通信设备	IT	机械、设备、仪表	社会服务业—零售业
主营业务产品/服务	无线电、微电子、通信	台式电脑、服务器、笔记本电脑、打印机、掌上电脑、主板、手机等	家用电器	家用电器及消费类电子的销售和服务
企业类型	生产性工业企业	生产性工业企业	生产性工业企业	服务性企业

基本特征	华为	联想	海尔集团	苏宁电器
是否上市公司	未上市	整体上市	部分上市"青岛海尔"	整体上市
股权结构	任正非在华为投资占比1.2954%，华为技术由华为投资控股，占99.99%的股权	联想控股有限公司为主要持股人	集体企业	民营企业：张近东28.61%控股
净利润（亿元）	116	25.68	33.08（2008年）	48.86
行业地位	电信设备供应商全球第二	全球第二大PC生产商	家电品牌价值中国第一	中国家电连锁行业品牌第一
市场状况	华为超越阿尔卡特—朗讯和诺基亚—西门子，成为全球第二大通信设备商	2011年联想全球的市场份额占14%，其中在商用个人电脑市场和消费台式电脑市场成为全球第一；在中国，个人电脑产品的市场份额达35.2%，连续八年占据中国市场份额第一的位置	海尔在大型家电市场的品牌占有率提升为7.8%，第三次蝉联全球第一	2009年，《福布斯》公布全球2 000家大企业排名，苏宁电器排名1 055位，成为排名最高的中国零售企业

资料来源：项目组整理。

表9-2　　　　　　　案例样本的基本特征（二）

基本特征	中集集团	TCL	格兰仕	青岛啤酒
成立时间/年份	于1980年1月创立于深圳，1994年在深圳证券交易所上市	1981	1978	1997，控股公司上市，前身"青岛啤酒厂"于1903年成立
公司总部地址	深圳	惠州	顺德	青岛
公司性质	股份有限公司	国有控股企业	民营企业	股份有限公司
员工总人数/人	64 000	60 000	30 000	28 542

207

续表

基本特征	中集集团	TCL	格兰仕	青岛啤酒
总资产/亿元	643.61	74.01	180	216.34
销售收入/亿元	641.25	608.34	400	231.58
主营业务所在行业	机械、设备、仪表	电子产品、通信设备、家电	家电	食品、饮料
主营业务产品/服务	集装箱、道路运输车辆、能源与化工装备	新型光电、液晶显示器件，VCD、DVD视盘机，家庭影院系统，电子计算机及配件，电池，数字卫星电视接收机等	微波炉、空调和电烤箱、电饭煲、电磁炉等小家电	啤酒
企业类型	生产性工业企业	生产性工业企业	生产性工业企业	生产性工业企业
是否上市公司	整体上市	旗下三个集团上市	未上市	整体上市
股权结构	国有企业：招商局与中国远洋运输集团控股	惠州市投资控股有限公司控股9.8%，李东生控股5.61%	佛山市顺德区宏骏达投资有限公司控股60%，佛山市顺德区福莱德投资有限公司控股40%（皆为梁庆德控股）	国有企业：青岛市国资委100%控股
净利润（亿元）	36.6	16.71	4.98（2009年）	17.98
行业地位	全球第一	中国彩电业第一品牌	国际领先的微波炉、空调机小家电制造集团	中国市场份额第二，品牌价值第一
市场状况	占据世界标准标集装箱市场70%的市场份额……	在全球40多个国家和地区设有销售机构，2008年TCL在全球各地销售超过1 436万台彩电，1 370万部手机	2006年微波炉占全球约50%市场份额，连续12年蝉联中国微波炉市场销量及占有率第一	目前，青岛啤酒远销世界71个国家和地区，居中国啤酒出口量首位，占到中国啤酒出口量的50%以上

资料来源：项目组整理。

中国企业集团成长与重组研究

表9-3 案例样本的基本特征（三）

基本特征	振华重工	康美药业	东菱凯琴	大族激光
成立时间/年份	1992，原名：上海振华港口机械（集团）股份有限公司，于2009年5月更名为上海振华重工（集团）	1997	1988	1996
公司总部地址	上海	普宁	顺德	深圳
公司性质	国有控股企业	股份有限公司	民营企业	股份有限公司（2004年上市）
员工总人数/人	15 000	1 600	20 000	5 000
总资产/亿元	44.06	32.02	25	60.67
销售收入/亿元	191.29	60.8	60	36.28
主营业务所在行业	机械、设备	制药	家电	机械、设备、仪表
主营业务产品/服务	港口用大型集装箱机械；海工产品，如巨型浮吊、铺管船和各种工程船、各种平台以及动力定位装置和齿条提升装置等	中药饮片、化学原料药及制剂生产、医疗器械	电热水壶、咖啡壶、面包机、多士炉、电熨斗等西式小家电	激光切割机、激光打标机、激光焊接等
企业类型	生产性工业企业	生产性企业	生产性工业企业	生产性工业企业
是否上市公司	整体上市	整体上市	未上市	整体上市
股权结构	中国交通建设股份有限公司控股28.71%	普宁市康美实业有限公司持股30.32%	无	民营企业：高云峰控股12.29%
净利润（亿元）	0.29	10.05	约1.6	6.25
行业地位	大型集装箱机械的订单居世界同行第一	中国中药饮片企业五强之首	中国小家电出口额最大的企业	亚洲最大、世界知名的激光专业加工设备制造商

续表

基本特征	振华重工	康美药业	东菱凯琴	大族激光
市场状况	占全球 70% 市场份额	一家集中药饮片代理、仓储、配送、第三方物流于一体的大型医药商业中心	连续 6 年电水壶全球占有率第一，是中国电热水壶、咖啡壶、搅拌机国内最大的出口商	2005 年至今，公司的激光打标机产销量居世界第一；2006 年印制线路板钻孔机产销量世界第三

资料来源：项目组整理。

表 9 - 4　　　　　　　　　　　**案例样本的基本特征（四）**

基本特征	晶华光电	天龙油墨
成立时间/年份	1997	1993
公司总部地址	广州	肇庆
公司性质	民营企业	股份有限公司
员工总人数/人	220	390
总资产/亿元	4.5	6.91
销售收入/亿元	10	3.52
主营业务所在行业	光学行业	油墨制造
主营业务产品/服务	光学零件、光学镀膜、光学镜头、光学引擎等光学仪器	水性油墨、溶剂油墨、胶印油墨
企业类型	生产性工业企业	生产性企业
是否上市公司	未上市	整体上市
股权结构	四名自然人股东，两名法人股东，属自然人控股有限责任公司	冯毅持股 51.51%
净利润（亿元）	—	0.25
行业地位	中国光学行业的领头羊	在油墨行业排名第五，水性油墨行业排名第一
市场状况	2010 年的前三个季度，晶华的共出口到达了 1 662 万美元	水性油墨年销售量过万吨，销量连续八年稳居全国水性油墨行业首位

资料来源：项目组整理。

二、案例研究过程

在案例研究的数据收集（Data Collection/Obtainment）上，本项目组主要采用文件法（Documents）、访谈法（Interviews）和观察法（Observations）。这些数据收集的方法均是为了满足案例研究中资料收集与整理的三个原则：多重证据来源、建立一连串的证据链和建立研究资料库（Yin，1994）。在此之后的案例数据分析中，本项目组主要采取归纳式分析（Analytic Induction）（Glaser and Strauss，1967；Yan and Gray，1994）。整个案例研究过程中，本项目组高度关注研究的信度和效度。

三、研究框架

企业战略选择包括公司级和经营级两个层面，公司级战略的选择主要有业务多元化、纵向一体化与地域多元化（国际化）以及战略实现方式——自建/并购等内容。本书遵循战略管理对多元化企业战略选择的基本分类，将上述研究问题，抽象为一系列的关系研究：行业多元化、地域多元化、增长方式和竞争战略选择与国际竞争力的关系。由于本书是基于案例的归纳式研究。因此，研究问题最终转化为：

第一，少数具有国际竞争力的中国企业，采取了怎样的行业多元化战略和纵向一体化战略。即它们的多元化战略和纵向一体化有什么主要特征和基本规律。

第二，少数具有国际竞争力的中国企业，采取了怎样的地域多元化战略。即它们在国内、国外市场的地域多元化上有什么主要特征和基本规律。

第三，少数具有国际竞争力的中国企业，在多元化、纵向一体化和地域多元化过程中，如何使用购并和自建两种不同的增长方式。

第四，少数具有国际竞争力的中国企业，在低成本和高差异选择中，是采取了低成本还是高差异战略。

第二节　研究发现：例外企业应对
全球化挑战的战略选择

本项目组发现，少数具有国际竞争力的中国企业在新形势下应对挑战的战略有四种：第一，集中发展和做强主业；第二，整合国内和国际两个市场；第三，整合自建和并购两种方法；第四，整合成本和差异两种优势。这些资源、能力和经验都相对不足的中国企业是通过高度集中、取舍清晰、持续改进的战略才将自己的劣势转变为优势，将短期优势转变为长期优势。在此基础上，它们首先发挥企业特定优势，实施横纵向整合，做中国第一；然后再进一步发挥国家特定优势，向世界第一迈进。这是中国企业集团成为世界级企业的有效战略路径。

一、行业多元化战略选择：集中发展和做强主业

在经济全球化、经济转型以及国内市场分割的环境下，中国企业面临着众多行业多元化发展的"诱惑"和机会，陷入一系列两难选择：如果接受"诱惑"，企业可能偏离原有的战略承诺，进入越来越多自己不熟悉的行业，战略性资源（而不是指财务资源）被不断分摊和分散，越来越难以抵御国外跨国公司的进攻。如果拒绝"诱惑"，则可能丧失中国经济转型中"稍纵即逝"的机会，如土地、资本、政策扶持等。这些"例外"的中国企业在高度多元化战略取舍之间，经历了三种不同的路径：第一种路径，一直坚持主业，适度相关多元化，几乎没有不相关多元化，代表性的案例企业有苏宁电器和中集集团等；第二种路径，历史上曾经出现一定限度的不相关多元化，随后逐渐收缩，回归主业，代表性的案例企业有联想集团等；第三种路径，历史上有较高程度的不相关多元化，经过重组转变为相关多元化，代表性的案例企业有海尔集团和 TCL 集团等。这三种路径及案例企业的发展路径描述总结如表 9 – 5 所示。这些案例企业无论走哪种路径，到目前为止它们都选择了集中发展、做强主业的战略。从它们的多元化战略选择路径上，面对"两难困境"表现出如下共性。

表 9 – 5 　　　　　　　　　　部分案例企业集中发展的进展

路径	案例企业	案例企业描述
1. 坚持一业为主，相关多元化，几乎没有不相关多元化	苏宁电器	苏宁电器从南京第一家空调产品实体店开始，经历了从单一的空调，向家电产品，到3C产品销售，再到泛家电联盟产品（照明、卫浴、健身器材等）的扩张；其服务对象则经历了从零售商到终端消费者的转变
	中集集团	除了1986年濒临破产，在停产后业务转向钢结构加工以求生存的有效多元化以外，中集集团从1987年被中远入股调整治理结构后，一直坚持集装箱行业，其后形成以为交通运输提供装备为核心的业务，先后进入飞机廊桥和专用车。2008年以来形成集装箱、道路运输车辆、能源和化工装备、海洋工程、机场设备等装备业务的相关多元化

续表

路径	案例企业	案例企业描述
2. 历史上曾经出现一定限度的不相关多元化,随后逐渐收缩,回归主业	联想	联想在 20 世纪 90 年代的时候,依靠自己的努力逐步成为亚太 PC 市场销量榜首的地位。由于当时考虑到接下来 PC 市场占有率增长的缓慢,以及 WTO 的影响等,联想选择了多元化发展,并建立了互联网、IT 业务和手机业务三个重点业务。但事后证明,这三个方向都没有成功。最后在 2004 年联想重新确认 PC 作为核心业务,并收购 IBM 的 PC 业务,随后成为全球产销第一的 PC 制造
3. 历史上有较高程度的不相关多元化,重组转变为相关多元化	海尔	海尔从冰箱这个单一产品出发,后凭借质量与营销优势逐步进入制冷家电行业(空调、冰箱、冰柜),再逐步延伸至整个白色家电,最后发展到全家电的产品、手机和生物医药等领域实施多元化经营。2000 年海尔开始重组自己的业务,在产品多元化发展的道路中,海尔不断培育、选择和建立自身在日用电器研发与设计的核心能力
	TCL	TCL 的多元化路径,大概可以分为四个阶段。首先是相关多元化,主要开展以电话机为主的多元化经营。到 1995 年,TCL 形成了由通信(主要为电话机业务),电子(各种非主营业务)和云天(房地产业务)三大板块构成的企业集团。1997 年之后开始通过资本市场的运作在国内进行了大规模的多元化扩张,并进而展开大规模的国际多元化,这个过程 TCL 经历了严重的亏损,有些业务被迫出售以换取现金流。最后从 2006 年年初开始,TCL 开始收缩业务,集团业务重新聚焦到彩电,通信和电脑三大产业上来,并从此走上严格的相关纵向多元化道路

资料来源:项目组整理。

(一) 合理的产权结构和治理结构保证了这些企业持续追求成为行业的领先者

在相对比较合理的公司治理结构保证下,案例企业都选择了行业经验丰富和富有企业家精神的领导,都能够为企业家的坚持和创新创造了很好的治理机制,这有利于这些企业排除制度的干扰和机会的诱惑。在这样的企业家的领导下,案例企业对竞争优势的关注胜于对增长速度的关注;对"做强"的关注胜于对"做大"的关注;对行业或者产品间相关性的关注胜于对单一产品或者行业盈利机会大小的关注。因此,这些企业能够长期将有限的资源高度集中于自己的主业，力求在自己的主业基础上建立国际竞争力。中集集团在 1991～1993 年进行了股份改造，形成两大国有股东中远和招商局各占 45% 的股份、国外企业和企业员工各占 5% 股份的股权结构。1993 年，中集集团成功上市，在股权结构、董事会构成、高层管理团队任免和激励等方面进一步建立和健全了更为合理的治理结构和机制。这就为后来中集集团可以在多个行业创造世界第一提供了制度上的保证。同样，振华重工自 1992 年由管彤贤带领创业起，领导振华重工达 17 年之久，推动振华重工发展成为集装箱起重机制造行业的世界第一。而民营企业中，无论是大型民营企业华为、苏宁电器等或中小型民营企业天龙油墨、晶华光电等都是由相当执著的企业家（任正非、张近东、冯毅、赫建等）个人实际控制，他们的价值追求和企业家精神直接影响了企业的战略取舍。

（二）通过实施适度相关多元化战略有效地发挥了核心能力的范围经济效益和协同效应

这些企业集团都是从单一产品起步，并且在单一产品上建立了显著的竞争优势或者核心专长之后才开始实施多元化发展战略的。由于所进入的行业都具有较高的相关性，可以通过多种活动的共享而有可能带来范围经济和规模经济效益，同时进一步强化已有的核心能力，增强主业的市场竞争力和牵制力。在 1996 年成为标准集装箱世界销量第一之前，中集集团已经在 1993～1995 年期间进行了一系列收购，完成了标准集装箱生产制造基地的布局，建立了成本管理能力和成本优势。进入冷藏箱领域后，为应对更高制造技术的要求以及成本和效率管理的压力，中集集团开始由只关注制造成本转为同时关注制造技术，开始了对技术的重视和积累。1997 年成立的技术发展部和信息技术部，直接促进了标准集装箱制造成本的降低，如 1998 年单箱平均制造成本比 1997 年下降 3%。在 1999 年进入特种集装箱领域之后，中集集团对管理创新有了更多认识和投入，开始通过采购的"集团化运作"进一步强化成本管理能力。2002 年中集集团乘势进入了在制造和采购环节上具有较高相关性的道路车辆业务（专用车），利用此前积累的购并经验和大量资金连续收购了美国 Monon 公司、新奥集团旗下的安瑞科能源以及在国内的扬州、济南、驻马店及张家港等多家车辆企业以及它们所拥有的过百项专利，迅速完成了由全盘模仿向原始创新和集成创新的过渡，很快就在 2004 年、2006 年起取得了道路车辆业务产销总量上的中国第一和世界第一（黄嫚丽等，2009）。

（三）通过适度纵向一体化/纵向整合，降低了交易成本，强化主业的核心竞争力

在产业链的整合上，案例企业基本上都以主业为核心，在上游和下游之间进行了适度的整合或者一体化。通过实施纵向整合战略，这些企业提升了专用性高的原材料、配件的自我配套能力，对市场和资源的控制能力，对上游和下游的讨价还价权力和企业的盈利水平；通过实施纵向整合战略，这些企业增加了对整合产业链的认识和控制，从而使企业集团能够在正确的时间将有限的资源投入到关键的价值创造环节上，建立一组"企业特定优势"或核心专长。东菱集团为实现从 OEM 到 ODM 的转型，采取了高度纵向整合战略，通过自建、合资等方式直接控制了 70% 以上的模具、零部件的制造。通过实施这种战略，东菱集团不仅有效地降低了交易成本，还有效地支撑了其工业设计的创新，解决了设计创新与批量制造之间的瓶颈，使其能够将众多设计创新在产品制造中得以实现（黄嫚丽和蓝海林等，2010）。

二、地域多元化战略选择：整合国内和国际两个市场

在实施"做强"主业战略的过程中，案例企业比较早地意识到经济全球化的影响，了解整合国内市场对于抵御跨国企业和实施国际化战略的重要性。因此，这些案例企业普遍比竞争对手更早在国内市场上实施横向整合战略或者地域多元化战略，利用国内、国外两个市场的互动与协同关系，提升自己的国际竞争力。在横向整合国内市场或者实施地域多元化战略的过程中，国内市场分割的影响曾经使这些案例企业在是否实施和如何实施横向整合战略的过程中身陷"两难处境"；"入世"后国外跨国公司在国内市场上实施横向整合战略也曾经给这些案例企业以极大的压力。但是我们的研究发现，上述"例外企业"在利用国内市场分割和跨国企业竞争方面做出以下几乎相同和相当具有持续的战略选择。

（一）通过实施高度地域多元化和横向整合战略，充分利用和发挥国内市场规模优势

经济全球化的影响和提升国际竞争力的迫切需要使这些案例企业高度重视市场规模这个国家特定优势的重要性。中国市场的开放性和分割性的存在也使这些案例企业意识到整合国内市场对于企业形成和提升国际竞争力的重要性。因此，这些案例企业在专注主业的同时，都高度关注国内市场的开拓和整合（国内地

域多元化），探索通过实施地域多元化和横向整合战略来发挥中国国内市场规模
优势的战略路径（见表9-6）。

表9-6　　　　某些案例企业的国内地域多元化、国内外市场整合情况

	华为	中集集团	联想	青岛啤酒	海尔	苏宁电器
国内市场的横向跨区进入程度	地域多元化程度很高：首先进入中国农村二线市场，随后进入中国全部主要城市	地域多元化程度较高：连续收购中国沿海的集装箱厂，连续收购国内专用车厂	地域多元化程度极高：深入到中国2万个镇级地区	地域多元化程度很高：20世纪90年代在全国开展大规模并购扩张，目前国内拥有54家啤酒厂和麦芽厂	地域多元化程度极高：深入到中国农村县级地区	地域多元化程度很高：全国1 000多家连锁点，开始深入到农村县级地区
国内、国际市场的先后次序	先国内领先，再世界领先	先国内第一，再世界第一	先国内领先，再世界领先	国内领先，国际市场仍在初级阶段	先国内领先，再世界领先	国内领先，国际市场仍在初级阶段

资料来源：项目组整理。

1. 战略路径一：从区域事业部结构到产品事业部结构转变

整合中国这样一个巨大而又具有明显分割性的市场，案例企业所面临的问题
与跨国企业在整合全球市场遇到的矛盾非常相似，即整合效率与当地响应的关系
问题。案例企业在处理这个矛盾所采取的策略具有共同的特点。在对国内市场实
施整合初期，企业更重视国内市场的差异性和分割性，更希望通过当地响应能力
开拓市场。因此，这些企业主要利用区域事业部结构，将资源、能力和权力下
放，提高地方适应和响应的能力。在对国内市场的整合达到一定水平之后，案例
企业再开始推进从区域事业部结构向产品事业部结构或者"直线职能制"结构
的转变，将分散于全国制造、营销、研发统一到总部，更大程度地发挥整合效
率。青岛啤酒从1994年起开始实施对国内市场的购并整合，在1997年至2001
年期间，青岛啤酒更是完成了40多项收购活动，自建和购并的啤酒企业遍布17
个省市，生产量由1996年的35万吨提升2001年的251万吨，市场占有率由
1996年的3%提升2001年的11%。在这个阶段上，所有自建和购并企业分别从
事营销、研发和制造活动，地方适应和响应的能力很高，有利于市场开拓。但
是，这种高速度和低水平的整合战略并没有给青岛啤酒带来应有的整合效率，导

致该企业从 2001 年开始先后实施了两个阶段的整合重组。在 2001 年至 2005 年期间，青岛啤酒将分布于全国的经营单位整合组建了八个区域事业部，各个事业部优化了内部的制造资源和股权结构，包括增持绩效好的子公司的股权，减持或者注销绩效差的工厂。2006 年开始，青岛啤酒开始推进由"整合"向"整合与扩张并举"的战略转变以及实施新一轮的组织变革，将原有八大事业部改为成立投资、营销和制造三大中心，推行"1 + 3"品牌战略（即以青岛啤酒为主品牌，以山水、汉斯、崂山为第二品牌），逐步消灭各地方性品牌。经过两个阶段的整合，青岛啤酒将品牌管理、营销和销售活动完全集中在总部，实施高度集权化管理；把分布全国的 54 家工厂转变为"成本中心"，力求将营销、研发和制造的规模经济效益最大化。本研究以分权（与集权相对）为横坐标、跨区整合能力为纵坐标呈现了青岛啤酒横向整合的演化路径，如图 9 - 1 所示。

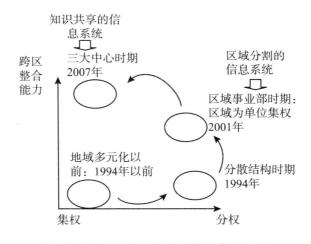

图 9 - 1　青岛啤酒横向整合演化路径

2. 战略路径二：上游活动集中—下游活动分散的整合

波特（Porter, 1985）把价值链的基本活动分为上游活动和下游活动。上游活动是指与购买者完全分开的活动，如购买原材料、原材料运输、生产过程等；下游活动指是与顾客紧密联系的活动，如销售活动、广告等。上游活动和支持性活动的竞争优势往往来自整合所产生的规模与范围经济效益；而下游活动的竞争优势往往来自地方适应和地方响应能力。我们在案例研究中发现，有一类单一行业企业从一开始就以整合的思路进行跨区域扩张，它们在上游活动和支持性活动上高度集权，建立企业活动的基本平台；而在下游活动上高度分权，以适应中国市场的分割性。分在国际化战略中，这属于典型的跨国化战略。作为一家连锁零售服务业企业，苏宁电器公司的发展经历了在产品范围上从单一的空调、家电产

217

品、3C 产品、泛家电联盟产品以及百货的扩展；在服务对象上从零售商到终端消费者的转变；在市场范围上从南京向全国的转变，使其在 2011 年成为拥有 1 500 多家连锁店的全国最大家电连锁公司。在跨区域扩展的过程中，苏宁电器一直坚持在支持性活动和上游活动上实施高度集权，在下游活动如销售和售后服务活动方面则相对分权。为此，苏宁电器高度重视信息化建设，其地域和产品扩张的速度和边界一直由其信息系统所支撑的上游活动平台的能力所决定的。苏宁电器地域多元化控制机制的演化路径如图 9 - 2 所示。

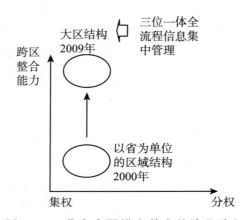

图 9 - 2 苏宁电器横向整合的演化路径

3. 战略路径三：从产品维整合、地区维整合到矩阵式整合

相关多元化企业的跨地区扩张中，通过实施产品事业部对"产品维"整合可以最大限度地获取规模经济、范围经济和降低内部交易成本上的整合效率；通过区域事业部对"地区维"整合则可以提高顾客的满意度和对当地竞争者反应的能力。单纯的产品维整合与地区维整合均有其突出的优势和劣势。即使是跨国企业往往也要在不断的"试错"与平衡中，最终通过运作兼具产品维和区域维的矩阵结构才能够同时实现整合效率与地方反应的最大化。在相关多元化发展的初期，海尔集团在八个产品上建立了产品事业部（1993 ~ 1999 年），获得了很高的整合效率，但地方响应能力低下，无法应对国内灵活的中小企业的竞争。为此，海尔集团又成立了八个地区性事业部，并且将八个产品事业部的主要经营权转给区域事业部，结果是地方响应能力上去了，整合效率又下来了。2006 年，海尔又将主要的经营权从区域事业部还给产品事业部，将区域事业部作为"公共销售平台"，最终完成了对跨区域战略和矩阵式结构的磨合。海尔横向整合的演化路径如图 9 - 3 所示。

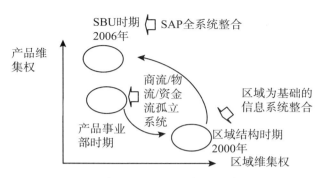

图 9 - 3　海尔集团横向整合的演化路径

（二）先实现国内领先，再争取国际领先

由于中国市场巨大而又具有明显的分割性，横向整合中国国内市场有利于培育企业国际化所需要的能力。在案例研究中我们发现，在案例企业通过横向整合而成为国内领先的过程中直接培育了两种企业国际化所需要的特定优势：首先是利用国内市场的规模取得了巨大的规模和范围经济效益；其次是利用国内区域市场之间的制度环境差异锻炼了应对多重环境的整合管理能力。从企业国际化的角度来看，这就是所谓的基于交易（Ot）和基于制度（Oi）的企业特定优势。在此基础上，案例企业利用自己巨大的规模成本和市场控制优势，开始实施从分权向集权的转变，通过统一采购、营销、研发、物流等活动提升了自己跨区域整合的能力；开始将大量的资源用于提高自己的技术创新和国际营销能力，使自己进一步取得了国际化所需要的技术创新方面的企业特定优势（Oa）。由此可见，中国市场的特殊性决定了案例企业在成为国内领先的过程中就有可能为自己下一步的国际化建立所需要的特定优势。因此，先成为国内领先，再争取国际领先，就成为中国企业建立国际竞争力的有效战略路径。

正如任正非所言，作为通信设备行业的后来者，华为公司"一诞生就在家门口遭遇了最激烈的国际竞争，对手还是拥有数百亿美元资产的世界著名公司"。为此，华为采取了一种"先易后难"、"农村包围城市"以及从边缘至核心的国内市场和国际市场扩张战略。在国内市场，从贝尔、朗讯无暇顾及或不放在眼里的边远落后地区做起，通过不断的研发，克服了国外交换机都是通过电缆连接不适用于中国农村市场这一缺陷，打开了中国广大的农村市场空间，1995 年的 15 亿元销售额主要来自中国农村市场。在农村新市场成功后，华为不断加大技术研发投入，大批量引进技术人员，每年投入研发的资金不低于销售收入的10％。随着华为的技术追赶，华为以"低端进入者"的姿态进入城市市场，最终在国内市场取得领导地位。在国际市场，先从不发达的亚非拉地区起步，建立办事处，通过驻外使领馆与该国电信部门取得联系，逐步占领市场。1999 年取得也门和老挝的标书，打响了国际市场第一炮，继而在 2001 年，与俄罗斯国家电信部门签署上千万美元的 CTMS 设备合同，随后国外销售增长迅猛，延伸至泰国、印度、巴基斯坦、法国、西班牙等 40 多个国家和地区。与此同时，加强与成熟的跨国公司合作，包括摩托罗拉公司、3Com 公司、西门子、赛门铁克、全球海运（Global Marine）等，在高端路由器、无线通讯网络市场寻求突破，投入巨资（累计超过 50 亿元人民币）开发第三代移动通信 3G 设备以打入欧美发达国家市场。2010 年，华为超越诺基亚—西门子和阿尔卡特—朗讯，成为全球仅次于爱立信的第二大通信设备制造商。

中集集团也是先国内第一，再国际第一的典型。在高度全球化的行业中，从来没有将国内国外两个市场划开；在发挥要素成本等优势的同时，非常重视建立企业在成本管理、品质管理等方面的独特能力；利用上述独特能力，中集集团连续收购了 8 个国内集装箱企业，同时实现市场占有率的国内和全球第一；利用横纵向控制和集约化管理所获得的高收益，大量投资于研发和购买专利，先后拥有 80 多项专利；在先成为集装箱"世界第一"之后，才进入运输装备的其他领域，在所进入的新领域取得了更多的"世界第一"。中集集团模式表明，如果中国企业集团能够集中自己的全部资源于自己的主业，主动地实施横纵向整合战略，将有可能抵御外资企业的竞争，甚至收购外资在华的企业；市场规模优势是中国企业集团国际竞争力的最主要来源，如果能够在国内市场上提升自己的占有率，就能够将市场规模优势转变成为巨大的国际竞争力优势（蓝海林，2012a）。

（三）通过参与国际竞争提升国内市场竞争力，形成国内外市场动态整合和多点竞争的能力

"入世"以后的中国企业集团在整合国内外市场的过程中同样面临着两难选择：中国内向型企业集团在国内市场上积累的竞争优势很难转移到国际市场上；中国外向型企业集团在国际市场上学习的特定优势很难转移回中国。面对这样的两难选择，绝大多数中国企业集团只好在国内市场和国外市场之间选择一个作为自己的主要市场。但是本研究中的案例企业对于整合国内外市场则表现出了超乎一般的战略坚持，而这种坚持使它们有效地提升了国内外市场整合和多点竞争的能力。

在 2004 年跨国并购 IBM 的 PC 业务之前，联想已经在中国的 PC 机市场占据近 30% 的市场份额，以"双模式"竞争战略有效抵御了戴尔的进攻。"双模式"是指关系型模式与交易型模式，其中关系型主要针对大客户，而交易型则主要针对消费和中小企业客户（陈宏、童春阳和白立新，2009）。因此，基于这样的市

场定位划分，联想在组织内部形成两套体系：交易型业务按照地域划分市场，关系型业务按照政府、教育、能源、电信、金融等客户所在的行业区分市场；将制造计划、过程和系统予以区分，形成两套生产体系；将人员、产品研发设计、激励考核制度等方面，建立两套体系。联想在两种模式及其互动上不断进行磨合和融合，发挥了一定的规模经济和范围经济效益。

收购 IBM 的 PC 业务后，联想一直在积极探索如何将其在中国市场建立的核心能力复制到全球。为此，联想推动了"双拳"战略，一"拳"是指中国市场和全球成熟市场上关系型客户的保卫战，另一"拳"是指新兴市场和全球成熟市场上交易型客户的进攻战。为此，联想在地区维、客户维和产品维分别进行了定位，形成了多个不同组合的"竞争点"，将竞争优势的跨点转移和协调作为其全球竞争战略的基础。在客户分类的基础上，联想进一步区分了成熟市场与新兴市场；在产品分类上，联想设立了两大产品集团（Think 系列产品和 Idea 系列产品），其中 Think 系列产品专门针对成熟市场和关系型客户，而 Idea 系列产品专门针对新兴市场和交易型客户。联想首先以德国为突破口，推行"双模式"，并获得了成功。接着，联想又在北美市场，逐渐减少利用原 IBM 的渠道，加大投入与百思买（BestBuy）建立长期合作关系。到 2009 年，联想基本建成了全球交易型业务从研发到销售的价值活动系统。在新兴市场，加速进入印度、俄罗斯和巴西，把中国的"双模式"直接转移至这些国家，尤其是交易型模式。在这个过程中，联想也根据这些国家的差异对"双模式"进行了调整。例如，将俄罗斯市场建设的重点放在品牌建设上，将印度市场建设的重点放在搭建专卖店的渠道体系上。

在努力将中国市场形成的"双模式"战略和组织性资源转移到全球不同国家的同时，联想从 2009 年年底起开始将海外管理者调回国内，目的是要将全球经验转移回中国，要以全球视角审视中国市场。为了突破在中国遇到的增长瓶颈，联想把全球地区维定位（成熟市场、新兴市场）转移至中国，将 1～3 级城市列为中国成熟市场，将 4～6 级城市至乡镇市场当做中国新兴市场，借此将自己的渠道扩大到了中国 2 万个镇级单位。联想在中国镇级农村市场主要是强化其交易型的业务模式，建立农村端到端的整合系统。至 2010 年下半年，联想在城镇市场的覆盖率由 30% 提高到 80%，在全国市场的市场份额也略有提高。目前，联想正在思考如何把中国这种升级版交易型业务模式转移到其他新兴市场。图 9-4 反映了这种动态整合。

联想的案例非常突出地表明：在建立和提升国际竞争力的过程中，中国企业要有效整合国内与国外两个市场，促进竞争优势的相互转移和强化，提高与跨国企业在多市场、多产品上竞争互动的能力；要有效地运用动态竞争战略去发挥自己多市场区域和多价值创造环节整合的优势，从而应对跨国企业的全球整合战略和多点竞争的威胁。联想案例揭示了一个在多地区、多顾客、多产品的国内国际市场动态整合模式。

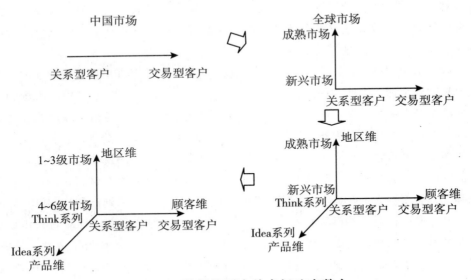

图 9 - 4　联想的国内外市场动态整合

综合案例企业选择和实施行业多元化和地域多元化战略选择行为，我们可以发现它们在应对全球化挑战和市场分割性制约方面已经找到一些行之有效的办法：首先，它们先专注于在主业上建立一定的特定优势，然后实施横纵向整合，提升已有特定优势的规模和范围经济效益，同时提升自己跨区整合管理的能力；其次，他们积极投入技术创新，通过在国内市场实现成本和创新优势领先，从而形成国际竞争力。因此，集中发展、国内外整合与特定优势的关系是一种协同递进的关系，如图 9 - 5 所示。

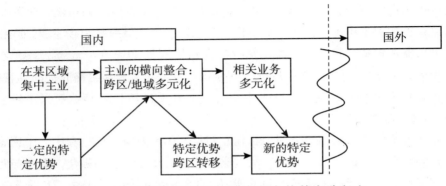

图 9 - 5　中国企业提升国际竞争力的整合路径之一

三、增长方式选择：整合自建和购并两种方式

在分割性市场上实施横纵向整合战略，中国企业还面临着增长方式选择上的两难处境：如果选择自建作为增长方式，企业可能会面临更大的行业或者市场进入障碍，但是其对内部资源、能力的控制和整合过程的控制力度将更高；如果选择并购作为增长方式，企业可以更好地突破行业或者市场进入障碍，更迅速地获得所需的战略性资源，但并购过程和并购后的整合比较复杂，容易受到外部环境（尤其是制度环境）的影响。面对这样的"两难困境"，案例企业在横向整合/地域多元化方式的选择和实施策略上呈现出显著的动态性或者灵活性的特征。

（一）根据企业的战略意图和自身的条件，企业集团会在自建和并购两种方式中进行动态地选择

相当一部分企业实施横向整合战略的主要战略意图是对制造活动进行全国布局或者布点。通过这种提前或者优化的布局，企业集团可以充分利用各个制造基地的辐射效应，享受规模与范围经济效益，同时也可以降低交易成本和委托代理成本。我们在案例研究中发现，处于不同行业生命周期的企业，由于自身特定优势不同，发挥、利用和转移自身特定优势的条件不同，对以何种增长方式实现制造活动的全国布局做出了不同的选择。在新兴行业中，案例企业普遍在技术等多方面领先于全国其他竞争对手。这样，采取自建就是最有利的选择，特定优势转移的交易成本低并且发挥效率高。天龙油墨公司是中国国内水性油墨行业的领先者，它在全国水性油墨制造基地的布局中就全部采取了的自建的方式，利用自己的投资先后在青岛、上海、北京、杭州、武汉、沈阳等城市建立自己的生产基地，迅速推广了自己的新技术，并且抢占了全国大部分的市场份额。康美药业是国内中药饮片行业现代化领先者。由于它在满足 GMP 标准和非标准化小包装方面具有领先优势，希望利用行业变化的重大机遇，发挥自己的技术优势，实施横向整合和全国优化布局。康美药业实施横向整合的主要方式自建。而在成熟行业，行业竞争者之间的特定优势差异较小，此时采取并购是相对效率较高的方式。中集集团在 1993～1996 年的集装箱产业的地域扩张中，实施了一系列跨区域的横向收购兼并活动，先后收购兼并了 8 个中国沿海的集装箱企业，完成了国内集装箱生产基地的布局，一举成为全球标准集装箱行业中规模最大的企业。

为了在产品细分和相关多元化中发挥和强化自己的竞争优势，案例企业往往采取并购而不是自建的增长方式。进入产品细分市场和相关多元化领域，案例企

业不仅实现对已有特定优势的转移和共享，更为重要的是希望获取新的特定优势。例如，虽然康美药业在中药饮片制造的全国布局中采取了自建的方式，但是它在进入与其相关的其他行业，包括中药材种植、中药材市场、中药制剂、中成药等跨领域的时候都采取了相反的增长方式，即并购的方式。中集集团不仅在集装箱业务的发展中采取了购并为主的方式，而且在随后相关多元化发展中也都选择了相对成熟的行业和以购并为主的增长方式进入。中集集团在 2002 年以并购为主的方式进入了车辆业务，先后收购了 5 家国内车辆厂，投资新建 3 家车辆生产厂，迅速完成了对中国华南、华东以及山东和华北大部分地区的专用车生产基地布局。在此基础上，中集集团进一步通过跨国购并展开了车辆制造基地的全球布局。在 2003 年 5 月通过全资子公司购买了美国 HPA Monon Corporation 的半挂车生产和零部件配售中心的相关资产，形成了中美互动、分布合理、互为支持的战略态势。为进入能源化工装备行业，中集集团在 2007 年 7 月并购了新奥集团旗下的安瑞科能源，获得了对方的 CNG、LNG 等拖车技术，将安瑞科产品纳入中集集团的全球销售网络；于 2008 年收购了提供 EP＋CS（设计、采购和建造监工）技术工程服务的 TGE GAS 公司。为进入海洋工程行业，中集集团最近又收购了国际领先的船舶和海洋工程设施建造公司——烟台莱福士公司。

（二）根据企业对外部环境的判断，特别是一些重要发展机遇的判断，企业有可能动态地调整自己对增长方式的战略选择

外部经营环境的变化有可能为中国企业横向地域扩张和进入相关行业创造一些"稍纵即逝"机会，企业需要趁势采用连续并购而不是自建的方式才能够把握这样的机遇。例如中集集团在 20 世纪 90 年代初的连续并购是要把握以下同时出现的三个机会：一是伴随整个制造业向中国转移的趋势，世界集装箱产业将出现从日本、韩国到中国的产业转移，而当时日本和韩国企业仍没有大规模进入中国，只有韩国劲道在中国投资设厂；二是 80 年代末世界集装箱产业经历了一个相对较长时期的低潮，国内很多集装箱厂处于亏损边缘；三是中集集团地处中国改革前沿的深圳，1990 年深圳证券交易所挂牌成立，这为中集集团融资并购创造了重要的条件。事实证明，中集集团在生产基地布局方面比韩国的竞争对手先行一步，这为其能在 1996 年就成为世界产量第一创造了极其重要的基础。同样，天龙油墨公司对中国松香行业的连续快速购并也是因为这个行业出现了实施行业重组的两个非常重要的机会：一是因为整个行业正处于低潮，相当多的企业经营亏损；二是因为气候变化的原因，整个产业正在从两广地区向西南地区转移。在这种情况下，天龙油墨公司改变了自己的增长方式，通过连续和快速收购的方式把握住上述两个机会，迅速在这个行业中取得市场领先的地位。

在案例企业所面临的所谓"稍纵即逝"机会中，有些机会是来自制度变化或者政府政策推动的。在亚洲金融危机和全球经济衰退的连续影响下，我国地方政府的地方保护政策已经发生了根本性变化，从原来不欢迎国内企业投资转变为以越来越优惠的政策吸引国内企业来投资。在这种政策转变的影响下，尤其是在某些地方政府的政策"诱惑"下，一些案例企业集团也开始调整自己原来对增长方式的选择。

（三）根据自己对内部创新和外部创新的需要，企业集团会在自建和购并之间做出动态的选择

面对越来越动态的外部环境，创新的战略意义在不断上升。加大对企业内部管理变革和研发的投入是企业的内部创新机制，而并购则被看成是企业的外部创新机制。从对案例企业的研究中发现，一些案例企业实际上是内部创新不利的情况下通过购并引进外部创新机制。例如，东菱凯琴集团一直是一个以内部创新为主的企业，几乎所有的增长，包括其以自主品牌对国内市场的开拓，都是通过自建的方式实现的。正是由于以自建的方式建立品牌和开拓国内市场的速度慢、困难大，东菱凯琴集团才在 2007 年一改原来的增长方式，实施了对中山威力集团的购并。晶华光电公司从 2006 年开始就在企业内部成立技术研发部门，与高校合作，引进技术人才，在有限的加工利润中拿出资金投入于技术创新，仍然没有办法改变自己处于产业链低端的局面。2009 年，晶华光电公司利用金融危机所带来的机会，在并购了德国第三大光学仪器品牌 Bresser 后，又在美国投资新建了一家从事光学研发设计和品牌营销的企业，注册品牌为 Explorer。通过外部创新，晶华光电公司不仅获得了技术、品牌、渠道、高级人力资源等战略性资源，而且掌握了从终端消费者需求分析到制造、营销、服务等多方面的能力，技术创新能力得到迅速提高，在 2011 年被评为国家级高新技术企业，在多个专项技术上处于世界领先。晶华光电公司还将德国 Bresser 品牌引入美国市场，与其在美国的品牌 EXPLORER 分别形成了针对大众市场、细分市场的差别化定位，市场创新能力也得到了极大地提高（Barbieri，Huang，Di Tommaso and Lan，2013）。

四、竞争战略选择：整合成本和差异两种优势

波特的定位理论认为追求成本领先和差异领先是两种截然不同的战略，获得的是两种截然不同的竞争优势，不可能有处于中间状态的企业——"夹在中间将一无建树"。西方的商业社会也一直坚持着这样的原则：高科技只用于高端产

品、个性化服务就必须高价格、特殊商品要保持低产量和高价格。在这一"普世"原则下，西方跨国公司凭借其领先的创新能力长期垄断着世界的高端、高技术和特殊产品的市场。中国企业在"入世"前已经利用国家特定优势在全球范围建立了明显的成本优势，然而这种成本优势随着"入世"后跨国企业对中国市场的直接和大规模的进入而迅速削弱。少数中国企业率先认识到，与其被跨国公司在全球范围内"逼到墙角"，不如探索出一种基于已有成本优势实现差异化的战略。案例企业的战略行动表明，先利用对国内市场的整合建立成本优势，再利用控制市场所获得的收益去提升差异优势就是一种行之有效的战略选择。通过这种成本—创新战略，中国企业集团不仅有可能以有限的资源和能力在本行业的关键竞争力指标上建立世界级的竞争力，而且有可能在国内外市场上克服自己在多点竞争和制衡跨国企业方面的劣势。如表 9 - 7 总结的四家案例企业的成本和创新战略内容所示。

表 9 - 7　　　　　　　　四家案例企业的成本和创新整合的表现

	华为	TCL	大族激光	晶华光电
成本优势	中国的要素条件优势、配套和支持性产业优势、市场规模优势			
技术创新的突破口（世界级的技术创新）	通信设备：WCDMA 3G 技术	智能云电视：4D 一屏双显技术、双核技术，率先实现软硬件双升级	激光加工设备：紫外激光专利；激光焊接机中的点间距控制技术和激光脉冲波形控制技术	精密光学仪器：R－C 折反射式天文望远镜系列，高流明 Lcos/RGB 三色微型投影光机

资料来源：项目组整理。

华为首先充分利用中国的国家特定优势，以比西方公司低 20% ~ 30% 甚至更大的价格优势，在技术差距不大的产品上取得优势。华为上万名高级技术员工的平均成本是欧美国家同类岗位人员成本的 1/7，这成为华为最为有效的优势来源。与此同时，华为执著于核心技术以及研发的投入，近十年投入的研发费用超过人民币 1 000 亿元。通信设备的研发分为三个层次：一是最底层（最核心）的技术开发，类似于英特尔的 CPU、微软的操作系统、诺基亚与高通的核心芯片等独享技术，国内没有一家企业掌握。华为发现其根本无法在这个层次上超越竞争对手，于是华为把技术优势定位于第二层的非核心 ASIC（专用芯片）的开发上。这类芯片的特点是技术难度相对较小，规模经济效应明显。华为每年都重点研发设计出几种主要芯片，再由德州仪器或摩托罗拉等公司进行国外加工，用来替代直接购买的芯片，从而节约出上亿美元的成本。第三个层次的研发是"板级开发"，即利用国内研发劳动力相对低廉的优势，花几倍的人力去降低整个电路板的成本，电路板上每个元器件的成本每降低 1 元就带动增加几千万元的利润。华为选择将大量的资源持续投入到第二、第三两个层面的研发，从而实现了低成本的创新，形成了其早期在电信设备一般市场上参与国际竞争的成本优势。

华为的差异优势来自于对 3G 颠覆性技术的前瞻性研发。华为 1995 年才进入无线领域，第一代 GSM 直到 1997 年才投入使用，2000 年年底推出 CDMAIX。由于在传统的 2G 技术上，华为与摩托罗拉等跨国公司有较大的差距，华为将战略重点集中在基于新一代技术的新增市场，希望以此改变竞争格局。华为选择了一个独特的细分市场，那就是被跨国公司忽略的 2G 到 3G 过渡技术。华为在俄罗斯、美国的研究所开始对 WCDMA 从芯片到系统的全系列规划，研发投入超过 50 亿元人民币。这是一种颠覆性技术，这使得华为以后发者姿态迅速抢占新一代技术的主流市场。2003 年华为独家为阿联酋电信承建 WCDMA3G 网络，这是全球第一个用软交换实现的 3G 商用项目，奠定了华为在这一重要细分市场的相对领先地位。其后，华为获得了马来西亚 TM、毛里求斯 Emtel、荷兰移动运营商 Telfort 等 3G 项目，开始在主流电信市场建立全球优势地位（蓝海林，2012b）。

在提升国际竞争力的过程中，案例企业选择了成本—创新战略。这个战略的实施经历了两个阶段：第一阶段，利用管理创新实现了从要素成本优势到规模成本优势的转变；第二阶段，利用成本优势实现技术、设计和营销上的创新，包括核心技术的突破、专利的获得。通过这样一个"从创新到成本"、"从成本到创新"的过程，使得它们的成本和差异优势在国际比较中有了真正的国际竞争力。我们之所以强调第一个创新更多的是管理创新，是因为要从要素成本优势到规模成本优势，最为重要的充分通过横纵向整合利用中国的市场规模优势，而要实现这一点，具有极高的挑战性。中集集团、海尔、苏宁电器、青岛啤酒等企业给出几种不同的整合战略路径。因此综合集中发展、做强主业、整合国内外市场等战略，中国企业从成本优势到创新优势的路径可以总结为图 9－6 的模型。

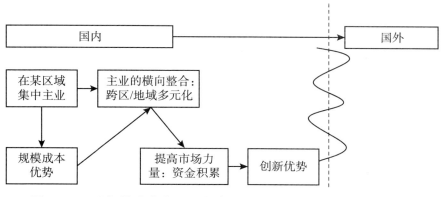

图 9－6　"规模成本优势→创新优势"与整合战略的逻辑联系

第三节　中国企业应对全球化挑战所面临的制约因素

面对经济全球化所带来的挑战，少数中国杰出企业的战略实践为其他中国企业提升国际竞争力提供了有效的指导。但是，大多数中国企业因受到各种制约而难以制定和实施相同的战略。

（一）制度因素的限制

中国是一个特殊的经济转型或者新兴市场经济国家，中国企业的战略行为必然会在不同程度上受到各种制度因素的影响。过去这种制度因素的影响主要以产权为基础，主要针对国有企业集团，并且通过管理者任命和软预算等方式而发生作用。随着国有企业集团的产权改造的加快推进，这种方式的制度影响已经大幅度减弱。在提高主业国际竞争力方面，我国企业现在和今后一段时期将更多受到来自于与市场有关的制度因素的限制：第一，目前为止的中国经济改革主要是以分权为主的一种改革。长期分权的结果是地方政府的改革活力越来越大，地方政府的行政权力越来越大。过大的地方行政权力导致各个地方市场在政策和法规上差异很大，降低了产品、营销和物流等的效率，增加了跨区域市场进入的难度，导致企业的跨区域经营、管理活动的难度和成本提高。第二，中国目前采取的经济管理体制主要以突出块块为主，工商、税收、金融、海关等与企业经营活动密切相关的管理部门基本上是按照行政区划设置的，在跨区域经营中设置具有独立法人资格的子公司可以在当地获得更大的制度合法性，从而导致单一行业经营的企业不得不采取母子公司管理模式，这种管理模式不适合发挥横纵向整合战略所包含的降低交易成本和扩大规模与范围经济的效益。因此即使企业实施了横向或者纵向整合战略，其整合效益也很难在这种块块分割的管理体制下得到有效的发挥。第三，采取 GDP 增长率作为考核与选拔地方政府官员的主要依据客观上导致各个地方政府之间进行横向竞争，而不是合作；导致地方政府竞相出台各种优惠政策从而鼓励了企业多元化发展，而不是鼓励企业集中发展；导致各个地区的产业结构越来越趋同，而不是差异化；导致企业集团跨地区横向或者纵向整合受到抑制，而不是受到鼓励。在一定程度上，中国各省份与国外经济贸易往来越密切，各省之间经济整合就越困难。第四，国内购并市场尚不健全，也在不同程度上限制了企业通过购并迅速实施横向和纵向整合战略，增加了同行企业之间的恶性竞争。这些制度因素的影响要么诱惑企业集团选择高度多元化战略，要么就是增加了横向和纵向整合战略的难度。

（二）企业因素的限制

在提高主业国际竞争力方面，有少数企业在相同的环境下完全或者部分突破了制度因素的限制，采取了集中经营、横向整合的战略和相应的管理模式，成为了具有国际竞争力的企业。但是，我国绝大多数企业同时受到外部制度因素和原有战略选择、管理模式的制约，仍然保持了很高的行业多元化程度，这不利于做强主业和提高自己在主业上的国际竞争力。在降低多元化程度和回归主业的过程中，我国多元化企业所采取的母子公司管理体制和分权为主的管理传统很难得到改变，阻碍了回归主业的进程，横向和纵向整合的推进、整合效率的发挥和核心专长的培养。

（三）互动因素的限制

伴随着全球化影响的深入和经济转型，我国企业经营环境的动态化程度越来越高，竞争优势的可保持性明显下降。竞争环境动态性的加剧对企业集团把握动态竞争能力提出了更高要求。研究发现，国外企业相对熟悉动态竞争策略及其动态竞争演化的规律，较早地通过实施横向或者纵向整合战略，形成了多市场或者多产品打击对手和抑制对手反击的能力，即多点竞争优势。我国企业一方面要面对比自己强大的国外企业的竞争，另一方面又要面对国内企业在各自成长过程中，对资源、市场的争夺。在"内战"与"外战"的共同压力之下，我国企业缺乏有效的应对能力和应对策略，具体表现在以下两个方面：第一，没有实施纵向或者横向整合的企业具有明显的多点竞争的劣势，往往被迫退出；第二，已经实施纵向或者横向整合战略的我国企业集团则缺乏多点竞争的策略和能力，尤其是跨行业或者跨地区整合运营与整合管理方面的能力，既无法在速度和创新方面赢得对手，又难以有效地抑制对手和控制竞争的强度。

制度因素、企业因素、互动因素三个方面的限制使中国企业集团在应对全球化挑战提升国际竞争力的战略选择上面临极其巨大的挑战，我们关注那些能够克服挑战的"例外"企业，研究它们为什么成为"先锋"而没有成为"先烈"，不仅是希望它们的战略选择能够为中国企业提升国际竞争力提供启示，更重要的是希望它们的实践能够为中国企业突破国内市场分割性的制约找到解决方案。

第十章

中国企业应对市场分割性的战略选择

在经济全球化的条件下，中国企业的国际竞争力主要来源于中国所具有的特定国家优势，尤其是巨大的国内市场规模优势。有效地利用和发挥中国巨大的市场规模优势需要中国企业集中资源于主业，先整合国内市场再开拓国际市场，先建立规模成本优势再建立创新优势。因此，对于大多数中国企业而言，突破国内市场分割性的制约才是它们提升国际竞争力必须首先克服的，甚至是更难克服的障碍。

第一节　市场分割性对中国企业实施整合战略的影响

中国国内市场分割性是中国实施渐进式、放权式和试验式经济转型的一种必然结果，也是中国依靠"放权搞活"推进改革与开放的特殊的制度安排和制度设计。"入世"之前，中国的国内外市场边界清晰并存在隔阂，中国企业建立国际竞争力的压力不大，中国市场分割性及其背后的区域竞争与地方保护的问题并没有引起足够的重视，或者说其积极作用仍然大于消极作用。在中国"入世"十多年后的今天，经济全球化影响的深入凸显了国内市场分割对中国企业提升国际竞争力的制约作用，克服市场分割性已经成为中国企业整合国内市场和提升国际竞争力的瓶颈。本项目组认为，市场分割性对中国企业实施跨区域整合战略和提升国际竞争力的限制主要体现在如下三个方面：

一、市场分割对中国企业横向开拓市场的制约

对于某一些行业的企业来说，整合国内市场只需要通过跨区域设立分销机构和展开营销就可以实现。基于对中国市场分割性的制度安排和制度影响的分析，中国大多数区域之间都存在着产业结构相同的问题，因此跨区域销售产品的过程中很有可能遇到当地政府市场保护的制约。在现行经济体制和官员考核体制下，实施这种区域市场保护可以在短期内增加本地区 GDP、税收、就业等增长，提升政府绩效和政府官员个人升迁的机会。市场分割性对中国企业跨区域开拓市场的制约有的时候表现得非常直接，甚至本地政府可以直接宣布本地企业只许采购本地企业所生产的产品或者服务。这种制约有的时候也可以表现得非常间接，如可能通过工商、卫生、电力、安全、质量、环保、消防等政府管理部门"刁难"外地企业在本地开展的营销活动。正是因为这个原因，相当多的企业认为自己在本地市场怎么横行霸道都没有问题，但是一旦进入异地市场，则一个小错误也可能导致整个区域市场开发战略折戟沉沙。如果这个企业在当地所办的销售机构不是办事处或者分公司，而是独资或者合资兴办的子公司，那么这个子公司在理论上就变成了当地企业，可以为当地 GDP 和税收的增长发挥直接作用，从而可以相对减少地方保护的制约。但是，这种安排又会增加企业内部的交易、管理、控制成本和经营、财务上的风险。

二、市场分割对中国企业横纵向投资的制约

在经济全球化影响下，简单限制外地投资的地方政府已经越来越少了，取而代之的是越来越多的地方政府在想方设法地吸引外地的投资。因此，如果一家企业还能够在当地投资办厂来配套支持其区域市场开发战略的话，那么它就不仅不会受到地方保护的限制，而且还可能享受地方政府的一系列鼓励和优惠政策。但是，中国企业以跨区域投资方式推进的整合战略行为仍然有可能面临国内市场分割性的限制。第一，如果准备进入的行业是受当地政府控制的行业，如资源性行业或公用事业行业，当地政府并不一定会允许外地企业进入，或者并不一定愿意协助外地企业申报在本地上新的项目。第二，如果准备进入的行业需要当地政府给予政策支持，如提供土地、税收方面的优惠，当地政府不一定愿意"没有代价"地将相关的优惠政策给予外地企业。第三，如果实施跨区域投资的企业在当地遇到了一个很强的竞争对手，那么当地政府可能会从保护本地企业的角度阻碍外地企业的进入。第四，如果实施跨区域经营的企业要在当地收购一家国有企

业，那么地方政府也许不一定会批准将这家企业出售给外地企业。值得关注的是相关文献和案例研究表明，市场分割对实施整合战略企业跨区域投资的限制会因为战略实施主体的特点而不同。例如，隶属中央的国有企业、主业优势明显的上市公司或政府关系资源很强的民营企业有可能少受上述限制的影响，或者在突破上述限制方面具有更强的能力（宋铁波、莫靖华和薛妍，2010）。

三、市场分割对中国企业发挥整合效益的制约

在国内市场分割的条件下，实施跨区域投资的企业相对比较容易获得地方政府的合法性收益，但是难以在经营上获得应有的整合效益，这是当前中国企业利用国内市场提升国际竞争力所面临的主要问题。例如，收购一家上游或者下游的企业是纵向整合，但是这种纵向整合能否取得整合效益将取决于购并后两家企业在运营与管理上的整合能否达到降低交易成本的目的。同样，新建或者收购一家同行企业是横向整合，但是，这种横向整合能否取得整合效益同样取决于购并后两家企业在运营与管理上的整合能否提升规模经济与范围经济效益。市场分割对中国企业集团发挥整合效益的限制主要表现在：首先，各个地方政府都希望在该区域营销或者投资的企业能够设立独立法人的子公司而不是分公司或者办事处。因为只有独立子公司才能够在统计意义上归属当地，并且在 GDP 和税收上对当地做出更大贡献。如果跨区域整合企业满足了地方政府的要求，那么就会相应地增加运行、管理和控制的难度与成本。其次，为了使当地的 GDP 和税收快速增长，当地政府希望跨区域整合企业能够通过当地设立的子公司反映更多的销售额和税前利润，至少也不应该将本地设立子公司的销售和利润转移到其他区域或者总部去。如果跨区域整合企业满足了地方政府的要求，那么其内部经营单位之间的交易成本上升，规模与范围经济效益下降，各个经营单位之间的协调与多点竞争的能力受损。最后，各个地方政府都希望跨区域整合企业能够将更多的投资、更先进的设备和技术放到本区域。如果跨区域整合企业满足了地方政府的要求，那么其内部资源的优化配置与共享就难以实现。市场分割性对中国跨区域整合企业发挥整合效益的限制都属于规范性的制度影响。如果企业按照地方政府的"意愿"行事，那么地方政府就可以为企业提供更多的优惠，这种优惠不仅包括土地价格、税收减免，还可能包括其他直接和间接的优惠与扶持等，但是企业损失的是整合效益。反过来看，如果企业不按照或者不完全按照政府的"意愿"行事，那么企业得到是整合效益最大化，但是牺牲的则是地方政府的优惠与扶持。在这种企业与地方政府的"博弈"中，制度地位高或者竞争优势大的企业会处于更有利的位置。

第二节　研究设计

一、研究问题与研究方法的选择

为了提出、发现和归纳出中国企业应对市场分割性的战略选择，本项目组综合采用大样本数据的实证研究和案例研究方法。具体而言，我们将研究问题分解为三个不同的问题：第一，市场分割条件下，中国企业采取了怎样的整合战略从而最大限度地利用和发挥市场规模优势？第二，市场分割条件下，影响中国企业跨区域整合方式选择的主要因素是什么？第三，市场分割条件下，中国企业整合的管理模式有哪些共性特征？

这三个研究问题中，有些问题属于回答"怎样"、"如何"的问题，有些则属于验证影响因素的作用效果，因此需要分别采取不同的研究方法，以构建理论或验证理论。

第一，市场分割条件下，中国企业如何进行整合战略的选择？不同战略选择的绩效表现如何？在中国国内市场存在分割性的客观现实以及全球化日益加剧带来的激烈竞争的双重压力下，中国企业的一个重要的应对战略就是在国内市场进行跨区域整合。然而，究竟该如何选择整合战略？成功企业在选择整合战略的时候受到了哪些因素的影响？基于中国市场分割性的存在，中国企业在国内进行横向拓展时遇到的市场结构特征，类似于跨国企业进行国际化时遇到的市场结构特征。因此，在对中国企业横向整合行为进行嵌入式研究的过程中，我们可以应用企业国际化战略的相关理论分析中国企业的横向拓展和整合战略选择，以期能更好地描述中国企业在国内市场上的整合战略行为。为回答这个问题，本项目组采取理论抽样（Theoretical Sampling）的方式选择少数杰出企业为对象，采取案例研究的方法。本项目组在竞争程度和开放程度很高的中国啤酒行业选择了三家领导性企业，希望通过对它们的研究能够揭示同一行业环境条件下企业应对分割性的不同的整合战略选择。

第二，市场分割条件下，中国企业在跨区域整合时，在选择自建或并购等方式上受什么因素影响？考虑到中国国内市场的规模和结构上的特点，选择合适的区域市场进入方式对于能否在国内市场上成功实施跨区域整合具有非常关键的作用。那么，是什么因素决定了企业跨区域市场进入方式的选择？以往研究主要集中在"产业基础观"、"资源基础观"和"制度基础观"三个方面，并且认为"制度基础观"更加适合于转型经济情景，但"产业基础观"和"资源基础观"究竟在"制度基础观"影响中国企业横向整合方式过程中起到什么作用呢？本项目组立足于转型期制度环境，从整合"产业基础观"、"资源基础观"和"制度基础观"的视角，考虑产业特征、企业特性和制度环境三个方面的因素对市场进入方式的影响，以中国境内的跨省经营企业为样本，采用大样本问卷调查方法获取数据资料，运用回归分析等多种统计分析方法对理论模型和研究假设进行实证研究，以揭示转型经济中制度差异对企业跨区域市场进入方式选择的影响和作用机理。

第三，市场分割条件下，中国企业如何选择与整合战略相匹配的管理模式？学术界关于企业整合战略的管理模式选择的已有研究成果，分别建立在市场统一性和市场分割性两个相互对立的假设前提上。面对中国企业所处的既具有统一性又具有分割性的双重性市场特征，这些成果既不能对企业有效整合市场的管理模式选择提供有效的理论解释，又不能对企业横向整合管理模式的实践提供有效的指导。在前人研究的基础上，本项目组对中国特殊情景下的企业横向整合管理模式选择进行了深刻的反思，结合前人的研究和中国经济转型期的特殊情景，将中国企业整合战略的管理模式置于制度基础观、市场基础观以及资源基础观的视角下展开研究。鉴于研究问题的特殊性和探索性特征，本项目组主要采取了案例研究的方法。通过理论抽样选取一定数量的典型企业；通过资料获取的可信性、模式匹配的程度、命题建立的合理性、研究过程的严谨性和可靠性检验保证了案例研究的科学性；通过深度访谈、各种报道、查询公司历史资料以及文献研究资料等多种方法获得研究资料和数据；通过三角验证保证资料的可信性，并通过了构念效度、内部效度和信度三个方面进行检验。

二、研究过程

(一) 大样本的实证研究

在进行大样本的实证研究的过程中，首先，本项目组通过文献研究以及预测试进行问卷设计，从而保证问卷的信度和效度。其次，在正式问卷发放时，从问卷发放的对象、发放的区域和发放的渠道及方法三个方面来确保数据的有效性。将跨省经营的企业作为研究对象，问卷发放的区域确定为中国境内，并且从以下三个渠道进行问卷发放：一是在电子科技大学、中国人民大学、广西大学、华南理工大学、华南师范大学、北京大学、中山大学七所高校的 EMBA 学员中发放问卷；二是通过华南理工大学校友录查询校友所在企业是否是跨省经营的企业，并确定相应的联系人发放问卷；三是直接走访，通过研究者带着问卷访问事先有联系的 56 家跨省经营的企业以及肇庆的工业园区，并即时填写问卷。通过这三个渠道，本研究最后发出问卷 316 份，收回 153 份，其中去掉因填答不全等原因造成的无效问卷 12 份，有效问卷 141 份，有效回收率 44.94%。第三，项目组对数据进行了层次回归分析（Hierarchical Regression）和多元 Ordered Probit 回归分析，并进行了调节变量和中介变量的检验。在上述统计分析的基础上，检验出各种因素与进入方式选择的关系。

（二）案例研究

我们针对第一和第三个研究问题展开了探索性案例研究。针对第一个关于整合战略选择的研究问题，我们以啤酒行业为对象，选择青岛啤酒、燕京啤酒、华润雪花啤酒作为具体的分析对象，通过二手资料收集、访谈、观察等方法，收集相关资料和数据，并进行了归纳式分析。针对第三个关于管理模式的研究问题，我们经过规范的筛选过程，选择五家企业为研究对象，分别是中国远洋物流有限公司、深圳市共速达物流有限公司、广东省工业设备安装公司、广东天龙油墨集团股份有限公司和广东嘉宝莉化工集团有限公司。其后，同样遵循规范的程序进行案例数据收集、分析以及获得结论、提出命题。在案例研究过程，注意保证研究的信度和效度。

本章接下来的三节中我们将对研究发现进行详细阐述。

第三节　市场分割条件下中国企业整合战略的选择

面对中国市场结构上的特殊情境，中国企业在实施跨区域整合战略的过程中需要一种创新的思路去解决它们所面临的各种两难选择。这种战略选择看似重大理论创新，但其实质上就是一种基于情境的应用创新，其核心就是将国际化战略应用于中国国内市场，用整合国际市场的方法去整合国内各个区域市场。本项目组基于成熟的管理理论和情境化的研究，提出在国内市场分割条件下，中国企业的整合战略的选择主要是在全国整合和地方响应这两个主要维度中进行选择，从而形成如下三种战略（见图 10-1）。

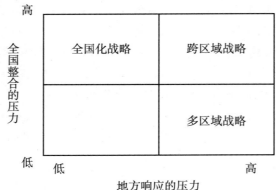

图 10 - 1　市场分割条件下中国企业集团跨区域整合战略的类型

资料来源：修改自 Bartlett，C. A. and Ghoshal，S. "Tap Your Subsidiaries for Global Reach"．*Harvard Business Review*. 1986. 64 （6），pp. 87 - 94.

一、多区域战略

在整合国际市场的过程中，如果企业认为各个国家之间的市场存在很大的需求和制度差异，那么企业集团将会假设各个国家市场是完全不同的市场；高度重视差异化需要的满足和对当地竞争对手的快速反应；允许各个国家层面的经营单位根据本国市场特点制定竞争战略或者营销战略；为不同的国家市场配置不同的资源，从而提高企业在各个国家市场上的适应能力和反应速度；当在一个国家市场遇到对手打击的时候，允许这个国家层面的经营单位单独地采取针对性反击行为。

在整合国内市场的过程中，中国企业同样会面临着区域市场差异和制度差异的影响，只是其差异程度比其他国家更大一些。其中，一些国内企业基于自己对行业、市场和自身能力的判断，在整合国内市场的过程中采取了一种与"多国化战略"大致相同的所谓"多区域战略"（Multi-regional Strategy）。它们选择这种战略的目的首先是为了应对中国市场所特有的市场分割性的影响，包括最大限度地减少地方保护的影响和享受地方政府的各种优惠政策，满足各个区域的市场差异，即提升自己满足当地市场需求和与当地企业竞争的能力。

中国跨区域整合企业所实施的"多区域化战略"具有以下几个特点：第一，这种战略是建立在这样一个基本假设上的，即中国国内各个区域存在着很大的市场差异和制度差异，但是应对制度差异的重要性远大于应对市场差异的重要性。第二，为了提高区域市场进入和运营的制度合法性，实施跨区域整合战略的企业必须最大限度地满足当地政府的要求和获得当地政府的重视。第三，在能够享受当地政府优惠和扶持政策的前提下，企业愿意在一定程度上牺牲资源的优化配置、整合的效率，承受相应的成本与风险的上升。第四，为了在区域市场上形成竞争优势，实施跨区域整合战略的企业也高度重视差异化需求的满足和对当地竞争对手的快速反应；允许各个区域层面的经营单位根据本区域市场特点调整营销组合策略；愿意为不同的区域市场配置相对独立使用的资源；鼓励区域层面的经营单位对本地区的竞争对手做出针对性的反应。

二、全国化战略

在整合国际市场的过程中，如果一家企业认为各个国家之间的市场差异和制度差异相对比较小，那么这个企业将会假设各个国家市场是完全相同的市场；高度重视全球整合效率和多点竞争的优势；要求各个国家层面的经营单位贯彻总部制定的统一竞争战略和营销策略；坚持全球统一配置资源和各个国家层面的经营单位实施资源共享；当在一个国家市场遇到对手打击的时候，总部将会选择在其他市场上统一做出回应。

在整合国内市场的过程中，中国企业完全有可能为了建立和发挥整合效率与多点竞争的优势，忽视其所面临的市场差异与制度差异。基于自己对行业、市场和自身能力的判断，它们在整合国内市场的过程中采取了一种与"全球化战略"大致相同的所谓"全国化战略"（National Integration Strategy）。它们选择这种战略的目的首先是为了最大限度的利用国内市场的整合而建立和提升国家竞争力，在能够满足这个目的的前提下才会考虑适应地方政府的要求，减少地方保护的影响和享受地方政府的各种优惠政策。它们更相信企业战略的力量，相信企业战略的力量可以克服国内市场分割性的影响。

中国跨区域整合企业所实施的"全国化战略"具有以下几个特点：第一，这种战略是建立在这样一个基本假设上的，即中国国内各个区域不存在重大市场差异和制度差异，企业完全有可能以战略的力量去克服这些差异。第二，为了提高区域市场进入和竞争能力，实施跨区域整合战略的企业必须统一战略、集中资源，建立和发挥整合效率上的竞争优势。第三，为了最大限度地发挥整合效率，实施跨区域整合战略的企业更重视国内市场的统一性；强调产品和服务的标准化；强调各个区域经营单位之间的跨区域资源共享；强调多市场竞争中协同作战和动态竞争。第四，在能够最大限度建立和发挥整合效率的前提下，企业愿意适应地方政府的要求，提升区域制度环境中的合法性，享受地方政府的各种优惠与扶持政策。

三、跨区域战略

在整合国际市场的过程中，如果各个国家市场之间既有同一性又有差异性，既有统一性又有分割性，因此一些企业就希望同时在整合效益与地方反应两个方面取得效益，从而实施一种介于上述两种战略之间或者说能够整合上述两种战略的另一种战略，即跨国化战略（Trans-national Strategy）。实施这种战略的企业会对本行业价值创造活动进行认真的分析，在整合效率优势明显的经营活动上强调统一性，重视资源整合和共享，实施集权化管理；在地方适应优势明显的经营活动上强调差异性，重视地方适应和快速反应，实施分权化管理。

在整合国内市场的过程中，少数中国企业同时接受前两种战略关于国内市场的基本假设，即国内市场的同一性与差异性、统一性与分割性。这些企业认为忽视其中的任何一个方面，企业都不可能有效地实施跨区域整合国内市场的战略，也不利于利用国内市场建立和提升国家竞争力。基于对行业、市场和自身能力的判断，它们在整合国内市场的过程中采取了一种与"跨国化战略"大致相同的所谓"跨区域化战略"（Trans-regional Strategy）。它们选择这种战略就是为了同时达成两个目的：第一，有效地利用国内市场的同一性和统一性，依靠整合效率所带来的优势，形成和提升国际竞争力。第二，有效地克服和利用国内市场的差异性和分割性，化解地方保护，享受地方政府的优惠。其中，第一个目的是战略性的，第二个目的是策略性的，前者比后者更为重要。

本项目组基于案例研究发现制度、市场和企业资源能力均对企业整合战略的选择具有影响：第一，在企业的横向整合过程中，当制度因素和市场因素的影响相同的时候，组织出生地的市场化程度越高，越倾向于选择跨区域战略。第二，在企业的横向整合过程中，当制度因素和市场因素影响相同的时候，企业的管理模式集权化程度越高，越倾向于选择全国化战略；企业的管理模式分权化程度越高，越倾向于采取多区域战略。第三，在企业的横向整合过程中，当制度因素和市场因素的影响相同的时候，处于"做强"阶段企业，越是重视效益，就越倾向于采用全国化战略；处于"做大"的阶段的企业，越是重视规模，就越倾向于采取多区域战略。第四，在企业的横向拓展过程中，当制度因素和市场因素的影响相同的时候，采取资源依赖决策思维模式的企业越倾向于采用全国化战略；采取产业组织模式战略思维模式的企业越倾向于采取多区域战略（胡雅静和蓝海林，2011）。

从中国世界级企业的管理实践来看，跨区域战略可能更加接近于中国目前的市场环境。多区域战略的假设前提是中国市场是分割的，因而在不同的区域采取不同的战略行为有助于获得较高的战略绩效；全国化战略的假设前提是中国市场是统一的，因为在全国范围内采取统一的战略行为有助于获得较高的战略绩效。然而，上述两种战略的假设前提都是不完整的，中国市场的特征是既具有统一性又具有分割性，跨区域战略则恰好符合国内市场结构的复合特征。因此，从这个角度而言，有效实施跨区域战略的企业应该获得更高的绩效，同时也应该是实施难度最大的战略。

第四节　市场分割条件下企业集团跨区市场进入方式的选择

按照迈耶和彭（Meyer and Peng）的分类，市场进入方式理论基础的发展历程可以划分为三个阶段：第一阶段是以产业组织理论为基础的经济学研究范式，可以称其为市场进入方式"产业基础观"（Meyer and Peng，2005）。采用"产业基础观"的学者们认为，企业跨区域市场进入方式的选择与产业有关，产业的结构特征，如进入障碍、竞争者的数量和竞争者的规模等因素约束了企业的行为，因而是企业跨区域市场进入方式选择的决定性因素（Porter，1980）。第二阶段是以组织与战略管理理论中的"资源基础观"为逻辑基础的，可以称其为市场进入方式的"资源基础观"。采用"资源基础观"的学者们认为企业自身所拥有的资源与能力特性是企业决定跨区域市场进入方式的决定性因素（Isobe，Makino and Montgomery，2000；Sharma and Erramilli，2004）。第三个阶段是以"制度基础观"为主导理论的发展阶段（Peng，2006；Chen et al.，2009；吕巍和陈雨田，2010）。采用"制度基础观"的学者们认为，在新兴转型经济体中，企业所面临的管制维度（Regulative Dimension）、规范维度（Normative Dimension）和认知维度（Cognitive Dimension）三种类型的制度环境是企业市场进入方式选择的决定因素（Meyer and Peng，2005；Hitt et al.，2004；Wright et al.，2005；Canabala and White，2008）。基于中国企业所处的具体情境，尤其是市场分割性的影响，本书重点从制度理论、资源基础理论和产业组织理论研究中国企业在跨区域整合国内市场过程中对进入方式的选择行为。

从广义的定义来看，区域市场进入方式的选择应该包括：第一，是以产品销售的方式，还是投资的方式实施区域进入；第二，是自己单独投资，还是通过战略联盟实现区域市场进入；第三，是通过新建企业，还是通过收购现有企业实现区域市场进入。区域进入方式的选择不同所需要的资源承诺不同，控制程度不同，面临的风险也不同。虽然直接或者间接地跨区域销售产品也是一种跨区域整合国内市场的方式，但是其重要性在中国正在被与投资相关的跨区域整合方式，包括购并、自建和资产性联盟所超越。这是因为：一方面，在市场分割的条件下，对于高度关心 GDP 和税收的地方政府来说，依靠产品的直接或者间接销售整合国内市场更容易遇到市场进入的限制和地方保护的影响，因为外地企业在本地市场的销售不会对本地 GDP 和税收产生很大的贡献，相反还会有一定的伤害。外地在本地的投资（无论是购并、自建还是资产性联盟）越大，投资产生效益的时间越快，地方政府的利益就能够得到更大的满足，相应来说，地方政府对这种企业的欢迎程度越高，提供的优惠政策就越多。另一方面，中国绝大多数行业存在着市场规模大、行业集中程度低和竞争强度过高的问题，从通过整合国内市场和提升国际竞争力的角度来看，采取购并和资产性联盟的方式应该有事倍功半的效果。

一、制度因素对市场进入方式选择的影响

根据制度理论，企业所处的特殊制度环境决定了社会对企业行为的可接受性或者说外部合法性。相对于斯科特（Scott）所提出的规则、规范和认知三个制度层面，迪骄和鲍威（Dimaggio and Powell，1983）认为企业主要通过三种形式的认同获得合法性：强制认同、规范认同和模仿认同。在跨区域整合国内市场的过程中，中国企业跨区域建立的经营单位的外部合法性将面临着企业所在地与企业进入区域制度差异的影响，换句话说，企业所在地和企业进入区域之间的制度差异将在一定程度上影响企业对市场进入方式的选择。

本项目组的实证研究表明：第一，随着企业总部和分部所面临的管制制度差异的增加，中国企业跨区域市场进入的选择就更倾向于资源承诺低、控制程度低和投资比例小的市场进入方式。在管制制度不利的情况下，企业倾向于选择低资源承诺和低控制程度的进入方式。例如，可能更倾向于选择与当地政府或企业合资经营。在这种情况下选择合资合作将不仅有助于获得合作的溢出效应，而且比独资和收购更易于获得合法性。第二，随着企业总部和分部所面临的支持性制度环境差异程度越来越大，企业跨区域市场进入的选择更倾向于资源承诺高、控制程度高和投资比例大的市场进入方式。第三，随着企业总部和分部所面临的规范制度环境差异程度越来越大，企业跨区域市场进入的选择更倾向于资源承诺高、控制程度高和投资比例大的市场进入方式。第四，随着企业总部和分部所面临的行业—市场规范制度环境差异程度越来越大，企业跨区域市场进入的选择更倾向于资源承诺高、控制程度大和投资比例大的市场进入方式（汪秀琼，2011）。

二、产业环境特征对市场进入方式选择的影响

市场基础观的学者认为，不同的行业有着不同的内在特征，这些特征的影响导致不同行业的企业在选择市场进入方式上的不同（Brouthers and Brouthers，2002），包括是否是制造业、产业市场规模和市场增长率、技术动态性质、新产品技术发展的变化速度等。

本项目组的实证研究发现：第一，在研发密集度高的产业中，企业总部与所进入市场间的管制制度环境差异越大，企业跨区域市场进入的选择越倾向于资源承诺高、控制程度大和投资比例大的市场进入方式；在研发密集度低的产业中，企业总部与所进入市场的管制制度环境差异越大，企业跨区域市场进入的选择更倾向于资源承诺低、控制程度小和投资比例小的市场进入方式。第二，在营销密集度高的产业中，企业总部与所进入市场间的管制制度环境差异越大，企业跨区域市场进入的选择越倾向于资源承诺高、控制程度大和投资比例大的市场进入方式；在营销密集度低的产业中，企业总部与所进入市场的管制制度环境差异越大，企业跨区域市场进入的选择更倾向于资源承诺低、控制程度小和投资比例小的市场进入方式（汪秀琼，2011）。

三、企业能力特征对市场进入方式选择的影响

以制度理论为框架分析转型经济下的企业行为的重点已经从强调制度的重要性转向解释制度因素对企业行为的作用机制和内在逻辑，揭示制度因素在多大程度上以及以何种方式影响企业行为（吕巍和陈雨田，2010；汪秀琼，2011）。在经济转型中的中国，正式规则和法律体系尚处于不断健全的过程中，非正式制度在维系社会经济秩序方面仍然发挥着重要作用。在这种情况下，高层管理者跨区域整合的经验丰富将有利于企业在跨区域整合过程中减少环境不确定性的影响和管理者的投机行为；高层管理者的人际关系能力以及社会关系可以有效地减少市场不确定性和地方政府的干预。依靠高管人员在所进入区域建立起来的供应商、客户、当地政府、金融机构等社会关系，可以有效减少制度干预和市场不确定性。由此可见，企业的关系能力对中国企业跨区域市场进入的成败具有重要影响，企业可以据此做出市场进入方式的选择。

本项目组的研究表明，企业的营销能力和企业财务能力是制度环境与市场进入方式之间的部分中介变量，而关系能力是管制制度环境与市场进入方式之间的完全中介变量。在其他影响因素相同的情况下，财务能力越强，营销能力越强，

企业越倾向于采取资源承诺高、控制程度高和投资比例大的市场进入方式；关系能力越强，企业越倾向于采取资源承诺低、控制程度低和投资比例小的市场进入方式（汪秀琼，2011）。

第五节　市场分割条件下企业整合战略的管理模式

有效的实施跨区域整合战略不仅要求中国企业选择有效的整合战略与市场进入，而且要求其选择有效的组合（多市场或者多行业）管理模式，否则企业根本无法通过实施跨区域整合战略在成本和创新上建立国际竞争力。有效的管理模式应该符合以下两个条件：第一，管理模式必须与整合战略相匹配。按照结构适应战略的观点，企业对市场进入方式和整合战略的选择在根本上决定了管理模式的选择。第二，管理模式内部各个要素之间必须相匹配，这种内部的匹配或者一致性将在很大程度上决定管理模式运营的效率。

根据已有的文献和对中国跨区域整合企业的案例研究，本项目组推论出与三种不同整合战略相匹配的管理模式。这种推论不仅考虑了关于国内市场结构的三种假设和三种整合战略对管理模式选择的要求，而且还考虑各种管理模式构成要素内在的一致性关系。

一、多区域战略的管理模式

嵌入中国情境，尤其是依据中国国内市场分割的假设，有些中国企业在实施跨区域整合中选择了多区域整合战略，并且根据这种战略的需要对与管理模式有关的一系列决策做出了具有内在一致性的选择。

第一，选择多区域战略去实施整合战略的企业非常重视市场分割性对整合战略的制约，同时也非常重视在排除这种制约的同时享受地方政府所能够给予的优惠和扶持政策。为此，它们非常注意适应当地的制度环境，提高区域合法性，重视地方政府的要求。

第二，在实施区域市场进入的过程中，这种企业愿意选择投资的方式（无论是新建还是收购），主要是因为它们认为借助投资可以有效地将地方保护从威胁转变为机会，尤其是当这种享受地方政府的优惠是廉价土地和税收优惠的时候。

第三，为了提高在当地的合法性和享受地方政府的扶持和优惠，这些企业集团愿意将跨区域的经营单位设立为独立法人企业，并且可以考虑在相对控股的前提下与有当地政府背景的企业进行合作。

第四，为了应对市场分割性，实施这种战略的企业集团一般都选择在当地建立具有独立法人地位的子公司而不是不具有独立法人地位的分公司，因为通过这种方式更容易得到地方政府的认可，从而能够以更高的制度合法性换取更高的各种优惠待遇和扶持政策。

第五，由于建立与当地政府和各种利益团体的关系具有更重要的战略意义，因此实施这种战略的企业在为当地经营单位选择管理者的时候比较看重当地背景和关系能力。

第六，由于实施多区域战略的主要目的是应对市场分割性而不是市场差异性，因此实施这种战略的企业集团一般会将经营决策权下放；对区域经营单位重点实施战略与财务控制，而不是行为控制。

第七，在评价区域经营单位业绩的时候，这种企业集团会主要考虑区域单位本身的客观经济数据，如销售、利润等。在激励区域经营单位管理者的时候，这种企业激励的力度比较大，有可能包括股权激励。

这种以分权为主的管理模式在获得外部合法性、地方政府的支持以及提高当地反应能力方面具有优势，但是也因此增加了企业的投资、财务风险和各种成本，牺牲了企业的组合效益和动态竞争能力。

我们发现，少数成功实施多区域战略的企业在选择管理模式的时候并没有选择与战略匹配的分权为主的管理模式，而是选择了与全国化战略匹配的集权为主的管理模式。本项目组试图通过分析转型期中国情境特征的分析寻找产生上述偏离的原因。通过选取制度距离、市场差异作为自变量，选取管理模式中的组织形式、股权集中度两个维度作为因变量，选择行业的全国化潜力特征作为调节变量，以案例研究和实证方法研究制度距离、市场差异对企业管理模式选择的影响。两种方法的研究结果都支持了以下认识：第一，制度距离与企业横向整合管理模式偏离多区域战略要求的程度之间呈现负相关关系。第二，市场差异与企业横向整合管理模式偏离多区域战略要求的程度之间呈现负相关关系。第三，行业全国化潜力对制度距离与企业管理模式偏离多区域战略要求程度之间的负相关关系具有显著正向调节作用。第四，行业全国化潜力对市场差异与企业横向整合管理模式偏离多区域战略要求程度之间的负相关关系有正向调节作用（张存岭，2012）。

二、全国化战略的管理模式

虽然中国市场存在分割性，但是相当一批国内外学者仍然认为中国市场在总体上还是一个统一市场。中国国内市场的统一性是由中国的基本政治和经济体制所保证的。依据这种关于情境的假设，在实施跨区域横向整合的过程中，有些企业选择了全国化战略，并且根据这种战略的需要对与管理模式有关的一系列决策做出了具有内在一致性的选择。

第一，在跨区域整合中，选择全国化战略的企业并不重视市场分割性对整合战略制约，以及如何争取享受地方政府所能够给予的优惠和扶持政策，而是关注如何利用战略的力量和整合效率去突破市场分割性的影响。

第二，在实施区域市场进入的过程中，这种企业也愿意选择投资方式，尤其是购并竞争对手，但是选择的理由主要是因为它们认为这种方式更有利于建立和发挥整合效率，击溃和购并对手，形成对市场的控制。

第三，为了最大限度地建立和发挥行业整合与动态竞争的优势，这些企业不愿意将跨区域的经营单位设立为独立法人企业，也不愿意与其他企业，尤其是具有当地政府背景的企业建立资产性战略联盟。

第四，实施这种战略的企业一般都选择在当地建立不具有独立法人地位的分公司。虽然这种选择不利于得到地方政府的认可及相关的优惠政策，但是非常有利于建立和发挥行业整合与动态竞争优势。

第五，由于发挥整合效益（提高区域经营单位的内部合法性）具有更重要的战略意义，因此实施这种战略的企业在为当地经营单位选择管理者的时候更看重的是其对企业历史、文化与价值观的认同，对企业战略和运营方式的理解，对企业内部制度和政策的执行力。因此，从内部选择的可能性更大。

第六，由于实施全国化战略的主要目的是整合效率，或者说是利用整合效率消除市场差异性，实施这种战略的企业一般不会将经营决策权下放；对区域经营单位不仅实施战略与财务控制，而且实施行为控制。

第七，在评价区域经营单位业绩的时候，这种企业会主要考虑区域单位对企业总部的贡献以及与其他区域单位的合作，因此重视的可能不是与销售、利润有关的客观数据。在设计激励机制的时候，这种企业给予区域性经营单位的激励力度有限，因为区域经营单位管理者所承担的权、责有限。而且这种企业所采取的激励方式主要是固定年薪和少部分以效率为基础的奖金，不大可能使用基于区域性经营单位的股权激励方式。

这种集权为主的管理模式在获得外部合法性、地方政府的支持以及提高当地反应能力方面没有优势。但是，因此在减少企业投资、财务风险和各种成本，提升组合效益和动态竞争能力方面则优势明显。

本项目组以实施全国化战略的企业为研究对象，将制度距离与市场化差异作为自变量，以行业全国化潜力作为调节变量，以横向整合管理模式作为因变量，研究了制度距离、市场化差异以及行业的全国化潜力与企业横向整合管理模式之间的关系，结果发现：第一，在中国双重性市场特征的环境下，采取全国化战略的企业，横向整合区域市场之间的制度距离越大，企业越偏向采取低度整合的管理模式，全国化战略与横向整合管理模式之间的匹配程度越低；第二，在中国双重性市场特征的环境下，采取全国化战略的企业，横向整合区域市场之间的市场化差异越大，企业越偏向采取低度整合的管理模式，全国化战略与横向整合管理模式之间的匹配程度越低；第三，在中国双重性市场特征的环境下，采取全国化战略的企业所处的行业全国化潜力较高，制度距离对企业偏离高度整合管理模式的作用较小；第四，在中国双重性市场特征的环境下，采取全国化战略的企业所处的行业全国化潜力较高，市场化差异对企业偏离高度整合管理模式的作用较小（赵汉成，2012）。

三、跨区域战略的管理模式

在国内外学术界和企业界还有另一种关于中国国内市场结构的看法，那就是"联邦制"的假设，即认为中国国内市场是一个基本框架统一下的高度分割的市场。中国国内市场的统一性是由中国的基本政治和经济体制所保证的，但是中国的市场分割性则是由中国推动改革开放的方式所支撑的。依据这种关于情境的假设，有些企业选择了跨区域化整合战略，并且也相应地对管理模式中所包括的一系列决策做出了不具有内在一致性或者说"变通式"的选择。

为了有效地实施跨区域战略去整合国内市场，实施这种战略的企业在企业管理模式上进行了一些非对称或者不一致的设计。在跨区域整合过程中，实施这种战略的企业需要根据行业和区域特点分析和判断哪些活动的整合效益大，哪些活动地方响应更重要；决定企业将在哪些活动上需要高度集中和集权化管理，以便实现整合效益的最大化；在哪些活动上需要分散配置和分权化管理，以便实现地方响应的最大化。从目前中国企业的管理实践看，绝大多数实施跨区域战略的企业都是在投资相关的决策上适应地方政府的要求，以换取地方政府的优惠和支持，在运营和管理相关的决策上适应市场竞争的要求，以得到整合效益的最大化；将绝大多数与经营有关的决策高度集中和集权，因为国内市场的市场差异并不那么大；相反则是将多数日常处理地方关系有关的权力高度分散和放权，因为国内市场的制度差异很大。具体来说，与跨区域战略匹配的管理模式存在如下特点：

第一，选择跨区域化战略的企业在战略上坚信国内市场的统一性，但是并不忽视国内市场的分割性；在战略上重视整合效率，但是在战术上又不敢不重视地方保护和地方政府对实施整合战略的制约；在战略上不想牺牲整合效率以换取地方政府的优惠政策，但是在战术上也有偶尔为之的情况。在实施跨区域化战略过程中，它们需要根据整合效率与地方适应的权衡对管理模式中的具体变量作出具体的选择。

第二，在实施区域市场进入的过程中，这种企业也愿意选择投资方式，尤其是购并竞争对手，但是选择的理由主要是因为它们认为这种方式更有利于建立和发挥整合效率，击溃和购并对手，形成对市场的控制。但是，它们并不因此完全拒绝适应地方政府的要求和享受地方政府提出的优惠。

第三，为了最大限度地建立和发挥整合与动态竞争的优势，这些企业在表面上可以将区域性经营单位设立为具有独立法人企业。但是，在实际的运营和管理上它们会将区域性经营单位作为不具有法人地位的分公司对待。因此，它们不愿意与其他企业，尤其是具有当地政府背景的企业集团建立资产性战略联盟。

第四，由于发挥整合效益（提高区域经营单位的内部合法性）和地方适应（提高区域经营单位的外部合法性）都非常重要，因此实施这种战略的企业集团在为当地经营单位选择管理者的时候最有可能从企业集团内部选择具有当地背景的人。

第五，由于整合效率和地方适应对于实施跨区域整合战略都重要，前者是目的，后者是手段。因此，实施跨区域化战略的企业会根据上述基本原则对企业内部的各种经营与管理活动进行深入分析，在关键和原则性决策上坚持总部集权，在非关键和原则决策上则适当分权；在关键战略、财务和行为方面坚持总部控制，在非关键战略、财务和行为方面则可以适当"放活"。

第六，在评价区域经营单位业绩的时候，这种企业会主要考虑整合效率，兼顾地方适应；主要考虑区域单位与其他区域单位的合作，兼顾区域单位自身的表现；主要实施主观评价，兼顾客观评价。有效实施这种如此复杂的评价方法，有赖于企业战略管理、财务管理和信息管理的水平。在设计激励机制的时候，这种企业给予区域性经营单位的激励力度居中，所采取的激励方式主要是固定年薪和比较高的奖金，也有可能在企业总部层面采取股权激励。

从理论上说，这种管理模式与所选择的跨区域化战略是相匹配的，而且非常可能使跨区域整合战略在国内市场上取得一种"折中"，但是又是最理想的效益。也正是因为这个原因，这种管理模式的操作将面临很大的难度，需要企业有很高的管理水平和比较长的磨合过程。

第六节　中国企业应对市场分割的管理　模式设计的影响因素

目前关于企业跨区域整合国内市场的研究成果都是以"市场统一"为前提

的。一方面，这些研究成果并不完全适合于具有分割性的中国国内市场，难以对这种市场结构下企业选择横向整合战略和管理模式提供有效的指导。而在另一方面，目前关于企业跨国整合国际市场研究成果都是以"市场分割"为前提的。这些研究成果并不完全适合于具有统一性的中国国内市场，难以对这种市场结构下企业现在横向整合战略和管理模式提供有效的指导。考虑到中国市场具有"双重性"或者"联邦制"的情境独特性，本书需要做的就是运用现有的理论，包括市场为基础、制度为基础和资源为基础的理论去解释中国情境下跨区域整合的企业集团对整合战略与管理模式的选择。

一、市场为基础的解释

以市场为基础的观点认为一家企业的战略选择主要是基于其对企业经营环境的理性分析。支撑这种观点的理论研究表明，一家企业的盈利高低主要取决于企业的外部环境，包括机会与威胁，而不是企业的内部条件。而在企业的外部环境中，决定企业盈利高低的主要因素是行业竞争结构及其所决定的竞争强度的大小。

运用市场为基础的观点去研究中国跨区域整合企业的行为，可以发现企业对行业整合潜力的判断是影响它们对整合战略选择的决定性因素。为了研究企业关于行业整合潜力的判断对中国跨区域整合企业战略选择的影响，本项目组运用叶（Yip，1989）在企业国际化研究中所提出的"全球化整合潜力模型"作为研究工具，将市场驱动力因素、成本驱动力因素、政府驱动力因素和竞争驱动力因素作为判断行业国内整合潜力的代理变量，对少数典型企业进行了结构性案例研究，所得出的结论证实：第一，中国跨区域整合企业对整合战略的选择与它们对行业整合潜力的判断具有明显的正相关关系（胡雅静和蓝海林，2011；李铁瑛，2011）。第二，企业对行业整合潜力判断的大小与横向整合企业管理模式的整合程度直接相关；行业整合潜力越大，企业越倾向于采取高度整合的管理模式。第三，行业特征对企业横向整合管理模式选择的影响程度强于企业自身特征对企业横向整合管理模式选择的影响程度。这说明：第一，案例中的横向整合企业对选择管理模式的选择，并不是简单地将市场分割性作为市场因素，按照"结构适应战略"的方式简单选择一个与战略匹配的管理模式；而是直接考虑市场分割性的影响，即所谓制度因素对横向整合战略有效的威胁，希望通过管理模式上的变通减轻制度因素对横向整合战略有效性的负面影响。第二，案例企业希望兼顾经济全球化和市场分割性的影响，选择一种最合适的管理模式，从而使企业在跨区域经营既获得应有的规模和范围经济效益，又能够保持良好的地方响应能力，包括保持与当地政府的良好关系和在当地经营的灵活性（李铁瑛，2011）。第三，在信息技术能力与当地市场化程度、行业整合潜力、组织管理传统的交互作用下，企业采取了基于活动的，在不同价值活动集权、分权同时并存，动态协调的控制机制。具体而言，对于信息技术能力较强的企业，当地市场化程度越高，越可能采取较高程度的集权控制；行业整合潜力越高，越可能采取较高程度的集权控制；企业集团的集权文化越强，越可能采取较高程度的集权控制（王晓健，2010）。

当然，仅仅以市场为基础的观点来解释中国横向整合企业对整合战略与管理模式的选择还存在诸多不足：第一，在相同的行业中，中国跨区域整合企业有可能选择不同的整合战略；第二，在相同行业中，选择了相同整合战略的企业对管理模式的选择也有差异；第三，在行业和战略相同的情况下，企业对管理模式内部各种变量的选择并不一致，或者说它们对企业战略要求的敏感性是不一样的。

二、制度为基础的解释

与以市场为基础的观点相同的是，以制度为基础的观点同样认为一家企业的战略选择主要以其对企业经营环境的理性分析为依据。所不同的是，支撑这种观点的理论研究表明，一家企业的盈利高低主要取决于企业管理行为与外部制度环境的匹配关系，或者说外部合法性的高低（乐琦和蓝海林，2012）。这一点在中国这样的转型经济国家表现得尤为明显（蓝海林等，2010）。运用市场为基础的观点去研究中国跨区域整合企业战略选择，可以发现企业对区域制度环境的判断，特别是对总部所在地制度环境与整合目标区域制度环境差异的判断将在一定程度上影响企业对区域市场进入方式和整合战略的选择（李伟彬，2011；宋铁波和钟槟，2012）。为此，我们运用区域制度差异作为研究变量，重点研究了制度环境对中国跨区域整合企业区域进入方式和整合战略选择的影响，并且证实了这种影响的存在（汪秀琼，2011）。

我们的研究发现，制度理论在解释中国跨区域整合企业管理模式的选择更有解释力，这不仅是因为经济转型过程中政府对企业管理模式的选择有直接和密切的制度要求，如在"抓大放小"的过程中，政府就直接要求重点发展的大型企业集团采取母子公司制，而且是因为企业对管理模式的选择将直接影响其整合战略实施的效果（叶广宇、蓝海林和李铁瑛，2012）。企业对于管理模式的选择与下列两类区域制度环境因素有关：

（1）地方政府的经济和产业政策。各级地方政府在发展本地经济的过程中不断制定符合本地实际的经济和产业政策，并区别对待在本区域各类企业。地方政府的产业政策一般都规定了重点扶植、鼓励发展和抑制发展产业和企业，并且制定了相关的鼓励政策。一般来说，优惠政策都是给予在当地具有独立法人资格的企业，而不会或者很少给非独立法人的分公司。因此，企业在决定是否在特定区域中设立独立法人企业以及在多大程度上按照独立法人企业的要求运作该经营单位的时候就需要考虑是否需要和能够获得多少当地政府的各种优惠政策（宋铁波和曾萍，2012）。乐琦（2012）的研究发现：第一，中国企业在通过并购实施整合战略过程中，一般会保留被收购企业的独立法人资格，原因是这样会有利于企业获取外部合法性和内部合法性。第二，对于并购后企业是否需要保留独立法人资格问题，主并购方的最初考虑主要是基于是否有利于获得外部合法性，尤其是是否有利于最大限度地获得当地政府的支持，而不是并购双方的内部合法性。但是，这种被动的选择不失为"多赢"的选择。因为这种选择不仅有利于从政府方面获得支持，也有利于从外部供应商、上下游客户、社会机构等方面获得了支持，从而直接或间接地促进主并企业在并购后的业务开展和运营，并提升并购的绩效。同时，这种选择也有利于被并购企业的内部稳定，包括被并方的高管层和员工对于主并企业以及该次并购的认可和支持，最终被证实是有利于实现企业并购的预期目标。可以说，在我国多数企业并购后仍然保留被并方的独立法人资格，这既是一种无奈之举，也是企业为了适应外部制度环境而采取的战略选择。

（2）区域市场之间的制度差异，尤其是企业总部所在地的制度环境与企业准备进入区域制度环境之间的制度距离。跨区域整合国内市场的企业必须根据区域市场制度差异的性质和程度，调整自己对这个区域经营单位的管理模式（叶广宇、蓝海林和李铁瑛，2012）。例如，如果所进入区域市场的制度差异大，那么在选择整合管理模式的时候必须关注区域市场制度差异的适应或者反应能力。这种能力的产生与发挥需要在管理模式的选择上予以保证，包括股权设置、高层管理者的选择与激励、集权与分权的关系、控制的手段与程度、企业文化等。

以制度为基础的观点在解释中国横向整合企业对整合战略与管理模式的选择也同样存在着一些问题（宋旭琴和蓝海林，2012）。这种不足具体表现在：第一，在相同的区域制度环境中，中国跨区域整合的企业有可能选择不同的整合战略；第二，在相同的区域制度环境下，即使实施相同战略的企业也会选择不同的管理模式；第三，在行业和战略都相同的情况下，企业对管理模式内部各种变量的选择并不一致，或者说管理模式所包含的不同变量可能对制度环境或者制度影响的敏感性不同。

三、资源为基础的解释

在解释中国跨区域整合企业战略与管理模式选择上，资源为基础的观点可以有效地弥补市场为基础和制度为基础理论在解释力方面的缺陷。与这两种强调外部环境重要性的理论不同：第一，资源为基础的理论是从企业内部特征入手寻求对企业战略选择行为的解释；第二，资源为基础的理论关注的重点不是解释企业战略行为的趋同性，而是差异性（李铁瑛，2011）。

以资源为基础的观点认为企业对战略与管理模式的选择是以它们对企业内部资源与能力的理性判断为依据的。企业会根据它们对自身资源与能力的判断去决定外部环境中的机会与威胁，因为所有的机会与威胁都是相对而言的；根据自己的资源与能力去决定制度环境中哪些因素是强制性的、规范性的和认知性的，因为制度影响的性质和作用具有相对性；根据自己的资源与能力，决定在"默从"到"操纵"等五种战略反应（Oliver，1997）中，采取哪种方式去应对上述三种形式的制度影响。在部分企业家看来，即使是法律的执行也会有差异，或者讨价还价的余地。由此可见，在相同的外部环境，尤其是制度环境下，跨区域整合企业在战略与管理模式选择上所表现的差异性和独特性需要从企业对自身资源能力的判断上加以解释。依据梅兹纳和奈（Meznar and Nigh，1995）的研究，资源能力较强的企业会倾向于选择"利用和改变"符合现有制度和市场特征的管理模式；资源能力较弱的企业则倾向于选择"默认或屈从"符合现有制度环境和市场特征的管理模式。嵌入在中国特殊经营环境之中，考虑到经济全球化与中国市场分割性的影响，影响中国跨区域整合企业战略和管理模式选择的企业内部因素包括：

1. 企业管理传统

在外部环境（无论是行业结构还是制度环境）发生变化的时候，企业通常依据自己以往的管理传统做出战略选择（李铁瑛，2011；尚航标和黄培伦，2010）。例如，天龙油墨本身就是由一家湖南技术工人在广东创业成功的企业，其后来的发展和上市都得益于其在国内实施的跨区域横向整合战略。在它准备进入林产化工行业的时候，其所有者和高层管理者并不需要系统和理性分析就决定采取其在油墨行业所实施跨区域横向整合战略。这说明在外部环境，无论是行业结构还是制度环境给企业战略选择提供了多种选择的时候，企业最终的抉择很可能是由管理传统决定的。再比如说，特种运输汽车行业应该说是一个全球化潜力居中的行业，既可以实施多国化战略，也可以实施全球化战略。但是，中集集团则在进入这个行业之后"习惯性"地采取了全球化整合战略，这主要是因为其管理传统就是在全球化潜力很高的集装箱行业中形成的。

一般来说，企业管理传统对企业战略选择和管理模式的影响具有一致性，只是管理传统对企业管理模式的影响更大一些，或者管理模式的选择会更深入地根植于企业管理传统。因此，即使企业基于外部环境或者说基于对管理传统的反思而选择新的战略，企业对管理模式的选择可能很难直接和快速地随之发生变化。即使企业管理传统发生变化，往往也是从外向内，由表及里地展开的，企业的核心价值观往往很难改变。本项目组的案例研究表明，企业管理传统对企业横向整合管理模式选择具有明显的影响。企业集团的管理传统越是被证明有效，企业集团横向整合的管理模式就越具有路径依赖的特征；企业集团的管理传统越是受到挑战，企业集团横向整合的管理模式就越具有路径修正的特征。

2. 企业的制度地位

在经济转型的现阶段上，因为制度地位特殊而能够影响地方政府的企业一般会是隶属于上一级政府的国有企业集团，尤其是隶属中央的国有企业集团（莫靖华，2012）。第一，相对于县或者市的地方政府来说，隶属于省政府的国有企业集团领导很有可能被任命为市、县的党政领导。同样，相对于省的地方政府来说，隶属于中央的国有企业集团领导很可能被任命为省的党政领导。因此，当隶属于上一级政府的国有企业集团跨区域进入下一级政府所管辖的区域的时候，这一级的地方政府一定会给予优惠政策，同样也会减少不必要的干扰。第二，隶属上一级政府的国有企业很有可能就是归上一级国有资产管理监督与管理委员会和主管的党政领导负责的，地方政府如果对上一级国有企业集团跨区域投资不提供优惠或者反而诸多干扰，那么地方党政领导的政绩和升迁都会受到限制，反之则可能得到方便。

正是借助于这种制度赋予的特殊地位，隶属于高一层级政府的国有企业集团具有两个重要的制度优势：第一，它们通常可以在更广泛的市场上得到发展机会。例如，中央国有企业集团更有可能在全国范围内获得某种产业，如稀土行业的发展或者整合的机会，而广东省属国有企业集团，最多也只能在全省范围内获得相同的产业，如稀土行业发展或者整合的机会。正是因为这个原因，中央企业集团不实施全国整合战略的很少，但是省属国有企业集团能够实施全国整合战略的很少。第二，它们通常会在下一层级政府企业集团那里所得到的制度好处多、制度干扰少，由此则可以在相同的行业中选择不同的战略和管理模式（宋铁波、蓝海林和曾萍，2010；蓝海林和张平，2012）。例如，受市场分割性的影响，一个行业有可能全国化的潜力很低或者居中。对于民营企业，甚至地方国有企业集团来说，跨区域整合这样的行业不仅得到地方政府的优惠少，还会因为地方制度合法性的要求而不得不采取多区域化整合战略及与之匹配的管理模式。为此，这

251

家企业就会面临更高的进入成本和得到更低的整合效益。但是，对于一个隶属中央的国有企业集团来说，特殊的制度地位可以使其得到的优惠多、遇到的干扰少，因此这家企业集团就可以在相同的行业中采用全国化整合战略及与之匹配的管理模式。结果就是，中央国有企业集团在跨区域整合中进入成本低、享受优惠多，而且所得到的整合效益更高。制度地位特殊是中央国有企业集团在跨区域整合国内市场方面表现杰出的主要原因之一（宋铁波、蓝海林和曾萍，2010）。

3. 企业资源能力

按照资源基础的观点，企业在战略选择与管理模式上的差异很可能来源于企业自身或者内部所具有的一些特殊的、重要的资源和能力优势。凭借这种资源和能力的优势，跨区域整合的企业可以在行业整合方面面临更多的机遇和更少的威胁；提高和地方政府讨价还价的权力，将市场分割性从一种威胁转变成为一种发展的机遇（宋旭琴和蓝海林，2012）。如果能够让一个区域市场的进入障碍针对其他企业而不是自己，那么这家企业就能够成功地将进入障碍转变为市场独占的机会；如果一家企业不需要为了获得制度合法性要求而增加成本或者牺牲整合效率，还可以在地方政府那里享受很多的优惠和扶持政策，那么也可以将市场分割从不利因素转化成为有利因素（汪秀琼，2011）。一般来说，能够将地方保护的威胁转化为跨区域整合机会的中国企业集团一般在资源与能力方面具有两个特点（曾萍和宋铁波，2012）：

（1）在本行业中具有全国或者全球领先的资源与能力优势。

在与地方政府的讨价还价中，不是这些企业"求"地方政府开放市场，而是地方政府"求"这些企业进入它们所管辖的区域，无论是新建还是收购当地企业。面对这种企业，地方政府进行区域竞争的核心就变成了如何吸引它们到本地区投资而不是其他地方，实施地方保护的主要工作就变成了如何为这些企业集团在当地的运营提供各种优惠、扶持。在这个方面，中国各级地方政府都有很多成熟的经验和做法，而杰出企业在凭借自己的优势讨价还价方面也是轻车熟路。此外，拥有优势资源和能力的企业在跨区域整合战略实施过程中也能够采取更合适的管理模式。例如，本项目组的研究发现，新形势下的中国成功企业均具有行业领先的信息技术能力，这种信息技术能力能够促进在跨区域整合中活动更好的整合绩效。当信息技术应用产生了效率时，研发、财务、采购、生产的集权控制程度越高，越有利于提高绩效。当信息技术应用提升了企业的快速反应能力时，营销/服务的集权控制程度越低，越有利于提高绩效。此外，研究也发现信息技术能力具有路径依赖性。在企业集团跨区域整合的不同历史时期，为适应多样化和复杂的各地环境，信息技术能力的提升与控制机制设计相互制约、共同演化，体现在关键价值活动的不同控制程度组合，从而解决了与异地二级组织信息不对称的问题，降低了内部交易成本、代理成本和信息成本（王晓健，2011）。

（2）具有很强的影响政府的能力。

无论这种影响能力是来自于企业的政治策略、关系能力，还是政治地位等，在经济转型的特定历史阶段上，我们可以将这种具有政府影响能力的企业（除了前述的一种类型以外）划分为两种基本的类型：

第一，这种企业集团能够有效地利用自己的政治地位、关系能力去实施有效的政治策略，为自己实施跨区域整合战略创造有利的制度环境。梅兹纳和奈（Meznar and Nigh）在1993年将企业政治策略分为缓冲战略和搭桥战略。缓冲战略是通过主动塑造制度环境而提升制度合法性的策略；搭桥战略则是通过主动适应制度环境而提升制度合法性的策略。在实施跨区域整合战略的过程中，实施缓冲战略的企业集团在实际进入特定区域市场之前，利用自己的关系资源和能力，正式或者非正式的手段影响政府的政策导向，从而为自己实现区域进入和提高在当地的制度合法性创造条件；在完成区域市场进入之后，实施跨区域整合的企业集团还会尽可能地参加当地的"人大"、"政协"或者行业协会等，利用这种特殊的身份参政议政，影响当地政府的相关决策（叶广宇、乔金晶和黄玲玲，2009）。而实施搭桥战略的企业集团则在决定进入特定区域市场之前，就努力地了解目标区域政府的要求，制度环境的特点，包括特殊的法律法规、优惠政策和文化传统等；在进入之后则要求当地的经营单位主动地适应这些特殊的制度环境特点，通过这种方法来提高当地政府和社会的认同和支持。在实施上述两种政治战略的过程中，这些企业集团普遍相信领先者策略要好于搭便车的策略，积极参与要好于消极参与的策略（田志龙，2007；卫武，2008）。

第二，这种企业集团能够有效地利用自己的政治地位和关系能力拉拢地方官员（田志龙，2007；卫武，2008），并且通过它们的影响为自己实施跨区域整合战略创造有利的制度环境（汪秀琼，2011）。拉拢的方法当然包括直接向地方政府官员行贿，及其他行贿方式（田志龙和邓新明，2007），从而排除地方市场的进入障碍，享受地方政府优惠和保护等，还包括间接的方法，包括帮助地方政府官员建立与上一级领导的关系，帮助他们解决升迁方面的困难等。

第十一章

新形势下中国企业的战略选择

经济全球化的影响给中国企业提升国际竞争力形成了巨大的压力，但是中国市场经济体制的不完善性，尤其是中国市场分割性又为中国企业利用国家特定优势去提升国际竞争力形成了明显的制约，这就是中国企业当前和今后一个时期所面临的"新形势"。少数中国"世界级"企业在提升国际竞争力和突破市场分割性制约方面的战略实践为中国企业提升国际竞争力找到了一条有效的路径，即"先做中国第一，再做世界第一"。但是，大多数中国企业没有追随这些"例外企业"，它们根据自己对内部资源能力和外部合法性的判断，对全球化和市场分割性的影响做出了"正常企业"的战略回应。我们在文献研究基础上，对新形势下中国企业的各种战略选择进行分析和概括，提出一个新形势下中国企业战略选择的解释性模型。

第一节　应对经济全球化的战略选择：迎接还是回避

中国加入世界贸易组织之后，经济全球化对中国经济的影响急剧增加，使中国企业面临着前所未有的机会和威胁。

对于中国内向型企业来说，中国"入世"所带来的主要威胁是对国内市场的保护政策将在很大范围和程度上被逐步取消。对于西方企业，尤其是跨国企业来说，中国的主要吸引力不仅仅是中国在要素条件和相关配套产业的比较优势，更重要的是中国市场的规模、增长速度和巨大潜力所构成的战略地位。在中国"入世"之前，中国对跨国企业来说，主要就是一个低成本的制造基地，没有在这个基地上投资和采购，只是影响西方跨国企业在全球市场上的成本优势。中国"入世"以后，原来对一些行业、区域市场的政策保护逐步取消了，中国市场的规模和购买力迅速上升，中国对西方企业，尤其对跨国企业来说已经变成了一个规模和潜力巨大的市场。如果放弃对这个市场的战略性进入和占据，西方企业将会失去其在全球市场上的竞争力。因此，首先是原来没有在华投资的企业纷纷开始进入中国市场，其中相当一些企业选择了通过购并的进入方式，以便提高进入速度和排除进入过程中的市场障碍（Xia, Tan and Tan, 2008；Yin and Shanley, 2008）。其次是原来在国内拥有独资、合资和合作项目的国外企业已经可以没有限制地在国内市场上销售自己的产品，为此开始迅速进行增资扩股。"入世"后外国对中国的 FDI 快速增加，中国实际利用外资额不断增加，如图 11 - 1 所示。这些投资的一部分被用来扩大经营规模、降低产品成本、提高产品的适应性和创新性，增加了自己在国内中、低端市场上的竞争优势；这些投资的另一部分则被用来直接增持其在合资和合作企业中的股份，或者直接购并那些表现出明显劣势的国内竞争对手。跨国公司对华投资和对中国企业带来的竞争压力大幅上升。

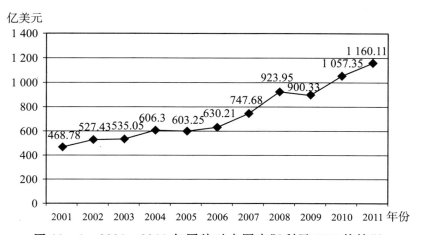

图 11 - 1 2001～2011 年国外对中国实际利用 FDI 的情况

资料来源：国家统计年鉴（http://www.stats.gov.cn/tjsj/ndsj/）。

中国"入世"也给中国内向型企业带来了一定的机会。首先就是国外独资、合资和合作企业原来所享受的各种优惠政策被对等和同步取消。中国"入世"之前，国外企业在国内市场上销售产品受到一定的限制，例如，只可以在特定行业中销售一定比例的产品，但是，这些企业在国内市场上享受了各种税费方面的优惠。例如，中外合资企业在国内市场上享受所得税"免二减三"的优惠政策。

在国外企业开始在国内市场长驱直入的同时，它们相对于内向型企业所享受优惠政策也同时丧失，这样至少内向型企业可以相对平等地与国外企业在国内市场上进行竞争。其次就是内向型企业将更有可能利用全球市场和整合全球资源，进一步在成本和差异化方面迅速提升国际竞争力。改革开放三十多年来，少数中国内向型企业利用国内市场形成、扩大和提升构建了比较明显的规模成本优势，但是在品牌、研发和国际营销等方面却存在着比较明显的劣势。利用中国"入世"所带来的机会，中国企业有可能先利用全球资源弥补自己在国内市场上与跨国企业的竞争劣势，再进一步利用国际市场上发展自己在规模成本方面构建的竞争优势。事实上，现阶段中国内向型企业在国际化方面，包括收购兼并国外企业方面所做出的很多努力主要和直接目的都是为了克服自己的劣势。"入世"以后，中国已经发展出一批"世界级企业"，它们都是有效地利用了经济全球化所带来的机会，都是按照先做"国内第一"，然后再进一步成为"世界第一"的战略路径来分步发展的。

正如"入世"前的预测，"入世"给中国外向型企业带来的威胁远远大于机会，直接导致了中国外向型企业大面积地陷入生存危机。第一，国内市场的开放和中国内向型企业的国际化，使西方企业可以在中国国内和国外市场上更为直接地从事采购活动，这就直接降低了中国外向型企业，尤其是出口加工企业与西方企业讨价还价的能力和生存发展的空间。第二，为了兑现中国"入世"所做出的承诺，中国已经逐步取消了或者减少了对出口和出口加工企业的各种优惠和扶持政策，这一政策的变化直接降低了中国外向型企业相对于其他发展中国家外向型企业的竞争力。第三，中国"入世"后，西方企业纷纷扩大在华的直接投资，可以直接利用中国特有国家优势，尤其是要素成本、配套产业和市场规模优势，弥补它们在成本方面的劣势，进一步降低了中国出口加工企业讨价还价的权力和发展空间。第四，中国"入世"以后，全球化的影响使中国国内社会和政府提高了对环境、资源和劳动保护等各个方面的关注，这种关注也直接且明显地提升了中国外向型企业的经营成本。

中国"入世"对中国外向型企业在开拓国际市场、控制原材料成本和提升产品附加值能力方面提供了一些机会，但是这些机会很难为大多数出口加工企业所把握。市场开拓是相对容易了，但为了获得这些机会而竞争的企业增加的更快；原材料市场越来越国际化，规模相对比较小的出口加工企业很难将这种优势转化为自己的盈利；通过引进人才和扩大国际合作，出口加工企业有可能迅速提升产品研发和国际营销的能力，但是，出口加工企业缺乏所需要的资金。真正能够把握这些机会的只有少数规模比较大、实力比较强的出口加工企业，它们所具有的规模成本和市场控制优势使它们才有可能将中国特有的低成本优势有效地转化为盈利，从而有能力将资金投入到把握上述机会上。

综上所述，无论是原来的内向型企业还是外向型企业，中国"入世"使所有中国企业都不可避免地面对着经济全球化越来越广泛和深入的影响。无论这种影响是机会还是威胁，或者机会与威胁并存，每一家企业需要在战略上做出自己的回应：要么就是迎着全球化挑战而上，在自己的主业上积极开展与跨国企业的竞争；要么背着全球化挑战而去，通过行业多元化而尽量回避与跨国企业的竞争。

一、继续在主业上与外国跨国企业正面竞争

"入世"之前，中国企业的多元化程度是比较高的。导致中国企业偏好高度多元化的市场和制度原因是多方面的：第一，在改革开放到"入世"这一阶段，中国的市场机会多、资源少、信贷体制不完善，通过高负债去抓住一些高增长的行业至少在短期内不失为一种好的增长战略（蓝海林，2007）。多数国有和集体所有的企业在这个特定的阶段上都是依靠这种战略获得高速发展的。第二，资本市场、购并市场、经理市场的不完善或者低效率，投资者或者管理者的短期机会导向没有受到有效的外部监督和控制（Hoskisson, et al., 2005）。在 20 世纪 90 年代中期以前，导致中国企业偏好高度多元化的动机，已经随着市场竞争程度的上升、金融信贷体制的改革和现代企业制度的建立得到了有效的控制。但是，管理者对高度多元化战略的偏好仍然无法得到有效的抑制，因为企业内部缺乏有效的公司治理，企业外部缺乏有效的购并市场和经理人市场，管理者不必为自己盲目多元化的决策承担任何代价。直到 90 年代中期，发达地区的一部分企业、尤其是在高度多元化扩张中受到教训的企业才开始通过战略重组，将有限的资源集中于发展自己的主业。

值得关注的是，中国企业，尤其是企业降低多元化程度的趋势在中国"入世"以后得到了进一步的强化。

第一，中国"入世"以后，西方企业对中国国内市场竞争的参与直接导致越来越多的中国企业降低多元化程度，将更多的资源集中于提升主业的国际竞争力。首先，西方企业对国内企业的挤压、购并，直接增加了中国企业的经营和财务风险，甚至直接威胁了这些企业的生存，迫使越来越多的企业收缩战线、集中资源和做强自己的主业。其次，西方企业将中国市场看成是全球市场的重要组成部分，将对华战略看成是全球化战略的重要组成部分，无非是因为中国具有巨大的成本和市场规模优势。西方企业的对华战略不仅启发了中国企业，而且也为中国企业树立了榜样。越来越多的中国企业发现只要能够成为国

内第一，就完全有可能成为世界第一（蓝海林，2008）。最后，直接和频繁地与西方企业的竞争与合作，也让中国企业充分地了解建立、保持和提升国际竞争力的战略，也理解和认同了国外企业在处理长期利益与短期利益、机会与风险关系上的基本原则。正是对这些原则和战略的理解，使一些企业认识到要"有所不为才能够有所作为"，并逐步放弃高度多元化战略而选择回归自己的主业的战略（蓝海林，2008）。

第二，中国"入世"以后，中国为提升企业国际竞争力而出台的一些制度与政策的变化，也推动了中国企业提升主业国际竞争力的行为。首先，中国政府的企业政策发生了重大的变化，从鼓励企业"做大做强"转变为鼓励企业"做强做大"，在政策导向上推动了企业提升主业的竞争力。其次，中国的资本市场，包括资本市场的管理部门和证券市场越来越明确地推动那些在主业上具有竞争力的企业上市，同时也开始从制度上约束上市公司进行跨行业的投资，尤其是对不相关行业的投资。最后，中国证券市场、风险投资基金和私募基金的投资者们对政府的政策导向、股民的投资导向以及市场竞争的状况非常敏感，他们将更多的资金投向了主业优势突出的企业。中国"入世"以后的上述制度和政策环境的变化，推动着企业回归主业和提升主业的国际竞争力。

在上述两股力量的推动下，一部分中国企业回归或者坚持自己的主业，集中资源在主业上提升国际竞争力。这些企业大体上可以分成两种类型：

第一种是少数的外向型企业。中国的外向型企业大部分都是从事出口产品、尤其是劳动密集型产品加工和制造的企业。发挥中国特有的要素成本和相关配套产业优势，利用中国政府对出口加工企业的政策优惠、借助政府对环境、劳动保护要求不高的机会，这些企业在迎接全球制造产业转移的过程中得到了非常迅速的发展。在中国"入世"以后的十多年时间里，由于国内从事出口加工的企业数量多，而国外采购商的数量有限，国内出口加工企业相互之间围绕着出口订单的竞争越来越激烈，导致绝大多数外向型企业的价值创造能力低、盈利微、实力弱，被长期压在了全球化产品价值链的最底端，很难具有可持续的发展能力。只有少数外向型企业凭借有效的管理和正确的投资决策，不仅在生产制造环节上具备了特定的规模成本优势，而且还努力在产品质量、交货速度、产品设计等方面建立了自己特定优势（除了利用国家特定优势以外）。正是因为这些企业具有一般出口加工企业所不具备的特定优势，中国"入世"以后这些企业不仅受到比较小的威胁，更重要的是还有了发挥企业特定优势的机会。为了把握这样的机会，它们没有通过增加行业，特别是进入受全球化影响小的行业以回避风险，反而将更多的资源投资于提升主业的国际竞争力。首先，在国内大批外向型企业纷纷陷入危机的时候，这些杰出的少数企业在订单和采购成本两个方面都有了更大的讨价还价权力，有效地把握了将国家特定优势转化为企业利润的机会。其次，为了应对全球化的影响，这些企业开始增加在研究开发和制造能力上的投资，推动企业从 OEM 向 ODM 转型，从低成本制造向高技术制造转型，力求提升产品的附加值（陶锋、李霆和陈和，2011）。再其次，这些企业开始利用自己原有和新建的特定优势，在自己所在的行业中实施国内，甚至国际的横纵向整合，力求通过这种整合来进一步扩大市场控制力和提高企业的盈利水平（Yang, et al., 2010）。最后，在出口加工行业生存空间越来越小的情况下，还有一些企业则开始进入和开发国内市场，这些企业在继续保持和发展出口加工能力的同时，开始转变经营方式，以自己的品牌开始在国内市场上生产和销售自己的产品，这种既有利于发挥和强化自己在制造领域的规模和范围经济，又可以克服自己在研发和营销上的劣势的战略转型，构成了一条提升国际竞争力的有效途径。

第二种是少数内向型企业。中国内向型企业基本可以说是在中国实施对内保护的前提下发展起来的。在中国政府逐步和有限度地实施对外开放的同时，也等于对内在一定时段内实施了一定阶段或者程度的保护。正是利用这种有限度的保护，中国政府成功地阻止了西方企业大举进入国内，尤其是进入中、低端市场，从而为内向型企业的培育、发展提供了时间和有利的条件。也正是因为几乎相同的原因，大多数中国成功的内向型企业实施了高度多元化战略，没有在自己的主业上建立核心竞争力。在中国内向型企业中也有少数非常优秀的企业，其中一些企业，尤其是民营企业在中国"入世"之前就主业突出，并且一直致力于在自己的主业上建立核心专长；而另一些企业，尤其是大型企业则是在中国"入世"前后及时实施回归主业的战略，将绝大多数资源集中于一个或者几个具有优势的行业，力求在自己的主业或者核心业务上建立国际竞争力。在这些企业看来，"入世"以后的中国市场就是全球市场中规模、潜力和竞争激烈程度最大的一个组成部分，只要能够在这个巨大的市场上占据支配性的市场份额，就有可能在成本和创新两个方面形成国际竞争力，就可以为进一步进入国际市场创造有利条件。因此在中国"入世"之后，这些企业并没有回避全球化带来的竞争，相反采取了更为主动的战略去提升自己主业的国际竞争力：

第一，实施资源集中的战略。这种资源集中并不是退缩，而是一种更为进取的战略选择。面对西方企业在国内市场上的进攻，中小企业是将资源进一步集中于价值创造的关键环节，如产品的工业设计环节上；大型企业则是将有限的资源集中于一个或者几个具有竞争优势的行业上。与此同时，这些企业还采用战略联盟方式，在一些关键的价值创造环节或者产品上通过与具有国际竞争力的企业合作，在适应、学习中为自己提升国际竞争力创造了更好的条件。

第二，实施横纵向整合战略。在通过资源集中建立竞争优势以后，这些企业又根据需要实施了整合战略。其中一部分企业选择向产业链的上下游整合，目的主要是控制关键资源；而一部分企业则选择在国内市场上实施横向整合，目的主要是在关键环节上建立规模成本优势和控制市场。在实施横纵向整合的过程中，优势明显的企业通常采取购并的方式，这种方式不仅有效地扩张了自身的规模或者提升了控制力，也有效地优化了产业组织结构。由于中国已经逐步发展成为全球最大的新兴市场和制造中心，因此整合了中国市场基本上就具有世界级的规模和成本优势。

第三，实施成本与创新整合战略。在成功实施横纵向整合战略之后，这些企业初步具有了对国内，甚至国际市场的控制能力，这种能力不仅可以树立行业进入障碍，而且提高了它们和上下游企业讨价还价的权力，从而从两个方面提升了企业的盈利能力。这些都为它们进一步将成本优势转化为创新优势创造了有力条件。在获得了比较高的竞争优势和盈利水平之后，这些企业没有分散资源去从事多元化，而是通过自己讨价还价的权力去整合上下游的各种资源，通过内部研发和外部购并，全面提升了自己的创新能力，包括利用创新降低成本的能力和以低成本进行创新的能力。

二、放弃在主业上与外国跨国企业正面竞争

面对中国"入世"所带来的经济全球化影响，大多数中国内向型企业认为是威胁大过机会，而且威胁越来越大。第一，国外企业在品牌、技术和管理上的静态或者说绝对竞争优势太大，而中国企业，尤其是中小企业的静态或者绝对竞争劣势太明显，多数企业认为这种竞争格局很难在短期内扭转，与其硬碰硬的对抗而被击败，还不如退避三舍。第二，外国跨国企业在资源整合和多点竞争上具有明显的动态竞争优势，因为它们在全球既具有多市场、多产品竞争的能力，又具有横、纵向资源共享与整合的能力，就算中国企业可以在某一个市场或者产品上能够赢得一两个竞争回合，也很难在多个市场或者多个产品的竞争中连续赢得竞争。于是，相当一部分中国企业在中国"入世"前后主动放弃自己的主业或者分散资源于其他行业或者其他市场，希望以此避免与跨国企业进行正面、多点和连续地对抗而被跨国企业挤垮或者购并，因而出现了三种比较明显的战略反应：第一，一些企业继续实施多元化战略，尤其是不相关多元化战略，试图以此减少和回避与跨国企业的正面竞争；第二，一些外向型企业，包括出口和出口加工企业彻底放弃原来的经营模式，改行从事国内贸易或者转型成为内向型企业；第三，一些企业转入新的行业，尤其是全球化影响小或者市场化程度低的行业。

选择避免与外国跨国企业正面竞争的企业并不就是消极的，因为在这些企业所嵌入的经营环境中，实施这种战略也的确有可能给企业带来同样，甚至更高的投资收益。第一，即使是在中国加入世界贸易组织之后，中国也没有放弃对一些行业的保护，而是将一些行业划分为非竞争性行业，将另一些行业划分竞争性行业，而处于两者之间的行业也不少。正是因为在国内各个行业之间存在着市场化程度的不同，所以从竞争性行业转移到非竞争性行业，或者通过多元化而进入低度市场化的行业，是有可能分散风险或者获得更高投资收益。第二，按照全球化潜力分析模型，即使是在竞争性行业中，不同行业的全球化潜力也不尽相同。例如，电脑及其相关配套产品行业的全球化潜力比较大，在这样的行业中跨国企业的优势更明显，区域性企业很难与之对抗。相反，水泥、包装食品行业的全球化潜力比较低，区域性企业的劣势相对不那么明显，中国企业在这样的行业中仍然有可能获得比较高的盈利水平。第三，相当多的企业还信奉"鸡蛋放在不同的篮子中更安全"，认为即使随机地进入若干不相关的行业也可以分散投资的非系统风险。虽然以此为依据而实施高度多元化战略的企业无可指责，但是客观地说实施这种多元化战略的企业比前两种企业不仅更消极，而且在消极中还夹杂着一些盲目。事实上，越来越多的实证研究已经表明，随着全球化影响和经济体制改革的深入，不相关多元化战略与企业经济效益之间越来越明显地表现出负相关关系（黄山、宗其俊和蓝海林，2008；张平，2011）。

第二节　应对市场分割性的选择：接受还是克服

中国市场分割性对企业战略行为的影响是一种制度影响，而且实施这种影响的主体是政府及其相关的社会组织（陈抗、Arye L. Hillman 和顾清扬，2002；杨灿明，2000）。根据制度理论的观点，市场分割性对企业战略行为的影响可以是强制性的、规范性的，也可以是认知性的（Suddaby，Elsbach，Greenwood，Meyer and Zilber，2010）。在中国"入世"以前，这种市场分割性对中国企业战略选择的影响主要表现为：第一，国内各地方政府为了本地利益，通过行政管制手段，限制外地企业进入本地市场或者限制本地企业投资外地（银温泉和才婉茹，2001；刘运和余东华，2009）；第二，国内各个地方政府为了本地利益，通过行政手段，限制了横纵向整合企业发挥应有的整合效益，包括降低交易成本和扩大规模与范围经济的效益（王成，2010）。在中国"入世"以后，这种市场分割性对中国企业战略选择的影响发生了变化。简单限制外来企业进入的副作用越来大，相关的制度和政策对地方经济发展的坏处已经超过了好处，限制外地企业进入本地市场的制度安排已经逐步被地方政府所放弃，或者说正在从强制性影响转化为规范性或者认知性影响。相反，越来越多的中国地方政府迅速改变政策，开始运用税收、土地以及其他优惠政策，大力吸引国内其他地区的企业，尤其是优秀企业到本地投资。但是，市场分割在限制横向整合企业发挥整合效益上的作用则越来越突出，相当一部分实施横纵向整合的企业抱怨整合并没有给企业带来应有的竞争优势（张平，2011；刘凤委、于旭辉和李琳，2007），市场分割性已经成为限制中国企业选择跨地区横向和纵向整合战略的主要因素。

在中国"入世"之前，中国市场分割性的程度在不断加剧，但是它对中国企业战略行为的影响作用，尤其是负面影响作用并没有受到重视。但是在中国"入世"以后，尤其是中国希望通过提升企业国际竞争力来突破资源、环境和市场限制的时候，中国市场分割性的负面作用就表现得越来越突出了。这种负面作用突出地表现在市场分割性一方面严重削弱了中国企业在国内市场上实施跨区域横纵向整合战略的动机，在另一方面又直接鼓励中国企业实施本地化战略，间接导致它们选择行业多元化而不是行业集中的增长战略。面对这种制度影响，多数具有特殊优势和能力的企业选择了默认、接受，甚至认同，将企业的固定资产投资严格限制在本地市场。只有少数企业才能够表现出拒绝、利用和克服的态度，通过投资的方式实施跨区域横纵向整合战略，试图利用国内市场提升国际竞争力。对中国横向整合企业的案例研究表明，在相同的制度环境下，少数杰出企业，如中国海运集装箱股份有限公司、青岛啤酒股份有限公司、苏宁集团等就是敢于和善于针对市场分割性采取积极应对战略反应的代表性企业，并且通过有效实施横向整合战略而形成了国际竞争力（王晓健，2010）。

一、实施跨区域整合战略

试图在国内市场实施整合战略的企业知道市场分割性是现行经济体制下的一种制度安排，具有很强的制度约束力。但是，它们同样知道整合国内市场对自己提升国际竞争力的重要性。它们坚信企业有能力以自己的战略的力量和策略手法克服市场分割性的制约，包括为克服市场分割性采取一些变通的办法，如采取一些非市场的手段去降低或者克服市场分割性的不利影响。克服市场分割性的主要战略行为包括：

第一，面对市场分割性，这些企业选择在国内市场上，采取自己建设和横向购并的方式，实施跨区域整合战略。这些企业相信整合规模巨大的国内市场，能够最大限度地获取规模和范围经济效益，从而先在成本，后在差异两个方面建立国际竞争力。为了贯彻上述战略意图，这些企业会根据实际需要而在市场开拓与异地投资、投资新建与收购兼并、独资和联盟等多种方式中选择实现横向整合战略的最佳手段。1993～1996年，中国海运集装箱股份有限公司先后收购了中国沿海地区六个集装箱制造企业，一跃成为世界散装集装箱销售量最大的企业（陈颖慧和赵海洋，2001）；1996～2008年，广东天龙油墨股份有限公司分别在全国7个不同省份自建了7个制造基地，最终占据了全国水性油墨市场90%的市场份额。

第二，在不牺牲企业战略目标和根本利益的前提下，这些企业学会运用自己的资源和能力去影响当地政府，从而减少市场分割性的负面影响。对于横向整合企业来说，市场分割性的影响并不都是负面的，因为如果能够满足或者部分满足地方政府对在当地投资的要求，并且在GDP和税收方面能够给地方做贡献，实施跨区域整合的企业完全有可能享受一定的优惠政策，尤其是土地价格方面的优惠。在实施横向整合战略的过程中，相当多的企业学会了与政府打交道的方法，包括利用自己的制度地位（如是中央企业）、关系资源等非市场手段去建立与上一级政府的关系，然后通过上级政府影响下一级地方政府的决策，将市场分割性从不利因素转变成为有利因素。很多实施横向整合的企业在国内跨区域投资的过程中借鉴跨国公司进入中国的方法，通过与当地政府合资、聘任当地政府官员或者官员亲戚担任高管，以及设立专门的公关部门等方式应对市场分割性的影响。通过这样的方式，企业在区域市场中有效地获取合法性与资源资本（姚康等，2011），以便在区域内建立和保持竞争优势。

第三，在深入分析不同区域市场化程度和制度影响大小的基础上，这些企业也有可能对不同区域和不同的制度要求采取不同的应对方式，包括一些折中和变通的方式。在实施跨区域整合战略的过程中，越来越多的中国企业会根据区域市场化程度和对地方政府的评价选择投资的地点、投资的方式和管理模式，例如，有些企业总部会根据当地市场化程度决定在当地设立子公司还是分公司，决定当地子公司或者分公司的预算和自主权的大小（王成，2010）。在实施横向整合战略的过程中，面对地方政府的强制性要求，企业又可能采取名义上接受，实际上变通的方法应对；对于地方政府规范性的要求，这些企业与地方政府讨价还价，尽量争取换取更大的优惠政策；对于当地政府或者社会的认知性要求，这些企业会根据自己的实力和价值观决定接受的程度和处理的方法。在深入分析和了解区域制度环境动态性的基础上，这些企业还会思考并构建抵制制度压力来源（宋铁波和曾萍，2011）的能力或资源，从而在折中应对市场分割的同时又逐步具备抵制市场分割的能力。

第四，在克服市场分割性的过程中，少数地处沿海地区的杰出企业，特别是具有国际化视野的企业开始在国内市场开拓过程中借鉴了国际化的战略和国际化的管理模式。这些企业会根据对所在行业或者市场全国化潜力的判断来决定是需要实施横向整合还是区域集中战略？是应该采取全国化战略还是区域化战略？是应该采取总部—分部制还是母子公司制？是应该将资源进行集中配置还是分散配置等。相对来说，在以上一系列选择中，偏向选择前项的企业更重视整合效益，偏向选择后项的企业则更重视地方适应和反应。而介于两者之间的企业就是实施跨区域战略的企业，它们不仅关心整合效益，而且也关注地方适应和地方反应。

二、实施投资本地化战略

与采取克服市场分割性战略的企业不同，多数中国企业对市场分割性采取了接受，甚至认同的态度。也就是说，即使这些企业有能力通过跨区域整合而突破市场分割性的影响，但是它们却选择了将全部资源集中于企业所在的区域，实施投资本地化战略。有的企业甚至声称：绝对不在本行政区域之外进行任何投资。根据这些企业对市场分割性的态度，我们可以将采取接受市场分割性或者实施本地化战略的企业划分成为两大类型。

第一种类型的企业对市场分割性的存在采取的是接受，但是不认同的态度。这种类型的企业接受市场分割性的存在，但是并不一定喜欢和享受这种市场分割性的存在；它们得到了地方政府的保护，但是从来没有想主动争取、利用和强化地方保护政策。从这些企业的发展来看，它们过去的成功主要依靠的自身优势的建立和发挥，而不是政府关系；从企业的核心价值观来说，它们并不认为这种地方政府的保护很重要，有的时候它们甚至有些痛恨地方保护。面对中国"入世"所带来的经济全球化的影响，这些企业确实认识到市场分割性的存在对它们的发展是弊大于利，但是它们没有实力或者勇气去克服，因此还是选择了接受市场分割性的战略。做出这个选择有可能是出于以下两个方面的考虑：首先，它们认为克服市场分割性看成是政府的事情，应该等待国家新一轮的经济体制改革；其次，它们认为企业没有单独克服市场分割性的实力和能力。

第二种类型的企业对市场分割性的存在采取的是接受而且认同的态度。这种类型的企业不仅接受市场分割性的存在，而且非常享受这种市场分割性的影响；不仅乐于得到地方政府的保护，而且很想利用和强化本地政府的地方保护政策。从这些企业的发展来看，它们过去的成功主要依靠的是与政府的关系（Yamaka-wa et al. ，2008），而不是自身优势的建立和发挥，因此从地方保护中得到了很多好处多于坏处。面对中国"入世"所带来的经济全球化的影响，这些企业认为市场分割性的存在对于它们的发展是利大于弊，至少其他地区的企业和国外企业会很难进入本地市场。另外，如果它们能够与地方政府搞好关系，那么它们还有可能在地方保护和区域竞争中得到更多本地发展机会。

考虑到经济全球化带来的挑战和市场分割性的影响，选择接受市场分割性战略的企业就是为了在这种影响下找到自己生存和发展的空间。其中第一种类型的企业发展空间相对有限，它们既没有能力在国内实施跨区域整合，在关键领域建立或者强化自己的核心专长，又不喜欢或者没有能力从地方政府那里得到在本地实施行业多元化发展的机遇。中国市场分割是经济转型过程中逐步形成的，在这个过程中相当一部分外向型企业是因为惧怕国内市场分割性而从事出口加工的。因此这种企业对市场分割性的应对战略就是消极地将自己的全部资源和经营活动集中于本地，专做国外市场的生意，让自己远离高度分割的国内市场。面对经济全球化的影响，虽然越来越多的外向型企业意识到进一步保持和提升自己的国际竞争力需要依靠国内市场，但是进入国内市场之后才发现，"回国"比"出国"还难，表面上高度统一的市场其实是高度分割的市场。第二种类型的企业则像一个长期被父母娇生惯养的子女，正是"在家千日好"导致它们特别害怕"出门一日难"。即使这些企业需要更大的发展空间，它们也宁可选择在本地区实施行业多元化战略，而不会选择跨区域经营，尤其是跨区域投资。为此，这种类型的企业会主动实施有效的政治战略，努力建立和维持与地方政府良好的关系。一方面它们可以充分地利用这个政府关系平台所产生的范围经济效益，从当地政府得到很多行业发展机会；另一个方面它们还可以利用这个政府关系平台建立区域进入障碍或者获取政策优势。越来越多的实证研究表明，企业的政治关系、地位和战略，企业行业多元化和企业的经济效益之间存在着正相关关系（曾萍和宋铁波，2012）。

第三节　新形势下中国企业的四种基本增长战略

根据中国企业对经济全球化和市场分割性的态度及其所选择的应对战略，我们可以大体将新形势下中国企业的增长战略划分为四种基本类型，并且据此构建出了一个四方格矩阵模型（见图 11－2）。

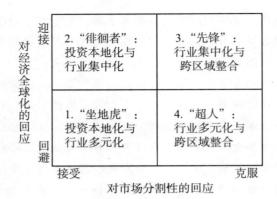

图 11 - 2　新形势下中国企业战略选择的矩阵模型

资料来源：修改自蓝海林和皮圣雷：《经济全球化与市场分割性双重条件下中国企业战略选择研究》，载于《管理学报》，2011 年第 8 卷第 8 期，第 1107~1114 页。

一、投资本地化与行业多元化相结合的战略

如果一个企业在应对市场分割性方面选择了投资本地化战略，而在应对经济全球化方面采取行业多元化战略，那么这种企业在战略选择上表现出强烈的市场为基础的观点，即认为企业盈利水平的高低主要依赖企业外部因素，而不是内部的核心专长。在应对外部环境变化的过程中，这种企业具有强烈的关系导向，希望依靠政府关系而不是竞争优势去发现和把握外部机会，因此它们会将政府关系能力作为自己的核心专长。在中国"入世"以后，这种企业认为中国市场的全球化和市场化程度将进一步提升，这会对它们这种企业的生存空间产生巨大的威胁。因此，这种企业在战略上进行了两个方面的调整：第一，通过增加企业的行业多元化程度，包括简单地实施不相关多元战略，或者有意识地进入一些非竞争性行业或者全球化潜力比较小的行业，从而达到降低风险和增加投资收益的目的（张平，2011）。第二，实施投资本地化战略，通过加大在本地的关系和资金投入，进一步巩固与地方政府的关系，换取更好的行业多元化的机会和其他优惠政策，回避外地企业和国外企业的威胁。在实际操作上，这两种战略是完全可以有机结合和相互强化的，其具体的操作方法是：以强大的关系攻势和投资本地化为条件，巩固与和提升与地方政府良好的关系；利用与地方政府的关系，最大限度地获得更好的投资机会和优惠政策，进入非竞争性行业和全球化潜力低的行业。我们之所以把实施这种战略的企业称为"坐地虎"，就是指这种企业可以在本区域内"为所欲为"，但是对跨区域扩张则忌讳很深。过去可以被称为"坐地虎"的企业主要是当地的国有企业，但是现在这种位置更多地已经让给了两种民营企

业：一是地方官员的亲戚朋友办的企业；另一种则是那些敢于和善于搞关系的民营企业。

二、投资本地化与行业集中化相结合的战略。

如果一家企业在应对市场分割性上选择了投资本地化战略，而在应对经济全球化方面采取了坚持行业集中化的战略，那么这种企业在战略上选择了更偏向资源基础的导向，即认为企业盈利水平的高低主要取决于企业内部，特别是企业的核心专长。在应对外部环境变化方面，这种企业主要依靠自己战略的力量而不是政府关系，因此它们并不愿意，也不擅长于构建政府关系。在这些企业的发展历史上，它们没有从地方保护中得到过什么特别的好处，甚至可能还有一些受到干扰或者伤害的经历。在中国"入世"以后，这些企业认为经济全球化带来的既有机会，也有威胁，但是并不确定究竟是机会大还是威胁大。在未来变化趋势不明的情况下，这些企业仍然坚持发展自己的主业，而没有盲目实施行业多元化发展。它们相信市场经济，相信企业有竞争力就不用担心国内外企业的竞争。基于过去的经历和企业的能力，它们更担心在跨区域整合中承受过大的风险或者成本，决定暂时还是将主要资源集中于本地区，而只将营销、采购等不涉及过多固定投资的活动全国化和国际化。值得关注的是这些企业在应对上述两种环境趋势上都显得有些犹豫和徘徊。在应对经济全球化方面，这些企业虽然并没有退缩而实施行业多元化，但是也还没有将跨区域和跨国横纵向整合作为自己未来的战略选择。在应对市场分割性方面，它们虽然意识到市场分割性的约束作用，但是却缺乏勇气去打破市场分割性，或者无法改变自己的价值观去屈从或者利用市场分割性。因此，我们可以把在新形势下选择这种应对战略的企业称为"徘徊者"。

三、行业集中化与跨区域整合相结合战略

如果一家企业在应对经济全球化挑战方面采取了行业集中化战略，而在应对市场分割性影响方面采取了横向整合战略，那么这家企业在战略选择上表现出强烈的资源基础的导向。这种企业认为持续盈利和成长主要是取决于企业内部条件，而不是外部环境。面对"入世"所带来的经济全球化的影响，它们认为只要将资源进一步集中于自己的主业，建立和提升核心专长，完全有可能克服威胁，抓住机遇，全面提升国际竞争力。面对国内市场分割性的影响，它们相信以企业战略的力量是可以减少和克服市场分割性的制约。它们甚至认为谁有能力率先克服市场分割性，谁就有机会在整合国内市场上建立先动优势和可保持的竞争

优势。因此，这种企业中一些代表性企业甚至在中国"入世"前后就开始在国内市场上实施了跨区域横纵向整合战略，通过自建或者购并的方式提升了国内市场的占有率。通过案例研究可以发现，中国为数不多的"世界级企业"就是成功实施这种战略的典型，如中国海运集装箱股份有限公司、振华重工（集团）股份有限公司、苏宁电器股份有限公司、青岛啤酒股份有限公司等。由于这些企业在应对经济全球化和市场分割性两个方面都表现得相当进取和勇敢，一旦成功就很有可能在自己的行业中进入世界前列，所以我们可以将实施行业集中化和跨区域整合相结合战略的企业称为"先锋"。值得关注的是，这种战略的实施非常有可能同时遭遇到经济全球化和市场分割性的双重负面影响的冲击，在成为"先锋"的路上变成为"先烈"。

四、行业多元化与跨区域整合相结合的战略

在应对经济全球化和市场分割性方面，有些国内企业做出了矛盾、也可以说是非常超前的战略选择。它们在应对经济全球化方面选择了行业多元化战略，而在应对市场分割性方面则选择了跨区域整合战略。能够选择这种战略的企业在战略思维的导向上呈现出对立的情况，有的企业是以资源基础为主要导向，而另一些企业则是以市场基础为主要导向的。选择和实施这种战略企业大体可以分为两种：

第一种企业是由成功的"先锋"企业发展而来的。这些企业在成功实施了行业集中化和跨区域整合战略以后，沿着资源为基础的战略导向，开始将自己的核心专长逐步转移到第二、第三个相关的行业中，然后在新进入的行业"复制"原来实施的战略，希望在多个行业中争取成为中国第一或者世界第一。例如，国内最典型的"先锋"企业——中国海运集装箱股份有限公司在应对经济全球化和市场分割性两个方面都表现得非常彻底，它在集装箱行业成为"世界级企业"之后，先后又在机场廊桥、半挂车和特种车辆等行业实施基本相同的战略，而且很快就在这些行业中相继进入了世界前列。在经过三十年的高速发展之后，这个企业现在正式提出了自己未来三十年的战略愿景是要在与运输装备相关的行业中再造几家"世界级"企业。

第二种企业则不是从"先锋"企业发展而来的。能够实施这种战略的企业一般都是隶属中央的大型国有企业，或者是具有特殊关系的大型民营企业。特殊制度地位使它们根本不惧怕以地方政府为主导的市场分割问题，包括区域竞争和地方保护；特殊的关系能力更使它们把善于对付市场分割性作为自己的竞争优势。在过去的成长过程中，这种企业曾经得益于外部机会的把握，树立了强烈的

市场为基础的战略导向，受这种导向的驱使它们仍然希望抓住更多的机会，包括源于行业多元化和克服市场分割性所带来的机会，希望在多个行业，包括不相关的行业中实施国内跨行业整合战略。这些企业特殊的制度地位也使它们在政府关系上具有特殊的社会资本，并使它们在考虑跨区域进入模式等问题时更倾向于从利用社会资本的原则出发（汪秀琼等，2011），而不仅仅是资源协同性、规模与范围经济等单纯的经济学原则。

比较上述两种不同类型企业的战略选择，可以发现两者之间存在两个重要的区别值得关注：首先，第二种企业在提升国际竞争力要求上比第一种低。这些企业在国内市场上实施了非常进取的跨区域整合战略，因为它们认为自己在克服国内市场分割性的能力方面比国外跨国企业更强，因此完全有可能成为国内第一。但是，这些企业并不一定有志向和欲望成为"世界级"企业，因为它们所具有的特殊地位和资源无法转移到国际市场上去。在中国经济转型的特定历史阶段上，这种企业可以被认为是"内战内行，外战外行"。其次，第二种企业的行业多元化程度比第一种高。由于它们从来没有想在一个行业，尤其是竞争性行业建立"世界级"的竞争力，它们在选择行业的时候主要还是依据对机会大小的判断，而不是从核心专长的转移和强化出发的。从这个意义上说，这种企业并不是真的想做强企业，而是想做大企业。

要想为实施这种战略的两种企业起一个共同的名称并不是一件容易的事情，但是我们还是想勉为其难地将它们合称为"超人"。我们之所以将第一种企业称为"超人"，是因为它们的志向高远、承诺坚定、取舍清晰、不断进取，是中国极少数最杰出的企业。我们之所以将第二种实施这种战略的企业也称为"超人"，则主要是因为其具有特殊的制度地位和关系能力。值得注意的是，在新形势下同时在多个行业中实施跨区域，甚至跨国化战略是一种政治风险和经营风险都很高的战略，没有特殊制度地位和关系能力的企业，尤其是民营企业最好不要扮"超人"，玩得好就一飞冲天，玩得不好就一赔到底，就像以前的德隆集团一样。

面对经济全球化和市场分割性的双重影响，中国各种企业基于自身特点、资源能力、战略导向和管理传统分别做出了自己认为合理的战略选择。运用市场、制度和资源基础的理论，本书对中国企业针对上述两种影响的战略反应进行了组合分析，构建了由上述四种战略所组成的矩阵。虽然这个矩阵只是一个解释性的模型，我们仍然希望这个模型能够对中国企业在新形势下的战略选择发挥指导作用，同时引发更多的学者围绕其中的一些理论假设进行后续的实证研究。

值得说明的是：第一，这个模型不能被用于从社会效益或者国家利益的角度去评价新形势下中国企业战略选择，如哪一种战略更积极或者更消极，更有社会责任或者更没有社会责任，又或者哪一种战略更符合国家利益，哪一种战略更不符合国家利益等。除了国有独资企业以外，上述战略都是企业基于自身的利益所做的合理选择。第二，这个模型没有暗示哪一种战略选择会给企业带来更高的经济效益。在中国经济转型过程中，实施不同战略的企业完全有可能分别从市场或者政府、从满足市场需求或者制度合法性两个不同渠道得到几乎差不多的经济效益。第三，我们更不奢望使用这个模型给中国企业提供一般性的战略指导，如哪一种战略具有更好的未来。中国经济转型未来发展方向并不明朗，而且即使发展方向明朗，选择何种战略也需要考虑企业本身特点、资源和能力，以及管理传统。通过这个模型，我们只是明确了中国企业基于两种最典型的制度影响的战略反应，以及这些反应所构成的战略。我们还需要进一步探讨如下问题：怎么样才能够通过进一步的经济，甚至体制改革才能够使企业战略选择、经济效益和国家利益更一致；使企业的战略选择既有利于企业的国际竞争力和经济效益同步提高，又有利于支持国家突破持续发展所面临的资源、市场和环境的限制。

第十二章

中国需要新一轮的体制改革

通过上一轮的经济体制改革，中国依靠对外开放和发展市场经济而迅速成长为一个位居世界前列的经济大国（陈敏、桂琦寒、陆铭和陈钊，2007；方军雄，2007）。中国经济可持续发展既面临着经济全球化所带来的新挑战，同时也受制于上一轮经济体制改革的不彻底及其所带来的一系列制约。从微观上来看，迎接挑战和突破制约需要的是中国企业提升国际竞争力（蓝海林和皮圣雷，2011；项保华和叶庆祥，2005；毛蕴诗、欧阳桃花和魏国政，2004），为此本项目前述的研究成果已经揭示了中国企业在现行体制下提升国际竞争力的有效战略选择。从宏观上来看，迎接挑战和突破制约的关键是中国政府需要尽快为企业提升国际竞争力营造相应的制度环境（Chen，Yang，Hsu and Wang，2009；高向飞和王相敏，2009）。发展中国的"世界级企业"呼唤中国进行新一轮的经济体制改革。

第一节　中国经济可持续发展所面临的制约

中国经济和中国企业过去三十多年长期、稳定和高速的发展是在特殊条件下以比较粗放的方式取得的。现在看来，这种增长是以大量市场机会的带动为条件的，是以大量占有和浪费资源优势为前提的，也是以大量牺牲环境为代价的。现在国内外市场的边界越来越模糊，国内外的市场规则明显接轨，国内外企业的互

271

动迅速加深，中国经济和中国企业所采取的增长方式必须经历一种熊彼特所倡导的"创造性毁灭"（蔡昉，2011），否则将面临着越来越严重的市场制约、资源制约和环境制约。

一、市场制约

中国经济长期、稳定和高速的增长在很大程度上依靠传统增长模式取得的，其主要特点是政府主导、投资带动、速度优先和粗放增长。中国"入世"之前，这种传统增长模式的缺点还不明显，中国"入世"以后中国政府没有及时和坚决地转换，而是越来越深陷于这种传统增长模式。每次遇到增长乏力或者重大危机，政府的"有形之手"就顺势伸长，传统增长模式反而有得到强化的趋势。在过去十年中，中国的投资增长速度多年超过 GDP 增长速度，其中固定资产投资的增长一直是 GDP 增长速度的 1.3 倍，形成了巨大的过剩生产能力，恶化了供需矛盾，使中国经济的增长越来越明显和难以自拔地受到市场的制约（胡舒立和王烁，2013）。

（一）国际市场

改革开放以来，中国净出口总值的增长由负转正，由低向高，逐年进步，对国家经济长期、稳定和高速的增长产生了相当重要的贡献。从 20 世纪 90 年代初开始，中国总出口额就已经超过总进口额，并且持续增长，到 2010 年中国净出口总值达到了当年国内生产总值的 7% 左右。中国净出口额持续增长首先得益于中国在要素条件，尤其是要素成本、配套产业方面具有明显的比较优势（Zeng and Willamson，2007；黄嫚丽和蓝海林，2006）；其次是得益于改革开放过程中所采用的有效战略，发挥了中国上述国家比较优势，从而使国外在华投资的合资和合作企业、中国的出口加工企业以及自营产品出口企业成为扩大出口的主力。但是，这三种外向型企业都处于全球化产业链的低端，其中占据主要地位的大量中小出口加工企业主要从事低技术、劳动密集和环境污染比较严重产品的组装加工，产品结构不合理，产品附加值相对比较低（张杰、张培丽和黄泰岩，2010）。

中国"入世"在理论上为这些企业扩大规模、提高盈利和向产业链的高端提升创造了很好的机会，但是至今为止这种理论上的可能性并没有如愿变成现实。相反，中国外向型企业，尤其是出口加工企业却在中国"入世"以后遇到了前所未有的增长压力。第一，金融危机导致全球，尤其是欧美市场出现了信用危机和市场萎缩，以及针对中国低价产品的反倾销，压缩了中国外向型企业的市场增长空间；第二，人民币升值、劳动力成本的上升和政府对出口加工企业政策支持力度的下降大幅度降低了中国企业，尤其是出口加工企业与其他发展中国家同类企业竞争的比较优势；第三，跨国企业扩大对华的直接投资，通过自建或者收购国内企业扩大了在华企业的生产规模，弥补了自己对中国出口加工企业的成本劣势，提高了压低中国产品在国际市场上讨价还价的权力。在当前的情况下，能否依靠国际市场的开拓继续拉动中国经济的增长将在很大程度上取决于中国外向型企业能否转型升级，实施整合，迅速在研发和国际营销两个方面提升国际竞争力。

（二）国内市场

中国是全球的人口大国。20 世纪 90 年代初以前，中国居民的最终消费支出在国民生产总值中所占的比重一直保持在 61% 以上，其中居民的消费支出的比例也保持在 47% 以上，对于这个时期中国经济的高速增长发挥了重要的支撑作用。从 90 年代中开始，尤其是中国"入世"以后，中国居民最终消费支出在国内生产总值中所占的比重逐年下降到了 2010 年的 45%，其中居民的消费支出则下降到了 34%。内需不足越来越明显，因此扩大内需也就成为"入世"以后保持中国经济稳定、持续增长的关键措施。导致中国内需不足的原因是综合性和深层次的。第一，贫富过于悬殊，以至于少数富人热衷于投资，多数城市居民和农民没有能力消费；第二，社会保障能力不足，人们在就业、生活、医疗和养老等各个方面都感到不安全，因此有钱也不敢消费；第三，经济收入增长长期低于 GDP 增长；第四，农村消费水平太低。他们的收入本来就少，绝大多数属于贫穷阶层，但是为了维持和扩大生产，绝大多数农民实际是将家庭的日常消费控制很低的水平。为了保证中国经济的持续增长，中国政府启用"有形的手"，推进了一些刺激性措施，如增加投资，包括政府对公共和基础设施投资、私人对房地产和金融产品的投资，但是还不能够采取一些根本性的解决办法，因为根本性的解决办法可能涉及经济，甚至政治体制的改革。根据上述分析，可以得出这样的结论，中国经济和企业的增长将会在相当长的时期内面对国内需求不足以及需求结构不合理的刚性制约，从这个意义上说，机会带动的时代已经过去了。在新的形势下，中国企业的持续增长将面临两个战略选择：第一，在国内市场上，中国企业需要通过产品的质量和性能的提高，扩大对国内中高档市场的占有，实现对进口产品的替代。但是，如果中国企业在国内市场上继续出现类似于"三聚氰胺"或"瘦肉精"等食品安全或者产品质量方面的事件，那么谁替代谁就可想而知了。第二，在国际市场上，中国企业不能够仅仅依靠要素成本优势，还需要提升成本管理和创新两个方面的能力，尤其是研发和国际营销的能力，提高直接

开拓国际市场的能力和提升自己在国内市场上的定位（蓝海林和皮圣雷，
2011）。上述两个战略可以同时使用，相互强化，其核心都是必须在成本和差异
两个方面提升国际竞争力。

二、资源制约

除了人口众多以外，中国并不是一个资源，尤其是人均资源丰富的国家。中
国能够依靠有限的资源实现连续三十多年的稳定和高速的增长主要依靠的是一种
特殊制度安排及其所支撑的增长方式。中国政府将相当一部分经济发展的责任和
权力放给了地方政府；根据地方经济增长的规模、速度考核地方政府的绩效；根
据地方政府的绩效决定地方官员的升迁。这种制度安排就导致中国各级地方政府
无不参与了以经济增长速度为核心的区域竞争，无不动用手中的各种资源和
"有形的手"主动、直接地推动地方经济和企业的发展，形成了政府主导、投资
带动、速度优先和粗放增长为主要特点的增长方式。这种特殊的制度安排及其所
支撑的增长方式不仅推动了中国经济和企业稳定、高速的增长，同时也让这种稳
定和高速增长付出了极大的代价：第一，在地方政府的主导下，投资结构不合
理、重复投资和投资失误大量存在；第二，过分依赖投资带动增长，导致相当多
的行业和企业存在严重的产能过剩；第三，为了保证和加快本地区经济增长速
度，各级地方政府都大力发展新企业，极力保护老企业，绝大多数行业都存在着
企业数量多、规模小、技术差、管理水平低，同质化恶性竞争严重的问题；第
四，企业规模是上去了，但是企业的竞争优势、经济效益和可持续发展能力越来
越低（傅勇和张晏，2007；陈抗、Hillman 和顾清扬，2002）。国内企业之间的低
水平和过度竞争越来越严重地阻碍中国企业将中国特定的资源优势转化为合理的
收益以及中国企业特有和持续的竞争优势。

"入世"以后，中国经济和企业增长与其说是遇到了资源制约，不如说是遇
到了原有增长方式的制约。从政府的角度来看，经济全球化和经济体制改革的深
入，导致地方政府不可能，也没有能力动用政府财政收入继续、直接和大量投资
于产业发展。相反，它们还需要为其前期的盲目、重复和错误的投资付出代价。
从企业的角度来看，经济全球化和经济体制改革的深入进一步增加市场竞争，而
且提升了企业的各种经营成本，导致没有或者不能够及时转变增长方式的企业越
来越难以生存。

在突破资源限制和转变增长方式方面，少数杰出企业做出了一些有意义的尝
试。这些企业没有实施盲目多元化战略而分散资源，而是围绕着主业实施横向整
合战略和纵向整合战略（李铁瑛，2011）。在实施横向整合战略的过程中，这些

企业实施集约化经营，从而在资源获取和使用方面最大限度地发挥规模经济和范围经济效益；在实施纵向整合战略过程中，这些企业加强对关键资源的控制。在此基础上这些企业再将整合所产生的积累投入到设备、工艺改造和人力资源的培训上去，减少人力资源成本上升的压力；将整合所产生的讨价还价的权力用于获取建立差异优势所需要的资源；将由此产生新增收益投入各种技术和管理创新之中，争取通过提升附加值摆脱增长的资源制约。但是，我们必须看到，要想从根本上克服中国经济和企业持续增长所面临的资源制约需要中国进一步改革现行的经济体制，尤其是地方政府和地方官员评价、考核和晋升机制。

三、环境制约

中国经济和企业的长期、稳定和高速增长在很大程度上是以牺牲环境为代价的。中国政府非常清楚地知道，工业化会对环境产生大量的污染以及环境污染将会对未来中国社会和经济发展产生什么样的影响。但是，改革开放之初中国社会和经济面临的主要矛盾不是环境污染问题，而是生产力低下和经济水平落后的问题（张晓晶，2004；王小龙和李斌，2002；沈立人和戴园晨，1990）。在以经济工作为中心和发展才是硬道理的背景下，中国环境保护方面的法律和法规本身就是在牺牲环境保证发展的前提下制定出来的。尽管如此，各级地方政府又层层放松环境保护以保证本地经济发展。为了区域竞争和地方保护，地方政府不得不在国外和国内招商引资和上项目的过程中，主动降低对环境保护的要求，甚至进行合谋和提供帮助以争取上级环境保护部门的批准。由于地方政府不能够对破坏环境的企业按律执行和按章办事，致使污染环境的企业无需代价或者代价很低，从而形成了恶性循环，从而导致更多的企业加入到污染环境的行列，而不是去通过技术改造减少对环境的污染。中国经济和企业三十多年的快速增长对中国自然生态环境和人民生活造成了巨大的污染和长远的影响。

更值得关注的是在行业集中度过低和企业竞争过于激烈的情况下，严重污染环境的企业也没有办法将污染环境所节约的成本转化为企业的盈利和竞争优势。污染环境的外向型企业将污染环境所节约的收益大部分转移给了国外跨国企业，而国外跨国企业所在的国家和消费者却还抵制来自这部分企业的产品。污染环境的内向型企业则将这个部分的潜在收益大部分转移给了国内消费者，而国内消费者以及广大的居民也同样不买账，他们对环境污染所带来的破坏越来越愤恨。随着全球化影响的深入，西方社会对环境保护的要求已经深入中国，国内居民环境保护意识正在逐步提高，中国经济和企业原有的粗放的增长方式已经越来越难以为继。

第二节 从"放活搞活"到"做强做大"的转变

尽管导致中国经济发展面临市场、资源和环境的制约与中国企业的战略选择有关，但是影响这些企业战略选择的主要影响因素是来自政府及其为企业创造的制度环境。在中国经济体制改革的第一阶段，中国经济的高速增长与中国经济增长在增长方式上所显现出的粗放特点都与这个特定阶段上政府的政策选择有关。随着中国加入世界贸易组织，中国经济的发展开始面临着新的问题，进入了新的发展阶段，中国政府的经济与企业发展政策也发生了一些变化。但是，中国体制改革停滞下来了，中国企业所面临的制度环境却没有发生相应的改变，这就是当前中国企业提升国际竞争力所面临的主要制约。

一、"放活搞活"的制度环境

改革开放以前，中国实施的是一种高度封闭和高度集权的社会主义计划经济体制。虽然这种经济体制满足了当时政治体制和意识形态的需要，但是严重阻碍了中国社会生产力发展和人民生活水平的提高。面对这样的现实，邓小平及其所领导的党中央在坚持四项基本原则的前提下推行改革开放，以改革开放带动发展和以稳定保证改革开放。以对外开放和对内改革为核心的经济体制的改革或者制度的重构，其目的就是"放活搞活"经济和企业，通过区域竞争和企业竞争这两个"推进器"发展经济。

第一，为了"放活搞活"经济和企业，将经济建设确立为党和党领导下的各级政府的中心工作。从此开始，全党和各级政府都开始大抓、猛抓和亲自抓经济工作；评价各级党和政府工作成绩的主要指标就变成了地方经济发展，尤其是GDP的规模和增长速度。各级地方政府，尤其是省级及以下各级党政主要领导都像经济工作者，甚至是企业管理者一样，向上可以帮助各种企业跑项目、跑资金，向下可以参与各种企业项目策划、论证、谈判、融资和项目施工的推进、监督和管理等。正是各级党政干部如此热情和深入地参与经济建设和企业发展，中国经济才能够在改革开放之后就很快进入了高速发展的时期。

第二，为了"放活搞活"经济和企业，中国进行了所谓"放权式改革"，结果是"一放就活"。首先是将中央政府及其各个职能部门的经济管理权限逐步下放给地方政府，充分调动地方政府的积极性；其次是政企分开，将国有企业的经营权逐步还给国有企业，调动企业的积极性；最后是将计划管理的范围放松，发挥市场机制的调节作用。正是因为充分搞活了地方政府、企业和市场，经济才得到了快速发展。值得注意的是什么时候放？放多少？放给谁？始终缺乏法律和制度上的界定和保障，经常面临的问题就是"一放就乱"。

第三，由于各级地方政府在发展地方经济上的权力和责任越来越大，逐步形成了一种具有中国特色的政府与企业的关系，而这种特殊的关系恰恰就是特定时期中国经济迅速发展的秘诀。除了少数中央企业以外，绝大多数企业都是属地化管理，企业经营与发展的几乎所有事情都与其注册所在地的政府有着极其紧密和难以界定的关系；一家企业发展的快慢和经济效益的高低在很大程度上取决于这家企业与属地政府的关系（田志龙、高勇强和卫武，2003）。简单地说，如果一家当地比较好的企业能够与属地政府建立长期和稳定的良好的关系，那么中央和地方政府的各种资源、优惠政策和扶持措施都会源源不断地落在这家企业身上，同样属地政府对这种企业的各种管理、摊派和干扰就会少一些（曾萍和宋铁波，2012）。

第四，由于各级地方政府在发展地方经济上的权力和责任越来越大，逐步形成了一种具有中国特色的所谓"诸侯经济"，"诸侯"之间的经济竞争和保护就是特定时期中国经济迅速发展的另一个秘诀（沈立人和戴园晨，1990）。在经济转型的过程中，国内各个地方之间的竞争从争取成为改革试点、优惠政策、发展项目到招商引资愈演愈烈，这种区域之间的竞争促进了中国经济的发展，但是也导致项目重复投资、产业结构趋同和区域特色与合作减少；国内各个地方政府纷纷对属地市场和企业采取地方保护，包括扶持、保护和纵容本地企业。属地政府的区域竞争和地方保护在一定程度上促进了地方经济的发展，但是也直接弱化了本地企业实施跨区域横向整合和提升国际竞争力的动机和能力，促使本地企业偏好在本地实施行业多元化发展战略。

二、"做强做大"企业政策的提出

从1994年年底开始，中国企业集团的高度多元化发展所带来的问题，包括高负债、低收益和管理失控等问题越来越明显，由此引发的行业结构恶化、投资过热、资源浪费和环境污染等一系列问题就已经暴露出来了。为此，国家在企业政策上做出了一次重大的调整，先是从过去的"放活搞活"企业转变成为"抓大放小"企业，然后再进一步又转变为"做大做强"企业。"抓大放小"的政策其实是对"放活搞活"企业政策的一种延续，其中"放小"即政府对中小企业要进一步"放活"，尤其是要将对中小国有企业的管理"放权"推进到了产权改造；"抓大"则是在反思"放活搞活"政策基础上的一种自我改变。"抓大放小"政策的核心就是各级政府应该重点扶持发展一批大型企业集团，提升这些企业集团的实力。随着经济全球化对中国经济发展影响的深入，中国政府在"抓大放小"的基础上再进一步提出要鼓励和推动中国企业"做大做强"，其核心含义是鼓励、推动和扶持已经被政府"抓"在手上的中国企业集团进一步提升国际竞争力。

在中国"入世"以后的几年中，"做大做强"的政策在推动国有企业产权改造方面发挥了一些作用，但是在提升企业国际竞争力方面并没有发挥明显的作用。认真分析出现这种情况的原因，我们认为主要原因不是这个政策提出的时机或者内容不对，而是因为这项政策的含义模糊、导向不清和政策执行缺乏宏观制度环境的支撑。

第一，关于"做大做强"企业的提法一直存在歧义。这个政策的本意是"做强"中国企业或者推动中国企业提升国际竞争力，但是这个政策在执行过程中给人们的感觉是政府要推动企业先"做大"，后"做强"。一般来说，所谓"做大"就是指推动企业扩大资产、销售和利润的规模，所谓"做强"则是指推动企业在关键经营领域建立和提升国际竞争力，其中当然也可以包括资产、销售和利润规模等指标。从企业战略实践来说，先"做大"再"做强"当然是一种可行的策略选择，如先增加市场占有率，然后再利用规模经济和范围经济效益提升关键领域的竞争优势。从这个意义上说，"做大做强"的提法并无太大的问题。但是从企业战略理论上来说，先"做强"再"做大"才是企业健康、长期和根本的战略选择。以"做大"为目标容易导致企业盲目多元化、分散资源和精力、恶化资本结构，最后使"做强"成为不可实现的目标。以"做强"为目标则会促使企业回归主业、集中资源和精力、保持良好的资本结构。一旦建立了竞争优势，那么"做大"就是水到渠成。这个政策实施几年之后，政策的制定者最后发现这个提法的确存在不妥：首先，这种提法容易误导地方政府在选择培养和扶持对象的过程中，更偏重"大"而不是"强"；其次，这种提法也容易误导企业为了得到政府这个政策的优惠和好处去"造大"。

第二，制度支撑的缺失使"做大做强"政策的执行没有达到预期的效果，甚至是完全背离了政策制定者的初衷。首先，从中央到地方，各级地方政府背负的压力都是政绩考核，即 GDP 和地方税收的增长速度（冯兴元，2010；周黎安，2007）。所以他们在选择扶持和优惠对象的时候，就很自然地选择那些资产、销售和利润绝对额大的行业多元化企业集团，而排除了那些行业全球化程度高、主业竞争优势明显，资产、销售和利润绝对额小的企业。其实，从提升国际竞争力和有利于突破中国经济增长所面临的市场、资源和环境制约的角度来说，后一种类型的企业恰恰才应该是最符合这个政策要求的扶持对象。其次，考虑到政府将给予"做大做强"候选企业各种优惠和扶持政策，包括土地、项目、资金等，而这些恰恰是那些偏好行业多元化的企业集团所需要的。那些主业突出和主业竞争优势明显的大企业一般不会因为这些政策的诱惑而放弃自己的主业或者原则，更不愿意故意"做大"去争取扶持，或者得到扶持政策以后去实施行业多元化。最后，我们发现，各级地方政府的扶持对象大多数都是行业多元化经营的企业集团，它们的多元化程度得到了进一步的提高，而经营绩效或者说国际竞争力却没有得到提升。

为了纠正各级地方政府在实施"做大做强"企业过程中出现的偏差，中央政府不得不在中国"入世"以后再次提出一个内容基本相同，但是文字顺序相反的新的企业发展政策，即所谓"做强做大"企业的政策（国务院国有资产监督管理委员会企业改革局，2005）。相对于"做大做强"的政策，"做强做大"的提法就相对更科学和合理，更容易给各级政府的政策选择和企业的战略选择提供正确的指导。首先，理顺了"做强"与"做大"的关系。在企业的成长过程中，正确的战略选择应该是先集中所有的资源和精力在一个行业，甚至更狭窄的业务领域中做到全国和全球最强，即建立自己的竞争优势，甚至核心专长。在此基础上，企业再从发挥和强化核心专长出发，通过横纵向整合或者相关多元化扩张，最终在多个行业取得全国或者全球领先的竞争优势，这就是在做强的基础上再"做大"。有实证研究证明，在中国经济转型的特定阶段上，企业的确有可能通过行业多元化而把握一些新出现的机会（黄山、宗其俊和蓝海林，2008），但是这种战略的重点不是"做强"而是"做大"。其次，明确了"做强"与"做大"的界定。"做强"的过程就是集中资源和精力于主业并建立竞争优势的过程，因此测定一家企业是否"做强"就是测定一家企业在本行业关键竞争力指标的高低，比如说是否能够进入全球前列。"做大"的过程就应该是发挥优势、增加投资、扩大业务和销售规模的过程，测定一家企业是否"做大"就是测定一家企业的资产和销售规模在行业中的地位。考虑到企业经营的目的和企业盈利的来源，"做强"企业意义比"做大"企业更重要。企业盈利的多少与企业的资产、销售规模有关系，但是更主要的是与企业竞争优势的大小有关。"做大"更多的是靠规模形成行业地位和竞争优势，但难以成为持续的竞争优势或者说核心竞争力（Porter，1985）；而"做强"之后，更容易在本行业拥有核心竞争力，基于长期稳定的竞争优势而不断扩张，乃至到相关行业，进而实现做大。先"做大"的企业是有可能"做强"，但是先"做强"的企业更有可能"做大"。

第三节　"做强做大"企业要求的制度环境

为了提升中国企业的国际竞争力，中国政府一直在改变自己的企业发展政策。用"做强做大"替换了原来的"做大做强"既是"更换"已经"失效或者过时的政策"，也可以看成是中国"入世"以后的及时"升级"。如果政府对于企业发展政策的变化不是以制度环境的变化为前提的，谁能够保证"做强做大"企业的政策不会是"穿新鞋走老路"呢？如果适合于"放活搞活"企业的制度环境做出重大的改变，谁能够保证"做强做大"的企业政策能够在制度上得到保证和支撑，而不是在诱惑一批中国企业"做多（多元化）做虚（弱化核心竞争力）"之后草草收场呢？

一、全球化条件下"做强做大"的标准

加入世界贸易组织到底给中国经济的发展带来了什么样的挑战，导致中国政府的企业政策从"做大做强"转变为"做强做大"的呢？在中国"入世"以前，中国可以限制国外企业参与中国国内市场的竞争的前提下，通过不断引入竞争和增加国内市场竞争强度促进经济的高速增长。中国"入世"以后，国内外市场的边界正在逐步削弱，甚至消失，中国许多行业面临着被跨国企业整合的威胁，相当一批企业，包括中大型企业面临着被收购兼并的危险。如果这种情况发生，跨国企业在利用了中国国家特定优势提升自己国际竞争力的同时，也就消除了中国企业利用中国市场发展成为跨国企业的可能；中国经济可持续发展所面临的资源、环境和市场限制没有被打破，反而被加强了。无论是从企业还是从国家的角度上看，"做强"的战略意义就迅速超过了"做大"。但是我们必须了解的是，无论以什么顺序排列，"做大"和"做强"的参照系统或者评价标准都发生了重大的变化。

第一，在全球化条件下，中国政府希望"做强做大"的企业必须是来自竞争性行业而不是产生于非竞争性行业。否则，中国政府根本不需要培育、扶持和推动这些企业"做强做大"，只需要让一个国有企业垄断全国某个行业即可。以中国这么大的市场来说，那么任何可以独占这个市场的企业很有可能在全球市场上"做强做大"。目前中国有一批企业就是想通过正常或者非正常的手段从政府那里得到垄断地位或者保护而实现"做强做大"的目的。从这个意义上说，政

府推动"做强做大"中国企业的政策不应该包括是垄断企业或者来自非竞争行业的企业；更不应该采取增加垄断企业或者非竞争性行业的办法来推动企业"做强做大"，否则将失去这项政策的本意。

第二，在全球化条件下，中国政府推动"做强做大"的企业应该出自行业全球化潜力大的行业。从世界各国的情况来看，不同行业的全球化潜力是不一样的，其中有的行业非常难以全球化；从中国的情况来看，不同行业的开放程度或者全球化程度也是不一样的。考虑到"做强做大"对中国经济突破三大制约和提升国际竞争力的目的，在全球化潜力越大的行业实现"做强做大"的意义就越重要。从这个意义上说，在不对外开放或者全球化潜力不大的行业中中国政府暂时没有必要扶持，也没有可能推动企业"做强做大"（叶广宇、蓝海林和李铁瑛，2012），至少在短期内，在这些行业中推动企业"做强做大"的意义也不大。例如，中国房地产企业当然也想"做强做大"，但是政府不仅不需要推动这个行业的企业"做强做大"，相反，应该推动这个行业的企业"做多做小"。

第三，在全球化条件下，衡量企业是否实现了"做强做大"，不能够只看企业的绝对规模，而不看企业的全球竞争力；不能够只看经济数字和行为，而不看企业的治理结构和机制。在一个特定的行业中建立和提升国际竞争力并不是一件短期和容易做到的事情，需要企业通过良好的治理结构和机制来保证承诺坚定、决策科学和行动迅速，保证战略的连续性、一致性和创新性。从这个意义上说，"一股独大"的企业并不适合成为"做强做大"企业的培养对象，除非在此期间，这些企业进行了产权结构的优化。

二、全球化条件下"做强做大"企业的方式

既然在全球化条件下，中国经济的可持续发展已经不能够单纯依靠企业的"活力"，还有同时依靠国际竞争力，"入世"以前中国政府推行的那种"放活搞活"的企业发展方式的局限性就变得越来越明显。

第一，无论是在"放活"、"搞活"，还是"做大"、"做强"的过程中，各级政府在推动企业发展方面都是非常主动、强势和直接推动的一方。政府的主动性主要是源于现行的政府考核方式和干部任免制度；政府的强势主要是源于其所掌握的权力和资源太大；政府在作用方式上的直接性主要源于政府与企业的关系本来就缺乏法律界定和保障。这种推动企业发展的方式适合于在国内市场相对不那么开放的条件下"放活搞活"企业，但是绝对并不适合于在全球化条件下"做强做大"企业。例如，在现行经济管理体制下，多数希望实施跨区域整合战略的企业既害怕失去本地政府的支持，又害怕在外地政府那里受到折磨。即使是

两个或者多个地方政府都支持，它们之间的区域竞争和地方保护也会牺牲实施跨区域整合战略企业的规模经济、范围经济效益和增加跨区域经营单位之间的交易成本。在全球化条件下，以主动、强势和直接方式是根本发展不出真正具有国际竞争力的企业的。

第二，无论是"放活"、"搞活"、"做大"和"做强"，各级政府在推动企业发展上都是以鼓励、优惠和扶持为主，就是以给地位、给机会、给政策和给资源为主。希望"做强做大"的企业能够得到这些鼓励、优惠和扶持当然是好事，但是为了获得这些鼓励、优惠和扶持，这些企业往往付出代价，尤其是在战略上走弯路的代价更大，包括不得不盲目追求速度和规模；不得不通过高度多元化来达到政府对速度和规模的要求；不得不分散自己的资源、精力，甚至还会导致资本结构进一步恶化等。这些付出会使它们离"做强做大"渐行渐远，而距"做大做强"渐行渐近。在经济全球化时代，那些真正有可能"做强做大"的企业应该具有强烈的市场导向，它们不会拒绝得到这些政府支持，但是它们绝对不想为了争取或者得到这些政府支持而做出不利于提升国际竞争力的战略选择。

第三，各级政府在推动企业"放活"、"搞活"、"做大"和"做强"的同时，对本地区那些竞争力不高、不尊重知识产权、不保护资源环境的企业一直非常"宽容"，希望能够通过"优胜劣不汰"的方法保持本地区经济的高速发展。然而，现在真正制约中国企业"做强做大"的并不是资源不足，而是"游戏规则不公平"；不是"好人"得不到奖励，而是"坏人"得不到应有的惩罚。在区域竞争和地方保护盛行的情况下，那些应该被淘汰而没有被淘汰的企业对"做强做大"企业的纠缠才是问题的关键。例如，没有国际竞争力的企业活得很好，那么还有谁会花那么大的资源和精力去提升国际竞争力；没有转型升级的企业活得很好，那么怎么会有企业实施艰苦的转型升级呢？这也是中国在推动企业"做强做大"过程中遇到的最严峻的问题。

三、制度改革与企业的战略选择

在现行经济体制下，中国企业的四种战略选择的经济效益可能差别不大（见图 11 – 2），但是面对经济全球化的影响，实施不同战略企业的国际竞争力差别巨大。政府所能够给予企业只是短期的经济效益（如廉价土地、税收优惠和项目等），而不是国际竞争力。"做强做大"中国企业所需要的制度环境就是那种能够使企业的战略选择、国际竞争力和经济效益之间能够呈现出正相关关系的环境，从而使"做强做大"能够从一种政府的推动转化为企业自身的选择。假如现在选择四种战略的企业有一个比例的话，那么我们所需要的与"做强做大"

匹配的制度环境至少应该导致选择下列两种战略的企业迅速增加：一种是为了迎接全球化挑战而实施行业集中战略的企业；另一种是为了克服国内市场分割性而在国内市场上实施跨区域整合战略的企业（见图 12 - 1）。

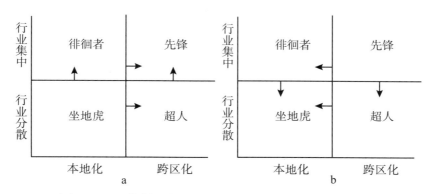

图 12 - 1 体制改革推动下四种战略发展空间的变化

资料来源：蓝海林、皮圣雷：《经济全球化与市场分割性双重条件下中国企业战略选择研究》，载《管理学报》，2011 年第 8 期，第 1107 ~ 1114 页。

　　加入世界贸易组织应该是中国在对外开放方面迈出的比较激进或者说超前的一步，使提升企业国际竞争力急迫性骤然上升，使现行的行政和经济体制，特别制度环境对中国企业"做强做大"和提升国际竞争力的制约凸显出来。经过十多年的徘徊与反复，中国的经济转型或者说中国的体制改革仍然有可能朝两个不同的方向变化。

　　一方面，面对经济全球化带来的威胁，尤其是在中国企业国际竞争力还不够高的情况下，中国政府有可能为了保持国内稳定而选择在体制改革上实施暂停或者倒退。这种暂停或者倒退的情况可能包括：第一，为了保证增长速度或者防止出现社会矛盾，政府行政管制手段加强，国有企业重新成为依靠，因此越来越多的行业从竞争性行业又转变成为非竞争性行业，或者低度竞争的行业。第二，为了维持社会稳定和政府形象，地方政府有可能加大对经济活动的干预，从而导致更多的企业重视和寻求地方政府的保护与支持。第三，为了保证本地区经济发展和财政收入的增长，越来越多的地方政府采取所谓"关门打狗"的方法，整合企业的内部交易成本上升，整合效益下降。如果中国体制改革出现这种"逆转"趋势，那么通过实施主业集中和市场多元化（跨区域整合）战略而提升主业国际竞争力的企业将越来越少，通过实施区域集中和高度多元化战略而回避国际化竞争的企业将越来越多。如图 12 - 1a 所示，在这种情况下，划分行业集中和行业多元化的直线将从低向高移动，划分本地化与跨区域的直线将从左向右移动，那么中国政府"做强做大"的企业将是依靠地方政府的"坐地虎"和善于利用中央和地方两级政府的"超人"，从而导致中国企业的竞争力不是提高而是降低，中国经济将更进一步深陷更大的增长制约。

另一方面，面对经济全球化带来的威胁，尤其是在中国企业国际竞争力还不够高的情况下，中国政府有可能也有迹象为了促进经济发展而选择继续推进现行的经济体制改革，或者进行更深层次的新一轮的改革。第一，考虑到当前中国社会的主要矛盾，中央将从以经济建设为中心转变为以社会建设为中心；相应地逐步调整政府，尤其是各级地方政府的职能和考核指标；将以营造与市场经济匹配的法制环境和制度环境为主要手段推动中国企业的"做强做大"。第二，为了重新实施以改革带动发展和以发展保证稳定的思路，政府决定进一步发挥对外开放和市场经济的作用，具体的改变包括：加大中央和地方国有企业产权改造的力度，允许外资和民企进入更多的行业等。第三，在上述改革的基础上，中央政府将致力于为中国企业"做强做大"营造一个统一的社会主义大市场，包括减少区域竞争、地方保护等。如果中国体制改革出现这样的趋势，那么通过实施行业集中和市场多元化（横纵向整合）战略而提升主业国际竞争力的企业将越来越多，相反通过实施区域集中和高度多元化战略而回避国际化竞争的企业将越来越少。如图 12 - 1b 所示，在这种情况下，划分行业集中和行业多元化的直线将从高向低移动，划分本地化与跨区域的直线将从右往左移动。如果这两种情况发生，新的制度环境将解救更多的"徘徊者"，将极大地鼓励和支持"先锋"，从而导致中国企业的国际竞争力提高而不是降低，中国经济将可以借此突破各种增长的制约。

第四节　中国新一轮经济体制改革的重点

至今为止中国在社会和经济发展上所取得的全部成就都是源于中国第一轮经济体制改革。中国社会经济继续发展所面临的资源、市场和环境制约以及中国企业在提升国际竞争力上所受到制约也在一定程度上来源于中国第一轮经济体制改革所采取的思路和方式。面对经济全球化带来的挑战和凸显出来的制度问题，中国政府能否实施新一轮的，在思路和方式上能够"摒弃"或者"超越"上一轮的经济体制改革呢？这才是推动更多中国企业提升国际竞争力的关键所在。

一、以提升企业国际竞争力为核心

中国"入世"以前，中国对外开放的主要目的就是利用中国廉价的资源和劳动力吸引国外企业的资金、技术和管理；扩大中国的出口和外汇收入；带动中国相关产业的发展。为了防止跨国企业对国内市场和企业形成巨大的冲击，中国对国外在中国设立的独资、合资和其他合作企业产品的国内销售设立了各种比例上的限制。正是这种有限制的对外开放在中国国内和国外市场之间建立了一条有形的边界，有效地利用这种边界，中国在这个阶段上通过对外开放、招商引资和战略联盟造就了一大批以对外加工为主的外向型企业；通过对内搞活、鼓励竞争和建立市场机制造就了一大批以国内销售为主的内向型企业。随着中国经济的发展，全世界，尤其是国外跨国企业需要中国进一步开放，而中国需要迅速突破越来越严重的资源、环境和市场的限制，这就致使中国从 20 世纪 90 年代中后期就开始争取加入世界贸易组织。中国加入世贸的实质就是中外多方承诺淡化或者弱化国内外市场之间的"有形"边界，从而使中国市场最终成为全球市场的一个有机组成部分。

利用中国"入世"所带来的机会，国外企业，尤其国外的跨国企业迅速开始更直接和更大规模地进入中国，以自建和并购的方式整合中国市场。通过实施这种对华战略，跨国公司能够实现以下三个目标：第一，调低市场定位，先是挤压，后是整合，加快了对中国市场的占有；第二，弥补成本劣势，提升对中国出口加工企业讨价还价的权力，增加了它们提升附加值的难度；第三，有效运用其在全球范围内所形成的多点竞争优势，抑制中国企业发挥竞争优势（蓝海林和皮圣雷，2011；朱希伟、金祥荣和罗德明，2005）。相反，面对中国"入世"所带来的机遇，中国企业则难以建立和提升国际竞争力。在现行的市场经济体制下，中国企业单纯依靠要素成本优势，没有获得规模成本、市场控制和多点竞争的优势，没有足够的资金去完成所谓转型升级。其中，出口加工企业没有办法在巨大国内市场上获得规模成本和创新优势，以及在研发和国际营销两个方面提高自己产品附加值；内向型企业无法有效实施横向整合战略，提高对国内市场的占有和控制，提高自己的盈利水平、科研投入和实施国际化战略，相反正在成为跨国企业收购兼并的对象。根据中国企业的经营环境在"入世"前后发生的根本性的变化，中国企业需要通过整合和利用国内外两个市场迅速地提升国际竞争力。中国"世界级"企业的案例研究表明，实现这个目的的最佳途径就是通过实施横向整合战略提升主业的国内市场占有率，在成本和创新两个方面建立国际竞争力（蓝海林，2008）。

根据国家竞争优势模型，中国企业在提升国际竞争力方面具有非常明显的国家特定优势。第一，在要素条件方面，虽然中国原来在土地、劳动力方面的优势正在逐步下降。但是，中国在管理、技术人员的素质、交通与通信的条件方面的优势相对上升；第二，在相关和配套产业方面，中国国家特定优势越来越明显，原来这种特定优势主要体现在低成本方面，大量企业的相互配合与竞争，为低成本制造创造了优势，现在这种特定优势也逐步开始表现在对创新的支持上，产业分工的细化和研究平台的形成，使中国相关配套产业的创新能力迅速提升。第三，在市场规模方面，中国巨大的人口和迅速增长的人均收入已经使中国在很大多产品上成为世界最大的消费市场或者消费增长最快的市场，市场规模的优势成为目前和今后中国最突出的国家特定优势。第四，在产业结构、竞争强度和企业战略方面，中国不仅不具备任何国家特定优势，相反具有非常明显和致命的国家特定的劣势。绝大多数竞争性行业的行业集中度过低、竞争强度过大，企业的多元化程度过高，造成绝大多数竞争性行业企业，尤其是制造业企业的盈利水平低，很难在成本和创新两个方面形成国际竞争力。从这个意义上说，推动中国企业在主业上实施横纵向整合战略已经成为中国企业克服国家特定劣势和提升国家竞争力的最有效的战略选择。因此如果中国还有新一轮经济体制改革的话，那么"做强做大"和提升企业的国际竞争力肯定应该替代"放活搞活"和"做大做强"而成为新一轮经济体制改革的核心。

二、以建设高效和统一市场为目的

从表面上看，中国企业难以形成和提升国际竞争力的问题与企业偏好高度多元化战略有直接的关系。如果每一个原本在主业上经营比较好的企业都实施高度多元化战略，不仅自己在主业上竞争力会下降，而且还会导致其他行业的集中度下降和竞争强度提升。依次类推下去，中国所有的竞争性行业都将面临行业结构恶化和竞争强度过高的问题。从根本上看，中国企业难以形成和提升国际竞争力的问题是与企业的外部环境，尤其是市场有关的制度环境密切相关。中国对地方政府的"放权式管理"、对地方官员的任命制和对地方政府的经济考核制度，在制度上形成了一个"鼓励地方政府参与促进发展，鼓励区域竞赛促进发展，鼓励企业竞争促进发展"的经济发展的动力和管理机制（蓝海林和皮圣雷，2011）。这种中国特色的制度选择与安排是推动了中国社会主义市场经济的建设和发展，但是也导致了严重的区域竞争和地方保护，造成了中国国内市场从统一向分割的转变。

在市场经济相对比较完善的西方，不相关多元化战略已经不被认为是企业应该考虑的一种战略选择，因为多项实证研究都已经表明，企业多元化的程度与其经济效益呈负相关关系（Hitt, Hoskisson and Kim, 1997）。但是到目前为止，中国虽然在总体上可以被看成是一个转型经济或者新兴市场经济国家，市场的完善性和效率仍然比较低，这就在以下几个主要方面推动中国企业对高度多元化战略的偏好：第一，各个行业和区域市场的市场化程度不同。在中国实施渐进式转型的过程中，有的行业开放的早，市场化程度高；有的地区开发早，市场化程度高。这就导致中国企业很可能通过行业多元化寻找获得高收益的机会；更有可能因为害怕在其他地区手段非市场干扰而选择在本地实施行业多元化发展。第二，消费市场的效率体现在消费者是否能够最快的速度、最合理的价格购买到他们认为合适的产品。目前中国消费品市场存在的主要问题就是消费者很难借助商家或中介机构判断产品价格、性能和品质，因此他们只有相信企业的名称、规模和品牌，以至于很多企业希望通过相关或者不相关多元化来提升和利用企业名称、规模和品牌上的范围经济和规模经济，也可以称为"伞型战略"。第三，金融信贷市场效率体现在企业可以凭借自己的条件以最快的时间和合理的成本获得企业需要的信贷。目前中国信贷市场存在的主要问题就是金融信贷行业的市场化程度不高，竞争意识和运营效率低下，以至于很多金融信贷机构宁愿将有限的资金以优惠的利率贷给大型企业集团，尤其是国有大型企业集团，而不愿意贷给那些有潜力的中小企业。金融信贷市场的不完善性导致越来越多的企业喜欢通过行业多元化和集团化"做大"，这样就更容易获得廉价的资金。第四，购并市场效率体现在企业之间的购并是否可以在给定的时间以最合理的价格完成。中国购并市场存在的主要问题是购并双方缺乏有效的信息了解对方，缺乏有效的中介机构去协助完成交易，缺乏市场化的定价机制以及购并后的整合非常困难。中国购并市场的低效率导致购并市场无法从外部对企业管理者多元化的动机形成有效的约束；导致中国企业很难通过横纵向整合来优化产业结构和降低行业的竞争强度；导致中国企业很难从高度多元化的错误中恢复过来。

西方国家在发展市场经济的过程中一直致力于建立高度统一的市场，其核心目的就是要推动企业"做强做大"和形成国际竞争力。远在美国由十三个州组建联邦制国家的时候，美国宪法的制定者就已经注意到建立统一市场的重要性，规定了跨州之间的贸易由联邦政府管理的条款。如果没有美国国内高度统一市场的支撑，美国不可能会发展出这么多全球性的跨国企业。正是因为欧洲企业在与美国企业竞争中存在着国内市场规模不足的劣势，欧洲各国的政府才致力于推动欧洲经济一体化和欧洲共同体的形成，希望欧洲企业能够借此发展壮大，与美国的跨国企业竞争。在从计划经济向市场经济转型的过程中，区域竞争和地方保护导致的国内市场分割在以下几个方面制约了中国企业实施跨区域整合战略提升国际竞争力的战略行为：第一，直接导致中国各个地方政府的重复投资、行业结构恶化和竞争强度过高，从而使中国企业在利用国内市场做强主业方面制造了大量的内耗和困难（周黎安，2004）；第二，通过区域性的优惠和扶持政策，直接导致地方性企业偏好在本地区实施行业多元化战略，而不愿意通过跨区域投资在主业上实施横向整合的发展战略（李善民和朱滔，2006；蓝海林，2008）；第三，通过树立各种有形或者无形的市场进入障碍，降低了企业实施跨区域市场开拓和投资的动机，提高跨区域市场开拓和投资的成本，增加了跨区域市场开拓和投资后的运营和整合的难度（罗党论和刘晓龙，2009）。事实上，如果一家企业无法通过跨区域横纵向开拓实现增长的话，那么在本地区通过行业多元化战略实现增长就成为企业的必然选择。现在，国内市场分割已经成为阻碍中国企业有效实施横向整合战略和提升国际竞争力的主要障碍（徐康宁和王剑，2006；Hummels，1999），而能否尽快发展出社会主义的大市场经济将直接决定中国能否"做强做大"企业和突破继续增长的限制。

三、以完善市场经济需要的制度环境为手段

中国市场经济的不完善，包括市场的低效率和市场分割性现象的存在，主要是因为与市场经济相关的制度改革和建设严重滞后。经过三十多年的改革，与计划经济相适应的制度环境已经基本上被以市场经济相适应的制度环境所逐渐代替。越来越多的事实证明，目前中国的制度环境只能够适应社会主义"小市场经济"和"放权搞活"企业，不适合发展社会主义的"大市场经济"和推动企业"做强做大"。建立高效和统一的社会主义大市场经济，需要中国尽快建设一个与高效、统一和健康市场经济所需要的制度环境。

（一）应该进一步提高市场公平性

在围绕"放活搞活"企业的上一轮经济体制改革中，政府推行所谓渐进式和放权式改革，实际上就是通过给不同地区、不同行业、不同所有制，甚至不同规模的企业不同的政策和规则，从而达到了搞活经济、放活企业、鼓励竞争、培育市场和促进经济发展的目的。在这个过程中，经济发展是硬道理，市场公平并不是主要矛盾。相反，制造、利用政策、规则上的制度差异好像变成了中国特有的发展机制。中国"入世"以后，提升国际竞争力已经成为经济发展中的主要矛盾，解决这个矛盾需要进一步提升市场的公平性，即一切市场主体，无论企业或者政府、自然人或法人，大企业或小企业，国有还是民营企业都应该是平等的、公平的，应该在公平的基础上进行相互竞争，否则没有企业会致力于提升国际竞争力。因此新一轮的经济改革必须致力于提升市场的公正性，包括：

第一，增加法律制度的统一性。国内市场的一切市场参加者，在市场经济中应遵守同样的法律法规。不允许相同的经营行为因为行为者或行为发生地区不同而服从于不同法律规则的情况存在。

第二，提升市场机会均等程度。国内市场对一切符合资格要求的市场参加者开放，不应该在登记设立、取得场地使用权、领取证照、购买原材料、获得信贷

资金等各方面设立歧视性的限制或者鼓励措施。

第三，加强税负的公平性。一切市场主体均应依法纳税，且法律关于税负应设立公平合理的标准。不同行业的企业可能在税负上有所不同，但是同一行业中企业不能够因为所有制、隶属关系的不同而享受税负上的不平等待遇。没有这种公平性，区域竞争与地方保护就会进一步加剧，市场分割性就会进一步加强，中国企业的跨区域整合就将困难重重。

（二）应该进一步提升市场自由性

所谓市场的自由性，其表现为市场主体享有充分权力，自主经营、自负盈亏、自我发展、自我约束。改革开放以来，市场自由性的制度安排已经基本完成，其主要标志就是国有企业通过产权改造、机制转换和和监管制度的改变而在形式上"解脱"了原有的隶属关系。但是，中国市场的自由度仍然受到相当明显和严重的"软约束"，这种"软约束"具体表现在：第一，通过所有权、干部任免和"软预算"，政府仍然保持着对国有企业，尤其是对国有控股企业的约束；第二，由于地方政府在经济管理、行业准入、资源配置、政策优惠等各个方面具有非常大的权力，任何一家具体的企业的经营行为不可能不受其属地政府的约束。即使一家企业不想受当地政府"优惠"，只是希望不要受到"虐待"或者"歧视"，它也必须和当地政府，尤其是政府中的主要领导建立良好的关系。也正是因为地方政府的权力如此之大，所以才有少数地方官员将这些权力作为自己"寻租"的工具。

（三）应该进一步提升市场统一性

中国政府明确提出社会主义市场经济需要建设的全国统一的大市场。考虑到中国市场规模和增长潜力，只要能够提升市场的统一性，就能够培育出世界级规模的大企业。要提升和维护全国市场的统一性，必须尽快解决以下几个关键问题：

第一，必须规定地方政府所制定的各种相关制度和规定不能够是歧视性的。为了促进本地区经济的发展，地方政府制定了很多鼓励和发展本地企业的优惠、扶持政策，涉及了土地价格、税率、行业准入、资金支持等，其中相当一些具有歧视性，给中国企业跨区域整合制造了很多障碍。

第二，必须明确规定区域之间，包括地方政府和企业之间的贸易矛盾或者纠纷，可以通过地方政府之间协调解决，但是最终裁决权在中央政府。最高法院应该重视和抑制区域之间的恶性竞争和地方保护行为。

第三，进一步提高地方政府和官员的法制观念。社会主义市场经济是一个法制经济，而不是党治或者人治的经济。在发展权力、责任和压力很大的情况下，很多地方政府和地方官员有意无意地就忘记了市场经济的最基本的法制观念：法律面前自然人、法人和政府是平等的。如果中国地方政府和官员还是这样一种法制观念，那么中国的市场经济不可能高效和统一，中国企业更不可能有效实施跨区域整合战略和提升国际竞争力。

第四，应该有效地控制市场的竞争性。社会主义市场经济依其本质应是自由竞争的经济，市场参加者享有充分的意志自主，在遵守法律的前提下相互进行竞争。目前中国国内市场的竞争性受到两个方面的威胁：第一是绝大多数竞争性行业存在着比较严重的过度竞争问题。所谓过度竞争主要是来自两方面的原因：一方面是地方政府为了区域竞争和地方保护，采取了各种各样财政和税收政策鼓励新建企业和企业多元化发展；另一方面是地方政府基于同样的原因不制裁那些不合法经营的企业。当前多数中国企业之所以没有动力和无法有效建立和提升自己的国际竞争力就是因为那些没有竞争力，甚至不合法经营的企业"活"的不错。第二是少数竞争性行业存在着过度垄断问题。长期以来，中国关于什么是"非竞争性行业"并没有明确的界定，好像"非竞争性行业"就是国有企业应该控制的企业。为了实现和国际接轨，中国"非竞争性行业"的垄断程度在"入世"之前已经有下降的趋势。但是在中国"入世"以后，政府越来越希望通过实施行业管制或者动用国有资产的力量去应对金融危机、产品安全和价格波动等问题，导致非竞争性行业有不断扩大的趋势。在经济全球化的时代，非竞争性行业或者高度垄断的行业是不可能产生出具有国际竞争力企业的。

四、以政府行政和经济体制改革为根本

当前中国经济可持续发展和中国企业提升国际竞争力所面临的各种制度制约，尤其是区域竞争、地方保护、市场分割等的制约，其体制性根源来自于政府现有的行政和经济管理体制，尤其是政府的职能设置、放权式的地方政府管理体制、地方政府和官员的考核制度和地方政府的任免制度。正是在这个意义上说，如果中国政府要想通过制度重构来消除区域竞争和地方保护，完善社会主义大市场所需要的制度环境，就必须在行政和经济上进行新一轮的体制改革。

（一）推进政府职能的转变

在原有的中央集权式计划经济体制下，政府是全职、全方位和全能型的。在从计划经济向市场经济转变的第一阶段上，中国的行政和经济管理体制并没有进行改变性的改变。从一个方面来说，当时中国对外开放的程度有限，发展经济是当时社会的主要矛盾，通过"放权搞活"就可以在保证政治和社会稳定的前提下促进

经济的发展；由于市场经济体制还不够完善，中国政府使用原有的行政和计划手段的效率很高，只要将政府的工作重点从阶级斗争转向经济建设，还是可以发挥巨大作用的。随着中国"入世"及其所带来的一系列的变化，尤其是经济持续发展所面临的制约和各种社会矛盾的突出，政府职能越位、错位、缺位的消极作用越来越突出，中国政府需要迅速转变政府职能，减弱地方政府实施区域竞争和地方保护的动机，减少地方政府对市场和企业经营活动的干预，其重点应该是：

第一，转变以经济工作为中心的制度安排。改革开放以来，中国政府一直强调经济工作是党和政府的中心工作。但是，在中国经济发展和居民收入已经达到一定水平之后，教育、治安、卫生、福利、环境、能源、交通、文化等问题越来越突出，以至于严重影响了居民的幸福程度。在这种情况下，政府没有及时转变中心工作或者说是回归政府的"本职工作"。现在中国及各级地方政府职能设置上面临的主要问题是本来应该管理的没有管、没有管理好，如教育、治安、卫生、福利、环境、能源、交通、文化事业的发展。相反，不应该管理的管了，管理太多、太细、太直接，而且也没有管理好。

第二，转变政府经济工作的内容和方法。即使政府需要抓好经济工作也需要改变经济工作的内容和方式。在新一轮的经济体制改革中，政府应该从直接转向间接，主要的工作内容就是宏观指导、经济调节、市场监管，最大限度地保证经济运行的有效性和效率；应该从微观回归宏观，致力于为经济运行和发展建立良好的公共平台和良好的社会环境。政府这只"有形的手"轻一点，那么市场这只"无形的手"才能够重一点，政府小一点，企业的竞争力才能够提高一点。

第三，改变地方政府的收入来源。配合上述政府职能转变的要求，应该相应地调整政府的收入来源。如果能够让居民的消费税和房产税而不是土地开发和企业的增值税成为地方政府的主要收入，那么地方政府的工作重点肯定会从原来的经济发展转向社会综合发展，包括教育、治安、卫生、福利、环境、能源、交通、文化事业的发展。更不可能为了发展经济而牺牲教育、治安、卫生、福利、环境、能源、交通、文化事业的发展。

（二）改革政府官员的考核机制

为了减少区域竞争和地方保护对市场统一性的影响，推动中国企业通过跨区域整合提升国际竞争力，中国政府不仅需要推动政府职能的转变，还需要进一步深入改革政府官员的考核机制。

在现行体制下，中国地方主要行政官员在形式上是由同级人民代表大会的代表选举产生的，但是实际上都是由上一级政府或者更准确地说是党组织任命的。上一级政府或者党组织根据对下一级政府届满绩效考核决定其主要行政长官的升迁与否。长期以来，由于经济工作被作为各级党政机关的中心工作，所以地方政府届满绩效考核的关键指标就是经济发展和地方政府收入的速度，具体来说就是该行政区域的年国民生产总值和财政收入的增长速度。正是这种考核所产生的巨大压力导致中国的科学发展、转型升级难以实现，区域竞争和地方保护以及市场分割的问题难以解决。基于这种共识，改善地方政府的考核指标就认为是下一轮经济体制改革应该推进和落实的重点工作。

其实，中央和各级地方政府已经在积极推进这项改革工作，提出和尝试了各种改进的方案，包括社会综合发展所需要考核的其他指标和不断加大这些指标的权重等。从目前的情况来看，关于政府绩效考核指标的改进有收效，但是收效不大，具体表现在：第一，地方政府"唯上"的工作作风没有实质性的改进；第二，政府对经济增长，尤其是国有生产总值增长的关注没有实质性的下降；第三，政府运用行政手段推动经济增长的基本方式没有实质性的改进。

在中国经济转型的第一阶段上，以放权为主要特点的经济改革打破了中央集权的计划经济，培育了市场竞争和市场经济，但是同时也打破了原来中国市场的高度统一，从而使现在的中国市场经济表现出联邦制的特点。在这种放权式的经济管理体制和联邦制的市场结构中，选择在国内市场上实施"做强做大"战略的中国企业面临各种制度的约束和阻碍，经济效益并不高。相反，选择在本地区域市场上实施"做大"战略的中国企业却在地方政府那里享受很多的优惠和保护，经济效益并不一定低。因此，我们没有理由去指责那些依靠地方政府保护和扶持而在本地市场上实施高度多元化战略的企业，它们的选择在现有制度上是理性和正当的。同时，我们更应该尊重那些为数不多、善于打破制度约束和地方保护、坚持在主业上实施横纵向整合战略的企业，因为它们的战略选择在制度上才是"不理性"或者"例外的"。因此，推动中国竞争性行业的企业实现从"做大做强"向"做强做大"的转变，关键在于要使这种转变既在效益上合理，又在制度上合法。只有依靠制度创新才可能培育出更多的具有国际竞争力或者说"世界级"的企业。为此，中国需要进行的下一阶段的经济转型应该围绕"做强做大"和发展"世界级企业"的需要，重点克服中国市场的分割性和改变导致这种分割性的制度缺陷，从而实现从市场分割到市场统一的转变，尽快完成建立统一和高效的市场经济这样一个中国经济转型的根本目标。

参 考 文 献

[1] 艾健明、柯大钢：《公司综合绩效与多元化程度关系的实证研究》，载于《山西财经大学学报》2007 年第 29 期，第 80 ~ 84 页。

[2] 白重恩、杜颖娟、陶志刚、仝月婷：《地方保护主义及产业地区集中度的决定因素和变动趋势》，载于《经济研究》2004 年第 4 期，第 29 ~ 40 页。

[3] 柏晶伟：《大企业时代需要有思想的大企业家——企业观察报创刊仪式暨首届中国企业思想家论坛在京举行》，载于《中国经济时报》2013 年 7 月 11 日，第 A6 版。

[4] 北京市机电总厂：《一业为主多种经营》，载于《企业管理》1985 年第 4 期，第 15 页。

[5] 蔡长华：《经济全球化的动因和特征分析》，载于《宏观经济研究》2001 年第 2 期，第 59 ~ 60 页。

[6] 蔡昉：《改革重点应放在社会领域》，载于《中国改革》2011 年第 12 期，第 32 ~ 33 页。

[7] 陈宏、童春阳、白立新：《联想的双模式之道》，载于《哈佛商业评论》2009 年第 1 期，第 16 ~ 139 页。

[8] 陈淮、张智：《我国地方市场分割的交易成本分析》，载于《经济与管理研究》2006 年第 11 期，第 41 ~ 45 页。

[9] 陈抗、Hillman，A. L、顾清扬：《财政集权与地方政府行为变化——从援助之手到攫取之手》，载于《经济学（季刊）》2002 年第 4 期，第 111 ~ 130 页。

[10] 陈敏、桂琦寒、陆铭、陈钊：《中国经济增长如何持续发挥规模效应？——经济开放与国内商品市场分割的实证研究》，载于《经济学（季刊）》2007 年第 7 期，第 125 ~ 150 页。

[11] 陈荣辉：《企业跨国经营论》，中国纺织大学出版社 1997 年版。

[12] 陈文晖：《鼓励外资并购改善上市公司治理》，载于《经济管理》2002

年第 6 期，第 80~81 页。

[13] 陈维政：《资产重组：聚变时代中权力的获得与利用》，西南财经大学出版社 1997 年版。

[14] 陈晓萍、徐淑英、樊景立：《组织与管理研究的实证方法》，北京大学出版社 2008 年版。

[15] 陈颖慧、赵海洋：《大鹏一日同风起　扶摇直上九万里——中箱集团的发展战略分析》，载于《集装箱化》2001 年第 11 期，第 6~23 页。

[16] 陈卓勇、吴晓波：《新兴市场中的中小企业的动态能力研究》，载于《科学学研究》2006 年第 2 期，第 23~33 页。

[17] Compbell, J. L.，姚伟译：《制度变迁与全球化》，上海人民出版社 2010 年版。

[18] [美] D·格林沃尔德：《现代经济词典》，商务印书馆 1981 年版。

[19] 邓新明：《我国民营企业政治关联、多元化战略与公司绩效》，载于《南开管理评论》2011 年第 14 期，第 4~15 页。

[20] "对外投资与促进中国跨国公司发展研究"课题组：《中国跨国公司发展现状、问题及建议》，载于《中国经济时报》2013 年 7 月 12 日，第 A5 版。

[21] 杜天佳：《中国国资监管体制改革的深化》，载于《国企》2007 年第 4 期，第 41~45 页。

[22] 范爱军、李真、刘小勇：《国内市场分割及其影响因素的实证分析——以我国商品市场为例》，载于《南开经济研究》2007 年第 5 期，第 111~119 页。

[23] 方军雄：《市场分割与资源配置效率的损害——来自企业并购的证据》，载于《财经研究》2009 年第 35 期，第 36~47 页。

[24] 冯兴元、刘会苏：《论我国地方市场分割与地方保护》，载于《国家行政学院学报》2002 年第 4 期，第 26~32 页。

[25] 冯兴元：《地方政府竞争：理论范式、分析框架和实证研究》，译林出版社 2010 年版。

[26] 傅勇、张晏：《中国式分权与财政支出结构偏向：为增长而竞争的代价》，载于《管理世界》2007 年第 3 期，第 4~22 页。

[27] 高向飞、王相敏：《制度转型、组织结构与企业绩效：一个新制度主义分析框架》，载于《制度经济学研究》2009 年第 3 期，第 127~145 页。

[28] 葛京、杨莉、李武：《跨国企业集团管理》，机械工业出版社 2002 年版。

[29] 桂琦寒、陈敏、陆铭、陈钊：《中国国内商品市场趋于分割还是整合：基于相对价格法的分析》，载于《世界经济》2006 年第 2 期，第 20~30 页。

[30] 郭文轩：《试论我国社会主义统一市场》，载于《河南师大学报（社

会科学版）》1983 年第 6 期，第 68 ~ 72 页。

　　[31] 郭俊华、卫玲：《中国经济转型问题若干研究观点的述评》，载于《江苏社会科学》2011 年第 2 期，第 69 ~ 74 页。

　　[32] 国家计委宏观经济研究院项目组：《如何打破地方市场分割建立全国统一市场》，载于《中国经济快讯》2001 年第 36 期，第 6 ~ 7 页。

　　[33] 国务院发展研究中心"经济全球化与政府作用"课题组：《经济全球化背景下的政府改革：中国的经验、问题与前景》，载于《管理世界》2001 年第 4 期，第 3 ~ 15 页。

　　[34] 国务院发展研究中心课题组：《对外开放新战略》，载于《国际贸易》2010 年第 8 期，第 4 ~ 9 页。

　　[35] 国家统计局工业交通统计司：《中国工业经济统计年鉴（1993）》，中国统计出版社 1994 年版。

　　[36] 国资委研究中心课题组：《经济全球化与深化改革开放（上）》，载于《经济研究参考》2012 年第 5 期，第 42 ~ 47 页。

　　[37] 国务院国有资产监督管理委员会企业改革局：《做强做大探索与实践》，中国经济出版社 2005 年版。

　　[38] 韩忠雪、王益锋：《控股股东的利益攫取与公司多元化折价》，载于《上海交通大学学报》2007 年第 7 期，第 1053 ~ 1057 页。

　　[39] 黄季焜、Scott。R、解玉平·张敏：《从农产品价格保护程度和市场整合看"入世"对中国农业的影响》，载于《管理世界》2002 年第 9 期，第 84 ~ 94 页。

　　[40] 黄玖立、李坤望：《对外贸易、地方保护和中国的产业布局》，载于《经济学（季刊）》2006 年第 5 期，第 733 ~ 760 页。

　　[41] 黄嫚丽、蓝海林：《特定优势视角的我国企业国际化程度与企业绩效的关系研究》，经济科学出版社 2006 年版。

　　[42] 黄嫚丽、蓝海林：《新形势下广东培育自主国际知名品牌的对策研究》，广东省对外贸易经济合作厅调研报告，2010 年。

　　[43] 黄嫚丽、蓝海林、李卫宁：《成本优势基础的企业价值增值路径研究：以中集集团为例》，载于《华南理工大学学报（社会科学版）》2009 年第 2 期，第 30 ~ 35 页。

　　[44] 黄嫚丽、蓝海林：《从同质观到异质观：跨国公司子公司理论发展综述》，载于《预测》2006 年第 3 期，第 1 ~ 11 页。

　　[45] 黄群慧：《控制权作为企业家的激励约束因素：理论分析及现实解释意义》，载于《经济研究》2000 年第 1 期，第 41 页。

[46] 黄群慧、张艳丽：《国有企业代理阶层的激励空缺问题初探》，载于《经济研究》1995 年第 8 期，第 13～15 页。

[47] 黄山、宗其俊、蓝海林：《中国企业集团对新兴产业机会敏感性、多元化与绩效关系的实证研究》，载于《商业经济与管理》2008 年第 5 期，第 35～42 页。

[48] 黄山、蓝海林：《中国行业机会诱导下企业集团的多元化行为研究》。北京：经济科学出版社 2007 年版。

[49] 黄山、宗其俊、蓝海林：《中国企业行业多元化与绩效关系的实证检验》，载于《企业管理》2008 年第 5 期，第 37～45 页。

[50] 胡雅静：《企业横向拓展战略行为的研究：中国啤酒行业的案例研究》，华南理工大学博士学位论文，2011 年。

[51] 胡舒立、王烁：《中国 2013：关键问题》，线装书局出版社 2013 年版。

[52] 洪道麟、熊德华：《中国上市公司多元化与企业绩效分析——基于内生性的考察》，载于《金融研究》2006 年第 11 期，第 33～43 页。

[53] 洪银兴：《经济转型阶段的市场秩序建设》，载于《经济理论与经济管理》2005 年第 1 期，第 5～11 页。

[54] J·费雷德·威斯通，张秋生、张海珊译：《接管、重组与公司治理（第四版）》，北京大学出版社 2006 年版。

[55] 姜德波：《统一市场建设中的地区本位：成因的一般描述》，载于《南京财经大学学报》2003 年第 1 期，第 24～28 页。

[56] 姜付秀、刘志彪、陆正飞：《多元化经营、企业价值与收益波动研究——以中国上市公司为例的实证研究》，载于《财经问题研究》2006 年第 11 期，第 27～35 页。

[57] 蒋晓全：《上市公司资产重组问题研究》，湖北大学硕士学位论文。2001 年第 5 期，第 33～35 页。

[58] ［日］今井贤一、［日］小宫隆太郎：《现代日本企业制度》，经济科学出版社 1995 年版。

[59] ［日］金森久雄、［日］荒宪治郎、［日］森口亲司：《经济辞典》，有斐阁出版社 1996 年版。

[60] 金晓斌、陈代云、路颖：《公司特质、市场激励与上市公司多元化经营》，载于《经济研究》2002 年第 9 期，第 67～73 页。

[61] 靳明、邓广华：《上市公司多元化经营与绩效关系研究》，载于《财经论丛》2009 年第 6 期，第 86～94 页。

[62] 靳涛、张建辉、褚敏：《从中国 60 年两次制度变迁再反思计划经济与

市场经济的迥异》，载于《江苏社会科学》2011 年第 1 期，第 81 ~ 89 页。

[63] 赖德胜：《论劳动力市场的制度性分割》，载于《经济科学》1996 年第 2 期，第 19 ~ 23 页。

[64] 蓝海林：《企业集团的多元化发展战略》，载于《技术经济与现代管理》1996 年第 1 期，第 16 ~ 18 页。

[65] 蓝海林：《迈向世界级企业———中国企业战略管理研究》，企业管理出版社 2001 年版。

[66] 蓝海林：《企业集团的概念演化：背离和回归》，载于《管理学报》2007 年第 3 期，第 306 ~ 311 页。

[67] 蓝海林：《经济转型中国有企业集团的行为研究》，经济科学出版社 2004 年版。

[68] 蓝海林、李铁瑛、黄嫚丽：《中国经济改革的下一个目标：做强企业与统一市场》，载于《经济学家》2011 年第 1 期，第 99 ~ 101 页。

[69] 蓝海林等：《转型中的中国企业战略行为研究》，华南理工大学出版社 2007 版。

[70] 蓝海林、皮圣雷：《经济全球化与市场分割性双重条件下中国企业战略选择研究》，载于《管理学报》2011 年第 8 期，第 1107 ~ 1114 页。

[71] 蓝海林、张平：《中国情景下的企业战略行为》，机械工业出版社 2012 年版。

[72] 蓝海林：《中国企业集团概念的演化：背离与回归》，载于《管理学报》，2007 年第 4 期，第 306 ~ 311 页。

[73] 蓝海林：《中国多元化企业的战略管理研究》，经济科学出版社 2008 年版。

[74] 蓝海林：《从中国第一到世界第一：中国世界级企业的战略》，华南理工大学出版社 2012 年版。

[75] 蓝海林：《企业战略管理》，科学出版社 2011 年版。

[76] 蓝海林：《企业战略管理（第二版）》，科学出版社 2012 年版。

[77] 蓝海林：《建立世界级企业：优势、路径与战略选择》，载于《管理学报》2008 年第 1 期，第 1 ~ 5 页。

[78] 蓝海林、汪秀琼、吴小节、宋铁波：《基于制度基础观的市场进入模式影响因素：理论框架构建与相关研究命题的提出》，载于《南开管理评论》2010 年第 6 期，第 77 ~ 90 页。

[79] 蓝海林、宋铁波、曾萍：《情境理论化：基于中国企业战略管理实践的探讨》，载于《管理学报》2012 年第 9 期，第 12 ~ 16 页。

[80] 雷达、于春海：《经济全球化影响的制度思考》，载于《世界经济》2000年第4期，第42~46页。

[81] 陆铭、陈钊、严冀：《收益递增、发展战略与区域经济的分割》，载于《经济研究》2004年第1期，第54~63页。

[82] 陆铭、陈钊：《分割市场的经济增长——为什么经济开放可能加剧地方保护?》，载于《经济研究》2009年第3期，第42~52页。

[83] 李红光：《95家中国企业上榜〈财富〉世界500强、继续位列世界第二、新增16家企业入围》，载于《经济日报》2013年7月9日，第1版。

[84] 李杰、孙群燕：《从啤酒市场整合程度看WTO对消除地方保护的影响》，载于《世界经济》2004年第6期，第37~45页。

[85] 李剑阁：《加快建设全国统一市场》，载于《中共中央关于完善社会主义市场经济体制若干问题的决定》辅导读本，《人民出版社》2003年第10期，第145页。

[86] 李侃如：《治理中国——从革命到改革》，中国社会科学出版社2010年版。

[87] 李荣权：《发挥优势走"一业为主、多种经营"之路》，载于《经济管理》1987年第1期，第67~68页。

[88] 李大勇、达庆利：《企业重组的内部关系及经济学解释》，载于《中国软科学》2000年第7期，第90~92页。

[89] 李玲、赵瑜纲：《中国上市公司多样化经营的实证研究》，载于《证券市场导报》1998年第5期，第31~44页。

[90] 李善同、侯永志、刘云中、陈波：《中国国内地方保护问题的调查与分析》，载于《经济研究》2004年第11期，第78~95页。

[91] 李善同、侯永志：《中国区域协调发展与市场一体化》，经济科学出版社2008年版。

[92] 李伟彬：《制度环境与企业竞争优势来源关系研究——基于阳江十八子的案例研究》，华南理工大学硕士毕业论文，2011年。

[93] 李铁瑛、蓝海林：《中国企业横向整合管理模式选择研究》，华南理工大学博士学位论文，2011年。

[94] 李铁瑛：《中国企业横向整合管理模式选择研究》，华南理工大学博士毕业论文，2011年。

[95] 李雪峰：《多元化经营与公司绩效关系研究》。武汉、华中科技大学博士学位论文，2011年。

[96] 李小勇、李真：《财政分权与地区市场分割实证研究》，载于《财经研

究》2008 年第 2 期，第 88～98 页。

[97] 李叶：《浅议收缩性资本运营及其在我国企业的运用》，载于《资本市场》2004 年第 11 期，第 25～26 页。

[98] 李玉举：《"十一五"以来我国对外开放成就及"十二五"时期的发展思路》，载于《宏观经济管理》2010 年第 4 期，第 15～23 页。

[99] 梁静：《资本收缩：资产重组的另一种形式》，载于《世界经济文汇》1998 年第 6 期，第 68～69 页。

[100] 罗党论、刘晓龙：《政治关系、进入壁垒与企业绩效——来自中国民营上市公司的经验证据》，载于《管理世界》2009 年第 5 期，第 45～78 页。

[101] 罗良忠：《基于归核化战略的企业收缩性资产重组初探》，载于《财经研究》2004 年第 5 期，第 56～58 页。

[102] 罗良忠：《企业收缩性资本运营的涵义和方法》，载于《广西社会科学》2003 年第 4 期，第 59～60 页。

[103] 林毅夫、刘明兴：《中国的经济增长收敛与收入分配》，载于《世界经济》2003 年第 8 期，第 3～14 页。

[104] 林毅夫、刘培林：《地方保护和市场分割：从发展战略的角度考察》，北大中国研究中心讨论稿，2004 年。

[105] 林毅夫、蔡昉、李周：《比较优势与发展战略——对"东亚奇迹"的再解释》，载于《中国社会科学》1999 年第 5 期，第 4～20 页。

[106] 林文益：《论国内统一市场的形成》，载于《北京商学院学报》1994 年第 1 期，第 9～20 页。

[107] 林晓辉、吴世农：《股权结构、多元化与公司绩效的研究》，载于《证券市场导报》2008 年第 1 期，第 56～63 页。

[108] 刘凤委、于旭辉、李琳：《地方保护能提升公司绩效吗？——来自上市公司的经验证》，载于《中国工业经济》2007 年第 4 期，第 21～28 页。

[109] 刘运、余东华：《地方保护和市场分割的测度方法与指标体系研究》，载于《东岳论丛》2009 年第 3 期，第 87～91 页。

[110] 刘林青、谭力文、马海燕：《二维治理与产业国际竞争力的培育——全球价值链背景下的战略思考》，载于《南开管理评论》2010 年第 6 期，第 36～45 页。

[111] 刘明霞、徐珊：《跨国子公司对企业特定优势形成模式的影响分析》，载于《中国软科学》2002 年第 9 期，第 65～69 页。

[112] 刘克春、张明林、包丽：《多元化非农经营战略对农业龙头企业产出绩效影响的实证分析——基于江西省农业龙头企业的经验数据》，载于《中国农

村经济》2011 年第 12 期，第 25 ~ 34 页。

[113] 刘力：《多元化经营及其对企业价值的影响》，载于《经济科学》1997 年第 3 期，第 68 ~ 74 页。

[114] 柳建华：《多元化投资、代理问题与企业绩效》，载于《金融研究》2009 年第 7 期，第 104 ~ 120 页。

[115] 柳卸林：《技术创新经济学》，中国经济出版社 1993 年版。

[116] 鲁志强：《经济全球化与中国》，载于《管理世界》2000 年第 6 期，第 1 ~ 19 页。

[117] 吕源、徐二明：《制度理论与企业战略管理研究》，载于《战略管理》2009 年第 1 期，第 14 ~ 22 页。

[118] 吕政、黄速建：《中国国有企业改革 30 年研究》，经济管理出版社 2008 年版。

[119] 吕巍、陈雨田：《处于十字路口的战略管理及其为中国企业带来的机遇》，载于《管理世界》2010 年第 12 期，第 184 ~ 185 页。

[120] 里斯本小组，张世鹏译：《竞争的极限——经济全球化与人类未来》，中央编译出版社 2000 年版。

[121] 联合国工业发展组织：《2011 年工业发展报告》，国研网，2012 年 8 月 6 日。

[122] 马光荣、杨恩艳、周敏倩：《财政分权、地方保护与中国的地区专业化》，南方经济 2010 年第 28 期，第 15 ~ 27 页。

[123] 马洪伟、蓝海林：《多元化战略、组织结构与绩效》，载于《企业经济》2001 年第 1 期，第 15 ~ 17 页。

[124] 马洪伟、蓝海林：《我国工业企业多元化程度与绩效研究》，载于《南方经济》2001 年第 9 期，第 25 ~ 28 页。

[125] 马洪伟、蓝海林：《企业多元化与绩效研究》，经济科学出版社 2004 年版。

[126] 马志刚：《中国发展需要更多"企业航母"》，载于《经济日报》2013 年 7 月 12 日，第 15 版。

[127] 迈克尔·波特：《竞争优势》，华夏出版社 1997 年版。

[128] 莫靖华：《隶属关系、合法性基础及国有企业整合战略》，华南理工大学博士毕业论文，2012 年。

[129] 毛蕴诗：《跨国公司战略竞争与国际直接投资》，中山大学出版社 2001 年版。

[130] 毛蕴诗、汪建成：《日本在华跨国公司基于竞争优势的全球战略研

究》，载于《中国软科学》2005 年第 3 期，第 89～98 页。

[131] 毛蕴诗、王彤：《全球公司重构与我国企业战略重组》，载于《中山大学学报（社会科学版）》2000 年第 5 期，第 17～23 页。

[132] 毛蕴诗、欧阳桃花、魏国政：《中国家电企业的竞争优势——格兰仕的案例研究》，载于《管理世界》2004 年第 6 期，第 123～133 页。

[133] Meyer, M. W.、吕源、蓝海林、吕晓慧："放权式改革：对国有企业改革的看法"、载于徐淑英、刘忠明主编的《中国企业管理的前沿研究》，北京大学出版社 2004 年版。

[134]［美］明茨伯格，刘瑞红译：《战略历程：纵览战略管理学派》，机械工业出版社 2002 年版。

[135] 帕特里克·A·高根，顾苏秦、李朝晖译：《兼并、收购和公司重组》，中国人民大学出版社 2010 年版。

[136] 皮建才：《中国地方政府间竞争下的区域市场整合》，载于《经济研究》2008 年第 3 期，第 115～124 页。

[137] 平新乔：《政府保护的动机与效果——一个实证分析》，载于《财贸经济》2004 年第 6 期，第 3～10 页。

[138] Poncet. S：《中国市场正在走向"非一体化"？——中国国内和国际市场一体化程度的比较分析》，载于《世界经济文汇》2002 年第 1 期，第 3～17 页。

[139] 钱颖一、Weingast, B. R.：《中国特色的维护市场的经济联邦制》，载于张军、周黎安主编《为增长而竞争》，格致出版社 1995 年版。

[140] 尚航标、黄培伦：《管理认知与动态环境下企业竞争优势：万和集团案例研究》，载于《南开管理评论》2010 年第 3 期，第 70～79 页。

[141] 宋铁波、曾萍：《多重制度压力与企业合法性倾向选择：一个理论模型》，载于《软科学》2011 年第 4 期，第 112～116 页。

[142] 宋铁波、蓝海林、曾萍：《区域多元化还是产品多元化：制度环境约束下优势企业的战略行为》，载于《广州大学学报（社会科学版）》2010 年第 3 期，第 45～52 页。

[143] 宋铁波、曾萍：《经济发展方式转变的制度化进程与企业战略反应》，载于《学术研究》2012 年第 3 期，第 51～59 页。

[144] 宋铁波、钟槟：《制度化程度、在位者影响力与阻止进入战略的有效性——一个基于合法性视角的理论模型》，载于《经济体制改革》2012 年第 3 期，第 94～98 页。

[145] 宋铁波、莫靖华、薛妍：《公司创业的外部合法性获取研究——一个

概念模型》，载于《华南理工大学学报社科版》2010 年第 6 期，第 1~5 页。

[146] 宋旭琴、蓝海林：《产业链整合战略与组织结构变革研究》，载于《商业研究》2012 年第 7 期，第 46~50 页。

[147] 宋莹莹、蓝海林：《转型时期中国企业特性与多元化关系的研究》，华南理工大学硕士学位论文，2012 年。

[148] 宋旭琴、蓝海林：《我国多元化企业组织结构与绩效的关系研究》，经济科学出版社 2008 年版。

[149] 沈重英：《上海上市公司案例选编——资产重组风云录》，上海人民出版社 1999 年版。

[150] 沈立人、戴园晨：《我国诸侯经济的形成及其弊端和根源》，载于《经济研究》1990 年第 3 期，第 12~20 页。

[151] 石淑华：《政府俘获理论的比较分析——芝加哥学派与弗吉尼亚学派》，载于《福建论坛（人文社会科学版）》2006 年第 12 期，第 8~11 页。

[152] 石柏青：《企业竞争优势构建——制度环境约束与企业能力演进》，载于《中国招标》2010 年第 12 期，第 48~52 页。

[153] 石奇：《国际区域一体化理论与国内市场一体化研究》，载于《湖南商学院学报》2002 年第 11 期，第 37~75 页。

[154] 苏冬蔚：《多元化经营与企业价值我国上市公司多元化溢价的实证分析》，载于《经济学（季刊）》2005 年第 4 期，第 135~158 页。

[155] 孙耀川：《国内统一市场研究》，辽宁大学出版社 1996 年版。

[156] 孙敏、党兴华：《企业重组中收缩战略的应用》，载于《软科学》2000 年第 1 期，第 56~58 页。

[157] 田志龙、邓新明：《企业市场行为、非市场行为与竞争互动》，载于《管理世界》2007 年第 8 期，第 116~128 页。

[158] 陶锋、李霆、陈和：《基于全球价值链知识溢出效应的代工制造业升级模式—以电子信息制造业为例》，载于《科学学与科学技术管理》2011 年第 6 期，第 90~96 页。

[159] 万迪昉、吴雄军、汪应洛：《超模函数与企业重组的系统分析》，载于《系统工程理论与实践》2000 年第 2 期，第 52~58 页。

[160] 汪秀琼：《转型期制度环境对企业跨区域市场进入模式的影响机制研究》，华南理工大学博士学位论文，2011 年。

[161] 汪秀琼、吴小节、蓝海林：《企业社会资本对跨区域市场进入模式的影响研究：理论框架的建立与研究命题的提出》，载于《科学决策》2011 年第 1 期，第 54~63 页。

［162］臧跃茹：《关于打破地方市场分割问题的研究》，载于《改革》2000年第 6 期，第 114 ~ 116 页。

［163］王凤彬：《集团公司与企业集团组织——理论、经验、案例》，中国人民大学出版社 2003 年版。

［164］王小龙、李斌：《经济发展、地区分工与地方贸易保护》，载于《经济学（季刊）》2002 年第 4 期，第 625 ~ 638 页。

［165］王永钦、张晏、章元、陈钊、陆铭：《十字路口的中国经济：基于经济学文献的分析》，载于《企业研究》2006 年第 10 期，第 3 ~ 20 页。

［166］王晓健、蓝海林：《基于信息技术视角的中国企业地域多元化的控制机制研究》，华南理工大学博士学位论文，2010 年。

［167］王成、蓝海林：《新形势下中国企业培育国际竞争力分析》，载于《科学学与科学技术管理》2010 年第 2 期，第 137 ~ 142 页。

［168］王东：《改革、发展、稳定的协调机制论——中国现代化起飞的关键问题》，载于《北京大学学报（哲学社会科学版）》1994 年第 6 期，第 20 ~ 26 页。

［169］王成：《中国转型经济背景下企业战略并购的整合机制研究》，华南理工大学博士学位论文，2010 年。

［170］王林生、范黎波：《跨国经营理论与战略》，对外经济贸易大学出版社 2003 年版。

［171］王南湜：《剩余价值、全球化与资本主义——基于改进卢森堡“资本积累论”的视角》，载于《中国社会科学》2012 年第 12 期，第 24 ~ 35 页。

［172］王月平：《经济转型中国有企业集团重组影响因素及模式研究》。华南理工大学硕士学位论文，2006。

［173］王啸：《上市公司重组的会计问题分析》。中央财经大学硕士学位论文，2000 年第 4 期，第 50 ~ 52 页。

［174］王晓健：《中国企业地域多元化的控制机制研究：信息技术能力的视角》，华南理工大学博士学位论文，2010 年。

［175］卫武：《企业政治策略与企业政治绩效的关联性研究》，浙江大学出版社 2008 年版。

［176］魏锋：《多元化经营与公司绩效关系的实证分析》，载于《重庆大学学报》2007 年第 7 期，第 161 ~ 166 页。

［177］魏明：《跨国公司管理模式探析》，载于《武汉大学学报（哲学社会科学版）》2005 年第 5 期，第 661 ~ 667 页。

［178］魏后凯、贺灿飞、王新：《外商在华直接投资动机与区位因素分析——对秦皇岛市直接投资的实证研究》，载于《经济研究》2001 年第 2 期，第 67 ~

76 页。

[179] 吴敬琏：《解放思想　继续前行——30 年改革开放的成功与遗憾》，载于《当代经济》2008 年第 3 期，第 6～7 页。

[180] 吴小节、蓝海林、汪秀琼、宋铁波：《市场分割的制度基础与概念内涵——基于组织社会学制度理论的视角》，载于《河北经贸大学学报》2012 年第 33 期，第 11～16 页。

[181] 项保华、叶庆祥：《企业竞争优势理论的演变和构建——基于创新视角的整合与拓展》，载于《外国经济与管理》2005 年第 3 期，第 19～26 页。

[182] 谢玉华：《治理国内市场分割的国际经验与借鉴》，载于《广东社会科学》2006 年第 3 期，第 15～19 页。

[183] 谢军、徐青：《产品多元化与企业出口绩效的实证研究——对广东浙江两地上市公司的对比分析》，载于《商业经济与管理》2009 年第 10 期，第 40～45 页。

[184] 辛瞾：《多元化经营与企业绩效：一个实证分析》，载于《上海经济研究》2004 年第 6 期，第 54～60 页。

[185] 薛有志、张鲁彬、李国栋：《民营企业多元化战略、政治资源与公司绩效》，载于《商业经济与管理》2010 年第 6 期，第 18～25 页。

[186] 徐彦武：《多元化投资与制造业上市公司绩效的相关分析》，载于《东南大学学报（哲学社会科学版）》2009 年第 3 期，第 51～55 页。

[187] 徐现祥、李郇、王美今：《区域一体化、经济增长与政治晋升》，载于《经济学（季刊）》2007 年第 6 期，第 1075～1096 页。

[188] 徐斌：《财政联邦主义理论与地方政府竞争：一个综述》，载于《当代财经》2003 年第 12 期，第 18～27 页。

[189] 徐琤、权衡：《中国转型经济及其政治经济学意义——中国转型的经验与理论分析》，载于《学术月刊》2003 年第 3 期，第 44～49 页。

[190] 徐康宁、王剑：《外商直接投资地理性聚集的国（地区）别效应：江苏例证》，载于《经济学（季刊）》2006 年第 3 期，第 761～776 页。

[191] 严冀、陆铭：《分权与区域经济发展：面向一个最优分权程度的理论》，载于《世界经济文汇》2003 年第 5 期，第 55～61 页。

[192] 姚康、宋铁波、曾萍：《制度压力、合法性选择与民营企业发展：基于温氏的经验证据》，载于《软科学》2011 年第 2 期，第 134～140 页。

[193] 姚俊、蓝海林：《转型时期企业集团多元化、结构与绩效的实证研究》，经济科学出版社 2005 年版。

[194] 姚俊、吕源、蓝海林：《我国上市公司多元化与经济绩效关系的实证

研究》，载于《管理世界》2004 年第 11 期，第 119～125 页。

［195］姚俊、蓝海林：《我国企业集团的演进及组建模式研究》，载于《经济经纬》2006 年第 1 期，第 82～85 页。

［196］杨有红：《企业并购中会计若干问题探讨》，载于《南开管理评论》1999 年第 3 期，第 23～30 页。

［197］杨丹：《资产重组主体行为模式分析》，载于《财经科学》1999 年第 6 期，第 27～30 页。

［198］杨灿明：《地方政府行为与区域市场结构》，载于《经济研究》2000 年第 11 期，第 58～64 页。

［199］杨蕙馨、吴炜峰：《经济全球化条件下的产业结构转型及对策》，载于《经济学动态》2010 年第 6 期，第 43～46 页。

［200］杨蕙馨、王胡峰：《国有企业高层管理人员激励与企业绩效实证研究》，载于《南开经济研究》2006 年第 4 期，第 82～97 页。

［201］杨汝岱、朱诗娥：《中国对外贸易结构与竞争力研究：1978～2006》，载于《财贸经济》2008 年第 2 期，第 117～223 页。

［202］杨万铭、李海明：《探析中国经济转型之谜》，载于《财经科学》2004 年第 4 期，第 27～30 页。

［203］杨京京：《民营企业政治关联、多元化战略与绩效的关系研究》，华南理工大学博士学位论文，2012 年。

［204］叶广宇、刘美珍：《制度地位与企业横向整合管理模式多案例研究》，载于《管理学报》2013 年第 4 期，第 494～501 页。

［205］叶广宇、万庆良、陈静玲：《政治资源、商业模式与民营企业总部选址》，载于《南开管理评论》2010 年第 4 期，第 62～70 页。

［206］叶广宇、蓝海林、李铁瑛：《中国企业横向整合管理模式研究及其理论模型》，载于《管理学报》2012 年第 4 期，第 499～505 页。

［207］叶广宇、乔金晶、黄玲玲：《"关系"类型与企业政府事务战略》，载于《经济体制改革》2009 年第 4 期，第 74～77 页。

［208］益智：《价值与绩效：我国上市公司被动式资产重组实证研究》，上海财经大学出版社，2004 年第 12 期，第 15～20 页。

［209］银温泉、才婉茹：《我国地方市场分割的成因和治理》，载于《经济研究》2001 年第 6 期，第 3～13 页。

［210］余鹏翼、李善民、张晓斌：《上市公司股权结构、多元化经营与公司绩效问题研究》，载于《管理科学》2005 年第 1 期，第 79～83 页。

［211］乐琦、蓝海林：《基于合法性视角的并购后控制欲并购绩效关系的实

证研究》，经济科学出版社 2010 年版。

[212] 乐琦、蓝海林、蒋峦：《企业集团高管人员股权激励与绩效——基于中国上市母子公司的比较研究》，载于《科学学与科学技术管理》2009 年第 4 期，第 171～175 页。

[213] 乐琦、蒋松桂、蒋峦：《中国企业集团董事会特征与总经理报酬：基于母子公司的比较研究》，载于《软科学》2009 年第 4 期，第 133～138 页。

[214] 乐琦：《被并企业独立法人资格与并购绩效关系研究——基于制度理论的视角》，载于《暨南学报》2012 年第 1 期，第 80～87 页。

[215] 乐琦、蓝海林：《并购后控制与并购绩效的关系研究：基于合法性的调节效应》，载于《管理学报》2012 年第 2 期，第 225～232 页。

[216] 于良春、付强：《地区行政垄断与区域产业同构互动关系分析——基于省际的面板数据》，载于《中国工业经济》2008 年第 6 期，第 56～66 页。

[217] 喻闻、黄季焜：《从大米市场整合程度看我国粮食市场改革》，载于《经济研究》1998 年第 3 期，第 50～57 页。

[218] 曾萍、宋铁波：《政治关系真的抑制了企业创新吗？基于组织学习与动态能力视角》，载于《科学学研究》2012 年第 8 期，第 1231～1239 页。

[219] 曾萍、宋铁波：《政治关系与组织绩效的关系研究》，载于《管理学报》。2012：9（3），第 364～370 页。

[220] 曾萍、宋铁波、蓝海林：《环境不确定性、企业战略反应与动态能力的构建》，载于《中国软科学》2011 年第 12 期，第 128～140 页。

[221] 赵汉成：《全国化战略与企业横向整合管理模式》，华南理工大学博士学位论文，2012 年。

[222] 张存零：《当地化战略与企业横向整合管理模式》，华南理工大学博士学位论文，2012 年。

[223] 张如庆、张二震：《市场分割、FDI 与外资顺差——基于省际数据的分析》，载于《世界经济研究》2009 年第 2 期，第 3～28 页。

[224] 张维迎、栗树：《地区间竞争与中国国有企业的民营化》，载于《经济研究》1998 年第 12 期，第 13～22 页。

[225] 张晏、龚六堂：《分税制改革、财政分权与中国经济增长》，载于《经济研究》2005 年第 10 期，第 75～108 页。

[226] 张杰、张培丽、黄泰岩：《市场分割推动了中国企业出口吗？》，载于《经济研究》2010 年第 8 期，第 29～41 页。

[227] 张书云、王万宾、王坤：《新兴产业的进入壁垒及竞争分析》，载于《经济问题探索》2002 年第 10 期，第 35～38 页。

［228］张卓元、郑海航：《中国国有企业改革30年回顾与展望》，人民出版社2008年版。

［229］张翼、刘巍、龚六堂：《中国上市公司多元化与公司业绩的实证研究》，载于《金融研究》2005年第9期，第122～136页。

［230］张琦：《全球化的新趋势和新挑战》，载于《经济日报》2013年7月18日，第15版。

［231］张平、李世祥：《中国区域产业结构调整中的障碍及对策》，载于《中国软科学》2007年第7期，第7～14页。

［232］张平、蓝海林：《我国上市公司高层管理团队异质性与企业绩效的关系研究》，经济科学出版社2005年版。

［233］张平：《我国企业行业多元化与绩效的实证研究》，载于《科技管理研究》2011年第12期，第42～48页。

［234］张宇、张晨、蔡万焕：《中国经济模式的政治经济学分析》，载于《中国社会科学》2011年第3期，第69～84页。

［235］张志宏、费贵贤：《控股权性质——市场化进程与企业并购模式选择》，载于《中南财经政法大学学报》2010年第5期，第122～128页。

［236］赵奇伟、熊性美：《中国三大市场分割程度的比较分析：时间走势与区域差异》，载于《世界经济》2009年第6期，第41～53页。

［237］赵奇伟、鄂丽丽：《行政性分权下的地方市场分割研究》，载于《财经问题研究》2009年第11期，第32～48页。

［238］赵亚平、肖湘：《我国国内统一市场理论研究的发展》，载于《宏观经济研究》2001年第1期，第62～64页。

［239］赵增耀：《企业集团治理》，机械工业出版社2002年版，第14页。

［240］赵开兰：《上市公司扩张型与收缩型资产重组模式之研究和实例分析》，上海交通大学硕士学位论文，2000年。

［241］仲伟周：《论企业集团的本质与功能——企业集团形成及其运作边界的经济学分析》，载于《当代经济科学》2001年第1期，第62～68页。

［242］郑毓盛、李崇高：《中国地方分割的效率损失》，载于《中国社会科学》2003年第1期，第64～72页。

［243］郑贤玲：《中集：可以复制的世界冠军》，机械工业出版社2012年版。

［244］郑伯埙、黄敏萍：《实地研究中的案例研究》，载于《组织与管理研究的实证方法》，北京大学出版社2008年版。

［245］中国商务部：《2011年度中国对外直接投资统计公报》，中国统计出版社2012年版。

［246］周黎安：《中国地方官员的晋升锦标赛模式研究》，载于《经济研究》2007 年第 7 期，第 36～50 页。

［247］周黎安：《晋升博弈中政府官员的激励与合作》，载于《经济研究》2004 年第 6 期，第 33～40 页。

［248］周业安、赵晓男：《地方政府竞争模式研究——构建地方政府间良性竞争秩序的理论和政策分析》，载于《管理世界》2002 年第 12 期，第 52～61 页。

［249］周振华：《建设统一市场　协调经济发展》，载于《求是》2001 年第 22 期，第 37～40 页。

［250］周业安、冯兴元、赵坚毅：《地方政府竞争与市场秩序的重构》，载于《中国社会科学》2004 年第 1 期，第 56～65 页。

［251］周涛：《企业收缩重组的动因比较分析》，北京工商大学硕士学位论文，2002 年。

［252］周正庆：《证券知识读本》，中国金融出版社 1998 年版。

［253］周弘：《全球化背景下"中国道路"的世界意义》，载于《中国社会科学》2009 年第 5 期，第 37～45 页。

［254］朱江：《我国上市公司的多元化战略和经营业绩》，载于《经济研究》1999 年第 1 期，第 54～61 页。

［255］朱长存：《地方分权、晋升激励与经济增长：基于文献的思考》，载于《社会科学战线》2009 年第 4 期，第 87～94 页。

［256］朱希伟、金祥荣、罗德明：《国内市场分割与中国的出口贸易扩张》，载于《经济研究》2005 年第 12 期，第 68～76 页。

［257］钟昌标、李富强、王林辉：《经济制度和我国经济增长效率的实证研究》，载于《数量经济技术经济研究》2006 年第 11 期，第 13～16 页。

［258］中国社会科学院经济体制改革 30 年研究项目组：《论中国特色经济体制改革道路（上）》，载于《经济研究》2008 年第 9 期，第 4～45 页。

［259］中国社会科学院经济体制改革 30 年研究项目组：《论中国特色经济体制改革道路（下）》，载于《经济研究》2008 年第 10 期，第 26～36 页。

［260］邹广文：《全球化进程中的哲学主题》，载于《中国社会科学》2003 年第 6 期，第 25～35 页。

［261］Acedo, F. J., Barroso, C. and Galan, J. L., "The Resource – Based Theory: Dissemination and Main Trends", *Strategic Management Journal*, 2006, 27 (2), pp. 621 – 636.

［262］Albert, P. and Yang, D., *Blunting the Razor's Edge: Regional Development in Reform China*, Mimeo, 2003.

［263］Barbieri, E., Huang, M. L., Di Tommasao, M. R. and Lan, H. L., Made-in-China: High-tech National Champions of Business Excellence, *Measuring Business Excellence*, 2013, 17 (2), pp. 48 – 60.

［264］Barney, J., *Gaining and Sustaining Competitive Advantage. Reading*, MA, Addison – Wesley, 2002.

［265］Bartlett, C. A., and Ghoshal, S., *Managing Across Borders: The Transnational Solution*, Boston: Harvard Business Press, 2002.

［266］Bartlett, C. A. and Ghoshal, S., "Tap Your Subsidiaries for Global Reach", *Harvard Business Review*, 1986, 64 (6), pp. 87 – 94.

［267］Bernheim, B. D and Whinston, M. D., "Multi – market Contract and Collusive Behavior", *Rand Journal of Economics*, 1990, 21 (1), pp. 1 – 26.

［268］Bethel, J and Liebeskind. "The Effects of Ownership Structure on Corporate Restructuring". *Strategic Management Journal*, 1993, 14 (3), pp. 5 – 31.

［269］Bhaskar, R., "*Critical Realism*", Edited by Archer, M., Bhaskar, R., Collier, A., Lawson, T., and Norrie, A., "*Critical Realism – Essential Readings*", London: Routledge, 1998.

［270］Biggadike, E., "The Contributions of Marketing to Strategic Management", *Academy of Management Review*, 1981, 6 (4): pp. 621 – 632.

［271］Bowman, E. H and Singh, H. *Corporate Restricting*, *Reconfiguring the Firm. Strategic Finance.* McGraw – Hill. 2000.

［272］Boyd, B. K., Dess, G. and Rasheed, A., "Divergence Between Archival and Perceptual Measures of the Environment: Causes and Consequences", *Academy of Management Review*, 1993, 19 (2), pp. 204 – 226.

［273］Brouer, M. "What Have We Acquired and What Should We Acquire in Divesture research? A Review and Research Agenda". *Journal of Management*, 2006, 32 (6), pp. 751 – 785.

［274］Brouthers, K. D., "Institutional, Cultural and Transaction Cost Influences on Entry Mode Choice and Performance", *Journal of International Business Studies*, 2002, 33 (2), pp. 203 – 221.

［275］Buckley, P. J., and Casson, M., The Future of the Multinational Enterprise, London: Macmillan, 1976.

［276］Canabal, A, White, G. O., "Entry Mode Research: Past and future", *International Business Review*, 2008, 17 (3), pp. 267 – 284.

［277］Collis, D., "How Valuable Are Organizational Capabilities?", *Strategic*

Management Journal, 1994, Winter Special Issues.

[278] Caves, R. E. , *Multinational Enterprise and Economic Analysis*, Cambridge: Cambridge University Press, 1996.

[279] Carlile, P. Christensen and C. , Sundahl, D. The Cycle of Theory Building in Management Research. *Sloan School of Management*, 2003. 5 (4), pp. 25 – 51.

[280] Chang, S. J. , and Hong, J. , "Economic Performance of Group Affiliated Companies in Korea: Intragroup Resources Sharing and Internal Business Transactions", *Academy of Management Journal*, 2000, 43 (3), pp. 429 – 448.

[281] Chen, Y. R. , Yang, C. , Hsu, S. M. and Wang, Y. D. , "Entry Mode Choice in China's Regional Distribution Markets: Institution vs. Transaction Costs Perspectives", *Industrial Marketing Management*, 2009, 38 (7), pp. 702 – 713.

[282] Chen, Y. R. , Yang, C. , Hsu, S. M. and Wang, Y. D. , "Entry Mode Choice in China's Regional Distribution Markets: Institution vs. Transaction Costs Perspectives", *Industrial Marketing Management*, 2009, 38 (7), pp. 702 – 713.

[283] Child, J. , "Organizational Structure, Environment and Performance: The Role of Strategic Choice", *Sociology*, 1972, 6 (1), pp. 1 – 22.

[284] Chong, E. B. , Yingjuan D. , Zhigang Tao and Sarah Y. T. , *Local Protectionism and Regional Specialization: Evidence from China's Industries*. William Davidson Institute Working Paper No. 565. 2003, 5

[285] Christensen, C. R. , Andrews, K. R. , Bower, J. L. , Hamermesh, R. G. , and Porter, M. E. , *Business Policy: Text and Cases*, New York: McGraw – Hill Inc, 1982.

[286] Christopher, A. Bartlett and Sumantra Ghoshal, *Managing Across Borders: The Transnational Solution*, Boston: Harvard Business Press. 1989.

[287] Constantinos, Markides and Harbir, Singh. , "Corporate Restructuring A Symptom of Poor Governance or a Solution to Past Managerial Mistakes?" . *European Management Journal*, 1997, 15 (3), pp. 213 – 219.

[288] Crant, J. Michael. , "The Proactive Personality Scale as a Predictor of Entrepreneurial Intentions" . *Journal of Small Business Management*, 1996, 34 (3), P. 42.

[289] Delios, A. , and Beamish, P. W. , "Geographic Scope, Product Diversification, and the Corporate Performance of Japanese Firms", *Strategic Management Journal*, 1999, 20 (8), pp. 711 – 727.

［290］DiMaggio, P. J. , and Powell, W. W. , "The Iron Cage Revisited: Institutional Isomorphism and Collective Rationality in Organizational Field", *American Sociological Review*, 1983, 48 (8), pp. 147 – 160.

［291］Dnonal and Bergh, D. "Product – Market Uncertainty, Portfolio Restructuring, and Performance an Information – Processing and Resource – Based View". *Journal of Management*. 1998, 24 (2), pp. 135 – 155.

［292］Dunning, J. H. , "Trade, Location of Economic Activity and the MNEs: A Search for an Eclectic Paradigm", edited by Wijikman, *The International Allocation of Economic Activity*, London: Macmillan, 1977.

［293］Dunning, J. H. , "Toward an Eclectic Theory of International Production: Some Empirical Test", *Journal of International Business Studies*, 1980, 11 (1), pp. 9 – 31.

［294］Dunning, J. H. , "The Eclectic Paradigm of International Production: A Restatement and Some Possible Extensions", *Journal of international business studies*, 1988, 19 (1), pp. 1 – 31.

［295］Dunning, J. H. , "Location and the Multinational Enterprise, A Neglected Factor?", *Journal of International Business Studies*, 1998, 29 (1), pp. 461 – 491.

［296］Dunning, J. H. , and Lundan, S. M. , "Institutions and the OLI Paradigm of the Multinational Enterprise", *Asia Pacific Journal of Management*, 2008a, 25 (4), pp. 576 – 593.

［297］Dunning, J. H. , and Lundan, S. M. , *Multinational Enterprises and the Global Economy*, London: Edward Elgar Publishing, 2008b.

［298］Eisenhardt, K. M. , "Building Theories From Case Study Research", *Academy of Management Review*, 1989, 14 (4), pp. 532 – 550.

［299］Encarnation, D. *Dislodging Multinationals*, *India's Comparative Perspective*. Cornell University Press: Ithaca, New York, 1989.

［300］Fligstein, N and Dauber, K. , "Structural Change in Corporate Organization". *Annual Review of Sociology*. 1989, 15 (1), pp. 73 – 96.

［301］Finkelstein, S. , Hambrick, D, C. , "Top management team tenure and organizational outcomes: the moderating role of managerial discretion", *Administrative Science Quarterly*, 1990, 35 (9), pp. 484 – 503.

［302］Finkelstein, S. , Hambrick, D. C. , Strategic Leadership: *Top Executives and Their Effects on Organizations*, West Publishing Company: St. Paul, MN,

1996.

[303] Field, R. M., "Changes in Chinese Industry since 1978", *The China Quarterly*, 1984, 100, pp. 742 – 761.

[304] Gallup, J. L. and Jeffrey D. Sachs, "*The Economic Burden of Malaria.*" CID Working Paper 52. Cambridge, MA: Center for International Development, Harvard University, 2000, P. 22.

[305] Ghoshal, S., "Global Strategy: An Organizing Framework", *Strategic Management Journal*, 1987, 8 (5), pp. 425 – 440.

[306] Glaser, B., and Strauss, A., *The Discovery of Grounded Theory: Strategies of Qualitative Research*, Chicago: Aldine, 1967.

[307] Grant, R., *Contemporary Strategy Analysis*, Oxford Blackwell, 1998.

[308] Granovetter, M., Business group. *In Handbook of Economic Sociology*, *Smelser NJ*, *Swedberg R* (*eds.*). Princeton University Press: Princeton NJ; and Russell Sage Foundation: New York. 1994.

[309] Greif, A., "Historical and Comparative Institutional Analysis: The New Institutional Economics", *American Economic Review*, 1998, 88 (12), pp. 80 – 84.

[310] Hamel, G., and Prahalad, C. K., "Do You Really Have A Global Strategy?", *Harvard Business Review*, 1985, 63 (4), pp. 139 – 148.

[311] Hout, T. M., Porter, M. E., and Rudden, E., "How Global Companies Win Out", *Harvard Business Review*, 1982, 60 (5), pp. 98 – 108.

[312] Hoskisson, R. E., Eden, L., Lau, C. M., and Wright, M., "Strategy in Emerging Economics", *Academy of Management Journal*, 2000, 43 (3), pp. 249 – 267.

[313] Hoskisson, R. E., Johnson, R. A and Moesel, D. D. "Corporate Divestiture Intensity in Restructuring Firms Effects of Governance, Strategy, and Performance" *Academy of Management Journal*, 1994, 37, pp. 1207 – 1251.

[314] Hoskisson, R. E., Johnson, Richard A and Moesel, Douglas D. "Operate Divestiture Intensity in Restructuring Firms Effects of Governance, Strategy and performance". *Academy of Management Journal*, 2001, Oct. 9, P. 4.

[315] Hoskisson, R. E., Johnson, R. A., Yiu, D and Wan, W. P. "Restructuring Strategies of Diversified Business Groups: Differences Associated with Country Institutional Environments". *Blackwell Handbook of Strategic Management*, 2001, pp. 433 – 463.

[316] Hoskisson, R. E., Johnson, R. A., Tihanyi, L. and White, R. E.,

"Diversified Business Groups and Corporate Refocusing in Emerging Economies", *Journal of Management*, 2005, 31 (6), pp. 941 – 965.

［317］Hitt, M. A. , Ahlstrom, D. , Dacin, M. T. , Levitas, E. and Svobodina, L. , "The Institutional Effects on Strategic Alliances Partner Selection in Transition Economics: China vs. Russia ", *Organization Science*, 2004, 15 (2), pp. 173 – 185.

［318］Hitt, M. A, Hoskisson, R. E. and Kim, H, "International diversification: effects on innovation and firm performance in product – diversified firms", *Academy of Management Journal*, 1997, 40, pp. 767 – 798.

［319］Hummels, David, Transportation *Costs and International Integration in Recent History: A Contrarian View*, mimeo: University of Chicago, 1999.

［320］Hymer, S. H. , *The International Operation of National Firms: A study of Direct Foreign Investment*, Cambridge: MIT Press, 1976.

［321］Isobe, T. , Makino, S. and Montgomery, D. "Resource Commitment, Entry timing, and Market Performance of Foreign Direct Investments in Emerging Economies: The Case of Japanese International Joint Ventures in China ", *Academy of Management Journal*, 2000, 43 (3), pp. 468 – 484.

［322］Igor. F. , Mike, W. , Klaus, U. , Laszlo, T and Hoskissond, R. "Governance, Organizational Capabilities and Restructuring in Transition Economies" . *Journal of World Business*, 2003, 38, pp. 331 – 347.

［323］Jensen, M. C. , Meekling, W. H. "Agency Costs of Free Cash Flow, Corporate Finance and Takeovers", *American Economic Review*, 1986, 76, pp. 323 – 339.

［324］Jun – Koo, K and Anil, S. "Corporate Restructuring During Performance Declines in Japan" . *Journal of Financial Economics*, 1997, 46, pp. 29 – 65.

［325］Keister, Lisa A. , *Wealth in America: Trends in Wealth Inequality*, New York: Cambridge University Press, 2000.

［326］Keister, L. A. , *Chinese Business Group, The Structure and Impact of Inter – Firm Relations during Economic Development*. Oxford University Press, 2000.

［327］Khanna, T. , and Palepu, K. , "Is Group Affiliation Profitable in Emerging Markets? An Analysis of Diversified Indian Business Groups", *Journal of Finance*, 2000, 55 (2), pp. 867 – 891.

［328］Khanna, T. , and Palepu, K. G. , "Emerging Giants: Building World – Class Companies in Developing Countries", *Harvard Business Review*, 2006, 84 (10), pp. 60 – 70.

[329] Khanna, T., and Rivkin, J., "Estimating the Performance Effects of Business Groups in Emerging Markets", *Strategic Management Journal*, 2001, 22 (1), pp. 45 – 74.

[330] Kindleberger, C. P., "Monopolistic Theory of Direct Foreign Investment", Edited by George Modelskied, *Transnational Corporations and World Order: Readings in International Political Economy*, 1979.

[331] Kirchmaier and Thomas. "Corporate Restructuring of British and German Non – financial Firms in the Late 1990s". *European Management Journal*, 2003, 21 (4), P. 409.

[332] Kornai, J, *"Ten Years after The Road to a Free Economy"*. The Author's Self – Evaluation. The World Bank, Annual World Bank Conference on Development Economics, Washington, DC, 2000.

[333] Kornai, J and Karen Eggleston, *Welfare, Choice and Solidarity in Transition: Reforming the Health Sector in Eastern Europe*, Cambridge University Press, 2001.

[334] Kumar A., *China Internal Market Development and Regulation*. Washington, DC. World Bank, 1994.

[335] Lee, K., "Making a Technological Catch-up Barriers and Opportunities", *Asian Journal of Technology Innovation*, 2005, 13 (2), pp. 97 – 131.

[336] Lenz, R. T., "Environment, Strategy, Organization Structure and Performance: Patterns in One Industry", *Strategic Management Journal*, 1980, 1 (3), pp. 209 – 226.

[337] Levitt, T., "The Globalization of Markets", *Harvard Business Review*, 1983, 61 (3), pp. 92 – 102.

[338] Lu, Y., Bruton G and Lan. H., *Firm Diversification in Asia* [C] // LEUNGL, WHITE S. *Handbook of Asian Management*. Dordrecht: Kluwer Academic Publishers, 2004.

[339] Lu, Y., Bruton G and Lan H. *Firm Diversification in Asia* [C] //Leung L, White S. *Handbook of Asian Management*, Dordrecht, p Kluwer Academic Publishers, 2004, pp. 129 – 154.

[340] MacIntosh, R and MacLean, D. "Conditioned Emergence a Dissipative Structures Approach to Transformation". *Strategic Management Journal*, 1999, 20 (4), pp. 297 – 316.

［341］Mathews，J. A. ，"Dragon Multinationals：New Players in 21st Century Globalization"，*Asia Pacific Journal of Management*，2006，23（1）：pp. 5 - 27.

［342］Markides. ，"The Economic Characteristics of De-diversifying Firms"，*British Journal of Management*，1992，3（4），pp. 91 - 100.

［343］Mark，Bleackley and Peter，W "The Nature and Extent of Corporate Restructuring within Europe's Single Market Cutting through the Hype"．*European Management Journal*，1997，15（5），pp. 484 - 497.

［344］Meyer，K. E. ，Peng，M. W. ，"Probing Theoretically into Central and Eastern Europe：Transactions，Resources，and Institutions"，*Journal of International Business Studies*，2005，36（6），pp. 600 - 621.

［345］Meyer，J. W. ，and Rowan，B. ，"Institutionalized Organizations：Formal Structure as Myth and Ceremony"，*American Journal of Sociology*，1977，83（2），pp. 340 - 363.

［346］Meyer，M. W. ，"China's Second Economic Transition：Building National Markets"，*Management and Organization Review*，2008，4（1），pp. 13 - 15.

［347］Meznar M，Nigh D. ，"Buffer or Bridge? Environmental and Organizational Determinants of Public Affairs Activities in American Firms"，*Academy of Management Journal*，1995，38（4），pp. 975 - 996.

［348］Michael. J. ，Stahl and David，W. Grigsby. *Strategy Management Formulation and Implementation*［M］，PWA - KENT publish company，Boston，1992，pp. 460 - 462.

［349］Naughton B. ，*How Much Can Regional Integration Do to Unify China's Market?*，San Diego：Memo. University of Califonia. 1999.

［350］Nelson，R. ，Peck，M. ，and Kalachek，E. ，*Technology，Economic Growth and Pubic Policy*，Washington：Brookings，1967.

［351］North，*Structure and Change in Economic History*，Norton，1981.

［352］North，*Institutions and economic growth：An historical introduction*，Elsevier，1989.

［353］North and Thomas，*The Rise of the Western World：A New Economic History*，Cambridge University Press，1973.

［354］North，Douglass and Barry，Weingast. Constitutions and Commitment：The Evolution of Institutions Governing Public Choice in Seventeenth - Century England. *Journal of Economic History*. 1989，pp. 803 - 832.

［355］Oliver，C. ，"Sustainable Competitive Advantage：Combining Institutional and Resource-based Views", *Strategic Management Journal*, 1997, 18 (9), pp. 697 – 713.

［356］Palich, L. E. , Cardinal, L. B and Miller, C. C. "Curvilinear in the Diversification – Performance Link Age: an Examination of Over Three Decades", *Strategic Management Journal*, 2000, 21 (2), pp. 155 – 174.

［357］Peng, M. W. , "Firm Growth in Transitional Economies: Three Longitudinal Cases from China, 1989 – 1996", *Organization Studies*, 1997, 18 (3), pp. 385 – 413.

［358］Peng, M. W. , "Toward an Institution – based View of Business Strategy", *Asia Pacific Journal of Management*, 2002, 19 (23), pp. 251 – 267.

［359］Peng, M. W. , "Towards an Institution – Based View of Business Strategy", Asia Pacific *Journal of Management*, 2002, 19 (4), pp. 251 – 267.

［360］Peng, M. W. , *Global Strategy*, Thomson South – Western: Cincinnati, 2006.

［361］Poter, M. E. , *Cases in competitive strategy*, New York: Free Press, 1983.

［362］Poter, M. E. , *Competition in Global Industries*, Boston: Harvard Business School Press, 1986.

［363］Poter, M. E. , *The Competitive Advantage of Nations*, New York: Free Press, 1990.

［364］Porter, M. E. *Competitive Strategy*, New York: Free Press, 1980.

［365］Porter, M. , *Competitive Advantage*, New York: Free Press, 1985.

［366］Porter, M. E. , "From Competitive Advantage to Corporate Strategy", *Harvard Business Review*, 1987, 65 (3), pp. 43 – 59.

［367］Qian, Y. and Xu, C. , Why China economic reform differ: the M-form hierarchy and enter/expansionof the non-state sector. *The Economicsof Transition*, 1994, pp. 22 – 45

［368］Rugman, A. M. , and Verbeke, A. , "Subsidiary – Specific Advantages in Multinational Enterprises", *Strategic Management Journal*, 2001, 22 (3), pp. 237 – 250.

［369］Sachs and Jeffrey, *Poland's Jump to the Market Economy* (*Lionel Robbins Lectures*), The MIT Press, 1994.

［370］Saloner, G. Predation, "Mergers, and Incomplete Information, Rand", *Journal of Economics*, 1987, 18 (2), pp. 165 – 186.

[371] Scharfstein, D and Stein, J. C., "The Dark Side of Internal Capital Markets Divisional Rent-seeking and Inefficient Investment", *The Journal of Finance*, 2000, 6 (4), pp. 2537 – 2564.

[372] Scott, W. R., *Institutions and Organizations*, Thousand Oaks, CA: Sage, 1995.

[373] Schumpeter, J. A., *The Theory of Economic Development*, London: Transaction Books, 1979.

[374] Sharma, V. M., Erramilli, M. K., "Resource-based Explanation of Entry Mode Choice", *Journal of Marketing Theory and Practice*, 2004, 12 (1), pp. 1 – 18.

[375] Schramm, W., "Notes on Case Studies for Instructional Media Projects", *Working Paper for Academy of Educational Development*, Washington D C, 1971.

[376] Shenkar, O., and Von Glinow, M. A., "Paradoxes of Organizational Theory and Research: Using the Case of China to BV Illustrate National Contingency", *Management Science*, 1994, 40 (1), pp. 56 – 71.

[377] Skinner, B. F., *Contingencies of Reinforcement: A Theoretical Analysis*, Englewood Cliffs, NJ: Prentice – Hall, 1969.

[378] Singh, K and Will, M. Precarious " Collaboration, Business Survival After Partners Shut Down or Form New Partnerships". *Strategic Management Journal*, 1996, 17 (Summer), pp. 99 – 115.

[379] Stein, J., "Internal Capital Markets and the Competition for Corporate Resources", *Journal of Finance*, 1997, 52 (3), pp. 111 – 133.

[380] Stulz, R. M., "Managerial Diseretion and Optimal Financing Policies", *Journal of Financial Economics*, 1990, 26 (4), pp. 3 – 27.

[381] Suddaby, Elsbach, Greenwood, Meyer and Zilber. "Organizations And Their Institutional Environments – Bringing Meaning, Values, And Culture Back in: Introduction to The Special Research Forum", *Academy of Management Journal*, 2010, 53 (6), pp. 1234 – 1240.

[382] Tan, J. J., and Litschert, R. J., "Environment – Strategy Relationship and Its Performance Implications: An Empirical Study of the Chinese Electronics Industry", *Strategic Management Journal*, 1994, 15 (1), pp. 1 – 20.

[383] Walsh J. P., Seward, J. K., "On the Efficiency of Internal and External Corporate Control Mechanisms", Academy of Management Review, 1990, 15 (3),

pp. 421 – 458.

［384］Wan, W. , and Hoskisson, R. , "Home Country Environments, Corporate Diversification Strategies, and Firm Performance", *Academy of Management Journal*, 2003, 46 (1), pp. 27 – 45.

［385］Welch, C. , Piekkari, R. , Plakoyiannaki, E. , and Paavilainen – Mäntymäki, E. , "Theorizing from Case Studies: Towards a Pluralist Future for International Business Research", *Journal of International Business Studies*, 2011, 42 (5), pp. 740 – 762.

［386］Williamson, O. E. *The Economic Institutions of Capitalism Firms*, Markets and Relational Contracting. New York, Free Press, 1985.

［387］Wong, P W. , A Fiscal Reform and Local Industrialization: "The Problematic Sequencing of Reform in Post – Mao China". *Modern China*. 1992 (18), pp. 197 – 227.

［388］Wright, M. , Filatotchev, I. , Hoskisson, R. E. and Peng, M. W. , "Strategy Research in Emerging Economies: Challenging the Conventional Wisdom ", *Journal of Management Studies*, 2005, 42 (1), pp. 1 – 33.

［389］Xia, J. , Tan, J. , and Tan, D. "Mimetic Entry and Bandwagon Effect: The Rise and Decline of International Equity Venture in China", *Strategic Management Journal*, 2008, 29 (7), pp. 195 – 217.

［390］Xu, X. , "Have the Chinese Provinces Become Integrated under Reform?". *China Economic Review*. 2002, (13), pp. 116 – 133.

［391］Yan, A. , and Gray, B. , "Bargaining Power, Management Control and Performance in United – China Joint Ventures: A Comparative Case Study", *Academy of Management Journal*, 1994, 37 (6), pp. 1478 – 1517.

［392］Yamakawa, Y. , Peng, M. W. and Deeds, D, "What drives new ventures to internationalize from emerging to developed economies? ", *Entrepreneurship Theory and Practice*, 2008, 32 (1), pp. 59 – 82.

［393］Yin, X. , Shanley, M, "Industry determinants of the 'merger versus alliance' decision", *Academy of Management Review*, 2008, 33 (2), pp. 473 – 491.

［394］Yin, R. , *Case Study Research: Design and Methods* (2nd ed), Beverly Hills, CA: Sage Publishing, 1994.

［395］Yip, G. S. , "Global Strategy in A World of Nations", *Sloan Management Review*, 1989, Fall, pp. 29 – 41.

［396］Young, A. , The Razorps Edge: "Distortions and Incremental Reform in the People's Republic of China". *Quarterly Journal of Economics*, 2000, 115 (4), pp. 1091 – 1135.

［397］Zeng, M., and Williamson P. J., *Dragons at Your Door*: *How Chinese Cost Innovation Is Disrupting Global Competition*, *Boston*: Harvard Business School Press, 2007.

［398］Zeng Ming, Williamson P., *Dragons at Your Door*, Boston Harvard University Press, 2007.

［399］Zhou, Huizhong., Fiscal Decentralization and the Development of the Tobacco Industry in China. *China Economics Review*. 2000, 7 (11), pp. 114 – 133.

参考文献

后　记

　　作为教育部哲学社会科学重大课题攻关项目的最终成果，本书初稿已于一年多前就已完成，虽经多次修改而不敢出手，实在是唯恐留下遗憾。如今本书付梓在即，作为项目主持人和本书的主要作者，我更是心情复杂，感慨万千。

　　本人及所领导的中国企业战略研究中心从20世纪90年代初期以来就一直致力于引进、吸收、消化和推广国外企业战略管理理论，希望推动中国企业，尤其是中国企业集团集中资源、做强主业、迅速成长为具有国际竞争力的所谓"世界级企业"，并且围绕着这个课题承担过国家自然科学基金面上和重点项目。当教育部哲学社会科学重大课题攻关项目就全球化条件下中国企业集团成长与重组的课题进行立项招标的时候，我们真的感到这个课题就是为我们量身定做的，把能够承担这样一个基于重大实践的理论创新课题视为我们学术生涯中一个可遇而不可求的机会。值得欣慰的是我和项目组的成员们抓住和把握住了这个机会。

　　主持和完成教育部哲学社会科学重大攻关项目对于任何一个学者来说都是一件极具挑战性的工作。要将二三十个项目组成员，包括若干研究水平相当，甚至更高的学者整合在一起，让他们在长达七八年的时间里致力于完成这个课题的研究真是非常不容易的事情。非常幸运的是，我拥有一个很好的团队，其中每位成员都不同程度地牺牲了自己的利益，尤其是牺牲了他们单独申报项目的机会和从事自己项目研究的时间，支持了本项目的研究工作。为此，我首先需要感谢美国沃顿商学院的马歇尔·梅耶（Marshall Meyer）教授，在他的启发下我们以市场分割性作为主要情境特征研究全球化条件下中国企业成长与重组行为；其次需要感谢香港中文大学的吕源教授和美国德克萨斯基督教大学的盖瑞·布鲁顿（Garry Bruton）教授，他们对本项目研究人员的指导，使我们在研究方法上取得了很大的进步；最后需要感谢的是参与本项目的所有成员，尤其是那些受出版相关规定限制而未能够列入课题组主要成员的老师和博士研究生们，他们是谢洪明、蒋峦、谢卫红、姚俊、林梅、崔世娟、黄山、宋旭琴、范容慧、杨京京、李铁瑛、王晓健、徐梅鑫、皮圣雷等。

　　围绕着全球化条件下中国企业集团成长与重组，本项目组成员在成果发表、人才培养、企业咨询以及教材建设方面取得了相当可观的成果。但是，教育部哲学社会科学重大攻关项目最关注的成果形式就是一部能够全面或者综合反映研究成果的专著。为了使这部专著既能够在学术上反映和提升本项目的研究成果，又能够让企业管理者和政府政策的制定者能够比较容易地理解本项目的研究成果，项目组的主要成员进行了有效的合作。其中，我本人编写了全书的大纲，撰写了绪论和第一、二、三、四、十一、十二章，修改完善了全书所有章节，因此应该对全书的质量负最后责任。曾萍副教授（第五章）、宋铁波副教授（第六章）、张平副教授（第七章）、黄嫚丽副教授（第八、九章）、叶广宇教授（第十章）撰写了本书的其余部分，以他们的专业知识对本书的完成做出了重要的贡献。在专著撰写过程中，宋铁波和黄嫚丽两位副教授还在策划、协调和督促方面发挥了极其重要的作用；曾萍副教授和乐琦副研究员以及若干在读的博、硕士研究生在数据收集、统稿和校对方面做了大量的工作；黄文彦副教授对本书的摘要进行了英文翻译。由于出版的相关规定，宋铁波和黄嫚丽两位副教授未能列为本书的第二和第三作者，我对此深表歉意。

蓝海林

2013 年 10 月于华南理工大学

教育部哲学社會科学研究重大課题攻関項目
成果出版列表

书　名	首席专家
《马克思主义基础理论若干重大问题研究》	陈先达
《马克思主义理论学科体系建构与建设研究》	张雷声
《马克思主义整体性研究》	逄锦聚
《改革开放以来马克思主义在中国的发展》	顾钰民
《当代中国人精神生活研究》	童世骏
《弘扬与培育民族精神研究》	杨叔子
《当代科学哲学的发展趋势》	郭贵春
《服务型政府建设规律研究》	朱光磊
《地方政府改革与深化行政管理体制改革研究》	沈荣华
《面向知识表示与推理的自然语言逻辑》	鞠实儿
《当代宗教冲突与对话研究》	张志刚
《马克思主义文艺理论中国化研究》	朱立元
《历史题材文学创作重大问题研究》	童庆炳
《现代中西高校公共艺术教育比较研究》	曾繁仁
《西方文论中国化与中国文论建设》	王一川
《楚地出土戰國簡册［十四種］》	陳　偉
《近代中国的知识与制度转型》	桑　兵
《中国抗战在世界反法西斯战争中的历史地位》	胡德坤
《京津冀都市圈的崛起与中国经济发展》	周立群
《金融市场全球化下的中国监管体系研究》	曹凤岐
《中国市场经济发展研究》	刘　伟
《全球经济调整中的中国经济增长与宏观调控体系研究》	黄　达
《中国特大都市圈与世界制造业中心研究》	李廉水
《中国产业竞争力研究》	赵彦云
《东北老工业基地资源型城市发展可持续产业问题研究》	宋冬林
《转型时期消费需求升级与产业发展研究》	臧旭恒
《中国金融国际化中的风险防范与金融安全研究》	刘锡良
《中国民营经济制度创新与发展》	李维安
《中国现代服务经济理论与发展战略研究》	陈　宪
《中国转型期的社会风险及公共危机管理研究》	丁烈云

书　名	首席专家
《人文社会科学研究成果评价体系研究》	刘大椿
《中国工业化、城镇化进程中的农村土地问题研究》	曲福田
《东北老工业基地改造与振兴研究》	程　伟
《全面建设小康社会进程中的我国就业发展战略研究》	曾湘泉
《自主创新战略与国际竞争力研究》	吴贵生
《转轨经济中的反行政性垄断与促进竞争政策研究》	于良春
《面向公共服务的电子政务管理体系研究》	孙宝文
《产权理论比较与中国产权制度变革》	黄少安
《中国企业集团成长与重组研究》	蓝海林
《中国加入区域经济一体化研究》	黄卫平
《金融体制改革和货币问题研究》	王广谦
《人民币均衡汇率问题研究》	姜波克
《我国土地制度与社会经济协调发展研究》	黄祖辉
《南水北调工程与中部地区经济社会可持续发展研究》	杨云彦
《产业集聚与区域经济协调发展研究》	王　珺
《我国民法典体系问题研究》	王利明
《中国司法制度的基础理论问题研究》	陈光中
《多元化纠纷解决机制与和谐社会的构建》	范　愉
《中国和平发展的重大前沿国际法律问题研究》	曾令良
《中国法制现代化的理论与实践》	徐显明
《农村土地问题立法研究》	陈小君
《知识产权制度变革与发展研究》	吴汉东
《中国能源安全若干法律与政策问题研究》	黄　进
《生活质量的指标构建与现状评价》	周长城
《中国公民人文素质研究》	石亚军
《城市化进程中的重大社会问题及其对策研究》	李　强
《中国农村与农民问题前沿研究》	徐　勇
《西部开发中的人口流动与族际交往研究》	马　戎
《现代农业发展战略研究》	周应恒
《综合交通运输体系研究——认知与建构》	荣朝和
《中国独生子女问题研究》	风笑天
《我国粮食安全保障体系研究》	胡小平
《中国边疆治理研究》	周　平

书　名	首席专家
《边疆多民族地区构建社会主义和谐社会研究》	张先亮
《中国大众媒介的传播效果与公信力研究》	喻国明
《媒介素养：理念、认知、参与》	陆　晔
《创新型国家的知识信息服务体系研究》	胡昌平
《数字信息资源规划、管理与利用研究》	马费成
《新闻传媒发展与建构和谐社会关系研究》	罗以澄
《数字传播技术与媒体产业发展研究》	黄升民
《互联网等新媒体对社会舆论影响与利用研究》	谢新洲
《教育投入、资源配置与人力资本收益》	闵维方
《创新人才与教育创新研究》	林崇德
《中国农村教育发展指标体系研究》	袁桂林
《高校思想政治理论课程建设研究》	顾海良
《网络思想政治教育研究》	张再兴
《高校招生考试制度改革研究》	刘海峰
《基础教育改革与中国教育学理论重建研究》	叶　澜
《公共财政框架下公共教育财政制度研究》	王善迈
《农民工子女问题研究》	袁振国
《当代大学生诚信制度建设及加强大学生思想政治工作研究》	黄蓉生
《处境不利儿童的心理发展现状与教育对策研究》	申继亮
《学习过程与机制研究》	莫　雷
《青少年心理健康素质调查研究》	沈德立
《WTO主要成员贸易政策体系与对策研究》	张汉林
《中国和平发展的国际环境分析》	叶自成
*《中部崛起过程中的新型工业化研究》	陈晓红
*《中国政治文明与宪法建设》	谢庆奎
*《我国地方法制建设理论与实践研究》	葛洪义
*《我国资源、环境、人口与经济承载能力研究》	邱　东
*《非传统安全合作与中俄关系》	冯绍雷
*《中国的中亚区域经济与能源合作战略研究》	安尼瓦尔·阿木提
*《冷战时期美国重大外交政策研究》	沈志华

……

*为即将出版图书